致所有人——为了更加美好的未来

21世纪政治经济学

世界将何去何从

［波兰］格泽高滋·W. 科勒德克◎著

龙云安◎译

中央编译出版社
Central Compilation & Translation Press

图书在版编目(CIP)数据

21世纪政治经济学 /（波）科勒德克著 ；龙云安译.
-- 北京：中央编译出版社，2015.4
ISBN 978-7-5117-2441-0

Ⅰ．①2… Ⅱ．①科… ②龙… Ⅲ．①政治经济学
Ⅳ．①F0

中国版本图书馆CIP数据核字(2014)第301787号

Copyright © Grzegorz W. Kolodko,2013

21世纪政治经济学

出 版 人	刘明清
出版统筹	董　巍
责任编辑	冯　章
责任印制	尹　珺
出版发行	中央编译出版社
地　　址	北京西城区车公庄大街乙5号鸿儒大厦B座（100044）
电　　话	（010）52612345（总编室）　（010）52612361（编辑室）
	（010）52612316（团购部）　（010）52612315（网络销售）
	（010）52612346（发行部）　（010）66509618（读者服务部）
传　　真	（010）66515838
经　　销	全国新华书店
印　　刷	三河市鑫利来印装有限公司
开　　本	710毫米×1000毫米　1/16
字　　数	350千字
印　　张	20.5
印　　次	2015年4月第1版第1次印刷
定　　价	58.00元
网　　址	www.cctphome.com　邮　箱　cctp@cctphome.com
新浪微博	@中央编译出版社　微　信　中央编译出版社（ID：cctphome）
淘宝网站	中央编译出版社（http://shop108367160.taobao.com/）

本社常年法律顾问：北京市吴栾赵阎律师事务所律师　闫军　梁勤
凡有印装质量问题，本社负责调换。电话：010-66509618

本书所获赞誉

科勒德克教授是一位有独立思维的经济学家，又是一位有多年主持波兰从计划经济向市场经济转型以及加入欧盟经验的政治家，他的著作值得参考。

前世界银行副行长、首席经济学家，林毅夫

在这本扣人心弦的著作中，格泽高滋·W. 科勒德克将专业的学术知识与波兰经济改革期间在政府任职时的个人履历相结合。书中囊括的范围极广，作者没有逃避争议问题，完成了这部对经济、社会变革和21世纪的世界秩序非常有帮助的作品。

诺贝尔和平奖得主，亨利·基辛格

格泽高滋·W. 科勒德克是最敏锐的国际经济观察家之一，实践者和学者的双重身份，帮助他积累了丰富的经验。他的作品总是会引发关于全球政治经济的争论和探讨。

斯坦福大学教授，《历史的终结》作者，弗朗西斯·福山

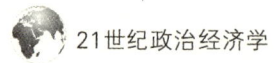

科勒德克教授是受到广泛认可的波兰经济学家,他再次给我们带来了惊喜,让我们了解新的理念。在《真相、谬误与谎言》之后,他在新书中把视角放到了未来。这不是一本预言书,而是运用经验和智慧去探索人类正在面对的重要挑战。攻克远期的难关,是解决当下难题的最好办法,他的这个观点完全正确。

美国纽约大学教授,《危机经济学》作者,鲁里埃尔·鲁比尼

以渊博的知识和丰富的信息为基础,探讨了人类面临的重大问题。

《纽约客》,约翰·卡西迪

作为曾经的波兰副总理和财政部长,科勒德克教授曾将通胀高居不下的波兰经济带出了困境。如今他是一位务实的经济学家,他以坚实的实践经验辨析了当今流行的各种经济学理论的成色。

《中国经济周刊》总编辑,季晓磊

充满希望的前言

人提出问题是为了寻找答案。提出问题的人不只是想知道事情发生、发展的原因和过程,最重要的目的是想通过了解的信息看清未来的走向,因为他们更想知道事情会变成什么样子。对于未来,有些人充满期待,坚信美好的明天终将到来,但是也有人心存疑虑,他们希望有人能把他们从犹疑惶恐中拯救出来。那么谁应该承担这个责任呢?

我们会变成什么样?每隔几天就会有人向我提出这样的问题。将来会是什么样子?有可能发生什么?应该往哪个方向发展?我们又是如何得知哪些事情必然会发生呢?我们如何了解事情的发展取决于哪些客观条件?将来会获得什么收益?获益人是谁?我们的目标应该是什么?谁能依据他们的哪项权利提出要求?谁又知道如何才能将现实变得更加美好?所有这些问题都不可一概而论,因为它们的关注点不同。

未来该由谁来负责?从历史的角度出发,问题的根源要从过去发生的事情上寻找,但是未来尚未到来,等到那一时刻来临的时候，我们应该像以往一样以史为鉴，让历史承担起人类原罪的责任。合理的推定应该是这样的，在一定程度上来说，未来并非依靠命运星象，而是取决于生命个体的天性和社会进程，很大程度上来说，应该是我们做出的决定，社会科学也会在其中扮演重要角色，主要是经济学。越是责怪过去的不足和现在的欠缺，就越可能给未来背负更大的包袱，对人们渴望得到的美好未来造成影响。经济学不能拯救世界，但是能起到很大的帮助作用。

那么，世界将何去何从呢？我们已经有了一定的认识还是毫无线索？未来的生活是值得拥有的吗？我们要去哪里找寻？如何得到？经济学家说起来神乎其神。我们要依靠命运，还是要将命运抓在自己的手里，努力给自己的生活找到方向，让我们的家人、邻居、社会、国家都能迈向更美好的未来？我们能实现到哪种程度？能够做些什么？经济增长受到了哪些限制？

在最近这次危机发生之前的几年中，用传统方法计算的经济增长率年均波动幅度在四个百分点左右；从过去近两百年的历史统计数据来看，已经达到了历史最高水平。世界经济还能再次回到之前那种高增长吗？有这种可能吗？有这个必要吗？抑或我们将来追求的目标会逐渐转移，不再简单追求可以量化的产出增长了？如果用人均GDP衡量国民收入，每年增幅在7%左右，那么每十年就能翻一番。在下个十年中翻一番，以这种速度追赶发达经济体，有多少国家可能达到这种增长水平呢？如果这种设想是不现实的，那么我们应该抱有何种期望呢？也许我们正身处比最近这次危机还要严重的灾难中，各种纷争正在不断恶化，随之而来的冲突也会不断加重，而且不只是经济方面的冲突，事情是在朝着这个方向发展吗？局势会好转吗？也许我们的问题应该是"什么时候会变好"。对于这个问题，难道答案真的只能是之前的敷衍之词——"正在朝着好的方向发展"吗？

中国有句谚语："宁为太平犬，莫作乱离人！（宁可做太平盛世的狗，也不做战乱时代的人。用来表示生逢乱世的痛苦心情）"这句话听起来既像善意的祝福，又像恶毒的讽刺，在今天听起来显得尤为真实。从某些方面来讲，如今这个时代可谓乱世，各种宏大进程相互叠加，将文明的面貌彻底改变。亚里士多德（公元前384—前322）用他的笔描绘着各种启蒙事物的时候，地球只有2亿人口。托马斯·阿奎纳（约1225—1274）向人们传教各种开明思想的时候，地球只有3亿人口。如今，不超过两代人的时间，地球的人口就能增长到那个时代的30倍。因此，现在的经济学必定是大众经济学，将来更是如此。更重要的是，我们不得不跻身其中，才能在我们生活的世界占有一席之地。我们能做到吗？应该怎么做呢？从物理意义上来讲，地球空间有限，话虽如此，如果一切无法自行运转，那么要由谁来协调地球上这么多人参与的复杂经济活动，如何协调呢？天地间俗事繁多，我们未及认真思考的问题还有很多。当然，也可以说，那些计划并展望过未来的人曾经思考过这些问题，或者更确切地说，这些问题曾经困扰过他们。

"当前，我们正在遭受经济悲观主义的攻击。人们经常说，19世纪经济突飞猛进的态势已经结束；生活水平虽然一度迅速提高，但是如今步伐已经放缓，至少在英国确实如此；在未来十年，我们面临的应该是繁华落尽而不再是欣欣向荣。"到底是何人何时提出了上述观点呢？这些不是旧报纸上的无名论调，而是出自最负盛名的经济学家凯恩斯（1883—1946）之口。他的经济理论和建议帮助我们摆脱了发生在19世纪30年代的经济大萧条，保证了西方经济的不断增长，而且这种增长几乎一直持续到了20世纪末。如今，人们又可以把这些话拿出来说了，今天的人们对美好未来再次失去了希望。美国是全球最大的经济体，却有超过半数的家庭认为，与自己相比，子女的生活水平将会变得更差。希望不管是在美国还是在其他地方，这些预言都不会成为现实，但我们也不能掉以轻心，因为事情真的有可能会发展到这种地步。一切尚无定论，未来取决于多种因素。重要的是，我们应该明白取决于哪些具体因素。

上面引用的文字是20世纪经济大萧条最严重的时候写下的，出自凯恩斯1930年发表的一篇文章《我们后代的经济前景》[1]。当时社会充满了满腹牢骚的悲观论调，作者远离了这些情绪，理性地回答了"未来一百年中，有关生活水平的合理期待是什么"这个问题。有意思的是，他曾提醒别人不要对未来经济妄下定论，认为我们无法对尚未发生的事情做定论，毕竟，未来还未到来。凯恩斯的这句名言经常被人引用，以至于成了滥俗之词：放眼未来，我们都会死。换句话说，我们最好不要总说什么将来，人都死了还有什么可担心的。

虽然他曾经他提醒过别人，但是自己还是对100年后商店里会摆放的物品进行了大胆的预测。他还犯了个大错误，认为在他的家乡英国，100年后的经济产出会是当时产出的8倍。他的错误不止如此，在预测未来时，他的很多假设并没有变成现实，其中两个假设尤其值得一提：战争将会消失；人口问题会得到解决。他对未来极其乐观，因此他预测的前景有些美好过头了。他认为，如何满足人类需求这个首要经济问题是有办法解决的，这个观点非常正确。然而，他觉得这个问题能在一个世纪内得到解决，事实证明这个预测是错误的。

在之前的100年，这个问题并没有得到解决，在接下来的100年，这些问题还会存在。原因在于，虽然"积累资本的能力"和"由创新引导的技术进步"这两个因素，幸运地支撑了300年，但是这两个因素无法满足人类对经济和社会发展的全部渴求。积累资本是投资的理由，有助于扩大产能，技术进步是提高生产率的基础。但是，要借助微观的经济管理技术和宏观的经济政策，才能最大限度地激发增长潜能。无论是现在还是将来，全球化、科技新革命、社会、文化和政治价值观，这些方面都是机遇与挑战并存的。环环相扣的各种事件和历史的发展趋势也是人类不曾面对过的。

如果乔治·奥威尔(1903—1950)生活在我们这个时代，生活在民众可以通过技术手段进行监督的自由民主的社会，"老大哥"一定会爱上这个时代并渴望加入的，如果是那样，他会为我们写下什么样的文字？他在《1984》中提醒大家警惕集权政治，当他走出自己写作的房间时，如果知道不到200米的距离外就有中央监视器盯着自己，会是什么感觉？如果他在2014年写下《2041》，会向我们提出什么样的警告，以及应对方法呢？他会给我们展示一副什么样的政治局面和经济体系呢？如今单单欧盟范围内就有25 000 000失业人口，那些有幸找到工作的人，像资本主义机器上的齿轮一样受着重压。谁是监视者，谁又是被监视者？谁在拿别人当物品一样对待，巧取豪夺？谁在操控谁，谁在剥削谁？奥威尔若从2014年而不是1948年的角度考虑未来，他是更担心未来的集权主义，还是毫不担心？关于经济问题，他更关心哪方面，他会如何描绘我们这个美妙世界团体中人与人之间的关系？是像新自由主义辩护者给我们提供的田园生活那样，还是像比奥威尔早100年的恩格斯曾经写过的《英国工人阶级状况》中的场景？

我们不要忘了，欺诈行为不会在市场上消失，民主也无法终结愚蠢，市场经济和民主社会无法将人们从社会疏离和经济排外主义中完全拯救出来。我记得，一位出色的波兰漫画家曾经画过一幅描绘社会主义政权的漫画，有个人在评论区留言说："他们跟我说了，'把你的嘴放进桶里'。还好，那个桶是满的。"如果大家都能吃饱，那么社会主义政权可能会持续更长一段时间，那些国家的人民只能期待自己的政权少犯些错误。现在我们会听到：不要抱怨，我们是民主社会，你能通过投票为自己争取更美好的未来。如果好景没有出现，你也能为争取一个还算不错的未来投票。市场化和民主化，是两个最有力的现代自由主义制度，只有合适的价值体系才能让它们开花结果。我们应该用什么样的价值观，才能让自由经济抓到机会，达到我们合理的预期？那些相信我们只能在非常遥远的未来才会变得更好的人，只是在用权宜之计敷衍应对。这就意味着用兵来将挡的方式抗击危机、刺激经济繁荣的方法是错误的。经济和生活一样，也有昨天、今天和明天、后天以及之后的日子。有历史，有不可预见的未来。这是值得人们去思考、探讨、记录和学习的。

综合考虑，讨论整体经济问题，目的是为了避免经济活动中一直困扰我们的所有形式的错误。穷人、中产，还有富人，三个阶级概括了所有人。起决定性作用的不止是企业家、管理人员和政治家，还有从社会阶梯底端到顶端的雇员，他们也能对自己关心的问题和人以及涉及他们利益的决定施加影响。不止是在任的雇员，他们的孩子、退休人员和正在找工作的无业人员也能发挥自己的作用。那么如何避免未来的经济走错方向？到底有没有可能呢？当然有可能，在某种程度上，只要什么都不做就什么都不会错。但是社会要进步，我们就要有所作为。因此，正确的结论是，我们应该在大力作为的同时，尽可能少犯错误。

我不知道自己算乐观主义者还是悲观主义者，如果有必要，希望由他人做出评判。我只知道，人类的思想和行动能解决很多复杂的经济问题，让未来的物质不再短缺。当我被贴上积极主义者的标签，尤其是说我过度积极时，我会反驳说，那是因为别人太悲观了。如果有人指责我太悲观，这说明指责我的人是个乐天派。我想做一个理性的实用主义者。我是这样看待经济问题的：首先，必须理智、实用，也就是说要为发展和进步做好打算。我们的发展轨道要从输出增长转移到社会和经济发展，再到文化进步上来。

让我们同心协力一起为解决全部的大问题做出自己的贡献。当然了，在努力的同时，我们也应该有所期待。虽然没有实际的指导意义，却能让我们看到希望。在我的期待中，将来的世界是和平的，我们能有效避免所有热核战争，在避免灾难性的全球变暖问题上摸清了方向，也不会有大规模的流行病，其他灾难也都找

到了应对的方法。重要的是,理性的实用主义会帮助我们抵御巨大的灾难,免受乌托邦式理想主义的误导。

  这就是我想献给大家的充满希望的前言。积极乐观的人能从时代的困境中找到发光点,从这一团糟的状况中摆脱出来。我们应该努力朝着更美好的未来前进。

目录

第一章
未来的蓝图 / 001

第二章
全球化,是历史的偶然吗? / 017

第三章
全球化时代的市场与政府 / 049

第四章
不能创造价值的经济如同没有意义的生活 / 083

第五章
国际间的一致意见和分歧 / 109

第六章
限制增长的社会和生态因素 / 129

第七章
又一次大迁徙 / 159

第八章
贫穷和富有 / 189

第九章
科技进步的救赎 / 211

第十章
知识胜过一切，智慧的重要性，专业技术和技巧 / 229

第十一章
摇摇欲坠的和平 / 251

第十二章
以欧洲-大西洋文明为背景的亚洲时代？ / 263

第十三章
新实用主义和中庸经济学 / 287

注释 / 305

| 第一章 |

未来的蓝图

抛开占卜算命的不说，似乎只有经济学家能扮演预测未来的角色。虽然大家对他们充满无限期待，但是经济学家总是能让大家跌破眼镜，他们的失误率比一般人不知道要高出多少，不止是对当下的经济形势分析，即便是对过去的形势做出好与坏的评断也会出现错误。如果算命的人误读了咖啡渣里预示的征兆（土耳其人根据咖啡喝完后杯里咖啡渣的形状来占卜），他就会失去一位顾客，但经济学家却无须为此担心。虽然他们对造成1929—1933年的经济大萧条的原因无法达成共识，还是有人希望他们能对2008—2013年的金融危机做出解释。在重大危机面前，问题的焦点应该是现在，但是他们听到的都是关于未来的问题。如果无人质问，他们会选择回避。即便他们在提出假设、理论和结论中曾犯下不少错误，还是能巧妙地创造出人们对经济学家的需求。话已至此，既然不能消灭他们，那么我们至少应该让他们承担起经济学家的责任。

经济学家是否应该研究未来？如果应该，要如何研究呢？是仅仅预测未来，还是塑造未来？无须多言，大家也知道这两件事没有一件是容易办到的，因为未来既不是过去的周期性循环，也不会简单地沿着过去的轨道线性发展。影响未来的变量很多，不仅如此，变化的规模也在不断增加。不过，这并不意味着我们生活在不可预知的世界里，会完全束手无策。

预测未来并不等于预言或猜测。预测未来不是被动的，而是塑造未来的先决条件，缺少这些先决条件我们会遭遇很多困难。认为人类对未来进程束手无策，是失败主义的观点，是战略上的错误。失败主义者认为，我们不但无法掌控未来，甚至无法进行预测。我不认同这种观点。

我们无法预测能够反映未来事件或发展过程的具体指数，比如说，我们能推测出 2024 年美元对欧元的大致汇率，但是我们无法预测具体汇率是多少。我们能够，至少应该能够预测出欧元是否还会存在，是否能够平安度过这次严重的经济危机。要进行预测的并不是单一的独立事件，而是经济学上有着相互逻辑关系的事件发展过程。二者的区别在于：后者是动态的，前者则是静态的。我们可能会不断出现失误，主要是看我们所提出的假设的准确性，不过这并不意味未来是不可预测的。

未来可能发生的具体事实、不可避免的偶然事件，以及经济学家的意外失误，这些都是无法预测的，我们知道会发生，只是毫无线索，无法提前预言。有时，这些无法预测的因素会对经济活动的决定性因素和结果产生重大深远的影响。如果不可预测性或有限的可预测性因素增加，那么，经济环境的不确定性和不稳定性也会随之增加。与目前的状况相比，尽管未来有很大的不确定性，但是我们面临的并不是完全无序的经济状况，也不是毫无把握的赌博。我们无法准确预测下一次大海啸或引发灾难的地震，但我们能够且必须对地球变暖的过程进行预测。我们无法预测道琼斯股票指数的具体涨跌情况，但我们能够知道影响股市大体走势的相关因素是如何变化的。我们无法预测某位女性会在什么时候怀孕，但我们可以预测，在 2045—2050 年间，其中一位将会分娩出地球上的第 90 亿个婴儿。从这种角度出发，可以说未来是由很多潜在的或真实的事件和过程所组成的巨大集合体，其中一些难以预测，还有一些已经非常明确。

不管是要论证未来会如何发展，还是有多少种可能性，都说明研究未来是一项跨领域的复杂课题。这方面的文献将"未来学"和"未来主义"进行了划分，很容易让人感到困惑，他们把前者定义为以事物未来为研究和实践对象的科学，探索和预测事物发展的趋势、动向、前景，以此来改造当前的社会和经济过程。两者间的对比，很容易让我们联想到理论经济学和应用经济学之间的关系，照此逻辑，我们还可以通过类比：政治学和政策、实证经济学和规范经济学，来理解两者之间的区别。

因此，如果我们谈到未来，总会混淆观念和期望、预测和推测、远景和设想、计划和策略等概念，这样的例子不胜枚举。尽管这些概念并非完全属于未来经济学的研究范畴，但是都与之存在着千丝万缕的联系。在未来政治经济学研究过程中，要慎之又慎，以免受到错误观念的影响，同时也不要鼠目寸光，眼光一定要放远。

想象力很重要，但是千万不要让不现实的妄想蒙蔽双眼。可以根据过去的经验对即将发生的事情进行预测和推断，但不能过度依靠之前的趋势，完全不懂得变通。为了更加准确地看清未来，有必要稍微展望一下。从社会经济学角度来讲，未来是利益、价值和知识不断叠加引发的结果，通过想象力将三者串联起来，我们便可以窥见未来。我们先从想象力开始讨论。

经济学家应该具备想象力吗？大家可能会脱口而出：当然，肯定应该有，每个人都有想象力，以研究经济事件和过程为职业的经济学家更不能缺少。想象力指的是，在大脑中创造出有别于过去经验的事物的能力。想象并不等于完全的虚构，如同无人岛上的餐刀，过度的想象力是危险的，至少具有欺骗性。我们常说某人想象力过于丰富，其实是想说他缺乏常识，思想激进。

缺乏适当想象力的人，肯定不能成为优秀的经济学家。即便我们要处理的是非常熟悉的经济事件或过程，了解得很透彻，可是随着事情的发展，仍然有可能发生意料之外的事情，使问题复杂化，干扰正常的运行过程。经济学家不但要掌握决定因素是什么，了解具体原因，还要能够运用想象力预测未来即将出现哪些有别于之前的、未知的新因素，尤其当他想对即将发生的事情做出合理解释时更是如此。没有必要强迫自己对不可预测的事件进行预测，但是对可能发生的事情进行想象推测却十分必要。

我的想象也曾经落空过，那是我最初实施积极经济政策时，当初我试图用规范的经济学知识来贯彻经济实践，想改善当时的状况。1994年春，我被任命为负责经济事务的副总理兼财政部长，一转身变成了政治家，就像刚才说过的，我开始用政治家的观点来思考经济学问题。我自认为能在执政联盟里得到无条件的充分支持，执行议事日程上已经讨论过的设想，虽然反对党会提出批评意见，但是应该会通过恰当的方法，给出实用的建议。换句话说，我会把大部分时间放在制定新的经济政策上，有一部分被政治绑架也在所难免，科学家的天真让我以为事情会这样发展，我相信自己能够在特定的领域发挥自己的专长。这种想法大错特错！事实恰恰相反，我的大部分时间都用在了政治斗争上，只有很少部分时间用在执行有利于经济平衡和增长的合理经济政策上。

源于缺乏预见事情发展过程的能力而导致的经济短视；由于对经济学的无知，尤其是对于规范经济学的不了解，会在多大程度上影响经济政策，这些问题依然存在。这些问题同时说明，当理论化的想法应用于实际时，会受到现实的影响。缺乏想象力是经济政策执行者常见的毛病，所谓的经济政策执行者，往大了说就是政治家，往小了说，就是各公司经理。脱离现实的理论经济学家经常会出现这些问题，他们可以乱做决定，却不用承担后果。在学术会议和大众媒体面前指点江山，网站和报纸上充斥着很多胡言乱语。正是这些外表虚华、用意良好的经济提示，铸就了通往地狱的道路。人类已经多次领略过海市蜃楼的可怕。

经济学家之所以会对经济政策和管理技巧问题给出天真的建议和错误的提示，主要是因为不了解现实，没有考虑潜在因素以及所做决定会导致的后果，到后期他们还会因为没人听他们的感到失落。即便开会讨论，认定理论正确，也要得到议会多数人的认可才行。在学术机构的研讨会上，逻辑论证可能很具说服力，但是与利益团体坐在一起开会时，影响最终决策的可能是其他无关因素。在专业期刊上，作者的观点是否正确，是根据论据是否有力决定的。但是，当不同社会期望发生碰撞时，起决定性作用的就不单单是科学知识了。这就是为什么很多时候让来自学术领域的、有着优秀理论背景的专家到政府任职，在实践中却无法达到预想的效果的原因。在政府里，官员是政治家，而不是教授。做决议时的现实状况更加复杂，不能被简化成经济模型。各个经济组织的期望不断发生冲突，这就是政治。

有迹可循的想象力不但有助于思考未来，还可以塑造未来。科学想象与虚空幻想是完全不同的。顾名思义，前者指的是综合性的复杂思考能力，智力上的推理，包括通过经验、观察得到的普遍性规律概括，以及对未来可能发生的事件和事件序列的合理期待。至于幻想，指的是对未来的研究超出了目前的知识范围，但是如果能脚踏实地，而不是一味地仰望星空也可能是有用的。

虽然我们都知道如果没有经济学假设，就没有经济学这门学科，但是想象并不等同于假设。不管怎么说，为了做出正确的假设，我们需要想象各种各样的现象和过程。为了避免偏离科学领域，变成科幻小说，我们必须维持假设的真实性。撇开趣味性不说，科幻小说描述的东西能够激发想象力，因此也是有价值的，而且科幻小说可以用各种不同形式加以呈现。

有位记者问我如何看待这种文学体裁，这个问题不好回答。有时很难理解让作品极度流行的真正原因是什么，有时很好奇为什么某个作品居然没能在世界各地大红大紫。乔治·卢卡斯导演的《星球大战》[2]就是前面那种情况的典型代表。1977年夏天,这部影片开始上映,我去拜访一位美国同事时顺便观看了一下。这位同事看到第五遍时,我陪着他一起看的,没有太多惊奇,后来又看了一遍,还是没什么感觉。但是有的人却对这一系列的电影赞不绝口,这个故事马上就要出第七部了。数年后,我读了马修·格拉斯的《最后通牒》[3]。尽管这是一部引人入胜的作品,却鲜为人知。是什么让我对前者感到厌恶,又是什么让我迷恋于后者?

尽管《星球大战》的技术处理让人印象深刻,但故事情节非常荒谬。这部电影之所以会流行,是因为它混合了美国人喜欢的各种风格:西方文化、连环漫画和科幻小说。如果在其他国家,比如德国、俄国、埃及或日本,绝对不可能流行起来。世界各国人民都喜欢童话故事,因此不会彻底失败,但不会引起如此大的轰动。不过,格拉斯在《最后通牒》中描写的中美两国因全球变暖导致冲突加剧,倒可以说是合理的想象。

因此,我当时是这样回答那位记者的:作为科学家,我对科幻小说的看法非常矛盾。可以从科幻作品中吸取有用的智慧,享受其中的趣味,但是要抛弃那些愚蠢、无聊的东西,我们的时间没有多到可以用来挥霍。简单概括来说,有些科幻作品可以当作娱乐,有些作品可以用来启迪智慧。

科幻小说的话题暂且到此为止,我们还是回到科学的话题上来吧。科学中,没有虚构,只有想象;没有幻想,但是有展望。有个问题顺便提一下:究竟是科幻作家想象力不足,还是他们的知识不足,无法充分了解经济、社会与政治之间的关系?到目前为止,没有一位作家在作品中描写过经济大萧条,以及由此带来的文化、社会、政治和军事影响。或许有人正在创作这样一部非科学的虚构作品。这样一来,当经济学家想展示科学的实际情况时,就可以通过这部艺术作品中的警示向大家解释,这本书就派上用场了。同时,比目前这次危机更严重的经济危机的确有可能出现……

但是,未来经济学并不仅仅是对未来数年或数十年经济形态的思考。目前,我们无法准确地描绘出几百年或几千年后的世界会是什么样子,只能说出个大致的概念。不过,只要我们努力尝试,有时可以了解更多。

当你拥有足够的知识和成熟的想象力时,可以对走向和情节进行推测。提到未来时,有些人的思维会受到限制,他应该放开思路,更进一步。首先,好的预测很重要。但什么是好的预测？一般人可能会说：肯定是那些能够变为现实的，才称得上好的预测。要再次强调的是，好的预测远非这么简单，更精确地说，好的预测恰恰是无法变成现实的预测。警告式的预测便是如此。我们听说过的最好的警告式的预测是：你不能继续这样下去，不然你就完了！于是，担心噩梦般的场景真的发生，为了死后能进天堂，我们开始端正自己的行为。

什么是警告式预测？谁警告谁？警告什么？如何警告？如果我们能够找出某个过程中潜藏的某种机制，就能推测出客观趋势的连续存在必定会导致不好的结果。因此，为了避免这些，我们会做出预警式预测；如果不采取相关措施，预测便会变成现实，换而言之，不好的结果便会出现。我们警告的对象是我们自己和他人，主要手段是让一个人对可能发生的事情感到焦虑，甚至感到恐惧，尽管这些凶事不是必然的，但却是可能发生的。警告式预测预测出的都不是好消息，因为没人会对好消息提出警告；相反，对好消息人们只会分享和庆祝。

假如银行草率地放宽消费信贷政策，我们会面临货币供应快速增长的问题，市场上不断增长的有效需求将会超过商品供给。商品和服务的需求超过当前值会引起需求拉动型通货膨胀，即过量需求会拉高价格水平。（在价格水平不断上涨的压力下，生产和分配成本也会跟着上升，这时我们还要解决成本推进型通货膨胀的问题。在这种情况下，我们需要其他经济政策，来抵抗需求拉动型通货膨胀。）因此，我们可以预见较高的通货膨胀率和由此导致的一系列情况，这些都是我们不想看到的。较高的通胀率会促使政府采取紧缩措施，比如提高利率，或通过公开市场操作来抑制银行放贷动机。从而促使信贷规模得到控制。流通中的货币量增幅减缓或降低后，有效需求会跟着紧缩，市场上的通胀压力也会减弱，最终通胀会得到控制。这种预测之所以没有变为现实，是因为主管机构也就是中央银行的货币政策，考虑到了这种警告性预测。因此，这个例子说明，评判预测的标准不在于其是否能准确描述未来，而在于是否能够充当制定理性经济政策的工具。

还有一种自我实现式预测。不预测的时候，什么麻烦也没有；一旦预测，被预测的事件和过程就会随之而来。预测变成现实，如果没有做出这种预测就不会发生随后的状况。奥斯卡·王尔德的《亚瑟萨维尔勋爵的罪行》[4]很好地诠释了自我实现式预测。故事的主人翁即将与一位年轻美丽的姑娘结婚，占卜者预言他会谋杀某个人。由于无法承受这种煎熬，感觉厄运即将到来，又不能从占卜者那里获得任何详细信息,勋爵最终杀死了预言家。他因此推迟了婚礼,可怕的自我预言实现后,他的灵魂才获得了平静。

在现实经济中,从某种程度上讲,我们也可以做出类似于挑逗熟睡的小狗的行为,也就是挑逗人的某种情绪。这是大众媒体上的股票分析师和资本市场的投机者经常玩的把戏。如果与公司的经济基础无关,股票价格却出现可疑的大幅上涨或下跌时,金融监管机构会发起诉讼和调查。随着大量买卖行为的发生,在一系列特定情况下,有人的确能够通过协调各种舆论和组织各种流言成功"预测"利率和汇率的变化,投机获利。

然而,我们知道,路边池塘里的小鱼不值得一提,因为鲨鱼遨游的是一望无边的海洋。金融市场是社会再生产链条上不可或缺的一部分,能起到促进资本积累和有效利用的重要作用。同样不可否认的是,金融市场上的一系列活动都与投机有关,从经济学角度来讲,这些行为并不能创造价值。投机者利用委托给他们的资金进行投机,这些钱大部分都是别人的,试图获取高于平均水平的利润,主要是为了自己获益。华尔街和其他证券交易所的大部分交易对增进社会福利毫无帮助,这不是左翼民粹主义者的观点,而是英国金融服务管理局主席特纳勋爵的看法。他还表示,金融投机者(也就是那些著名的投资者)不但没有创造价值,还从实体经济中吸走了大量利益[5]。其他人对上述观点进行了补充,他们认为如果这些投资者全部收拾包袱离开市场,回到他们的海边别墅,经济仍旧能正常运行,至少不会有丝毫恶化[6]。

金融行业创立的最初目的,是在买卖双方、生产者和消费者之间、储户和投资者之间起到媒介作用。1985年,在里根总统任期内,美国1/7的利润流向了金融行业。随着新自由主义经济的推进,非实体经济比实体经济还要繁荣,所占比重在危机前达到了最高水平。2006年,非实体经济占据了国内收益的1/3,尽管最近的金融危机给投机活动带来了不少负面影响,但仍然维持在接近1/4的水平。

很多专家在幻想和期待中思考着人性的贪婪和弱点,他们预测繁荣会一直持续,这对金融市场来说更是利好消息,但是与实体经济没什么关系。2007年末,投机泡沫膨胀到了顶点,由于深受次级抵押贷款市场的影响,大约有价值2万亿的"资产"通过信贷资产证券(CDOs)的方式在市场上流通。"证券"这个词语变得极具讽刺意味(英文中security有安全之意,此时变得不安全了),在此情况下,有毒资产开始泛滥。另外一个威胁来自信用违约互换这种金融衍生品，其总值已经达到美国 GDP 的 4 倍，大部分都是用来支撑这些有毒资产的。

尽管英国巴克莱银行的案例算不上自我实现式预测的经典例子，不过，我们还是可以从中看出自我实现式预测的重点。通过操纵市场基准利率，即伦敦银行同业拆借利率，对金融市场造成影响。这个利率决定着很多贷款的定价，尤其是住房抵押贷款。

伦敦银行同业拆借利率是这样制定的：在每个工作日的格林威治时间上午 11 时，如果需要在银行间进行拆借，伦敦金融市场 16 家主要银行会向外报出自己愿意支付的拆入利率。简单来说，伦敦银行同业拆借利率指的是：英镑、欧元、日元、澳大利亚元和美元等 10 种主要货币，贷款期限从 1 天到 1 年不等的贷款利率。

伦敦银行同业拆借利率并非总是由 16 家银行共同决定。涉及银行数量的多少主要取决于贷款期限和货币标价，一般在 6 到 18 家之间，而且首末两端会被排除（如果有 15、16、17、18 家银行参与报价，剔除最高、最低各 4 家报价，对其余报价进行算术平均计算；如果有 11、12、13 或 14 家银行参与报价，剔除最高、最低各 3 家报价，对其余报价进行算术平均计算；如果有 8、9 或 10 家银行参与报价，剔除最高、最低各 2 家报价，对其余报价进行算术平均计算；如果 6 或 7 家银行参与报价，剔除最高、最低各 1 家报价，对其余报价进行算术平均计算）。这种机制存在结构性缺陷，少数银行决定伦敦银行同业拆借利率更容易出现操纵汇率的状况。

16 家银行参与最重要的利率制定，其中最高、最低各 4 家银行的极端报价会被排除，剩余报价的平均数就是伦敦银行同业拆借利率。这个基数会影响我们把钱放在银行的存款利率（我们希望它尽可能高点，银行希望其尽可能低），也会影响我们向银行的贷款利率（我们希望贷款利率更低，银行会想尽一切办法让利率更高）。

尽管在计算伦敦银行同业拆借利率时，极端报价被排除了，仍然可以通过夸大或低估报价的方式来实现共同决定汇率的目的，主要看你出于什么目的，他们完全可以根据自己的需要予取予求。这样一来，如果对货币市场前景做出比较客观的预测，你就能影响它的实际运行。你心里想的当然是从庞大的金融活动中为自己谋利，而不会考虑别人的成本和收益。当较高的伦敦银行同业拆借利率对巴克莱银行有利时，它会报出一个高到足以被排除的价格，因此与它的报价未被排除相比，报价的平均数会被拉高。同理，如果较低的利率对它有利时，它还可以使用类似操作来拉低基准利率。

实际操作的情况会复杂些。巴克莱银行是大银行，是金融市场上的重要玩家，重要到其他银行和金融中介机构全都要仔细观察它的一举一动。如果在某段时期，美元的贷款利率被调高，会被其他金融主体当作参与制定基准利率的银行发出的信号，是这些银行真正的期望。其他金融市场参与者可能会针对这个预测调整利率。结果，一项准预测变成了自我实现式预测。事实证明，在此情况下这种行为有利于提高这些知名银行的特殊利益。

这些行为貌似只会造成短期影响。实际上，伦敦银行同业拆借利率同样会产生深远影响，因为基准利率的高低不但决定长期贷款利率，还能决定汇率。继而对一系列的经济决定和经济行为造成影响，如长期投资，企业、产业和国家的竞争力。而且，它还会通过影响出口增长率来影响国际收支平衡、工业生产效率和就业水平。利率是强有力的重要工具，会直接影响金融和实体经济的发展。

如果我们看一下基准利率调整的预言，就会发现市场预测是多么的精准。抛开汇率不谈，利率直接关系到国民经济的基准价格，决定着当下以及未来的贷款利率。银行分析师做出的这项预言（由专家的小圈子得出平均数，然后再推向公众）是不是也可以说是一种出色的能力呢？当然还要有一定的运气。那么，他们是不是应该得到表彰而不是批评呢？有时确实如此；做出准确的预言，需要正确的理论依据以及聪慧的推理头脑，还要具备绝对客观的判断能力。但是，有时也会出现这样的案例，我们会看到自我实现式预测的征兆，也试图在中央银行做出正式利率决定的会议中进行协调（当然是独立委员会）。更不用说，分析师毕竟会向别人咨询，得出共同的观点；这些内容会被大众传播媒体（无党派媒体）大肆渲染，货币政策委员会成员也都知道，只是几乎不可能去为此反抗所谓的市场合议结果，或者这些分析师达成的中间意见。委员会的专家承受着巨大的精神压力，但是没有一个人希望被媒体描绘成无知的墙头草，不理解其他银行分析师的明确意思，这就等于承认自己也不知道利率应该是多少！因此，他们通常只会"该怎么办就怎么办吧"。

我们应该记住，即便委员会成员投票的时候是保密的，但是结果在一个月后就会揭晓——谁是"鸽派"谁是"鹰派";谁要躲进洞穴,谁要顶住市场的压力站出来。控制市场利率的,不是货币委员会;与之相反,是市场在告知利率应该如何变化。即便不是经济学家,也不难猜出,银行分析师的所作所为都是为了进一步提升自家银行股东的利益,但是衙门不一定会为了自家的客户这么做。同时你也应该明白,当他们公开明确地表态时,预言一定会成真。当然,如果没有媒体牵扯其中,也无法实现。

这些把戏不会停止,他们会为了不同的目的,把各种各样的预测当作工具使用。所有签署《雅典协议》加入欧盟的前社会主义国家,都会加入欧元区。为了实施协议,他们制定了货币收敛的相关协议,即《马斯特里赫特条约》。截至2014年,其中的4个国家已经加入了欧元区:斯洛文尼亚(2007年)、斯洛伐克(2009年)、爱沙尼亚(2011年)、拉脱维亚(2014年)。虽然最常被问到的问题是,欧元会在什么时候成为其他国家的法定货币,但是这不是唯一的关键问题,更重要的是加入货币同盟的汇率问题。经济竞争、出口收益和进口成本都会受到汇率问题的影响,而且会对经济状况和长期的生产增长趋势造成影响。

如果本国货币太强势,在加入欧元区的时候,出于国家利益的考虑,该国会不愿意接受单一货币。葡萄牙当时的情况就是如此,比较早加入的斯洛伐克,本国货币的价值也被高估。这样一来他们的出口税收就会减少,无疑会对国内经济造成不利影响。

我们来思考一下接下来的案例。一家价值880万波兰币的波兰家具制造公司,一半市场是在国内,挣的是波兰币,另外一半出口,换来欧元。国内市场的利润率是10%,卖的商品能挣440万波兰币。汇率是4.40波兰币兑换1欧元,出口带来的收益也是440万。总收入是880万波兰币,同时还会带来经济繁荣:人员就业、企业家获取利润、政府获得税收。然后波兰币快速升值,汇率涨到了3.60,这样一来,出口业务便无利可图。这还不是最糟糕的,与国内制造商的窘况相比,进口商的日子反而更好过了,他们的家具能卖390万,国内市场也守不住了,因为波兰公司的生产成本就要400万。失去了竞争优势以后,没有生意上门,公司只能破产,随之而来的就是员工失业、企业家损失利润、政府损失税收。波兰境外的家具厂商正好与之相反,波兰币的升值让那些企业在波兰收获了丰厚的利润。一个国家的货币增值,说明该国经济形势良好,经济形势良好,当权的政客就能获得更多

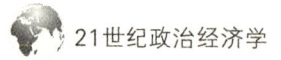

的选票。难怪他们更在乎如何能让波兰币保持强势姿态，而不关心我们的死活呢！

这一切与经济预测之间有什么关系呢？当然有关系，从某种程度来讲，可以说是密切相关。我们以波兰为例。波兰加入欧盟，不只是因为要履行约定，主要还是出于利益考量。也就是说，考虑到开始的对外贸易逆差，如果出口增速超过进口，做出汇率调整也是正常的。波兰币的强势，使得其他国家对波兰的出口贸易更容易进行。但是，波兰币的强势是波兰经济的弱点。

值得注意的是，在这种背景下，波兰境内的各大国际银行预测，到了2015年波兰币与欧元的汇率会达到3.5，其中几家银行的规模甚至比巴克莱银行还大。波兰币的大幅增值，让宏观经济调整和比欧元区其他国家更快增长的预期，完全失去了立足点。这种荒谬的结果是如何造成的呢？并不是预测的方法不健全，而是其他国家的银行试图影响经济组织的期望值，他们想在与波兰的贸易中取得平衡，尽可能获得更高收益，让这些国家的就业机会、利润、财政收入和政治支持得到更有力的保障。

会对现实经济造成影响的不只是各种各样的预测，或者说经济预测的作用也许没有我们想象的那么强。政府、中央银行、商业银行和投资银行、出口商和进口商、投资者和投机者的合理期待，也和那些企业家、家庭主妇一样，推动着经济的增长。那些说汇率会到3.5的人，并非依据具体经济模式进行推测，只是因为有人希望结果变成这样而故意为之。

那么，我们要如何评判这个预测结果呢？做出了这个预测并不意味着一定会变成这个结果，只是有可能会朝着那个方向发展。从波兰经济角度出发，我们一眼就能看出，这个预测对波兰无益，但是从其他国家的利益出发，就十分值得期待了。因此，是好是坏，主要看从谁的角度出发。利益双方的评判结果当然不会相同。这很容易理解，有人批判就有人表扬。一个人的立场取决于他所处的位置。首次得出这一结论的人已经称得上是一位出色的经济学家，即便他并不自知。

自我实现式预测可能会对宏观经济产生重大影响。对经济形势恶化的预测，无疑是给2011年和2012年希腊经济危机的大火上又浇了一桶油。不管是面向公众，还是在专业和政治领域内部活动中，如果继续宣称国内生产总值将以每年7%的速度下降，那么这些话真的会变为现实。之所以会发生这种事，是因为这种预测会影响经济活动中的各个组成部分——消费者、制造商、投资者、政府、外国合作伙伴，继而进一步影响他们的各项决定，导致消费支出和投资支出降低，让本就死气沉沉的产出愈加低迷，与没有做出这种预测相比，经济水平跌落得可能更严重。

西班牙的情况也差不多，西班牙的十年期国债利率超过了7%（基本可以认定该国金融状况已经超出了安全范围，这样一来，首先会失去金融流动性，然后是偿还能力），通常会导致利率上升到预测值。这与西班牙政府和欧洲中央银行基于基本面分析和可靠评估得出的现实期许恰恰相反。

这种现象应该引起重视，人们习惯称之为末世预言。如果包括政界人士、学术界的意见领袖以及媒体经济学家在内的所有人都认为，欧元不会存活下来，那么它就真的会消失。不只是因为这是他们的个人看法，还因为这种末世预言会影响世人的心态，从而对现实造成影响，与其他过程相互叠加，最终冲破临界点，变成压倒骆驼的最后一根草。如果没有这些预言，事情不会沿着这个轨迹发生发展。

如果媒体开始着手导演现金挤兑的黑幕，人们就会迅速展开行动，媒体写出的文字会化为现实，除非当局进行储蓄管制，否则日益严重的流动性问题无法得到解决。希腊会退出欧元区的流言甚嚣尘上，希腊人的做法实属正常，由于担心取代欧元的新货币（大家经常会提到的是希腊加入欧元区之前使用的德拉克马）会大幅贬值，为了保证财产的安全性，不管是偏听偏信还是有合理的理由，他们一定会从国内银行取出存款。如果西班牙和意大利也出现同样的说法，地中海地区的人民也许会开始把存款转向波兰或前苏联波罗的海国家。

我们应该据此得出什么样的结论呢？我们需要的不是末世预言，应该尽早发出一系列的警告，用设想周全的警示性语言帮助人们避免自我实现型的恶性预言变为现实。如果做出的预测能唤起人们的积极反应，对社会发展有益，事情的发展就会截然不同。如果这种预测能鼓舞大家的热情，人人抱持着创造美好未来的积极态度，这种预测就会转化成一种创造力。但是，我们还是不要过度乐观，要小心对未来经济前景预测脱离现实引发的证券资本市场、房地产或汇率的价格泡沫。这里还是要强调——凡事要适度。

经济学家都喜欢做各种预测，但是他们更愿意坚持自己的构想是正确的，虽然他们经常犯错。当一些人缺乏专业的态度时，他还是可以努力说服别人和自己，认为预测是一种警示，多亏了这种明确的预测，政客们在做决定时会考虑这种情况。这样一来，不管结果如何，他们都没做错什么。我们来思考一下接下来的案例。

有人可能会预测，除非对金融市场进行结构性的改革，否则到 2024 年，我们会迎来另一场重大危机。如果到了 2024 年，危机并未到来，他们会说，正是因为他们做出了那样的预测，所以我们才采取措施（结构性的改革）避免了危机。如果危机真的到来，那就是因为没有听他们的话进行改革。这样一来，基本上可以说所有的经济学家在所有问题上几乎从不会犯错。

技术进步是预测未来经济发展的关键所在。长期来看，如果没有技术进步，经济无法增长（至少不会出现量的巨变），社会也无法发展进步（至少不会出现质的飞跃）。技术进步解决了很多看似难以解决的难题，同样能帮助人们解决未来将要面对的难题。我们对技术进步抱有很高的期待，但是要记住世间没有万灵药。科技进步不仅能帮助人们解决问题，同时也可能引发新的问题。

技术进步不是一个线性的发展过程，这也正是在这种情况下我不能进行简单推测的原因，真的很难说清，预测比转换宽泛定义下的经济关系的各个阶段更容易。一方面，在很多情况下，进行预测或制订计划比对经济市场做出调整更加容易；另一方面，很难对与人口统计相关的领域可能出现的变化做出预测。

依靠技术进步，可以做出很多规划，做出科学的预测。预测可以帮助人们更好地规划未来。工程学、经济学都借鉴了这种方法，也包括管理学在内，从心理学角度来看，预测（如果发生这件事或那件事，就会出现……）或规划（如果我们做这件事或那件事，就会实现……）未来代表着一种能力。顺便说一句，欧盟在实践中进行的预测，准确地说应该是在进行规划，即规划具体公共政策。无论是用预测这个词，还是规划这个词，这里要强调的是，预测出一个过程或事件，以及对此展开的分析思考，是为了让社会大众明白我们为什么要接受制定出的社会和经济政策，借此塑造未来。

通过技术手段进行预测是规划未来的关键。科学、经济、管理、政治和非营利非政府组织等领域的专家，考虑到社会和经济发展的实用性，提出的各种前瞻性观点（不只是知识，还有表现出来的价值观和兴趣点）、战略性思考和研究的新技术新方法，也是规划未来时不可或缺的组成部分。在这种程序下制定的主要评估标准之一，就是由竞争性产业和其他所有经济活动引发的技术进步和新技术能达到的预期影响。我们会看到，通过跨学科的努力，能得出多么令人满意的经济成果。可以说，技术展望是未来政治经济发展过程中必不可少的一部分。

专家评估的方法不仅适用于这种情况，在预测发展走向和制定规划时同样适用。世间没有"万事通"，因此只能依靠精心挑选的专家团队，通过他们头脑中的知识对我们关心的事情进行推测。现在的问题是，如何进行合理地选择。应该遵循客观的标准进行判断，而不是得到预先假设的答案。最重要的是，要准确地构想出最初及后续衍生出的各种问题和困境。如果政治家们了解了这些问题，就能避免很多经济政策中出现的失误。我们不必对他们抱有太多期待，他们当然不可能知道所有问题的正确答案，即便是经济理论家也不一定知道，但是我们应该要求那些活跃的政治家们至少要知道该提出什么样的问题。

做出会对他人产生重大影响的经济决定时，最好向一些明智能干的人寻求意见。尤其是那些不仅学问深厚，还很了解国家、地区或全球经济严格的政策限制的人，如果是企事业单位的决策还要对市场定位有所了解。世间不乏这样的人才，但是你要用心寻找才行。

再强调一次，经济学家的答案应该是政治家的问题，政治家的头脑中应该始终想着未来。政治家应该去处理的是社会的未来，而不是已经过去的经济史。一位智者曾经说过，与其在错误的道路上一意孤行，不如停下来问问正确的路。因此我们应该问问自己，我们想不想了解得更多，认识得更远。但是，知道向谁提问以及如何提问，也是一门艺术。如果你自己掌握的知识不够广泛也行不通，即使不必对顾问的话言听计从，他们的意见也还是要参考。但就算选择不听取他们的意见，只要我们坚持其他更正确的见解，也没有什么不对的。如果我们一味依赖那些与我们的意识形态和政治立场相同的顾问，会引发灾难性的后果，因为那些人就是专门为已经预先做好的决定辩解的。

政治家们的经济顾问应该多花点时间，看看专业论文，而不是金融市场分析师的理论和专栏作家的见解，他们应该思考与当下相关的问题，将自己的意见提交给决策者，提醒他们即将做出的经济决定会引发什么样的后果。按理说，作为专家顾问应该提出好的意见、利用自己的高水平和专业知识，为大家搭建一个美好的未来，而不是为自己赢得名利。但是在现实的政治中，却恰恰相反。

思考、记录和谈论未来的方式多种多样，最重要的是要努力实现。我们可以尽情地猜测，反正不会造成什么损失。我们也可以期待，并做出推测：事情曾经这样发展，正在那样进行，可能会变成如此模样。有时候这么做也是有必要的。

我们还可以依据控制发展进程的科学规律想象未来，点缀我们的梦想。我们不用故意回避，最重要的是，未来是需要努力去塑造的。

虽然持续增长的领域存在很大的不确定性，但未来依然是可以被规划的。然而，能实现吗？展望未来，虽然充满不确定性，但同样充满可能性，未来是可以实现的，因为我们希望它实现。这也解释了我们为什么要想象经济发展态势的问题，我们还要将累积的知识加以应用，更好地掌控发展的过程。如果确实存在客观规律，即便不能完全套用，也一定会适用于未来的某个时间或某个特定场景。

实现的程度是否取决于我们自己？这是所有问题中最值得重视的。

| 第二章 |

全球化，是历史的偶然吗？

曾经，世界被划分为两大阵营，除此之外便是与之存在一定距离的所谓第三世界，但是三大阵营之间的界限，并非像刀切一般界限分明。之所以如此，是因为中间存在着激烈的经济和政治竞争。这个说法很妙，一个世界如何分割成多个世界呢？一种说法是两大联盟属于第一世界；还有一种说法是以美国为代表的高度发达的资本主义国家属于第一世界，以前苏联为代表的社会主义国家属于第二世界。

如今，时代已经改变。以美国为首的同盟国家属于第一世界，这种说法已经被广泛接受，随着苏联解体，社会主义联盟分崩离析，第二世界走向衰亡，而第一世界国家却变得更加强大。不过，如今的第二世界已经今非昔比了，主要体现在经济运行质量方面。中国和其他一些资本主义国家占据了世界出口总量的1/4。与此同时，很多第三世界国家也被贴上了"新兴市场"的标签。这种划分不再明显，很多国家和地区无法清楚地被划分到第一、第二或第三世界，比如亚洲的哈萨克斯坦、非洲的坦桑尼亚、美洲的阿根廷。还有一些国家十分乐意加入第一世界的行列，认为那是西方世界的理想国，比如欧洲的捷克共和国、美洲的智利、亚洲的马来西亚。面对这些来自之前第二和第三世界的国家，西方世界表现得不太礼貌，把它们归到了次要经济团体中。这些国家要多久才能脱颖而出，脱颖而出的又会是谁呢？这是下一个要思考的问题。

根据前面的规律，我们可以进一步划分出第四世界国家。那些经济发展比较落后，还无法达到第三世界水平的国家可以加入这个行列。与此同时，这些国家中大部分并没有表现出"脱颖而出"的态势，反而不断下行，走到了全球经济的边缘。大部分国家都在下滑，它们的社会制度问题不断，经济无法增长，所有这一切又伴随着各种各样的人道主义危机。在这种经济情况下，谈论社会边缘化问题毫无意义，很多族群无法享有优质的基础公共服务，被排斥在教育、卫生保健和文化体系之外。我们随便就可以列举出一些国家，比如索马里（地处北部的索马里兰除外，这一地区的经济实际上是独立的，算是半独立国家，各种机构相对健全）、乍得、也门、海地、几内亚比绍、科特迪瓦。当然也不能忘了阿富汗，虽然西方国家花了不少力气企图改善它的社会结构和经济状况，但结果不容乐观。被占领之后，伊拉克的状况也没有就此明朗。由于国家分裂，津巴布韦和南苏丹新近也加入了这一行列。后来加入的是叙利亚。它们并不属于经济暴涨背景下的新兴市场。还有一些大国的状况也在持续恶化，墨西哥的（人口约 118 000 000）集团犯罪活动无法得到有效的控制，尼日利亚（人口约 171 000 000）宗教冲突、社会分化，巴基斯坦（人口约 197 000 000）国内冲突不断。

尽管如此，也是有好消息的，很多地区正朝着积极的方向发展。近期最引人注意的是一个曾经非常贫困的地区——缅甸，这个国家正朝着自由民主化的方向前进，敞开了对外交流的大门，进步的速度远超过大家在不久之前做出的预期。尼泊尔、斯里兰卡以及一些中美洲国家和非洲国家的状况也在改善。

对国际社会来说，每个经济衰退或陷入崩溃状态的国家都可能成为危害国际秩序的重要因素。索马里、阿富汗，以及最近的叙利亚、马里就是活生生的例子。

如何才能为 21 世纪勾绘出明确的蓝图呢？哪些地区的轮廓会更清晰，哪些地区会逐渐模糊？地理意义上的边界又会如何改变？这一切能否会在我们的有效控制之下和平过渡？少数发达和落后的经济体会持续发展，还是其中一些会走向衰落？国际社会认可了苏丹的分裂；马里境内有势力通过武装斗争企图独立，自封"阿扎瓦德伊斯兰共和国"，但并未被国际社会认可。国家分裂事件的爆发会变得更频繁吗？不只是科索沃，阿伯卡兹共和国（格鲁吉亚西北一自治共和国）是否也有独立的空间？自由资本主义市场制度和国家资本主义制度，对价值观和社会机制各有所好，世界两大组成部分会再次爆发冷战吗？为了找到这些问题的答案，一方面我们必须先掌握实现全球化的潜在问题；另一方面，也要认清世界上存在各种各样的经济体系和政治体系这个现实。未来它们会变得相似吗？或者进一步发展，最终统一？如果不是，哪一种制度会变得更加盛行？

似曾相识？是的，有点这个意思，类似的事情好像曾经发生过。我们要再次面对这个问题，当共存的意识形态、政治、社会和经济体系要发生变化时，我们应该选择哪种过渡理论？分道扬镳还是携手前行？抑或是会产生一种超越其他制度的霸权系统？之前这种进退两难的局面似乎得到了解决。有些人认为，我们已经到达了历史的尽头，自由民主和自由市场取得了胜利而且胜利还会持续，其他什么也没留下[7]。但是换个角度来看，历史是没有尽头的。就像以前一样，历史的车轮只会滚到下一个十字路口，以后也会如此。多亏了这个华丽的题目，美国政治学者弗兰西斯·福山在活着的时候就被载入了史册。

虽然对立的体系之间和平共处了多年，尽管各有短处，但是我们避免了可能会发生的巨大灾难，它们之间实际上一直在对立抗争。卡斯帕·温伯格是里根时期的国防部长，对这个现实持开放态度，他认为如何打击社会主义是美国面临的巨大挑战。里根总统的政策走向，是尽可能地实现全球化。很多人很感激他的努力，甚至为他树立了纪念碑，比如华沙就有里根总统铜像。在冷战藩篱的另一端，有一段时期，尤其是20世纪70年代，很多苏联思想家和政治家却坚定地认为世界会按照他们的方向发展前进[8]。如今，没人会再给他们树立铜像了。

结果已经明朗，全球化的资本主义取得了胜利，全球化已经席卷全球。也就是说，世界不会跟随着各个主义各奔东西，反而会在那些本质上对立的体系之间找到平衡；同时，各种完全不同的理论也无法合二为一，只是不同的价值观、社会制度和政治体系会逐渐变得相似，在不远的将来，通过互相吸收各自的特点，差异性会逐渐消减。事实上，在过去的几十年，大家已经趋于相似，现实的资本主义——不是书本上的描述和政治表现形式——接管了很多社会主义，不管他们是否承认。反之亦然，真正的社会主义，尤其是一些国家根据市场导向进行了颠覆性的重组，从资本主义制度借鉴了很多解决方案。在20世纪70、80年代很明显，主要以前南斯拉夫、波兰、匈牙利为代表，中国和越南在90年代和21世纪伊始也做出了改变。

以此类推，接下来的几十年占据统治地位的会是谁？这是一个值得思考的问题。如果我们将一种体系独霸天下的可能性排除掉，不去说将来会变成自由资本主义的世界还是国家资本主义的世界，接下来会如何发展？要想知道"接下来会如何发展"，就意味着要通过各种推理，寻求一个理智的答案，其中涉及的不只是经济和政治，还有文化。接下来一定会发生的是什么？可能发生什么？我们会面临什么？世界的不同地区、不同宗教和国家、不同的社会和经济体系会继续往相近的方向发展吗？如果是这样，会发展到哪种程度，以什么样的速度发展，经济方面又会出现哪些起伏？或者，世界会像现在一样呈现多元化的发展态势，有足够的空间让各种形态和平共处，但是在初始阶段它们之间只能为了争夺生存空间激烈对抗。未来的世界能容纳多少种多元的经济体系，具体会是哪些呢？

这些问题必须要在全球化现象的背景之下加以考量，因为这正是这个时代的大趋势。我们再重申一下全球化的定义，从这里开始思考才能摸清门路。这个宏大的过程包含很多侧面，通过各个领域加以展现。全球化也包括政治、文化、社会、经济、环境以及技术等方面。这也难怪，各个社会科学学科出于各自不同的考量，会用自己领域的词汇下定义。下定义的时候，社会学家和生态学家的侧重点是不同的，政治学家与人类学家的关注点也是不同的。只要用词得当、严谨精准，他们都可以各自给出定义。可惜，并不是每位经济学家都能做到。

各个学科的杰出人才多少会有些赘述。换句话说，谈及"世界经济全球化"或"全球化的世界"时，他们会用一个概念去定义另一个概念。比如"奶油色的奶油"或"散发着花香的鲜花"。"全球化"和"世界化"是一个意思，都是指某件事物变成世界性的，遍及全球或全世界。从定义上来讲，全球指的就是世界，世界指的就是全球。在某些语言中，比如法语，全球化用的是"全球化（la mondialisation）"，他们不会说"全球化世界（la mondialisation du monde）"。在英语中，即便是诺贝尔奖得主也会不小心从嘴里冒出"全球化世界（globalized world）"这个词，《经济学家》这类权威杂志也会出现这样的词组搭配。他们辩解说（虽然没有这个必要），他们有时要表达的是"世界化"的意思，描述的是那种全世界彼此相关的现象或发展过程；有时，他们是要表达"综合化"的意思，是想描述将很多工序融入到一个超级进程中的概念。后来，全球化又发展成"一切主义"，很多东西集合在一起，将多种多样的学科、方向、力量和节奏放到一起，糅合成统一的整体。

如果不是实现全球化，那么接下来会怎么样呢？因为从定义上来看，世界的定义本来就是全球的概念，是一个整体。全球化就意味着已经世界化了吗？从经济层面上来讲，确实如此。在经济关系中也是如此。贸易、投资、金融等经济活动也是如此。劳工的转移也已经实现了全球化，虽然因明文规定的限制这方面的发展有些延迟。当然，信息和技术也在转换。环境保护也面临着巨大挑战。从另一个角度来看，各种理念、价值观、品位和流行时尚也是全球化大军中的一员。还有就是文化，虽然不能说地域性已经完全消失，但是至少已经部分实现了全球化，有些人会被说成"麦当劳居民"，但是世界并未因此大同，也有人反对文化的全球化，比如Lady Gaga在雅加达举办的音乐会被迫取消，因为那里还无法接纳这种文化风格，或者说这种文化风格无法融入当地。在瑞士是不可以修建清真寺尖塔的，印度尼西亚禁止国际流行歌星进行表演。包容也在逐渐变成全球化的品质，只是发展脚步稍缓。恐怖主义和犯罪也是一样。

这一次，我们应该避免走极端，很多人都表现出了这种趋势。毕竟，传统意义上以国家为单位的经济发展，无论是国家边界还是区域分割，现在已经不像之前那么明显。但是，美国只有1%的企业在发展国外业务，对别国市场进行研究的人只有2%，世界范围内在非出生国家居住的人只有3%，在标准普尔500指数名单上的公司中担任总经理的外国人不超过7%，国外投资占投资总数的9%，股票交易市场中只有20%的投资者来自国外，跨国互联网访问也仅有20%（我的Facebook地址是www.facebook.com/kolodko，其中22%的粉丝来自波兰以外的其他50多个国家）。

从经济上来讲，全球化是自由民主化的自发历史进程，同时伴随着商品、劳资市场一体化的成长（尽管后者的发展因为受到限制，有些迟缓），抛开最近施行的隔离政策不说，从一定程度上来讲，实质意义上的全球市场正在形成。这是一个比人的生命还要长久的历史进程。这个过程是自发的，甚至可以说是无序的，因为谁也无法做出计划或进行控制。这个宏大的历史进程带来了市场全球化，且这一过程是不可逆的，国家和地区相互交融。有人可能会说，从某种程度上来讲，其他地方已经发生的事情和带来的结果会对这里发生的事情产生影响。

全球化是一个实时的持续的动态系统，这一系统的运行不会间断，既会带来收益也会带来负面产物。因此，当对全球化进行评判时，应该着眼于多重结果，以长远的目光均衡地看待问题。如果平衡后的结果是积极的，对经济、社会和环境的可持续发展有利，就应该推动全球化进程，以此塑造更美好的明天。

一些还算靠谱的预测从动态经济学的角度出发，对某些特定的相互关系进行了阐述。其中指出，在其他条件相同的情况之下，共同的语言能让营业额提升42%；如果指定的国家属于同一个贸易区，能提升47%；如果货币通用，会提升

114%，奇妙的是，如果有相同的殖民历史，会提高188%[9]。这些预测者通常是先推理一个假设，再进行"证明"，即便这种推测含有很大的水分，但是总的来说还是有一定价值的。对外贸易、国际汇兑、经济一体化、政策协调，这些都是促成经济扩张的重要因素。

金融全球化是促进经济增长的另一个重要因素。如果金融领域无法实现全球化，落后于富裕国家的地区就无法发生巨大的变化，最终融入全球市场。金融市场的全球化，在特定的环境下，会让贸易往来和投资项目更加容易，反之则是不可能实现的。我所说的"在特定的环境下"其实是指这也是一把双刃剑，从相反的角度看，也会带来毁灭性的打击。很多国家都品尝过金融全球化带来的恶果，不健康的资本流出，国内和国际金融市场缺少适当的监管，都会引发灾难性的后果。

与金融部门关系密切的特殊利益集团对银行施加压力，使得投机性交易不断增加。如果银行破产，其他部门和整体国民经济都会受到牵连，由此可见交易规模的庞大程度。而这一切，最终会导致虚拟金融经济与真正重要的实体经济渐行渐远。投机取巧的商人或剥夺或控制了大部分实业家的资本[10]。他们通过投机获得丰厚的利润，从本质上来讲，这些投机商人是通过再分配制度占有他人创造的价值，而自身并不创造价值。有人将这种病态的市场经济称之为赌场资本主义[11]，也有人称之为经济金融化[12]。因此，放宽金融管制和金融自由化的底线在哪里，仍然是有待解决的经济学难题。

尽管如此，全球的整体状况还是相对平衡的。如果我们把世界分为两部分，一部分是拥有约10亿人口的发达国家，占据了全球产值的一半左右；另一部分是人口约占全球总数6/7的发展中国家，总体产值和发达国家相当，通过研究它们的发展轨迹不难发现，经济的多样化发展主要发生在2008—2013年经济危机发生之前的二三十年间。属于"新兴市场"的国家更是如此。金融危机时期，增长速度差异进一步拉大，富裕国家的劣势更加明显。

通过进一步比较分析，我们可以将欠发达的经济体分为全球化程度较深和全球化程度较浅的国家。分析结论由外贸成交额占GDP的比例和资本流动的规模构成，也就是从相关国家或地区吸收资金以及用自己的盈余资金进行投资的规模。从这个角度来看，以传统方式计算，20世纪90年代以及21世纪前十年，较少参与广义全球交易的欠发达国家，经济发展特点是低增长甚至完全停滞，而富裕国家在1990—2007年间，国内生产总值年均增长了2%以上。与此同时，全球化程度较深的另一组，即发展中国家，国内生产总值增长率高达5%，是发达国家的两倍多。也就是说，在全球化的过程中，不发达经济体走向了两个极端：全球化程度较深的发展中国家在逐渐拉近自己与发达国家之间的距离，而那些全球化程度较浅的国家却越来越落后。

因此，"第二"和"第三"世界国家的收入水平开始渐行渐远。加纳和韩国是最具代表性的两个国家，半个世纪前，两国的人均国内生产总值差不多，都很低，如今韩国的人均国内生产总值是加纳的10倍。我们可以说，这只是两个小国，没什么大不了的。那我们就说说两个大国，无论是国土面积还是地缘关系都与加纳和韩国完全不同。1990年，苏联已经摇摇欲坠，俄罗斯作为苏联共同体中最重要的国家，产值是中国的3倍。中苏分道扬镳后，经过20年的全球化发展，如今中国的产值已经是俄罗斯的近5倍之多。当然了，除了全球化的发展方向以外，还有很多因素共同作用才促成了如今的结果，尤其是体制改革，这归功于包括全球化在内的很多因素，尤其是系统改革的不同方向，但绝不能因此低估全球化的重要性。

补充一点，由于相关国家的人口平均每年增长超过2%，有时甚至能达到3%，而国内生产总值停滞不前，也就意味着人均收入在下降。按照这个道理分析，即便是高速发展的经济体人均产出的增长水平也应该是呈下降趋势的，下降幅度在0.5%~2.5%之间。与此同时，发达国家的人口增长率却在急剧下降，已经低于1%。除了北美、澳大利亚和新西兰，很多国家和地区的人口已经不再增长甚至出现了负增长。目前，低出生率和人口老龄化是发达国家的人口特点，在这种情况下，如果人口增加，肯定不是由于自然繁殖，而是移民的增加。欧盟国家以及日本尤其如此，日本拥有永久居留和长期居留的移民数量相对较少。如果事态继续朝极端化的方向发展，甚至可能出现这种情况：经济虽然停滞不前，但是由于人口的减少，人均资本收益反而会增加。2009—2012年间，日本就出现了这种情况，虽然经济零增长，人口却略有下降。2012年，已经如预期的一样，死亡人口超过了出生人口。

与之相反的是，另一些经济体的发展方向却并不清晰。全球化的巨大浪潮影响着一代人的发展，那些蒸蒸日上的国家如何才能有效利用国际贸易获得收益？

如何吸引国外资本，将之投入到本国经济建设当中呢？如今，投资是新技术转移和管理质量提高的主要手段，投资活动显著缩小了引资国家与富裕国家之间的差距。换句话说，在全球化的过程中，这些国家已经逐步赶超发达国家。可惜，无法利用全球化增加自身优势的国家，仍然不在少数，它们与高度全球化的国家之间的差距只会越来越大。

给大家举个最显著的例子，同样是国土面积大、人口数量多的国家，中国取得了巨大成就，刚果民主共和国却依然是最落后的国家之一[13]。这两个国家走上了完全不同的两条路，除了整体环境不同，很多偶然事件也会影响经济的走向。合理利用宝贵的自然资源，免遭"资源陷阱"的诅咒，这是一个国家发展过程中可以借助的优势。种族冲突和自然灾害，则会给国家的发展造成严重的负面影响。

因此，总的来说全球化会带来强劲的经济发展动力，主要是因为：

（1）国际贸易引发规模经济，也就是说，出口贸易会增加企业的生产规模，从而降低单位成本；

（2）相较于封闭的经济活动，能更有效地分配人力和资本；

（3）员工可以在参与全球贸易的过程中相互学习，提高自身技能。

这一切听起来似乎是水到渠成的事，实则不然，并非每个人都能从经济全球化的浪潮中获利。这里有很多需要注意的问题，比如待遇不公的问题。在全球化带来的新经济环境下，如何运用经济学知识为己谋利，这也是应该注意的问题。注意，这是关于什么取决于什么的经济知识运用，以及如何在新的经济条件下带来全球化。未来也是如此，并非人人都能从交易中获得好处，但是全球经济一定会快速增长，这是可以肯定的。那么，这其中有哪些决定性因素呢？为了在经济快速增长的过程中抓住有利条件为己所用，而不是被人利用，我们应该怎么做呢？

综合竞争力决定了一切。企业家、行业、国家经济、集团公司，能依赖的唯有自身的竞争力。那么，决定竞争力强弱的到底是哪些因素呢？竞争力主要取决于技术、人力资本的质量和管理质量、销售技能。但是政府的服务质量也不能忽略，政府向公众和企业家提供标准化的公共服务。如今，私营企业要参与全球市场的竞争，因此一定要扩展自己的羽翼。政府制定的制度和规范、标准和各种条例都会影响企业的竞争力。除此之外，硬件经济基础设施也是决定竞争力的重要因素。例如，如果我们将英国公司迁至尼日利亚，继续使用原英国公司的技术、管理理念和员工，但是公司的整体效率会因为缺乏基础设施，再加上受当地经济体制的影响而急剧下降。也就是说，民营企业的技术实力、政府的政策和法规决定了竞争力的强弱，无论是对于市场还是政府而言都是如此。

无论是曾经的日本和韩国，还是如今的中国和巴西，德国和法国也是一样，如果政府不积极参与，任何国家永远都不可能拥有比其他经济体更强的竞争优势。但是政府发挥的作用却不尽相同。在亚洲国家，政府主要是提供产业政策支持；在欧洲国家，政府通常会借助法规支持创新和技术发展。但是，无论政府的侧重点是什么，这些国家之所以能取得如今的成就，都与政府在教育、基础设施建设和重要研发项目上给予的强大资金支持是分不开的，当然了，公众提供的资助也功不可没。未来也是一样。

全球化是这些成功典范的助推器。在当今世界，采取贸易保护的封闭经济体，不可能出现长期快速增长的情况。朝鲜和韩国在这方面形成了鲜明的对比：朝鲜经济自我封闭，按照购买力平价推算，人均 GDP 只有 1 800 美元；韩国实行自由经济，人均 GDP 超过 33 000 美元。如果这个数据是准确的，也就是说，没有竞争的封闭经济体人均国民收入仅是充满竞争的开放经济体的 5%~6%。

值得一提的是，英国杰出的经济学家琼·罗宾逊，在朝鲜和韩国未来局势的问题上，做出了错误的分析。鉴于过去的现实情况（在1950年和1953年朝鲜战争结束后的重建期间，重工业主要分布在朝鲜）以及当时的局面（据估计，1975年朝鲜人均 GDP 仍高于韩国[14]），她宣称："很明显，朝鲜迟早会将韩国纳入社会主义，最终实现国家统一。"[15] 不难发现，在 1977 年的时候，包括剑桥大学学者在内的很多学者都坚信社会主义更具优越性。

开放的经济才能带来成功，对外开放可以把自己的产品销往全球，当然也不能惧怕竞争，应该通过优秀的企业管理理念和足够的宏观经济政策支持积极面对。制造商和供应商，采购商和消费者之间都存在竞争关系。其他国家和地区生产的汽车在德国随处可见；日本也没有放弃美国的电脑市场；除了巴西航空之外，还有很多国家的航空公司在巴西开展业务；在西班牙喝到的不只是本地酒，还有很多进口酒；在丹麦的酒吧，你也可以看到一个吉尼斯（英国产黑啤酒的工厂）的搬运工在送货。当然，为了保护本国市场，躲避外部的竞争压力，有些国家确实会制定一系列的保护主义政策（通常会被认定为不公平贸易），但是在自由贸易的大背景之下，这只是特例，而不是大趋势。

话又说回来，也不能因此就把自由贸易视作理想化的模式。一些经济实力较弱的成员，技术水平低，基础设施不足，制度薄弱，工人的能力和管理质量也存在问题，他们很难将自己的商品送入市场，有时几乎完全没有生存的空间。另外，在所有的自由贸易获益论中，不公平竞争或公然保护主义措施仍然是最有影响力的因素。很多国家都在刻意保护本国的农业，除此之外还有很多领域也是如此，他们会制定政策抵制来自美国、欧盟、日本以及阿根廷、澳大利亚等国的竞争。但是总的来说，市场进一步开放是必然趋势，在不久的将来，农业市场和服务市场将会是进一步开放的两个主要领域。

那么，全球化是不可逆转的吗？我指的不只是文化方面的全球化（虽然这一点很重要，实现文化全球化之后，Lady Gaga 才能在雅加达表演，莫斯科才能再次接纳麦当娜），也指经济全球化。地球各个角落的人有机会享受相同的商品和服务吗？相似的生产和分配方式会扩散到全世界吗？生产和生活水平会继续提高吗？生产方式和生活方式会变得愈加相似还是会出现本质的差别？上海的发展走势会越来越像大阪吗？河内会越来越像曼谷吗？25 年前，这些城市之间似乎还存在着不可逾越的鸿沟，如今，有时候你甚至分不清自己到底身在何方，再过 25 年又会变成什么样子呢？两个旅客，一个从伦敦飞往莫斯科，另一个从莫斯科飞往伦敦，由于技术故障都降在了华沙，却都以为自己到达了目的地，上一辈给我们讲述的这些逸事，我们还会口口相传吗？

我们不要忘记，100 年前，一些人觉得社会发展到现在（虽然当时不叫全球化），这个过程是不可逆的。1914 年，凯恩斯还很年轻，他非常向往自由市场的到来，随之而来的自由化、一体化会将世界带入一个伟大的时代。他写道，一个人在伦敦的公寓里坐在椅子上，就可以借助伟大的科技，给远在印尼的经理人打电话，并指示他到橡胶园去收钱。短短几个月的时间，世界发生了翻天覆地的变化。接下来的近一个世纪发生的事情证明，全球化是可逆的。1929—1933 年的经济大萧条将世界分成了两部分，冷战又将后来的世界经济分成了"两大世界"和"第三世界"，这一切都与自由化和一体化的目标背道而驰。

有些人认为应该将剩余利润进一步投资到国外市场，赚取更多的利润，打造日不落的经济神话，但是，也有人对此提出反对意见。也许人们可以追着太阳走，

但是阳光无法普照所有人，世界上总会有些阴暗的角落是太阳也无力照射到的。人们将当时的世界政治和经济制度称作帝国主义，列宁认为这是资本主义的最高阶段。列宁的帝国主义理论强调，这一阶段的资本主义具有五大特点：

（1）资本高度集中，形成垄断；

（2）银行资本与产业资本融合，形成金融资本和金融寡头；

（3）扩大资本输出；

（4）跨国企业分享世界市场；

（5）各大资本主义列强在全球范围内完成领土划界动作。[16]

撇开"价值判断"这个非常重要的问题不说，在目前的资本主义阶段，这些特点是否与我们的时代存在一定差距呢？其实，只需将第五条的"领土划界"改为"势力划界"即可。还有就是最好不要把中国、俄罗斯这样的国家称为"资本主义列强"。这些国家可以被划分到国家资本主义的范畴，但是很多分析家或研究人员，永远不会将它们纳入"资本主义大国"的名目之下。

列宁不愿等到资本主义自己分崩离析，不只是那个时候，在被世人视作泥足巨人的沙皇俄国时期，列宁就曾试图找到这个体系最薄弱的环节，将之推翻。第一次世界大战爆发，列宁提前实行了他的计划。如果不是因为这场战争破坏了经济，激发了群众的革命情绪，伟大的十月社会主义革命很有可能无法取得胜利。1905年的革命和政治、文化环境也在其中发挥了作用。20世纪初，俄罗斯正处于经济快速增长时期，但僵化的政治结构和不合时宜的司法体系，降低了俄国的扩张速度，这个伟大的国家最终沦为笑柄。

我们回到核心问题上来，反全球化在未来可能意味着什么？现在要回去探究过去就已经知道答案的问题吗？如果是这样的话，要探究什么？世界会出现之前不曾有现在也不存在的新特性吗？

其中一个假设是，强大的国家封锁自己的边界，设置贸易壁垒，通过关税和其他保护主义措施将自己隔绝。在经济和政治都存在明确界限的世界中，不仅商品和资本流通会遇到障碍，人口也无法自由流动。关税、外汇管制、签证以及文化上的障碍都是无形的壁垒。即使是在经济、政治、文化开放水平较低的国家，比如阿拉伯国家或前苏联的一些国家，还是有很大一部分厌恶这种状况，很多国家在近期发生了变革，更不用说来自商业、科学和文化世界的人了。既然如此，我们应该排除这种可能性吗？绝对不能。

奥巴马连任，避免了中美之间的贸易战争，也就意味着避免了战略性的错误。有趣的是，如今其实很难想象这种画面：中国背向世界，拒绝与美国进行文化、政治以及最重要的经济交流。中国在很早以前就实施过锁国政策，在16世纪，当时的皇帝下令销毁技术，烧船禁海；到了19世纪，中国再次向全世界关闭了大门，导致中国的产值急剧下滑，从占全球产出33%的惊人份额跌落到了5%。是的，你没看错，在19世纪30年代的时候中国的产值占全球的1/3，超过西欧和北美。才过了几代人，到20世纪50年代的时候，中国的产值只占全球总量的1/30，最多的时候也只有1/20。现在西欧和北美地区的产值各占全球总量的20%，但它们的贡献正在相对下降，中国的份额已经达到了16%并仍然在快速增长当中。

严重的政治事件也会对全球化的过程产生长时间的影响。以色列如果袭击伊朗就会扰乱全球化。考虑到地区政治局势，虽然没人希望发生，但是可能性还是存在的。权威周刊《经济学人》曾经发表文章对这种假设做出了分析，文章中列举了合理的论据，解释了战争无法带来预期效果的原因[17]。伊朗不肯放弃核计划，坚持说出于和平目的。叙利亚和伊拉克的局面使得西方国家和以色列对伊朗更加不信任，不只是怀疑，甚至坚信伊朗在开发核武器。因此，从军事角度出发，以色列必须采取预防性攻击才能阻止伊朗拥有核武器，从而避免更大的灾难。虽然冲突是区域性的，但是换个角度来看，却会引发全球性的经济问题。首当其冲的是石油等能源价格飞涨。不仅因为伊朗是重要的石油出产国和输出国（尽管西方国家的经济制裁，降低了出口的重要程度），更重要的是，从波斯湾通往霍尔木兹海峡的航线会被封锁，虽然不至于完全停运，但是会很困难。交通受阻一定会引发能源危机，加速通货膨胀，全球经济也会跟着衰退。但是不管怎么说，全球化的进程不会停止，只是有可能速度放缓而已。短期内，油价上涨对其他石油生产国有利，尤其是那些海湾以外的国家，如俄罗斯、尼日利亚、安哥拉、墨西哥和委内瑞拉、阿尔及利亚和利比亚。但是从长远来看，贸易和生产领域带来的负面效应，也会对这些国家造成不利影响。经济和金融体系的动荡与体制、经济和政治摩擦息息相关。

保护主义指的是经济层面的爱国主义，捍卫自己的正当利益，在没有武力冲突的情况下也会出现。世界贸易组织是最成功的国际组织之一，其中有156个成员国，该组织经常要处理这方面的问题。俄罗斯于2012年加入世贸组织，牵扯到了很多国家，世界范围内的所有生产活动和贸易活动都受到了影响。不难想象，诸如俄罗斯加入世贸组织这种比较大的变动，会扭转自由贸易的趋势，世界贸易组织的很多规则也会被打破。在极端的情况下，如果那些经济地位对世界贸易至关重要的主要成员决定退出，世界贸易组织可能会因此瘫痪。之后，大家会相互指责，全球贸易额开始下降，不光产量增长速度会下降，绝对产值也会下降。

借此机会解释一下，为什么说全球贸易的快速增长是全球化进程当代阶段的主要特征之一。在发生危机前的几十年，成交量的增长速度是全球产值增长速度的近两倍，产值平均每年增长4%，成交量平均每年增长近8%，全球化是全球经济增长的强大推动力。数以千万计的人们获得了工作机会，数以百万计的人们从贫困的恶性循环中解脱出来。

反过来，当第一波危机席卷全球时，全球贸易成交量受到的影响比总产值大得多。2009年全球产量下降了12%，从绝对数字上看，只有0.8%。如果不是因为对分销地区造成的巨大负面结果和经济以外的长期影响，这种轻微的下降似乎不值得大惊小怪，尤其是第二年的产量增幅又达到了5%！然而，正如我们开玩笑说的那样，好人也会受罚。无论是日本和德国这样的大国还是斯洛文尼亚和爱沙尼亚这样的小国，作为全球最开放、最看重竞争力的经济体，遭受的打击比危机的始作俑者（即美国）还要严重。原因是，美国其实最依赖的还是本国市场而不是国际市场。2009年，美国国内生产总值"只"下降了3.5%，而日本下降了5.5%，德国下降了5.1%，斯洛文尼亚下降了8.0%，爱沙尼亚下降了14.3%。

如果说要花很长时间才能扭转之前的全球贸易趋势，在未来，要扭转产值趋势也要花费很长的时间。全球化水平开始下降的话，不仅会对世界经济造成影响，也会影响政治局势。更糟糕的是，产值下降会带来灾难性的后果，人们却会因此将责任怪到全球化的头上，这显然是不合逻辑的，我们在这个时候本应该更支持全球化才对。实际上，如今大家会在意识形态上将世界分为"我们"，也就是自己的国家，和"他们"，也就是除去自己国家之外的其他国家，所有人都只会怪罪别人。这种状况很不健康，我们应该警醒。这种想法无法引领你找到出路，越早跳出这个恶性循环越好。

但是说起来容易做起来难，因为全球化进程还面临着其他重大威胁。需要特别关注的是三个方面的表现：全球化、政府和民主。一些研究人员喜欢大肆探讨反全球化[18]的观点，谈到了全球化的本质，有人认为在全球化过程中存在着不可克服的矛盾。

就其本质而言，全球化是世界范围的现象和发展过程，对各国经济和各国状况都会造成影响。另一方面，在演变的过程中，也会形成多国集团，在某些情况下，一些国家会组成共同利益体，采取相似的制度。近年来，一些传统的发达地区形成了同盟，欧盟就是最好的例子。最后，还要谈一谈刚才提到的第三个要素——民主，对于一个国家而言，民主既能起到好作用，也能起到坏作用，一些多民族国家还在寻找让民主发挥有利作用的方式。如果世界大同，人类变成一个整体，民主还会在未来发挥作用。如今，全球经济一体化已经成为主流趋势，但是我们还不够成熟，无力创建一个全球性的社会和真正的地球村。

我们应该朝着这个方向努力吗？我们应该怎么做呢？这些是难以逾越的障碍吗？我们对未来应该抱有什么样的期待？有什么可以做的？为了美好的明天，值得付出哪些努力？经济、文化、政治，甚至军事领域，都有可能出现摩擦，我们如何才能保证这些摩擦不转化成全面的冲突呢？什么因素会影响全球化的进程？甚至在极端情况下，哪些因素会翻转全球化的进程呢？这些问题都非常重要，我们不应该回避，应该尽力寻找合理的答案。

我要特别强调的是，完全彻底的全球化是永远不可能实现的。我也知道，"永远不要说永不"，但是我还是要说，真的永远不会实现！完成全球化和结束全球化的过程意味着什么？意味着传统世界曾经对立和分割的部分，从政治到经济都会转化成一个整体。那时将会出现一个复杂的结构体系，由通行的游戏规则保障整体的凝聚力，换句话说，整个社会都会遵循相同的规章制度。

简单来说，未来国民经济将不是指代国家范围内的经济活动，而将是世界范围的。那时的世界只会通行一种货币，从本质上来讲这也是单一规则和单一政府作用的结果，也就是说那时候将会出现一个真正的全球市场。下面这个例子可以帮大家理解这种分散的个体融合成全球一体的过程，我要说的就是几百年前的北美洲，这种融合的过程已经相当庞大，但是相对于整个世界而言还是小得不足挂齿。美国化的过程造就了独立的美国经济。联邦制是一种融合了多元文化的、有组织的复合社会制度，但是联邦国家中只有单一的货币，实施相同的制度，受唯一的中央政府和宏观经济政策调控。如果把眼界放宽一点，有人会说美国化的过程造就了两个经济体，除了美国经济体还有加拿大经济体，两个经济体的融合程度极高。有趣的事，加拿大的省和美国的州拥有的权利并不相同。

如果顺着这个思路想下去，认为全球化的过程会复制美国化的过程，那么勾勒出的未来世界只不过是另一个乌托邦，这是我们需要提防的。我还是要重申一下，全球化是一个开放式的过程，未来也会一直如此，而且，只要人类文明没有终止，全球化就不会停止。这样一来，摆在我们面前的问题就会是：世界经济将如何向前发展？全球化的过程肯定不会稳步向前，一定会出现发展较快的时期，也会存在发展缓慢的时期。我们将要面临的震荡和危机一定不会少。在未来，一定会出现一段看似是逆全球化的时期，就像1914—1989年期间一样，所有的现象都显示世界在朝着逆全球化的方向发展，但其实那只是前进中的短暂冲突而已，话虽如此，却也足足影响了三代人。

因此全球化的过程永远不会终止，也不会真正地倒退。就像繁荣的市场经济一样，从根本上来讲这就是全球化的结果。全球化的演变影响着每一个人，地球上的经济活动在全球化的过程中变得越来越完善，越来越紧密。具体表现就是市场自由化程度和一体化程度的不断加深，而且不只是商品市场，服务市场和更为敏感的劳工市场也是如此。全球化正在一步一步地走向成熟。

制度规范和经济活动的规则是判断全球化先进程度的重要因素。这些因素在我们的父辈、祖辈就已经开始发挥作用，从那时起，它们的覆盖领域和范围开始不断扩张。世界贸易组织倡导自由经济，自由经济区域的不断扩大就是全球化扩张的具体表现之一。世界贸易组织可以调控资本的流向，监控市场给付的平衡状况，还能在一定程度上影响汇率，世界货币基金组织也在其中发挥着巨大作用。加入国际劳工组织的国家，关于雇员的待遇问题，企业主不能再像以前那样完全按照自己的意愿为所欲为，在雇佣双方发生劳资纠纷的时候，该组织至少能保护劳工的基本利益。

现在有很多全球性协议，数以百计的政府和非政府组织参与其中，确保了协议的执行力。整个世界变成了一张牢固有序的大网，很多行业主体乐于成为其中的一分子。未来，还会有更多的原则、规范和标准。最重要的是要确保这些规范和标准之间不要互相冲突。近几年，互联网行业的发展是全球扩张的最成功范例。

如果在全球化的过程中没有调节机制,世界将会变得一团糟。说句题外话,有些专家认为"真正的互联网并不存在",实际上有"190个网络",每个国家都控制着自己的网络,真正的互联世界并没有实现[19]。

机制和经济政策相互协作能达到的效果,可以说明全球化的完备程度。就眼下来说,我们在控制金融危机过程中表现出的能力,就能代表当前社会阶段全球化的完备程度。从长远来看,要看政策对千年发展目标辅助作用有多大。从某种程度上来讲,过去十年政治和经济上的飞速发展,与联合国组织和世界银行给予的政策支持是分不开的。2000年联合国首脑会议公布了千年发展目标。自那时起,不仅参与该计划的国家和地区启动了综合机制监控发展进程,政府、开发银行和相应的国际组织也都积极参与,为实现千年发展目标不遗余力。

我们需要更多的相互配合、共同合作和倡议,借此开展理性的经济活动,推动社会进步,朝着全球化的方向努力。毫无疑问,联合国制度与世界银行、各区域的发展银行,如美洲开发银行、非洲开发银行、亚洲开发银行,都会受到来自民众的批评,而且多数情况它们确实罪有应得,人们会批评它们不作为、行动失当,但是之后千年发展目标会做出调整,把目标实现的时间推迟至2030年。当这个时间到来时,大家又会寄希望于2045年或者2050年。到那时候,时间将会再次延伸,到2065年。而且,这同样不会是终点。

千年发展目标中制定了很多目标,以不同的形式表述,总结出来的八大目标如下:

(1)消灭极端贫穷和饥饿;

(2)普及教育;

(3)性别平等;

(4)改善儿童健康;

(5)改善产妇保健状况;

(6)防治艾滋病毒/艾滋病;

(7)确保环境的可持续发展;

(8)发展伙伴关系(这更像是一个过程而不是目标)。

每个目标都制定了相关标准,以此衡量取得的进展。有些目标确实意义重大,有些目标已经违背了初衷,根本不现实,顶多算是政治家和经济学家们一厢情愿

的幻想。第一个目标是最重要的，会按照以下具体步骤实现：

（1）1990年到2015年间，每天靠不到1.25美元为生的人口减半；

（2）使包括妇女和青年在内的所有人，都能实现生产就业，拥有体面的工作；

（3）从1990年到2015年期间，使挨饿的人口比例减半。[20]

包括政府及非政府组织在内的国际组织，应当继续成长扩大。这是全球化的迫切需要，因为人类活动的范围越来越广，需要更多的组织协调部门提供支持。当然，这些机构也将带来很多麻烦。官方政府组织的职能会被分散，而且这些组织通常缺乏民主监督。哪个组织在监督国际货币基金？哪位代表会为世界银行负责？另一方面，虽然在许多非政府组织的宣传册上都印上了高尚的使命誓言，但其实很多组织都是特殊利益集团或其他国家的工具。即使所有的非政府组织都表现得很完美，道德上无可挑剔，全球化治理和民主之间的矛盾依然存在。通过跨国合作，国际组织确实在一定程度上做出了很大贡献。但是，其中存在的问题也不能忽略。

政府和民主进一步的发展方向，对人类的发展至关重要。全球化的推进，似乎弱化了国家机构的作用，但是这不代表着国家机关应该就此消失。欧盟就是最具代表性的例子，从拉普兰到圣文森特角，从多尼戈尔到伯罗奔尼撒半岛，穿过整个欧洲你都看不见任何国界。但是如果抛开地理上的国界概念不说，你会发现，即便是最先进的区域一体化同盟——欧盟，说到底还是由很多国家组成的。在可预见的未来，国家的概念不会消失。但是，彼此之间的影响、洲际交流，以及全球体系都会发生质的变化。这种变化已经发生，而且因为一些因素的影响，已经越发清晰。

到目前为止，全球化进程已经在很多方面发挥了自己的作用，促进实力雄厚的民营跨国公司在生产、流通领域的发展，对于包括银行在内的重要金融中介机构的崛起也做出了巨大贡献。很多企业机构的成交量可以达到数千亿美元，很多政治评论员认为这些企业机构的影响力比国内生产总值相对低的国家还要高。这种对比相对片面，计算方法我们暂且不去深究，即便苹果公司的市值已经超过荷兰的国内生产总值，但是一个国家的国民收入是建立在国民财富的基础之上的，公司的贸易额就算是国家的几十倍甚至百倍，二者都无法相提并论，因为完全是两码事。更何况公司的股票可能会在短时间内贬值，但是国家经济的"价值"就不会这样大幅度地忽涨忽落。那些实力强大的公司在纵横国际市场的同时，一方面要努力逃脱美国和欧盟等强大国家和组织的控制，另一方面为了让企业获得更多的利润，还要贿赂这些国家的当权者，放松对它们的监管。

有些人曾经成功地使别人相信，对美国大型汽车制造公司通用汽车有利的因素就是对美国有利的因素，现在有些大公司想要吞并小公司，大公司的说客就想照葫芦画瓢，让我们相信对 X 跨国公司有利的对人类也有利。事实未必如此，通常恰恰相反。尽管 X、Y 和 Z 等大公司的影响力越来越大，但它们没有统治世界。在某些情况下，重要国家和国际组织的领导人会征询大公司负责人的意见，不得不承认，虽然他们也会听取小国领导人的意见，但是通常只是出于政治上的考量或纯粹出于礼貌。我们可以大胆猜测一下，英国首相或法国总统手机联络名单里一定有很多大企业负责人的名字，却未必有其他国家领导人的名字。但是，无论老板们多么有影响力，事实上统治世界的人并不是他们，尽管有些人认为是企业家在统治世界，或者希望由他们来统治，但是事实并非如此。虽然企业家与国家或国际组织领导人相比影响力较弱，但是在很多跨国协议或一体化协定中，这些企业家还是发挥了很大作用的。当然了，在一些无法达成的协议中，他们也是影响结果的重要因素。

再加上，这些跨国公司对知识、文化，还有更重要的政治和金融领域的影响变得越来越明显，跨国公司领导人地位不断提高，随着他们权利的增加，一些国家掌权人物的影响力会自动削弱。跨国公司领导人完全不用在意政治人物的想法，这种情况越来越常见。国际货币基金组织和世界银行峰会或达沃斯世界经济论坛，都是观察这种有趣现象的好机会。在那里，你可以看到各界精英的地位比拼。

接下来的问题是：这对全球化来说是好还是坏呢？这些精英人物影响力的增加到底是在推进全球化的进程，使全球化日趋成熟，提高可持续增长，还是恰恰相反呢？我们应该为跨国机构争取更大的权利，还是应该限制它们的影响力呢？

这些问题没有明确的答案，但我们应该保持警惕。从逻辑上来讲，依附于企业霸权呼风唤雨的精英们，自然关心企业福利，而不是公众利益。因此，我们应该根据目标确定应该采取哪方面的合作，全球性的目标当然要与跨国公司共同协作才有可能实现。在为自己谋利的同时，也为了共同的利益相互合作，这种合作是否能令人满意，或者说满意程度如何呢？皆大欢喜的情况并不常见，但是双方都能接受的情况还是比较多的。至于合作程度如何,主要取决于双方的价值观、制度和政策。如今,世界范围内的活动就是这样展开的。

我们不要太天真。如果 X 公司的老板只关心全人类的福祉,很快就会被监理会解雇。如果 Y 公司的负责人一门心思关心地球上的穷困人口,只能去非政府组织(最好是一个全球性的)工作。如果 Z 总统满脑子社会正义,也许可以在一个排名靠前的管理学院找到一份好工作,教商业伦理学。最大限度地提高投资回报率是公司管理的宗旨。实现共赢的同时确保商业精英获得最高的收益,是商业精英、政治领导人的目标任务。当然了,这并不表示政治领导人要以为商人牟利为己任。

我们这里说的精英都是脑力劳动者,具体概念暂且不谈。从历史的发展逻辑来看,体力劳动为主的时代已经一去不复返了。在我们所处的时代,经济实力,尤其是金融实力很重要,将来脑力劳动会变得越来越重要。以前是强权统治的时代,现在是金钱统治的时代,未来将是智慧统治的时代。暴力集团或军队已经无法为所欲为,即便是手握大金库或者充斥了无尽财富的金融部门也不能控制所有的发言权。再过几代,人们只会听从智慧的表达,虽然过程缓慢,但是智慧统治地球的时代终将到来。

我想那个时代会在 22 世纪出现,或者会更晚,在此之前,我们以及我们的子辈应该让智慧领袖多多发声,得到更多的重视。全球贸易活动要遵循适当的规则,政治家必须为此付出努力。我们都明白,政治家一定会受意识形态和利益集团的影响,但是民主监督同样能发挥自己的作用。无论民主监督的力度如何,效果如何,民主政府依然是民主政府。可行性政策法规也在为全球经济保驾护航,私有企业在政策的保护下发展壮大,全球化的程度愈加深入,人类才能因此获得更多收益。

大公司不仅能在一定程度上摆布传统地域概念上的主权国家,通常,一些商业协议的制订也或多或少会受大公司的影响,不止现在是这样,全球化的未来阶段也是如此。大公司还制约了民主的发展,因为越来越多的决策将会遵循其他机制制定,不再由多数人决定。很多国家都出现了这种情况,有人可能会认为民主国家不会出现这样的问题,其实不然。

在面对全球和地区问题时,民主机制可能会增加解决问题的难度。例如,如果我们精心挑选一批专家,让他们解决欧元区的危机,与民主机制相比,这种经营决策机制的效率一定更高,效果也一定更好。不要低估单一货币地区的国家所面临挑战的规模，但是从技术的角度来看这些问题都是可以克服的。可喜的是，在这个问题上，欧洲可以学习非洲的经验，非洲有12个前法国殖民地、1个前西班牙殖民地和1个前葡萄牙殖民地，地区局势十分复杂，民族和武装冲突不断，发展水平低下，但是流通的货币只有非洲金融共同体的法郎，在1994年最后一次贬值之后，至今一直保持稳定。从本质上来讲，其实有两种货币，它们对欧元的汇率都是655.957:1，这两种货币分别是：西非法郎（XOF）和中部非洲法郎（XAF）。两种货币的对等价值由法国银行担保，实际上，地区政策一直从中协调发挥着重大作用。2012年欧元区重新陷入衰退，非洲金融共同体国家的经济却蓬勃发展：西非联盟经济增长4.6%（15个经济体，其中8个流通西非法郎XOF），中部非洲经济增长高达6.4%（6个国家用中部非洲法郎XAF）。

讽刺的是，稳定的非洲金融共同体法郎与浮动的欧元是挂钩的！因为市场投机的冲动（所谓的情绪）不会影响汇率，而是参与国相互协调集中调控控制汇率，这对整个地区都是有利的。我不是要讨论关于牺牲"民主"的徒劳争论，与欧洲同僚相比，西部和中部的非洲政治家确实常常忽略民主，而欧洲的政治家们很有可能是法国或伊比利亚大学的校友，彼此认识。他们可能会不时聊天，分享彼此的经验。

回到欧盟的问题上来，如果欧盟能重新调整经济结构，合理削减公共开支，增加财政收入，帮助企业加强自身竞争力，吸纳失业劳动力，那么一体化进程、全欧的银行监管和政府部门的政策法规都会因此改善。如果能关起门，不让媒体添油加醋地影响舆论，让有能力的人静心解决技术问题，经济决策会议就不会变成无止境的公开辩论。有人会说，这种做法缺乏民主监督（但是如果做出的决定符合公众利益，对大多数人都是有好处的，这难道不是民主决议吗），但是不要忘了，这种机制的另一个特点就是高效。放到国家层面上来讲，拿意大利和西班牙做比较，前者属于技术型政府，后者属于民主型政府，在做决议时前者比后者更高效。我们可以看到这个结论，在意大利对技术管理比在西班牙对民主管理实施必要的调整更容易。

通过计算机模型解决联立方程是一件非常容易的事情，但将明智的决定付诸实践却是非常困难的，尤其是超级大国，任何决定都会不可避免地对收入和财富再分配造成影响。关于民主会给解决经济问题带来麻烦，欧洲危机是一个很好的例子。如果你对另一个国家伸出援手,很有可能因此失去本国的民心,在下一次的选举中失利。虽然只是希望拉人一把,却要遭受辱骂。如果被人当成卖国贼、吸血鬼,谁还敢跨越虽然看不见但确实存在的政治边界?

政客能够掌握权力,得益于民主选举,下一轮选举早晚还是要靠民众的支持。不管是身边的技术专家或是顾问专家的建议,还是凭借自己的智慧得出的结论,他们在判断下一步该做什么的问题上还是比一般人更在行的,毕竟这是他们的工作。但是,有些决定是无法向公众解释其中的好处的,这时民主就成了绊脚石。由于没有充分的决策权,他们只能淡化改革,软化手段,推迟决策,放弃一些理应做出的改变。补充一点,无论现在还是未来,如果权威媒体不站在你这边,就很难拥有充分的决策权。大家都知道,所有的一切,背后都是不同的意识形态和利益集团在角力罢了。这导致有些政治家即便意识到自己的做法会失去选民,还是会强制推行不受公众认可的决策,但几乎没有人愿意这样做。对大部分政治家来说,政治就是权力的争夺,一旦你拥有了权力,政治又变成了抓住手中权力的工具,如果会因为一项决策失去权力,不管这项决策是否正确,都要放弃。

以目前来看,并没有可以扭转乾坤的理性出路,只能让大家尽量将眼界放在区域甚至全球目标的高度,这一点在未来更加重要。换句话说,政治家不能再只是国家的政治家,必须着眼更大区域、多国利益,甚至全球。全球化的过程已经开始,并会一直持续,但全球化是阶段性的。21世纪初,全球化已经初现端倪,但即便到了21世纪末,也很难达到期望的目标。以前的政见和政策都是服务国家的,将来会慢慢演变成超越国家,为全世界甚至可以说为整个文明社会服务,到那时,国家的概念会变得非常微弱。换个角度来看,全球化会让国家政府变得越来越不重要。我们会发现,这是一个二选一的问题,虽然不是很尖锐,但是非此即彼,只能选择一个。除非加强政府的权力,不再顾及民主的问题,不再单纯考虑国家的利益,放眼全球,做出独裁决定。德国可能会拍手欢迎,中国或许也不会反对。换句话说,巩固全球化会弱化民主政治,增加政府机构的权力。

无论是未来的一二十年里,还是接下来的几代人,关于这两个方向的争辩将会一直持续。一方面,国家的"规模",主要是看财政再分配占国民收入的比例,以及干预对市场进程的影响,这些争议永远不会结束。能促进资本形成,还能实现有效分配,提升社会凝聚力,能达到这种效果的体制,才是理想的经济体制,虽然永远不会实现，但我们应该朝着这个目标努力。分属于不同意识形态、不同党派的人会用不同的方式定义这个理想体制，虽然是相同的内容，但是科学界也会给出不同的定义，在政治领域，这个问题表现得尤为明显。绝对的最佳状态并不存在，关于效率和凝聚力的问题，如果将最少消耗、最大限度地实现目标视为最佳状态，并且设定一个标准模型，这么做就是在浪费时间。这种所谓的最佳机制是社会和政治的理想状态，目的不只是赚钱和生存，而是社会的繁荣和享受生活。这种理想状态并不是一个数值，而是一个范围，而且这个范围也不是（是否加"不"）恒定不变的，随着时间的变化，将来还会不断发展。

另一方面，包括区域一体化（普遍存在，且规模较大）以及世界范围内的任意国家（缓慢发展，不够大胆，有一定的局限性）在内的新兴超国家体系，采取干涉手段时涉及的范围、形式和方法等方面也会出现很多争议。从长远来看，区域一体化的结构日益成熟，将促进全球性解决方案的进步和完善。

无论是从理论层面还是从实践层面来看，政治经济学将来必须面对管理和经济政策这两方面的问题，经济增长和政治全球化的有限融合是人们将要面临的巨大挑战，政治全球化意味着全世界的民主政治都要制度化。达尼·罗德里克将之称为"全球化悖论"，提出这是一种特殊的三元悖论，你必须从三个不同的选项中选出两个：

（1）限制民主，全球化程度加深，强烈的国家自主权继续发挥作用；

（2）限制全球化的广度和深度，让各个国家发展自己的民主政治；

（3）以限制国家主权为代价，实现民主全球化[21]。

"全球化悖论"说明我们不能同时拥有全球化、民主和单一国家。那么，事实果真如此吗？如果确实是这样，我们应该如何抉择？

我认为最合理的选择是加强全球化和民主，放弃单一的国家概念。前提是，全球化必须是注重分享且包罗万象的，民主必须是实实在在的，而不是由所谓的世界精英统治的假民主。不过，没必要非得在三个选项中做出明确的选择，并不是非要选A和B舍弃C，或者选择B和C舍弃A，再或者选择A和C舍弃B。

三个元素都不完全接纳，各取出一部分重新融合，这样做就能解决问题了。也就是说，我们不要A+B+C的组合，而是A、B、C各选一部分。要选择哪部分，保留多少，这些才是21世纪以及今后的日子要讨论的重点。重要的是，无论是理论层面还是实践层面，全球化的进一步发展会使民主思想不断蔓延，逐渐覆盖全球，国家会继续存在，但是和目前的状况相比，国家的权力和主权都会被削弱。

现在的世界由将近200个国家（联合国有195个成员国）组成，再加上还有70多个领土和主权不受国际法认可的私自宣告独立的国家，如果世界不是这么复杂，而是由日益庞大的一体化集团组成，到那时候，处理国际事务就容易多了。区域一体化进程为全球化进展提供了良好的发展机遇，原则上来讲，十几个主体比200多个主体更容易达成一致意见，政策协调也会更容易。以十几个国家和国家经济体组成的民主同盟为基础，更容易实现全球民主化。但是，国家经济体必须接受一个事实，那就是国家的概念将会逐渐弱化，由更大的区域或全球概念取而代之。

区域一体化进一步发展为全球化进程带来了巨大的机遇，我们能因此克服很多目前遇到的障碍，实现经济和社会可持续平衡发展。克服欧盟眼下的危机至关重要，因为欧盟危机不仅会影响28个成员国，还会引发更大范围的严重后果。虽然欧盟人口只占全球人口的7.2%，产值约占全球产值的20%，但是我们不得不承认，整个世界的未来在很大程度上取决于欧洲一体化的成败。如今，欧盟不再是14世纪的欧盟，也不是世界的第五个组成部分那么简单，欧盟承载了更多的意义。欧盟必须在政治、文化和经济领域证明这个组织能应对巨大的挑战，借此给其他的区域一体化进程注入发展动力。欧盟一定能做到。

不要忘了，除了知识，我们还需要想象力。那么，如果，只是如果，欧盟最终没能证明自身的适应性和先进性，彻底崩溃了会怎么样呢？虽然没人愿意发生这种情况，但是我们还是应该针对这种假设展开讨论，毕竟凡事皆有可能。如果发生这种情况，说明从长远来看全球化的进程是可逆的。在非常非常遥远的未来，全球化还是会出现再次加速的那一天，但在这之前，会白白浪费掉很多潜力巨大的发展机会，就像1913年之后的三代人一样。但是，在可预见的未来，不仅欧盟不会崩溃（当然，在不可预见的未来，任何一切都会走向终点，毕竟世界上没有什么是永恒的），世界范围内还会出现很多追随者。虽然没有大大方方地承认，但是追随者其实已经出现了。

如果我们成功解决了全球化、政府、民主之间的三元悖论，那么富裕国家与贫穷国家之间的相互关系如何演变呢？现在的贫穷国家和过去的富裕国家差不多，也就是将来的贫穷国家可能会和现在的富裕国家差不多，抛开这些不讲，富裕国家依然是富裕国家，贫穷国家依然是贫穷国家吗？声名显赫的"新兴市场"会如何发展？

有趣的是，2000年四分位（将世界人口四等分）中的第三等级，也就是地球上人口中倒数第二穷的25%（约15亿人），比100年前最富有的25%（那时约5亿人）收入高。2100年与2000年相比，也是这样的关系吗？几乎可以肯定，确实是这样。经济增长会保证这样的目标得以实现，2100年的时候，处于第二收入等级的全球25%的人口（预计有25亿人口，比1900年的总人口还多）收入会超过现在最富有的25%的人口，甚至第三等级以及最贫穷的人口收入都比现在最富有的人收入高。与此同时，收入差异还是会存在，不过差距会比现在小。

至于所谓的新兴市场，我们不应该因为一个看似不错的概念就兴奋不已，可悲的是，很多经济学家也是提到这个词就兴奋，我们不仅不应该兴奋，还应该鄙视这个概念。"新兴市场"的概念与社会的资源分配关系不大，而是与金融市场相关，金融市场只是经济活动中一个狭义的类别。客观来讲就是：人不重要，重要的是他们手里的钱。新自由主义经济学家可能会拍手叫好，但倾向于发展社会市场经济的人一定会反对。我们应该更加关注那些试图缩小发展水平差距的国家，认真研究他们的发展轨迹，在数钱的同时也要注意这些人。

因此，我建议放弃"新兴经济体"这个词，也就是说，我们应该放开手进一步分析那些金融市场已经十分开放的国家，这些国家已经走向国际舞台，蕴藏着无限的投机机会。这些市场的兴起带来了无限商机，但是获益的不一定是当地的人民，有时反而是在为别人做嫁衣，让那些投机者满载而归。

从经济学和未来政治经济发展的角度来看，我认为我们应该讨论一下"自主"经济体。"自主"经济体与"新兴"市场之间存在很大区别，自主经济体是个主体定义，而新兴市场是以其他市场为主体的客体定义。在"新兴市场"中，经济活动围绕投机、金钱和利润展开，社会的概念不是很重要，但是在"自主经济"中，社会的概念尤为重要。社会的重要意义在于资源的分配。在当今的市场经济背景下，在这样的金融环境中，自主经济不会转去投机市场追求回报，也不会屈服于体制的权威。

未来会是什么样子？全球各个国家集团的地位会发生什么样的变化？之前提到的"三个世界"之间的界限会完全消失吗？现在高度发达的国家和"新兴市场"，

这"两个世界"的划分会逐渐消失吗？全球化进程造成的这些差异将来会慢慢消失吗？

欠发达国家必须最大限度地解放思想，才能减少全球化现阶段的潜在冲突。不同的群体组成了我们的世界，如果我们拿生产力和生活标准进行极端对比，会发现最富裕国家比最贫穷国家能高出100倍，这样的世界是无法持续发展的。如果这种失衡状况持续下去，整个世界不但无法发展甚至会出现衰退。社会会因此变得不稳定，还会爆发革命和战争。换句话说，之前只能说人类的未来可能是一片黑暗，如果长期保持目前的情况，我们就一定见不到光明。

无论是正在摆脱"第三世界"的国家，还是来自"第二世界"的国家（大多数第二世界国家已经实现工业化并拥有较高水平的人力资本），只有国家和社会得到解放，我们才能理性应对这一挑战。第二世界的国家中，经历过前社会主义转型的国家，更容易实现解放，获得自主，因为它们的人均国内生产总值比世界平均水平高出约50%，人力资本水平也相对较高。人类整体平均收入在大约1.2万美金（按购买力平价计算）的时候，苏联解体后的波罗的海国家爱沙尼亚、拉脱维亚和立陶宛已经加入欧盟，欧洲前社会主义国家总共1.26亿人口的人均年收入大约是1.76万美元，其余2.8亿苏联国家人民的平均收入大约是1.24万美元（俄罗斯人口有1.38亿，年人均收入1.7万美元）。也就是说，生活在中部、东部欧洲以及苏联地区的4亿人口，按购买力平价计算，人均年收入略高于1.4万美元。

人类发展指数是衡量人力资本的常用标准，上述地区的国家看起来发展势头就很好，它们很多已经实现解放，摆脱了动荡。斯洛文尼亚（仅有200万人口，因此对区域平均水平上几乎不会带来任何影响）是最富裕的前社会主义国家，人均国内生产总值在世界排名第三十（按购买力平价计算等于2.9万美元），人力资本排在世界第十九（人类发展指数为0.844）。联合国开发计划署2011年调整了收入分配不平等指数，如果我们也跟着调整，斯洛文尼亚的排名会上升到第10位，在瑞士和芬兰之间[22]。塔吉克斯坦是最穷的前社会主义国家，排名在一百之外，人均GDP仅为2 100美元，人类发展指数为0.607。如果放眼世界，人类发展指数排在最前面的是挪威和澳大利亚，分别为0.943和0.929，排在最后面的是刚果和津巴布韦，分别为0.239和0.140。

从2011年开始，联合国开发计划署调整了人类发展指数计算的方法。如今的计算方法更复杂，结果更准确。之前使用的简单的数值组合，人均国内生产总值（按购买力平价计算）、根据识字能力和毛入学率得出的受教育指数、平均寿命估算出的健康指数，三部分数值各占1/3。从理论上讲，这种计算方法得出的最大值等于1。如果满足下列条件，以下列方法计算，最大值还是1。

（1）百分之百的入学率，无文盲；

（2）平均寿命83.4岁，根据1980—2011年记录的数据得出的最高值；

（3）人均国内生产总值107 721美元，也是根据1980—2011年记录的数据得出的最高值。[23]

现在的人类发展指数还是由这三部分构成，但不再是简单的加减平均值，而是几何平均值（或立方根）。

此外，为了调整收入分配不均，又得出了人类纠正不平等发展指数。在完全平等的情况下，人类纠正不平等发展指数与人类发展指数是相等的。在现实中，两个指数之间的差距越大，说明收入分配不平等的状况越严重。因此，尽管在主张人人平等的瑞典，人类发展指数为0.904，而在考虑到分配比率的情况下，人类纠正不平等发展指数是0.851。总体上来讲，韩国的发达程度比瑞典低，韩国的人类发展指数和人类纠正不平等发展指数分别是0.897和0.749。波兰的人类发展指数增长到了0.813，智利人类发展指数增长到了0.805，波兰和智利的人类纠正不平等发展指数分别是0.734和0.652，因为智利的收入分配比波兰更加不均衡。人力资本指数与人类发展指数类似，但考虑到收入的关系，总的来说，瑞典的生活质量比韩国好，波兰比智利好。

值得一提的是，利比亚是非洲人类发展指数（2010年为0.755）最高的国家，这个国家也是"阿拉伯之春"革命运动中，斗争最激烈的国家之一，这很值得思考。希望正在发生的政治、经济变革，不会使这一地区的人类发展指数下跌。这件事清楚地表明，人类发展指数和人类纠正不平等发展指数在评估社会、经济发展水平的问题上，比人均国内生产总值更准确，但是这些指标仍然不够完善，忽略了很多决定生活质量和满意度的因素，或者说不是忽略而是缺失。

很多经历过前社会主义变革的经济体与高度发达国家之间的差距很小，尤其是欧洲的前社会主义国家，这些国家获得解放的机会比其他地区的国家更大，但是世界上还有很多落后的国家[24]。欧盟中有很多高度发达国家，这种组合让人们对欧盟的经济发展充满了希望。自2013年年中，算上克罗地亚，欧盟高度发达国家达到11个，随着时间的推移，以后会更多。抛开苏联曾经是一个共和国联盟不说，所有欧洲前社会主义国家都应该加入欧盟。区域跨国一体化和前社会主义体制的变迁，是欧洲大陆同时发生的历史进程。

充分融合本身就是消除发展差异、追赶他人的好方法，其中最重要的是制度融合。虽然一体化加快了融合的过程，但仍然需要很长一段时间，甚至要数代人之久。美国北方比南方富裕的情况持续了很久，在内战结束之后，花了150年的时间，才缩小了南北差距；与此同时，意大利为缩小南北差距所做的努力一直到今天还在继续。在21世纪第一个十年成功加入欧盟的巴尔干经济体，比那些到21世纪30年代才加入欧盟的经济体，会更快实现解放，其中的原因不言而喻。

一体化进程具有特殊的意义，一体化已经被视作解放世界其他地区的一种工具。从拉丁美洲和加勒比地区到撒哈拉以南非洲、北非和中东，再到南亚和东南亚，加入区域一体化的国家越多，经济体的竞争力越高，经济增长速度越快，各自承担的发展成本越低。从动态发展的角度来看，这些主动而不是被动解放的经济体，市场制度会变得更加完善，有利于开展规范的经济活动。因此，这样的解放进程能提高社会的整体发展水平，让人民过上高水准的生活，大大提升社会满意度。

毫无疑问，对于那些正在努力获得自主权的国家而言，解放的过程还要持续一段时间，多年之后经济才能走上高速增长的轨道。在这种情况下，如果产量没有大幅增加，就不会有发展和进步。"高速增长"具体是指什么？这不是一个绝对的概念，而是一个相对的概念。与人均国内生产总值30 000美元的富裕国家相比，自主经济体的增长速度比这些国家高两三倍，这就是"高速"的定义。这就意味着，这种动态增长速度已经是全球平均增长速度的两倍。从生活质量上来讲，经济的高速增长能让处于中等发展水平的经济体，通过一两代人的努力，赶上高度发达国家的脚步。用相同的时间，让欠发达国家有机会达到中等水平国家的发展高度。

在此需要强调复利的力量。如果要实现十年内收入翻倍的目标，年均增长率保持在7.2%就足够了。要在20年内使产量翻倍，年均增长率只需要保持在3.5%就能实现。如果收入年均增长率保持在7.2%，50年之后，人民的收入会是原来的32倍（真是惊人）！如果年均产出增长率保持在3.5%，50年后的结果同样惊人，会达到现在的460%。需要强调的是，在经济实践中，收入年均增长率7.2%可以实现，但是不可能保持这么长时间。如果社会环境对经济发展十分有利，50年内产量翻五倍也是有可能的。当然，让全世界都保持50年的高增长是不可能的。一些正在解放过程中的国家，可以在十年内收入和消费同时翻倍，但是这一切并不是自然发生的，而且具体情况也不尽相同，比如过去的台湾地区和最近的越南。

波兰在1994—1997年推行了"波兰战略"，波兰战略是一个中期改革和发展计划。在此期间，波兰国内人均生产总值年均增长率为6.4%，后期高达7.5%。这种强势的增长足以使得2007年的国民收入翻倍，到2017年翻四倍。波兰不应该继续作为"新兴经济市场"存在，应该转变成自主经济体。可惜，根据错误的经济理论制定出的错误经济政策，提出的错误目标，使得波兰的转型没有实现。虽然外部客观环境也产生了一些负面影响，但是不得不说，新自由主义和民粹主义错误倾向确实让我们白白浪费了大好机会，更可恶的是，有时这两种错误倾向会携手阻碍经济正常发展。尤其是1998—2001年团结工会当权期间，2001年最后一个季度的经济增长率已经下降到了0.2%。事实证明，当制定经济政策的人犯下足够多的错误时，他能使一个国家的经济增长速度在四年内从7.5%下降到0.2%。

虽然在很长的一段时间内，我们还会继续用相同的词汇描述全球化，过去和将来使用的词汇虽然一样，但是说的并不是同一件事。就像19世纪和20世纪之交的资本主义，与20世纪和21世纪之交的资本主义，同一个词汇描述的是完全不同的两个状态。有些人梦想着重回自由主义体制的怀抱，全球化也比地理大发现时期强调自由发展的过程，但是与过去的几十年相比，未来的几十年一定会出现一些不一样的特征。全球化并不是一个全新的过程，因为人类已经经历过全球化发展的多个阶段，比如15世纪末到17世纪的地理大发现时期，以及从18世纪中期到1914年的科技大发展时期，那段时间全世界涌现了无数伟大发明。1989年后，全球进入了强势发展阶段，这一阶段的特点如下：

（1）高速——产量增长速度翻倍——全球贸易活动增加，国际贸易中传统的进出口贸易，成为产量增加的驱动力之一；

（2）全球资本流动增速，甚至呈现出了爆炸性的增长态势，尤其是动态混乱的金融资本；

（3）新生产技术和新分销技术的快速传播，从发达国家到自主经济体的技术转移；

（4）劳动力跨国迁移的规模增加，政府和国际组织的控管力度下降；

（5）前社会主义国家成功转型为民主、市场和公民社会；

（6）国际文化和国际政治关系发生质的变化。

在可预见的未来，其中的大部分特点会一直保留。与此同时，还会有新的发展。已经存在的特点会继续加强，不断累积，形成更强大的力量。综合考虑这些情况，我们就能总结出全球化发展下一个阶段的特点。全球化的下一个阶段将会具备如下特点：

（1）全球贸易量始终处在高位，国际贸易额高于产值；

（2）资本流动快速、不规则地增加，试图布控全球；

（3）发明和技术进步的快速传播；

（4）大规模的跨国人口迁移，可能会导致冲突；

（5）国际大宗商品交易的监管机制更加完善，农业和服务领域的市场保护逐渐减弱；

（6）国家概念弱化；

（7）经济和政治区域一体化进程加剧；

（8）高速发展的国家获得自主权，与富国之间的差距缩小；

（9）形成全球范围内的再分配机制（全球税、全球范围内的财政转移和支出），并成功推行；

（10）扩展多元文化。

就像过去和现在一样，跨国公司将继续扮演重要的角色，也会继续设法逃避国家、一体化集团和其他国际组织的监督。关于全球化的理想规模以及应该实施哪种形式的监管，经济学家和政治家之间的争辩永远不会结束，因为他们的基本观念存在分歧，主要是关注点不同。努力规范跨国公司的行为，将是未来的主要作战方向。

将来，我们会经历多次全球化发展速度大幅放缓的时期，虽然全球化的发展脚步会变慢，但是绝不会停止。世界经济的运作方式一直在变化，无论是经济学解释，还是影响未来的社会经济关系，都会发生相应的变化。全球化是一场经济和政治的博弈，其中伴随着非常大的利益冲突，总的来说是对人类有益的。全球化并不是零和博弈，是有风险的，这就是为什么不能任由全球市场自由发展的原因。尽管很难，但是全球化是需要被监管的，相互依存的全球经济逐渐成形，但是我们还没有发现任何有能力的实体机构和有效机制，可以规范和协调全球经济政策。今后的全球化过程，将会不断受到自由市场和国家资本主义对抗的影响。

| 第三章 |
全球化时代的市场与政府

实用主义经济学家很久前就意识到了，市场经济的蓬勃发展离不开有力的政府。得力的政府机构办事效率更高，对于繁荣发展而言，没有什么比效率更重要了。市场与政府之间应该是互补关系，而不应该是对抗关系。作为一个整体，二者缺一不可，而不是有你没我。只有落后的原始经济学才认为二者不能共存，务实的现代经济学思想则恰恰相反。自由市场就像无政府主义，高效市场就像代议制民主。

亚当·斯密（1723—1790）死后也不得安生，市场原教旨主义者打着他的名号对市场和政府胡乱地说三道四，把各种荒谬的言论都归咎到这位老先生的身上。这位苏格兰思想家在1776年发表了著名的《国富论》[25]，这本书应该是经济论文中引用次数最多的一本经济学著作，有些人其实根本没读过。亚当·斯密在1759年还出版过一本《道德情操论》[26]，很多人引用的是这本书中的内容，却自以为是《国富论》中的内容。亚当·斯密在这个问题上的态度其实很明确，他认为市场和政府应该相互配合。

新自由主义的支持者和新自由主义的服务对象，把亚当·斯密视作权威，引用他的言论为消减预算和降低对富人的征税做辩护，但是他们却忽略了一个事实，亚当·斯密的《道德情操论》的第一篇标题就是"论行为的合宜性"，第二篇是"论功劳与过失"。亚当·斯密已经论证了高效的市场需要优秀的政府这个观点。新自由主义者（故意）或没有受过教育的无知之辈（并非故意）非要唱反调，还要把一些言论套到他的头上。为了实现真正的自由和高效，市场需要自主也需要监管[27]，这才是他说的话。

历史告诉我们，如果市场和政府不能和平共处，经济就无法增长。这两只大手在不同的时期以不同的方式合作，在不同的环境之下，受不同的价值观影响，它们各自发挥的作用也不尽相同,但双方一直携手前行。未来也会如此。自由市场无法逃脱政府的有形之手,政府也不会去对抗市场的无形之手。一些有经济头脑的历史学家认为,亚当·斯密之所以会用大名鼎鼎的"看不见的手"这个词,其实是想表达嘲讽之意,因为他根本不相信任事态自由发展是最好的办法[28]。

如果没有政府干预,市场不会自己发展,也不会具备自我调节能力。没有政府的帮助,市场不能稳定发展,也不会在关键时刻克服危机。如果让市场自生自灭,它终将走向灭亡。

面对这么多的历史教训,新自由主义经济学家为什么就不能明白其中的道理呢?也许他们已经意识到了,但是他们要鼓吹自由市场的先进性,贬低政府监管职能的重要性,宁愿推崇明知道是错误的观点。也许他们只是"经济人"概念下的奴隶,天真地以为人类会一直采取理性的行为,政府的干涉只会起到阻碍的作用。这种情况确实也有可能发生,但是推崇新自由主义的市场经济也要以"经营"为基础,从本质上来讲是强调政府要恪守规矩。行为经济学家反对这种放任的态度,他们认为在很多情况下,我们不应该放任事态自由发展,人们会出于很多原因做出非理性的行为,不仅会伤害他人还会伤害自己。

经济领域近期爆发了两次重大的知识革命,目前看来,似乎我们有生之年不会再看到另一场革命了。虽然会发生很多改变,但是不会再出现全新的重大理论。20世纪30、40年代,凯恩斯理论盛行。我们应该心存感激,因为它向我们解释了基本经济规律,很多年来一直是我们制定有效的经济稳定政策和经济增长政策的理论基础。"凯恩斯革命"是20世纪30年代经济思想发生改变的基础,到现在为止,也只有部分观点稍显过时。

说到这里,我不得不提起一位优秀的波兰经济学家米哈尔·卡莱斯基(1899—1970),他也为这一时期经济思想的转变做出了突出贡献,虽然"卡莱斯基经济学"的使用频率远低于"凯恩斯主义"。他没有凯恩斯那么幸运,因为他和凯恩斯几乎同时总结出了相似的理论,结果大家把功劳全都归到凯恩斯身上了。卡莱斯基和凯恩斯的主张并不完全相同。但是他们都认为,通过政府对总体需求施加干预,可以影响经济周期和经济发展[29]。

幸运之神似乎不太青睐卡莱斯基,1969年第一次颁发诺贝尔经济学奖,而这位杰出的经济学家在1970年去世了。大家都认为,如果他能多活几年,凭借他对经济学理论的贡献，一定能得到诺贝尔奖。

顺便说一句，诺贝尔经济学奖并不是传统意义上的诺贝尔奖。这个奖项的全称是"纪念阿尔弗雷德·诺贝尔瑞典银行经济学奖"，由位于斯德哥尔摩的瑞典皇家科学院评选，评选原则和1901年开始颁发的诺贝尔物理学奖、化学奖、生理学奖或医学奖、文学奖、和平奖这五个奖项相同。当时，诺贝尔并不觉得经济学和那些领域的科学地位相等。如果他当时设立了经济学奖，根据1901年至1968年的获奖名单，我们会发现经济思想自那时起已经走了很长一段路。

凯恩斯和卡莱斯基都是从需求管理的角度看经济问题，强调调控的作用和公共支出的平衡。毫无疑问，凯恩斯主义致力提高公共开支，或者说提倡"大政府"主义。他的这些理论都和全球化无关，但实际上在1913年之后，全球化就已经开始大踏步地前进了，凯恩斯经历了那个时期。

用公共开支占国民收入的比例作为标尺，可以衡量政府的"大小"。两个基本因素互相叠加、互相刺激会共同提升。一方面，定期增加国家财政预算中的公共支出，引发赤字，反而成了刺激经济发展的手段，尤其是能鼓励政府推出积极的就业政策。从理论上讲，经济蓬勃发展时期，公共开支的比例会下降，盈余相应增加，应该不会出现财政赤字，但是很多时候事实并非如此。

在福利国家中，社会开销日益增长，特别是那些从惨烈的二战中复苏的国家更需要大笔的建设资金，这些国家都为社会主义国家政治改革起到了示范作用。棘轮效应（是指人的消费习惯形成之后有不可逆性，即易于向上调整，而难于向下调整）也在这个过程中发挥了很大作用。支出一旦增加，就很难再降下来。两种作用互相叠加，在这种情况下，为了应付日益增长的开支，政府会大幅增加税收，当然这也是可以理解的，这个过程在无形中就强化了政府的作用。事情发展到这个阶段，会引发另一场革命。一切发生得太快，以至于之前几乎每个人都是凯恩斯主义者，但后来许多人改变了自己的信仰。

在20世纪80、90年代之交，第二次革命急速升温，当时的美国总统罗纳德·里根提出了"政府不会去解决问题，但是会提供资金"的口号，这种愚蠢的观点居然大受新自由主义支持者的欢迎。当时的经济需求已经无力应对严重的停滞性通货膨胀，经济衰退、高失业率和通货膨胀同时发生。20世纪70、80年代，全世界最富有的国家正经历着这样的窘境。这是20世纪70年代能源危机形成的外部冲击带来的典型表现,结果导致凯恩斯主义逐渐被供给经济学和货币主义取代。

颁奖台是社会认可度的关键符号。1974年诺贝尔奖颁给了弗里德里希·奥古斯特·冯·哈耶克(1899—1992),两年之后颁给了米尔顿·弗里德曼(1912—2006)。在此之前,哈耶克代表的奥地利经济学派和弗里德曼代表的芝加哥学派,都是徘徊在主流经济学边缘的学派。维托·坦茨是公共财政和税收领域最出色的经济学家,他曾经在作品中提到,20世纪60年代初在哈佛大学读博士时,从来没有人引用过这些名字[30]。到了70年代,我在华沙矿场工作时,他们已经非常出名了,即便是在铁幕地区(指苏联、东欧共产主义国家与西欧国家的边境)都能听到他们的大名。最起码在经历了自由化改革的波兰和正在改革中的匈牙利,他们的学说广受欢迎。东德和苏联当然不是这种情况,在那些地区提到次数最多的学术权威还是马克思主义和列宁主义的相关作品,即便没人认真读过那些作品,但是似乎并不妨碍他们没完没了地引用。

当代拥护自由放任主义的人,也有类似的表现,只要有机会就会大肆引用哈耶克和弗里德曼的作品。当他们的说法缺乏说服力时,就会引用权威人士的说法。就像有些人总喜欢搬出权威亚当·斯密,甚至经常在一定程度上做出歪曲原意的解释。由于"总结出了货币与经济波动开创性理论,以及对经济、社会和制度相互依存关系的深入分析",哈耶克和瑞典经济学家冈纳·缪尔达尔一起被授予诺贝尔经济学奖。是不是觉得难以置信?如果这个奖项早出现几年,凯恩斯与卡莱斯基一定也会因为同样的理由获奖,虽然他们的主张完全不同。将来,还会有人因为同样的理由获得这个奖项,他们提出的理论也会和前辈的完全不同。世界在不断变化,关于经济的思考永远也不会停下来。只要在思考过程中少犯错,多思考就是好事。

可惜,错误出现了。有观点认为,无意识的自由市场具有神奇的能力,政府的干预一定会带来伤害性后果,奥地利和芝加哥学派推动并支持了这个观点。但是,如果我们深入解读他们依靠的理论依据,不光要看亚当·斯密的作品,也要看哈耶克和弗里德曼和其他新自由主义大师的作品,我们会发现,他们也强调了组织机构的重要性,认为大多数领域都应该在政府的管辖范围之内。

哈耶克确实不赞成政府干预物价,他在这个问题上的观点是正确的。但是,他也犯了很多错误,他当代的支持者认为,完全不受约束的自由市场,掌握了全部的必要信息，可以据此自主定价和分配资本，也可以合理地完成人力资本分配。如今，我们都已经知道这是不可能的。但是我们不是那个时代的人，他们的经济思想受知识的限制很难达到我们现在的高度。在哈耶克和冈纳·缪尔达尔拿到诺奖之后，过了不到30年，2001年诺贝尔经济学奖授予了三位美国经济学家——乔治·阿克尔洛夫、迈克尔·斯宾塞和约瑟夫·斯蒂格利茨，他们论证了市场信息的不对等现象，以及为什么说包括政府在内的外力干预是实现动态平衡不可缺少的必要条件。我们可以推测，再出现其他人证明别的道理只是时间问题。经济学其实不是严格意义上的科学，这正是经济学的魅力所在。

对于大部分来自正在经历深刻政治变革的国家的新手而言，这是一个好机会。在西方国家，一些社会科学领域的代表人物，尤其是所谓的苏联问题专家们，一路走来活跃的时间也已经不短了。他们中的许多人来自社会主义国家，在环境或好或坏的研究所安顿了下来，带着适当的意识形态和政治偏见，享受着大笔用于研究的政府拨款。令所有人都惊讶的是，当真正的社会主义摇摇欲坠时，很多之前提倡改善计划经济，改进人民民主制度的人，纷纷转向了市场原教旨主义，有些还很极端。新手动辄就会走向极端。

有趣的是，那几位主要的自由主义和新自由主义知识分子的理念，一开始都是左翼思潮。杰出的自由主义哲学家卡尔·波普（1902—1994），年轻时信仰共产主义，后来批判了很多伟大的哲学家，从柏拉图到马克思一个都没落下，他之所以批评这些人，是因为他们都主张集体主义高于个人主义。路德维希·冯·米塞斯（1881—1973），是一位优秀的新自由主义经济学家，也是奥地利学派出身，和哈耶克和波普一样，开始也属于左翼人士，但是到后来，他发出了正确的警告，指出任何官僚机构都不具备约束自己的手段。

亚当·斯密认为价格有两种形式，但那些视他为权威的人从来不提这一点，因为这与新自由主义教条不符。首先是自然价格，它反映商品的价值，其中包括生产成本和所得利润；另一个是市场价格，市场价格一直处于市场操控者的压力之下，可以被人为调整。因此，自然价格和市场价格可能会有所不同。亚当·斯密注意到这个问题后，并不反对政府对市场进行干预，他认为适当的干预是必要的。他还指出，厂家如果足够强大和富有，就会让价格处于不正常的高位，在这种情况下，政府应该出手干预市场，保护处于弱势的消费者的权益。因此，实际上亚当·斯密并不提倡绝对的自由市场，而且表示绝对的自由市场是不存在的。事实证明，从商品主要生产阶段到中间阶段，再到特殊利益集团，一定有一些实体企业或机构处于能够操控市场的位置，也就是说所谓的"自由市场"也会被操纵。这就是必须对市场进行调控和管理的原因所在。

一些出色的哲学家和经济学家的思想是如何成为主流经济学，又是如何与新自由主义联系在一起的呢？原因有很多，有些人选择拥护尚不普及的观点是因为爱出风头，这是其中一个原因。有人拿橄榄球比赛举例，向前冲得越狠，传出去的球越多，越可能得分。某些研究和推广中心，即所谓的智囊团，就扮演了这样的特殊角色，他们的目的就是要推动某种思潮成为主流，为特殊目的服务。其中一些思想到今天仍然很有影响力。然而，让思想渗透到经济和政治实践中，才是具有决定性意义的步骤。以所谓的"华盛顿共识"为基础，结合了里根经济政策的撒切尔主义，演变成了当代版的放任自由主义。换句话说，19世纪的自由主义，回归到今天的新环境当中，就形成了"新自由主义"。

观念冲突依然存在，由此引发的口舌之争一直不断。然而，有一位作家宣扬凯恩斯主义时，并不单单把它看成一种重要的理论，还认为它会对未来产生重大影响，这位作家的作品名为《大师回归》[31]，还有一位新自由主义拥护者，更夸张，出了本名为《宇宙的主宰》[32]的书，居然用宇宙的主宰称呼自己的偶像。用不了多久，把凯恩斯当成神一样崇拜的人就会出现……话说回来，对于那些把他当作偶像，完全不进行批判思考，盲目崇拜，即便不理解也要坚信的人而言，他已经是神了。

新自由主义常引用奥地利和芝加哥学派的成果，明确指出必须要缩减政府规模，他们认为，这样做能创造条件，促使宏观经济恢复平衡，还能改善工作效率提高竞争力。英美两国已经付诸实践，推出政策"缩减"政府，其他国家也在一定程度上加以效仿。缩减包括两个方面：一是公共开支和财政再分配的范围，二是监管的领域。通过放松部分领域的管制，用对某些领域完全放手的方式缩减政府。

如今，随着新自由主义全方位的溃败，一些人开始期待凯恩斯主义东山再起。在一定程度上来讲，这种期待有一定的合理性。美国、日本、英国，大部分欧元区，以及许多正在走向自主的国家，拿凯恩斯主义的干涉论当武器，推出了反衰退政策。为了放缓产值衰退的脚步，大大提高了公共支出的比例，目的是维持稳定的需求；然后，为了防止低产出转化成低水平的停滞，也就是陷入萧条，开始刺激生产。

从根本上来讲，这些策略发挥了作用，因为全球产值只有2009年这一年出现了下降，但是很多富裕国家还在和不断出现的经济衰退潮做斗争。然而，眼前的成功是以严重的财政赤字和超额发放国债为代价换来的。世界没有衰落，但危机已经从私人领域转嫁到了公共财政身上。

在这种情况下，需求经济学这剂良药也失去了效用，尤其是常用的手段——增加公共支出，也发挥不了多大作用。财政已经赤字，增加预算一定会加剧赤字，降低预算只会让情况日益恶化。就像是你总不能要求别人，步伐要既快又慢一样。还有就是，为了弥补高额的支出，在提高税收时也不能做得太过火，特别是，额外的税收和额外的花费（政府和拨款受益人的开支），可能会同时伴随纳税人和消费者削减开销的情况。如果是这样的话，只是支出结构发生了变化，宏观经济中的需求总量并没有提升。也就是说，这种手段只可能在特殊情况时才有效。我们可以感觉到凯恩斯主义（或新凯恩斯主义）又回来了，并且我们正在经历第三次革命，情况和之前差不多。如果事实并非如此，我们也应该从凯恩斯主义中吸取精华，巧妙地解决现在的难题。

我们生活的这个时代，供给经济学没有完全溃败，需求经济学也没有取得全面统治。货币主义没有被完全淹没，（新）凯恩斯主义也没有完全覆盖它。只有各取所长，才能稳定和刺激经济。我们已经认识到，不能再坚持过去的观念，现在毕竟是百花齐放的时代，不会再有一家独大。

虽然我们的经济观念发生了根本性的转变，但是这个时代不会爆发另一次知识革命，经济观念的转变主要会表现在政府在经济领域发挥的作用上。有人可能会说，怎么会这样？！总的来说，当代面临的挑战并不比20世纪40年代的通货膨胀和80年代的大萧条小啊。确实是这样，但是我们现在掌握的有关如何处理危机的知识也比以前更丰富了。问题是，我们的知识变得非常分散，在处理很多问题时都会发现这个问题，在处理政府定位和作用的问题时尤为明显。在这个问题之后，还会出现不断的疑问：除了可以解释市场和政府之间可以观察到的关系变化，目前采纳的学说会产生什么样的后果；最重要的是，关于全球化，我们采纳的理论能给未来的经济发展提出什么建议。我们都已经认识到，全球化发展虽然尚不稳定，却是不可逆转的。

2010年前后的危机引发了各种摩擦，这是事实，但是这个事实同样无法改变历史的进程。大型物流公司 DHL 用百分制的全球连通性指数（GCI），衡量特定国家的国民经济与外部合作伙伴之间关系的深度和广度（与多少个国家保持经济连接）。荷兰的全球连通性指数（GCI）是 82 分，以这个层面来讲，是全球经济最发达的国家。美国是 65 分，排名第 20，中国 43 分，排名第 74。最后一名是布隆迪，只有 10 分（朝鲜不在列表中的 140 个国家之内）[33]。从联系的深度来看，经济危机造成的干扰，导致 2012 年世界经济一体化的程度低于 2007 年，但是强度比 2005 年高出了 10%，联系的广度下降了 4%。接下来的几年，全球经济关系应该会进一步增强。

我们也不能因为眼下的举措消除了目前的危机，就要不断地提升政府在公共预算问题上的作用。如果真是这样，政府会变得臃肿。如果我们抛弃机会主义的短期视角，从系统的、长期的角度看待这个问题，就会发现，一些国家政府机构已经臃肿不堪。这是非常时期，我们也理解，把突然放开的公共开支收缩回去，就像要把放出的精灵塞回神灯一样。虽然很难办，但是可以办到，而且我们也需要这么做，毕竟我们的生活不是按照童话故事发展的。因此，政府对经济的干预会受到限制，但是发展速度如何，不同的国家会采取什么样的手段（各个国家不会采取相同的手段），会引发什么样的社会冲突和政治危机，这些问题只能留到未来才能见分晓。因此，如果说在过去的几年里，特别是自 2008 年以来，政府为了应对危机增加了干预的力度，这并不是结构性的改革，而是时机性的调整。与全球化的本质无关，只是独立的事件。

独立事件的意思是，全球化与政府"大小"之间不存在直接的因果关系。虽然危机不是由全球化引发的，但是全球化让危机从一个国家传播到另一个国家。因此，一些国家不得不增加公共支出，刺激需求经济。与此同时，政府的规模会随之增加。说来说去，危机才是导致政府规模增加、干预加强的直接原因，或者更准确地说，全球化在这整个过程中发挥了媒介的作用，这也是凯恩斯主义者的观点。全球化不是这件事的驱动力，但没有它的参与就不会发展到这种程度。

在 2008 年全球经济危机发生前的近 30 年间，新自由主义对降低政府在经济活动中的作用和地位做出了突出贡献。这是不可否认的事实，尤其是经济合作和发展组织中的一些发达国家，虽然经济发展道路不尽相同，但是新自由主义都在其中发挥了作用。1987—2002 年期间，对外经济关系开放程度的改变（全球化既是因也是果）和公共开支水平之间的相关性，在富裕国家表现得很明显。如果我们用进出口额占国内生产总值的比率，来衡量经济的开放程度，用公共支出占国内生产总值的比率，来衡量公共开支水平，相关系数是 –0.67。也就是说，经济越是开放，政府越"小"。这一结论，支持了全球化会缩减政府地位的观点。

围绕这一问题的争论，可以归结为两个互斥的假说：效率假说和补偿假说[34]。效率假说与经济学中的新自由主义更接近，强调要减少公共支出，以维持或提高竞争力。多年以来，公共支出持续上升，从根本上来讲与全球化毫无关系，主要是福利开销的增加，在教育和医疗方面的支出以及应对社会老龄化。与此同时，现在的税收过重，削弱了竞争力，在开放型经济中必须拥有强大的竞争力，强大的竞争力也是全球化的基本特征。一个国家的对外经济越是开放，全球化带来的竞争压力越高，企业需要的资金越多，最后的也是重点的，就是公共支出必须降低。很明显，税收也要降低，因为国库不需要那么多钱了。因此，一个经济体参与全球化的程度越深，市场权力相对越大，政府权力相对越小。

另一方面，补偿假说会突出对抗关系。补偿假说更接近社会市场经济模式，根据这种解释，全球化需要一个经济体提供更多的公共开支，来加强自身的开放型经济在市场中的竞争地位。政府必须提供公共资金保证较高的人力资本水平，因此必须在教育、文化、卫生、研发问题上不遗余力。政府还必须增加一些额外的社会支出，保护人民免受全球化带来的负面影响。其中就包括，保护社会免受经济自由化带来的外部冲击[35]。总之，一个经济体参与全球化的程度越深，政府权力相对越大，市场权力相对越小。

政府代表的不仅是这个社会的体系，也代表着法律法规，中央政府以及相关机构确保政府正常运作。我们知道，世界上存在着各种各样的国家形态，管理集中化程度和决策程序各不相同。中央政府的地位越来越弱。因为当局在地方的权力正在减弱，或者更确切地说，地方政府的作用越来越大。这种现象在联邦制国家中非常突出，这些国家的各州各省都拥有很高的自治权。在非联邦制的整体结构国家中也出现了类似的情况，这些国家出于实际的原因划分出两个、三个或更多（不是很多见）行政级别。比如，波兰的行省、县、乡和城邦，或法国的大区、省、区、选区、市镇。

在成熟的民主国家中，进一步巩固地方政府的地位，同时中央政府放弃更多权力，是客观趋势，这与让权力更接近人民的政策也是相符的。某些行政决策和公共支出趋于节俭，正是支撑上述结论的有利论据。当然了，虽然大趋势如此，但并不是任何时间任何地点都能无条件地自动顺势发展。在履行各种各样的经济和社会职责时，各个行政级别之间会出现互相推诿的现象，使公共资金无法得到合理的再分配。我们经常在渴望实现民主的国家中看到这种问题，不仅如此，高度发达的国家在遇到困难时，也会出现这种状况。

有时，中央政府想将一些任务移交给地方政府，例如小学教育，但是中央政府又不想将用于小学教育的全部资金移交给地方政府。如果在这种前提下，任务成功移交，地方通过其他途径获取了必要的开销资金，中央政府将原本用于小学教育的资金挪作他用，比如用这笔钱扩大政府官僚机构，也就是说政府规模因此"变大"了：公共开支总数比分权之前更高。

有时也会出现相反的情况。在中央政府向地方政府移交权力时，地方政府施展一些游说技巧，就能从中央政府那里挤出更多的专项资金。由于财政预算的计算方法并不完善，有时通过特殊的计算方法，就能轻松得到自己想要的数字。如果将消防任务移交下级政府，经过商谈，最后的结果可能是，地方政府从中央政府那里获得了比之前更高的消防预算。也就是说，在进行行政改革分散权力的过程中，公共支出不降反升。政府的原意是"缩小"，结果还是"变大"了。

对于国家的公共财政体系而言，不管是从经济效益出发还是从总体效益出发，并不存在"唯一正确"的财政分配方案。在巴西、墨西哥等联邦制国家中，权力分散带来了很多难题，即便是积累了多年经验具备良好机制的美国也不例外。非联邦制国家中的收支管理问题也很常见。即便存在诸多问题，但结论还是很明确的：权力下放，让地方政府茁壮成长，对经济发展和满足社会需求更有帮助。当然，这也需要合理的制度和政治文化加以支撑才行，这就是为什么适用于英国的模式放到尼日利亚不仅不能正常运作还可能带来负面后果；巴布亚新几内亚虽然佩服澳大利亚的行政效率，但是自己却无法效仿。地方治理与政府分权也是需要花费时间去学习，才能顺利展开的。

为了加强地方当局的决策地位，中央政府的管辖范围将来会继续受限。在此过程中，公共财政权力下放的复杂问题是一定要面对的。将来，地方政府负责分配的公共资金会越来越多，中央政府则会越来越少。随着资金和权限的转移，公共责任、法律、道德、政治方面的责任也会转移到地方政府身上。如果我们把政府定义为中央集权的结构，代表着覆盖全国的权威和制度，那么政府地位将来会逐渐弱化。实际上，中央政府的决策权利已经开始弱化，很多与经济相关的政策决定，都是地方政府直接做出的。

如今的地方分权，使得市场和政府之间对立统一的关系正在发生变化。市场是一个整体，这一点毫无疑问，但是这个整体的市场是由很多地方性的细分市场组成的。中央政府只有一个，但是下面分成了很多担负各自职责的自治政府。简而言之，有些不满无须上报部长，只要让自治政府的领导听到就行了，支持创业的法案不用提交议会讨论，应该交由地方的市政委员会处理。虽然，一个国家内所有本地市场的交易都要使用统一的本国货币，但是几点开市几点关门无须统一，可以由各地政府自行决定。将来，底层政府负责处理的事务会越来越多，中央政府只需要关注一些基本的议题，掌握大局，适当引导国内的经济活动。

我们已经进入一个全新的发展阶段，如果我们站在一定的高度看待现在的问题，就会发现，在经济发展过程中，全球化已经对政府的地位和作用产生了深远的影响。有些人认为，如果没有政府，全球化就无法推进，与此同时，全球化又无法和政府共存。这又是一个悖论吗？

当代自由放任主义的起起伏伏，给世界带来了一个很大的疑问：新自由主义已经给自己抹了一鼻子灰，接下来会怎样呢？新自由主义兴起于20世纪80、90年代，在喧嚣之中取得了一些短期的成功。之后就从圣坛坠落到地面，导致2010年前后世界经济陷入危机。这次危机不仅波及的范围大，还会对未来造成很大影响。这次的危机覆盖了五个领域：

（1）由非理性的超额借贷引发的危机始于金融领域。美国的大部分债务，是过度消费和地产投资引发的；欧盟的债务，主要是政府公共开支带来的，公共财政入不敷出，出现了严重的财政赤字。

（2）市场上的不安情绪从金融领域，蔓延到生产领域，导致经济活动减少，随之而来的是产量下降，失业率上升。在这种情况下资本支出会迅速收缩，资本收缩会对未来带去很多负面影响。

（3）至此，动荡蔓延到社会领域，政府压缩公共服务支出，对社会上的低收入群体影响最大，健康和教育方面带来的问题尤为突出，不平等现象加剧，社会出现分化。

（4）接下来，危机波及了政治领域，虽然政治危机在美国和欧洲的表现形式不同，但是大西洋两岸无疑都受到了影响。顺便说一句，很明显，这次的经济危机也给全球政策带来了考验，在有条件的时候，世界没有为协调经济政策做好制度上的准备，遇到困难时只能束手无策。

（5）危机殃及的第五个领域是知识和文化领域。这是新自由资本主义带来的最重大危机。新自由主义者期望的成熟市场没有实现，反而带来了很多尖锐的问题，关于经济活动的目的和意义，关于参与经济活动的社会团体的本质，关于全球化的未来和整体文明，所有一切都是以物质为基础的。从根本上来讲，是由经济的增长能力以及满足人类需求的实用价值决定的。

当代的危机引发了动荡。人们的思想和意识形态也陷入了危机，看似完整的价值体系出现了裂缝。很多人的信念完全溃败，在这个变化的世界中迷失了前进的方向。即便克服了前面四个领域的危机，但是真正的危机远没有结束，思想和文化的危机会持续很久，我们要为此付出沉重的代价。也许我们会进入类似于古希腊古罗马的另一个经典时期，有人可能会提出睿智的问题：我们为什么而战？我们要去向哪里呢？这些正是摆在我们面前的疑问。全球经济在未来会如何发展，这是重要的问题；区域一体化扩张的方向和方法，这是大局问题；在接下来的几十年，世界将会走向何方，这是最基本的问题。

如果我们仔细观察，就会发现，上一届美国总统竞选主要是围绕不同价值体系展开的博弈。虽然有些人被"全面自由的经济"蛊惑，但是另外一部分人已经明白（也许现在才明白），这是一条死胡同，这些人正在寻找通往更美好未来的其他道路。在诉诸政治和技术官僚讨论之前，要先确定我们选择的道路是建立在进步价值观之上的。之所以说我们还在处理文化价值观危机，是因为很多问题通过操纵利率、税收、汇率是无法解决的。为了让我们的努力发挥更大的效用，必须要依靠特定的价值体系，在这种价值体系的指引下，经济谈判中不允许出现欺诈，选民支持率也不允许作假。

2012年秋，欧盟废止了2014—2020年的公共预算协议，如果我们对欧盟大家族的纷争了解得更透彻，就会发现存在争议的不是这几十亿欧元，增长率和公共财政支出的减少也不是问题的关键，价值观的巨大分歧才是真正的问题所在。

巨大的分歧不是存在于国与国之间，而是不同意识形态和利益集团之间，国家领导人和政府首脑试图以国家利益为借口，保护特定的意识形态和利益集团的利益。这是很危险的，因为利益集团之间的实质冲突，有时会搅乱国际局势，因此，跨国合作不仅应该是政策涉及的部分，也应该是核心价值观之一。

如果美国、欧洲、中国和其他国家，都确立了未来几年要遵循的价值观，接下来的关键问题是：文明发展到这个阶段，如果全世界的社会没有凝聚力，我们要如何让所有国家团结起来，以避免冲突。

国际团结应该是一个长期的核心价值观。然而各个国家关注的焦点各不相同。在美国，不同社会和政治所持价值观之间的矛盾形成了僵局，在这种情况下，消除财政悬崖（财政悬崖指的是政府财政支出的骤然减少，增税和减支两项政策的叠加，会改善政府的财政状况）是最重要的问题。2012年底和2013年新年，以及之后一次又一次的国会争论都没办法阻止情况的恶化；欧盟的主要争议是，公共预算增加的百分比比通胀率高一个百分点；而在中国，国营和私营经济的腐败是目前最严峻的问题。

人类有时会表现出难以理解的天真。按理说，就算新自由主义没有遭受致命的打击，在失败中侥幸存活，也应该再也无法重拾昔日的光辉。从逻辑上来讲，事情应该是这样发展的，但是新自由主义并没有按逻辑发展，在一些媒体和学术机构的帮助之下，本应该由新自由主义承担的错误和指责，全都转移到了政府干预的身上，就这样通过谎言杀出了一条血路，逃脱了自己背负的罪恶。也许在非常遥远的未来，自由放任主义还会归来兴风作浪，因为历史就喜欢搞这种恶作剧。如果那一天真的到来，我们的后辈在遭受经济之苦的时候一定会悔不当初。为了不让他们怪罪我们，在近期内，我们应该大胆出手，让市场和政府实现亲密合作，共同面对与可持续发展相关的诸多挑战。

在西方经济学顾问们的种种暗示之下，我们总算有所醒悟：很多时候，一些国际组织，特别是国际货币基金组织，对经济活动一方施加的压力，其实来自于它们从属的西方利益集团。如今，"新兴市场"似乎不太愿意听从外人的真知灼见了。即便需要听取他人意见的时候，也会换个角度倾听。经过20世纪90年代的危机，再加上政府的参与带来了切实的好处，高速发展的东南亚经济体，新兴市场倾听的意愿大大下降，对新自由主义失去了兴趣。在中欧、东欧以及苏联后的社会主义国家，新自由主义更是无处容身，相信市场之手无所不能的人越来越少。"华盛顿共识"加速了不切实际的自由化和私有化，推动了强硬财政政策的制定，没有考虑到制度环境、社会、文化等问题，最终被拉美经济体彻底放弃。中东和北非国家经历了"阿拉伯之春"的动荡之后，也对来自地中海和大西洋地区的建议产生了强烈的怀疑。

想要吸纳建议、意见和指导的市场，不希望与外界隔绝。提供建议和需要建议之间的空隙必须有人弥补。由于经历了一轮又一轮的失望，幻想一次次破灭，愿意听从别人的专家越来越少，愿意提供指导的专家也越来越少，其实那些所谓的专家经常对影响经济运作和发展的特定文化、历史和地理的决定因素一无所知。想要提问的人如今面临着一个更大的问题：谁能帮助他们解答疑问呢？

无论是为了施加援助还是完全的商业行为，接受了经济建议的市场，将来一定会发生巨大变革。我们不能只站在旁边观望，还应该参与其中，因为关于未来的理念和利益争论的冲突是决定市场形态的关键。如果又出现另外一种新的"共识"[36]就糟了。有人会再次利用这种所谓的共识，把它当成唯一正确的解决方案，谎称存在一种对所有人都有好处的政策，也就是所谓的万全之策。实际上怎么可能存在什么万全之策。

全球化已经进入了另一个阶段，世界正面临新的挑战。除了市场与政府之间的关系，经济活动中还存在一个第三方，那么我们应该对经济活动的三大组成部分——市场、政府和世界之间的关系，抱有怎样的期待呢？新自由主义概念看起来很诱人，但也很危险，因为新自由主义的观念是有害的。蛊惑人心的政客可能会说，既然我们不能恰到好处地全面处理好市场—政府—世界三者之间的关系，最好把这个问题留给市场自行解决。历史上有很多只能用天真来形容的案例，如果我们照做，又新添了一件。对未来经济放任不管，留给混乱的市场，如果说这是犯下了反人类罪，似乎有些夸张，但是造成的恶性后果真的不相上下。不过，如果把这个问题完全交到政府手上，也是一样。我们要另寻出路，将来让更多的人生活在"第一世界"，或者换句话说，将来的世界虽然也是多元化的存在，但是不会再有"第二""第三"和"第四"世界。

假设除了全球性的经济活动，也存在一个全球性的政府，在处理国际事务的时候，我们还是要面临政府和经济之间由来已久的问题。不管是集权的还是民主的，由于一直以来不存在国际政府,因此情况会变得越来越复杂。与此同时,随着全球化的发展,国家的地位正在弱化。所有的一切都变得越来越复杂,传统国家概念的影响力越来越低,以国家为基础的民主也在逐渐弱化,除非多国参与的民主甚至全球化的民主能及时出现取而代之。

强大的市场参与者,尤其是庞大的跨国公司,会努力把这种复杂转变成自身的优势[37]。更准确地说,是要最大化自己的利益。但是,对自身利益的认知如果出现错误,会引发完全不同的结果。如果他们过分追求利益,不能完全理解自身长远利益和公共利益之间的正向连接,就会在全球扩张的过程中迷失自己的方向。不管怎么说,市场已经做好出击的准备。有趣的是,经济学家和决策人可能从科幻小说中学到了一些东西。有个故事讲的是,一家互联网企业强大到可以凭借一己之力控制全球经济;与以往人类受政府控制不同,一家集权公司控制了全世界[38]。

当人类历史中开始出现经济活动,村庄的栅栏、河流和国界,再也无法阻止货物和人员的流动。现代的跨国、跨洲交易量非常大。很明显,这种交易并不在任何人的控制之下,而且好像也没有控制的必要。但是,我们也要明白,这些交易的某些方面也是需要监管和调控的。不要再以为市场可以实现自我监督自我调控,这是不可能的。理性的干预市场是有必要的。

撇开极端主义不说,当代经济活动已经达成了一个共识,政策应该对三个主要的领域进行干预:资源配置、收入再分配和稳定宏观经济。话说到这儿,问题又来了:干预的目的是什么?干预的手段是什么?应该干预到什么程度?全球化让如今的情况变得更复杂,在跨国和全球事物中,哪些领域应该接受监管和调控?所有的问题都要求国际间和全球范围内展开合作。

有些问题无须逃避,我们要有意识有目的地进行资源分配,把物资从产量丰富的地区调用到需要的地区,比如我们要把食品从食品生产过剩的国家调配到饥饿地区。当出现经济过热和严重垄断的时候,就要出手对市场各方的供需行为进行干预,从根本上来讲,就是要进行市场化配置。在危险的经济过热或明显的垄断阴谋中,对供求游戏参与者的活动进行干预,这种干预主要与市场分配相关。同业联盟操纵市场定价的案例非常多,他们在供应量方面达成一致,推动价格上涨,或者在原材料市场进行投机活动,引发价格大起大落,造成有害后果。

全球的金融失衡状况已经十分严重,很多地方需要适当增加收入才能缓解目前的紧张局势，因此对全球的收入再分配进行必要的干预，也是我们无法逃避的问题。将来，在富裕国家处理完自身危机之后，大家会把焦点转移到贫穷国家的国民收入问题上。

我们现在谈论的不是国内生产总值 GDP，而是国民总收入 GNI。计算国内生产总值 GDP 时，要从指定国家产品和服务带来的总价值（通常指一年）中，扣除生产过程中消耗的原材料价值。根据世界银行采纳的定义，国民总收入 GNI 是指：居民生产创造的全部价值加上商品税收（扣除补贴），加上海外产值和海外主要收入（佣金和所得财产）。换句话说，如果一个国家没有来自国外的收入，国内生产总值和国民总收入应该是相等的。如果一个国家有负债还要支付利息，国民总收入就会比国内生产总值低，差距就是要支付的利息。虽然这些指标都很重要，但这些差异和我们要讨论的问题之间没什么关系。

前段时间，联合国通过了一项关于官方发展援助的决议，但到目前为止，只有部分国家从道义上履行了决议，因为这项决议更倾向于道德扶助而非正式义务。一些国家确定发展社会市场经济，这也是这些国家政府规模相对较"大"的原因之一。瑞典官方发展援助资金占国民总收入的比例是 0.97%，挪威是 1.10%，丹麦是 0.90%，荷兰是 0.81%，卢森堡是 1.09%。这些国家都属于小型经济体，所以援助资金的数额也不是很大。如果大国给欠发达国家发展提供资金的时候也这么慷慨，情况就完全不一样了。可惜，实际情况并非如此，意大利官方发展援助资金占国民总收入的比率是 0.15%，日本是 0.20%，美国是 0.21%，德国是 0.38%，法国是 0.50%，英国是 0.56%，由于这些国家之前的帝国领土很广阔，因此对于这个活动参与的热情比其他国家高。

再分配覆盖了很多领域：从支持人道主义活动到防止富人逃税，从向贫困国家提供发展援助资金到预防洗钱犯罪，从累积资本到共同资助区域发展再到打击避税天堂。

实施必要的稳定措施，也是我们要面对的问题之一。很多领域都需要推出稳定措施，但是金融领域是最需要的。所有的市场都只是全球市场的一部分，在没有全球合作的前提下，任何国家都不可能影响货币汇率和国内利率，即便是英国、日本这样强大的国家也不可能。

所有的思考最后归结为一个问题：如何对全球化施加管理？要控制全球化

发展是不可能的，但是我们可以进行适当管理，或者说为自然发生的经济活动制定一个方向，让尽可能多的人享受到全球化带来的成果。因此，为了让大家保持同一个发展方向，通过全球性的监管机构或国家监管机构实施全球调控是必不可少的。

全球化治理应该遵循的十项原则：

（1）调控应该面向未来，最大限度避免商业实体做出的决策出现冲突；

（2）尊重国家合理限度的主权；

（3）（民族、宗教、种族的）多元化统一是各个国家的权利，保留自己的一些机构，也要考虑国际兼容性，并遵守国际核心规则；

（4）关于社会问题的解决方案，要给予有限的自主权，同时尊重现代文明的核心价值观，顺从全球通用标准，通过商定实施区域和全球监管；

（5）将之前决议中属于中央政府的部分权力移交给区域集团；

（6）给行政当局领导人更大的特权，允许其在国际讨论会做出适当的决策；

（7）强制贯彻正式采纳的规定；

（8）采用新的体制秩序，推出全球性方案解决私人利益和公共利益之间的问题；

（9）需要做决定时，进行国际公开咨询；

（10）邀请非政府组织代表，参加一些国际机构的会议。

首先，全球性法规是不可能超越时代的，但是也不能一直在追赶时代。制定规则时，应该考虑未来的发展趋势以及一些不可避免的过程。将规则制度化的时候，应该参考对未来做出的预测，前提是不要与我们掌握的知识发生冲突。制定全球性的法规，目的无非是为我们希望发生的事情减少障碍，降低我们不希望发生的事情的发生概率，防止我们极力避免的事情成为现实。

生活在贫困地区的人口数量十分庞大，对于这群生活在水深火热中的人民而言，等待毫无意义。制定发展政策，提供配套措施，这是解决问题的途径之一，我们暂且不说。我们还应该提前为国际移民做好安置准备，这也是帮助那些人摆脱贫困的另外一个途径。随着全球变暖的形势日益严峻，北极、格陵兰岛和南极的冰川开始融化，还是那句话，等待毫无意义，如果无所作为，我们只能眼睁睁看着世界末日一天天变成现实。我们需要建立一种机制，通过经济利益，在必要的时候通过强制性的行政命令，在全球范围内鼓励大家减少可能引发全球变暖的行为。当社会需要对抗疟疾的药品，如果把这个问题交给市场，一定等不到我们想要的结果，与其事后空等，不如提前协调好预防措施，防止疟疾蔓延。当然，等待下一次世界金融危机到来同样毫无意义，我们应该在金融危机出现之前，让国际资金流动变得更加规范，使之处于适当的全球监管之下。

跨国管理在区域一体化中取得了积极成果，应该在需要实施全球监管之前先发制人，将区域一体化中跨国管理的先进经验转化成全球管理。在这方面，世界可以借鉴欧盟的个别成功经验，例如，微型区域内的融资发展计划，以及共同研发计划。不是说要将某个区域一体化的成功解决方案套到另一个一体化集团身上，或者直接提到全球的高度，而是要将一个国家或地区的成功机制进行适当的调整，将来也许能在其他区域一体化集团甚至全球范围内发挥积极的作用。从目前的结果来看，经历了这轮巨大的危机之后，证明在全球范围内推行欧盟的单一货币政策是不现实的，最起码在一段时间内是不可行的，但是其他大陆甚至全世界还是可以从欧盟的法律、组织结构、财务程序，以及交换生计划中学习对自己有用的经验。除此之外还有很多值得借鉴的例子。

因此，我们的目标是双向的，要实现具有前瞻性的制度化，一方面要减缓和阻止未来可能发生但我们不希望发生的现象和事件，另一方面要激励并促进可能发生我们也希望其发生的事件。对未来进行研究是非常有必要的，这样立法者、政治家、监管者以及他们手下的专家和顾问，才能了解我们前进的道路上一定会碰到的问题、可能出现的情况，以及一定不会发生什么，最重要的是，指引他们如何及时调控推动世界经济在正确的道路上不断前进。

第二，无论经济在"去国界化"和国际化的道路上发展得多远，我们都应该尊重国家主权。即使全球化发展继续削弱政府的重要性，区域和全球调控收到了令人满意的效果，但是国家还会继续存在。因此，虽然国家的职权范围会收缩，我们还是要尊重各个国家的主权。完全没有必要强行让所有人接受相同的历史（也就是说，既要允许对话，各自表达看法，也要让大家了解真正的历史），也无须要求大家只能用英语交流。但是，关于温室气体排放量、移民条例、贸易关税，以及越来越多的其他权利问题，逐渐转化成了超越国界的问题。国家因此失去部分自主权，将来还会失去更多，税收也不能任由所在国家说了算。国家主权问题应该谨慎对待，因为在需求和利益之外，还牵扯到情绪和情感。这几个因素共存的时候，很容易引发非理性行为。经济爱国主义基本上不考虑常识，在贸易顺差的情况下更是如此。

第三，未来全球化发展应该是有节制的，不应该强行让所有国家接受完全相同的制度。在一体化集团中，很多领域的法规可以由各个国家分别制定，也可以互相商定。但是，全世界还是应该以统一规范为目标继续努力，这才是最重要的。国际实施统一规范，有助于开展国际贸易，可以对资本流动、投资活动进行有效监控，还能方便推行反垄断政策，抑制不公平竞争。劳工流动法案还存在很大争议。当代资本主义在金融资本流动方面已经争取到了极大自由，但是在人类资本流动方面依然受到很大的限制。到目前为止，这个问题可以说是全球化中发展最不对称的领域，未来会如何发展还不得而知。

全世界没必要推行一致的税收政策，但是从长远来看，有必要建立标准化的财政系统，以限制恶性税收竞争。全球定价监管虽然没有必要，但是有必要制定协调政策，限制通过转移定价的方式进行逃税的行为。虽然没有必要统一银行的存款政策，但迫切需要协调制度，加大非法洗钱的难度。因此，未来各个国家经济法规会比过去少很多，但是全球也不可能实施统一的经济法案。

第四，各个国家社会问题的解决方案也会变得越来越相似，但是强迫一些国家欣赏别人的喜好也是无谓的。对于一些社会解决方案，要给予一定程度的包容（包容有利于全球化理性发展），在一体化集团中，标准化和统一化还会进一步加深。我们的子辈、孙辈将来在人权和公民权利上取得的成就，一定比我们的父辈、祖辈还要大。如果没有全球化，这是不可能发生的。

我们应该划出一条线，分清哪些问题由国家决定，哪些问题应该交由全球统一治理。很多领域已经实现了全球统一治理，还有一些领域还有大量工作要做。关于未成年人就业问题，我们应该遵循特定的标准，但是退休年龄没必要强制统一。我们应该保护妇女的权利，提高女性社会地位，但是没必要强制指定女性在选举中应该占据的比例。应该增加限制超时工作的管束力度，但是具体细节和补偿办法还是应该交由雇佣方和受雇方协商解决。

第五，如果不考虑社会凝聚力和国际竞争力的潜在价值，我们应该把更多的国家事务交由一体化集团处理，因为这样做可以让全球谈判、磋商和决策程序变得更加流畅。将公共基金资助的特定项目从国家转交区域和全球性组织处理,整个过程是非常困难和复杂的,就像之前提到的中央政府权力下放一样,只是这一次权力的移交是逆向的,从控制相对较小范围的国家政府,移交给了控制更大范围的国际组织机构。区域一体化的经济体执行统一的政策,全球协议更容易达成。从目前来看,这条规则的适用性有限,因为除了欧盟,其他地区的政治、经济一体化水平都不高。

第六,戏台上"你方唱罢我登场"的模式,不能用于管理世界。决策机制必须得到改善,一方面要限制议会、代表大会、国会代表的特权,以及政府和中央银行行政人员的特权,另一方面也要加强跨国合作执行者的法定地位,也就是说要加强参加政府和国家首脑峰会的总统、首相或公使的决策权。他们的权力也应该通过民主选举(在民主国家)获得,授权他们在特定情况下可以自行做出决定,对国际事务表示赞同或反对时,无须向中央政府以及各色人等不断请示,因为一些党派联盟通常会借助冲突和质疑,赚取政治优势。

针对气候变化展开的对话至今已经拖了20年,欧盟财政危机持续了好几年,到现在还没有找到有效的解决办法,大家参考这些案例,应该能明白我的观点了。2008年危机爆发,欧洲的政治舞台一直无所作为,但是电视上已经报道了多次"突破性的进展",欧元区首脑峰会以及多国领导人峰会也开了很多次,突破来突破去,始终没有突出重围。代表团来来去去,问题依然没有解决。

考虑到代议制民主的本质,不得不说这是一个棘手的问题。但是代议民主制也存在不同的表现形式和形态,我们可以赋予选举产生的代表足够的决策权。参加国际会议,需要对公共事务做出决议时,除非有必要,各国代表无须征求他人意见可以自主决定。我们常说,时间就是金钱,国家的政治家浪费纳税人的钱,国际的政治家浪费的时间如果换算成金钱,可能比他们还浪费。

作为一个强大的国家,中央政府的作用不是去限制民主,而是作为一个工具将民主国际化。例如,七国集团中的德国和法国,以及其他几个主要国家的领导人,发表声明赞成推出托宾税,也就是对现货外汇交易课征全球统一的交易税。但是,他们知道一回到家,就会有人提出反对意见,而且正是通过所谓的民主手段破坏决议。明明是一项大家都需要的计划,但是只能搁置,不再提起。

政治机制应该做出调整,确保国家元首在国际会议中做出的决定顺利施行,如果领导人犯了错，民主机制会在下次选择一个更好的。否则，我们就会陷入决策瘫痪的困局。国家领导人必须学会如何向国内各种群体解释，这些跨国决议是合理合法的，之所以要拥护这些决议，是因为这些决议是从地区和全球的角度出发，国际会议中不能只顾推动本国利益。对于一些短视的人以及冥顽不灵的人，真的很难向他们解释。

第七，全球性法规必须确立可操作的程序。首先，这些法规应该务实，这点很容易理解。全球性法规背后还要有实用的国际监测系统作为支撑，应该优于区域、国家和地方法规。很多时候，支持全球化应该自由发展的人没有深入了解全球化的本质，没有正确认识跨国公司的利益，他们认为全球企业可以将业务搬到其他地区逃避监管，这些人不只会说服自己我们没有什么可以做的，还会劝说别人。其实不然，只要有专门的组织协调各方行动，这种现象会越来越少。

如果一个地方警长在追赶暴徒，眼看就要抓住了，结果犯罪嫌疑人跃过边界，那边已经不属于这位执法人员的管辖权了。警长回到办公室，与此同时，暴徒在新的地方打扮成得体的绅士，着手准备抢劫银行。也许他为了躲避另一位警长的追捕，会再次逃到别的地区。这种难以解决的现实问题就是联邦警察成立的原因，如今警察可以跨越边界追击嫌犯，防止罪案。

将来，各个领域的市场活动，以及银行业务和银行监管也应该采取类似的治理措施，这样一来，抢劫银行就会变得更加困难，银行家也更难下手了，有人认为银行家给银行客户带来的威胁其实比劫匪大得多。制定国际规则、实施国际监管虽然存在诸多困难，却也不是不可能完成的任务。为了应对2008—2013年的危机，银行业达成了巴塞尔协议Ⅲ，虽然跟之前相比，这是一个明显的进步，但是还不够。之所以称为巴塞尔协议，因为这项协议是在瑞士的巴塞尔达成的，以各国中央银行为主的多家银行同意在各自的业务范围内遵循该项协议。如果大家都认真对待达成的共识，遵守相关规则，这规则很快就会变成通用规则，覆盖全球。到那时候，根本不需要全球性的国际机构监督大家是否在履行协议。问题是当初对巴塞尔协议Ⅰ、Ⅱ的理解不足，Ⅲ也有可能出现这个问题。监管体系有时也需要被监管。正因如此，我们更需要不断进步，但是随着越来越多的自主经济体加入全球银行市场，每前进一步都会变得更加困难。

全球化的反对者指出，有些国家连自己都不遵守当初参与制定的法规。欧盟就有很多让人沮丧的例子,大部分国家都不尊重自己同意采纳的《马斯特里赫特条约》以及《稳定与增长公约》。按理说,所有欧元区成员国,以及货币同盟之外的欧盟国家都应该遵守这些条约。不仅如此,还有让人更郁闷的,很多世贸组织成员国不认真遵守所有成员国共同签署的自由贸易协定。这说明建立专门的机构监督制度实行的状况势在必行,这些机构不应该依附于任何财团、政府和国际组织的官僚机构。对伊朗核计划的监督工作,经常引起热议,大家应该能看出国际监管的复杂程度,以及其中的困难,相关国际规则已经就位,但是在实践中,各方并不能严格遵守。对于收紧监控、管理和检查的问题本来就存在争议,如果制定的决议又不能严格执行,怎么可能解决问题?如果价值观、制度和政策都不能解决问题,接下来登场的就会是混乱和不可避免的毁灭。

第八,新的全球秩序会出现,但是可能并非来源于各个强大参与者的霸权倾向。应该是在以下过程中形成的:私营企业利益冲突,国际组织(有些尚未成立)实施调控,国家概念弱化,区域一体化集团地位越发重要。全球新秩序的标准听起来又像老生常谈,但是确实是客观的必要条件。新的全球秩序不是一个构思奇特的静态结构,而是一个动态的内部整合过程,不停在寻找经济和政治利益之间的妥协方案。

很多时候,巨大和难以克服的问题是由小国引发的,这里的"小"指的是人口少或国内生产总值低,不一定是领土范围小。也可能是由规模并不是很大的组织引发的。多年以来,阿富汗和索马里一直是困扰全世界的大麻烦,除此之外,还有马里和叙利亚。对美国构成威胁的,不是俄罗斯军队,而是基地组织。对俄罗斯的领土完整构成威胁的,不是北约,而是北高加索地区民族主义者。小猫小狗最可爱,可是这些小型组织可没那么可爱。

大家可能以为经济领域情况就不同了,世界形态及其未来应该是由福布斯排行榜上的500家公司决定的,但事实也并非如此。大部分工作岗位以及全球的大部分产值,主要是中小型企业贡献的。我们可以通过实例说明中小企业的重要性,在美国,中小企业承担了经济危机中实际生产领域的主要压力。在2009—2011年,大型企业中的用工人数下降了近10%,而那些年营业额为1000万至10亿美元的中型企业,用工人数则上升了5%以上。大公司能轻松引导社会舆论,小型企业没有这样的政治影响力,但是将来有必要倾听中小型企业的声音[39]。

因此，新的全球秩序可能不会受制于任何强大的势力，但是还是要考虑分散的资本和选票，最终采纳一个相对合理的折中方案。如果是这样，原教旨主义和政治极端主义的相关案例也会越来越少，当然了，全球新秩序在寻找社会基础作为长期依靠的过程中，也要经历一段难熬的时间。

第九，在合理的情况下（虽然谁来决定以及什么情况才算合理始终没有定论），在全球会议做出决定前，应该向全世界公开征询意见，尤其是确定全体行动方向的议题，比如千年发展目标。向那些通过政策解决了自身问题的人，征求他们的意见，没有坏处。这方面的工作已经在进行中，但我们需要一个全新的、更大规模的、真正全球性的推动方案。如果头脑敏捷的政治家们知道如何借助高速发展的网络开展社会服务工作，征询意见就会变得更加容易。

我个人算是咨询工作的积极参与者，有时需要听取别人的意见，有时要向别人提供自己的意见，以我的经验来看，这些工作有些时候真的是毫无意义还会惹人不快，但是大部分时候是有用的。未来将会发生极其广泛的变化，因为从技术角度来看，不超过 20 年，大范围的全球公共咨询会比现在国家范围内的全民公投还容易。国际公开咨询不是要投票，而是为特定的问题找到答案，得到的答案可能激发决策者的灵感，或者进一步推动讨论得出结论，参与讨论的人可能只是一时没想到或者没理解，咨询来的意见可能会给他们一些提示。美联储或欧洲央行是否应该调整利率，或者，应该收多少税，谁也不会为这样的问题征询具体答案，但是可以听取大众对于这类问题的看法。从政治层面来看，为世界各个群体提供客观信息才是最重要的，无论是知识群体还是无知群体，从本质上来讲是要给他们一定的选择权。征询公众意见的竞赛已经在全球范围内展开。

第十，在合理的情况下，非政府组织应该派出有能力的代表，参与全球决策。世界经济论坛每年冬天在达沃斯召开，世界社会论坛每年在不同的城市召开，让与会人员同时在某个地方相聚的意义不大，顶多算是个有趣的大狂欢。与会人员在会议中围绕相同的议题展开讨论，很多时候你会发现各方看待问题的角度是对立的。他们的对抗可能是一种思想和政治的挑衅行为。在听取华尔街金融危机原因的小组讨论时，那些银行家的穿着非常相像，甚至领结都很像，这是发生在经济论坛的一幕。在讨论如何对抗非洲贫困问题的讨论会上，参与者都穿着印有相同标志的 T 恤，这是发生在社会论坛的一幕。打着相同的领结，穿着相同的 T 恤，讨论如何消除危机，克服贫困，真是无趣极了。世界银行邀请非政府组织中的活动家参与到一些讨论中，这种做法值得表扬，而且值得提倡。尽管最后大家只是交换了意见，但这已经向正确的方向迈出了一步。这样做可以化解很多状况，因为在做出重大经济和社会决策时，保证社会参与非常重要。

全球治理在经济方面的未来使命似乎已经明确了。世界、人类、经济、文化将继续多样化发展，我们应该理解并尊重这一点。但是，我们不能忽视未来经济可能产生的变化，不能任其自由发展。我们要进行监管，避免危险的冲突。拿道路交通作比喻，自由指的不是每个人都按自己喜欢的方式走路、开车或骑车。地球上的交通也需要调控。交通规则能让我们朝要去的方向前进，同时不会撞到那些遵守法规走向反方向的人。我们要按照规则加速减速。遇到红灯，我们要停下来等待。我们需要优秀的全球性法规,也要有复杂的交规和信号灯之类的组成部分。参与到经济过程中的实体越是了解这些规则，越愿意履行这些规则，因为他们知道这些规则在时间和空间上能给大家的活动带来更大方便。如果他们不去遵守或者不能遵守，就要有人去教导、去鼓励，甚至强制要求他遵守。这样一来，冲突、碰撞、事故、灾害、危机、灾难会越来越少。虽然大家要去的方向不同，但只有遵守规则才能花费更低的成本达到自己的目的。

全球范围内的经济活动，比任何超级大都市的交通情况都要复杂无数倍。在全球经济活动中，每天要发生数十亿人以及数万亿价值的商品流动，原材料和金钱的流动规模异常庞大，我们还要面对空前庞大的信息量。这些都需要进行监管和调节。因此我们需要全球化治理，让人流、物流、资金流和信息流穿过仍然存在的文化、经济和政治边界，在不发生冲突的前提下，最终到达目的地。全球化治理的目的是让世界各地的人、货物、资本和信息进行创造性的接触，而不是让国家不去承担他们应该肩负的责任。还拿交通举例，车辆指示灯的设定可以遵循相同的规则，但是没必要规定各个国家的停车点。可以根据相同的规则制定进口关税标准，但是没必要在食品标签的形状上也达成共识。我们不要求全球化治理无所不能,但是要起到广泛的政策协调作用。政策协调也是一个复杂而艰难的过程，国际社会也要不断地学习。实际上，上完课拿了驾照是远远不够的。

公开辩论将会越来越多。如果相关国家的行为、主权、国内或跨国民主等方面值得讨论的话题不多，税收问题则会越来越频繁地变成大家讨论的焦点。正如我们所知，辩论总是能扰动人们的情绪。一个人在谈论税收的时候，可以像谈论爱情一样热情洋溢。最重要的是，税收永远和利益冲突分不开。如今利益冲突的范围也要随着全球化扩大到国际和全球。有一点可以肯定的是：财政制度和收入再分配政策受全球化影响的程度会越来越深。在这种情况下，经济和政治方面一直以来被视为国家内政的问题也会登上国际舞台，国家政策无法解决的问题将会通过国际协调得到解决。以后，公开辩论得到的答案将会决定政府和市场的关系。

未来的世界依然参差不齐。"大"政府、"小"政府会同时存在，美国政府会比现在大，法国和北欧国家的政府会比现在小。总的来说，全球范围内公共开支占全球产值的比例会比现在高。两个对立的发展过程造成了这种结果。富裕国家财政再分配的相对规模会降低，由于财富普遍增长，大多数发展中国家绝对和相对的公共开支都会增加。

对于那些已经高度发达的经济体，财政政策的法规、规模和手段都会发生变化，公共开支很可能会下降。如今，经合组织成员国中，政府规模相对较"小"的美国，公共总支出（国家和各州的总支出）占国内生产总值的40%左右（占总收入的30%以上，存在差异的是财政赤字）。与之相反的是，政府规模较"大"的法国，公共总支出约占国内生产总值的56%[40]。所有的迹象都表明，美国公共开支的比例将会逐渐上升，法国的比例则会逐渐下降，如今两国公共开支比例之间相差16%，将来会缩减到什么程度呢？具体数字我们无从知晓，二者之间的差距缩小虽然是必然的，也是我们愿意看到的，但是这个领域还存在很多未知因素。不过，我们知道主要的决定性因素是什么，我们也知道变化的发展方向，这些都是根据未来政治经济进行推理得出的答案。

当你踏入一片湿地，要停下来想一想：我应该往哪儿走？如何才能穿过这片湿地？如果你往前走了几步，发现地面越来越黏，就要好好观察一下四周的情况，仔细想想该怎么办。如果你迈出下一步以后，明显地感觉自己要被泥潭困住，就要及时抽身后退。凡事都不能一条道走到黑。美国经历了80年不间断的财政扩张之后，发现自己也陷入这种局面，当然不是只有美国这样。美国仍然是世界上最强大的经济体，收入和公共支出情况已经发生了根本性的变化，两个数字就足以说明这种变化到底有多彻底。1930年，公共开支占国内生产总值的15%左右。2010年，财政赤字就占了国内生产总值的10%！也就是说，美国现在的财政开支，每年借用的数额就已经达到了80年前总开支的2/3。这已经不再是泥潭，已经变成深不见底的沼泽了。

我们不知道在大西洋两岸的两个重要国家——美国和法国，未来的公共开支会占国内生产总值的多少，但我们知道比例还会上升，我们可以留一些填空题，未来会给我们答案，5年、10年、50年之后，每个人都可以填上答案：

美国：2019（……），2029（……），2063（……）；
法国：2019（……），2029（……），2063（……）。

接下来的日子，在全球化的进程中，市场和政府会并驾齐驱，在制度化的现实中证明自己的价值。如果要通过坐标图描绘未来政府的位置，横轴代表政府规模，也就是公共开支占国民收入的比例，纵轴代表机构的"实力"，也就是限制市场的负面影响和促进社会、经济可持续发展的监管能力，高度发达国家的"优秀"政府，应该位于图表的左上方。政府负责的再分配、税收和支出减少，政府的规模就会变"小"，同时也会变"强"，因为政府的调控和监督作用越来越突出，特别是跨越国界的工作会越来越多。有时也会出现一些规则之外的情况，虽然状况不会持续很久但是很重要，比如美国在未来几年会通过增加税收克服公共财政危机。

我总是会用到"相对"这个词，因为从绝对数字来看，公共开支可能与经济增长持平，但是比国民收入增长速度慢。如果一个"大"政府，把一半的国内生产总值纳入预算，几年后货币数量会增加，但国民收入百分比会减少。举个例子：某国的国民收入是1000个单位，税收是500个单位，作为公共政策的一个组成部分，用于安全、教育、医疗、行政、外交和其他值得称道的用途。那么，我们受益的指数就是50%（500/1000）。再过十年，随着经济增长，平均产出增长率是4.1%，这时国内生产总值达到1500个单位（这个假设，考虑到了实际情况、固定价格、通货膨胀的因素）。公共支出也以3.4%的年均增长率不断增加。现在是700个单位，实际比10年前高出了40%。绝对值是增加了，但同时相对值却下降了，因为现在只占国内生产总值的46.7%（700/1500）。

政府规模相对缩小是两个过程共同作用的结果。一个是将政府负责的部分任务移交给私营机构的过程。至于具体是哪些任务、移交到多大程度、以什么速度移交，围绕这些问题展开的意识形态之争和政治纷争永远不会停止。以研发任务为例，以利润为导向的私营机构已经接管部分研发工作。事实证明，研发工作捕捉利润的能力越来越强，在很多领域为人民和公司提供了坚实的后盾。虽然从宏观视角来看，民营企业依然不是很重要，近几年才开始入侵国企和央企的领地，比如太空探索，但是民营企业正在大放异彩。私营机构将会为医疗、教育和社会福利服务领域提供资金，控制资源的分配，这具有非常重要的意义。我再补充一句，未来公共服务领域的发展模式一定会是多种多样的，在这个问题上世界不会走向统一。其实这样更好。

另一个过程是指精简公共开支，这个任务至关重要，但是在实践中会遇到重重困难，与第一个进程存在本质上的差别。这个任务的预期目标是，在不缩减服务范围，不降低服务质量的前提下，更高效、更快速地完成任务，花费也要更低。这样做可以裁减中央和地方政府行政部门中的冗余员工（有些地区人员不足，也要及时增配），公共服务的成本也会因此而降低。

精简公共开支选择下手方向时，要慎之又慎，因为新自由主义也喜欢"削减开支"，我们一定不能犯新自由主义的错误。新自由主义通常会减少政府提供的公共服务数量，结果很多人因为享受不到这些服务，导致生活水平下降。我们在"缩减"政府规模的时候不要一刀切，可以"修剪"，比如，通过更好的管理降低运输成本，学生上下学、职员上下班的交通费就可以省下来。如果直接削减交通补贴，家庭的交通开支会增加，家庭只能通过削减文化或体育开支抵消这部分多出的费用。人们需要上下学和上下班，因此第一种方法对于家庭来说，在交通上的支出更高。这是以其他方面的支出为代价的，例如文化或体育。第二种方法，也就是通过提高管理水平降低运输成本，不会对民众的购买力造成影响，因为这种做法已经节约了公共资金，不会出现转嫁到家庭的情况。

说起来容易做起来难。提高管理水平可以通过更合理地规划工作时间实现，但是也可能引发裁员。我们还要寻找更多的工作岗位安置这些人员。能源消耗可能会下降，能源销售商要寻找其他客源，生产商可能不得不降低产量，生产商的收入自然会降低。从短期来看，提高管理水平对于一些人来说是好消息，对另外一些人来说，可能是坏消息，但是，从长期来看，提高管理水平、精简开支对社会和经济发展都是有益的。

不考虑公共财政支出,直接减税也可以"缩减政府规模",但是这种方法是最不可取的。不降低支出,一定会增加预算赤字,增加公共债务。要偿还债务,就要削减其他方面的预算,结果财政危机进一步恶化为社会和政治危机。借债虽然能解一时燃眉之急,但是到期就要还,还了债可能就没钱资助学校了。在这个过程中只有债权人得利,变卖家当的总是捉襟见肘,怎么也回不了本,只有收废品的能赚到钱。

美国目前的表现就是最好(也许用"最坏"合适)的例子。这个伟大的国家,发展市场经济的经验比任何国家都丰富,不是"新兴市场",竟然把公共财政搞得一团糟,真是让人诧异。美国人更喜欢回忆20世纪80年代的往事,那时候的拉美经济还是一团糟,现在的美国虽然成为世界的领导者、很多国家的典范,但是如今的日子并不好过。现在的结果,一方面是放松管制造成的,更重要的是共和党执政时期受新自由主义的影响,做出了减税的错误决定。更荒谬的是,2012年总统大选的时候,共和党的两位竞选搭档承诺要继续减税。当然了,如果真的大幅度削减了"冗余"支出,我要强调一下这种假设非常不切实际,如果这种不切实际的假设变成现实,削减的通常是用于社会贫困阶层的开支,一定会因此降低医疗保健和社会福利水平。需要补充的是,根据美国官方的说法,超过15%的美国人生活在贫困线以下。

没办法通过民主方式削减公共开支,就给民众和政客们摆出事实:花钱太多导致国库空虚,除了削减开支没有别的选择。这种简单的推断是引发非理性行为的原因。支持削减支出的人常常在计算中走极端,政府当局想再找一条出路,就会选择增加税收。新的悖论就此形成:本来是为了缩小政府才削减开支,一来二去政府反而变得更大了。美国目前预算赤字(占国内生产总值的2%~2.5%,约3000亿~3750亿美元)中,至少有1/4必须通过提高税收带来的额外收入弥补,这是无法逃避的现实。

自主经济体的发展会走向多元化。在前面提到的坐标图中,来自"第二世界"的前社会主义国家和高度发达国家的运动轨迹相似,处于左(相对较低的公共支出)上(强大的政府机构)方。来自第三世界的自主经济体会出现在图表中的右上方。政府强大,财政再分配占国民收入的比例高。政府不仅要为行政、军队和执法部门提供支持，也会为人力资本和基础设施提供更多的支持。孟加拉国公共开支占国内生产总值的比例不超过16%，秘鲁约为17%，埃塞俄比亚不到20%。公共开支只占国民收入1/5或1/6，这样的经济系统怎么能高效运作？如果这些国家能够成功使他们的收入在未来10年、20年、30年增加一倍的话，公共开支要在更短的时间内增加一倍。

发展水平越高，政府就能获得更多的资金支付公共开销，如果分配得当，更多的支出有助于经济更快增长，这就形成了一个积极的循环。许多语言中，都存在"税负"这个概念，是指向政府缴纳的完税，政府也会以此为名收取贡品。将公共资金用于满足权贵的自身利益或者被挥霍的情况，现在依然存在。如果能合理利用税收，税收就不是一种负担，而是支付费用换取公共物品和服务。税就是物品和服务的价格，特别是自由市场没有销售的，由政府提供的服务。未来，全球性的公共服务覆盖的范围会越来越大，主要是自然环境、和平、商品贸易和金融交易担保等领域，全球性的财政收费会日益增加。

税收是一门复杂的学问，我们还在学习当中，国家也在努力精简内部支出，并且取得了一些成果，那么我们是不是应该强行将部分问题移交区域或全球组织解决呢？如果在国家范围内都不能平衡税收与支出的关系，想要通过区域组织或全球协调完成公共资金的收取和分配工作，是不是太草率了呢？即便相关财政机构的技术足够完善，在操作的过程中，能克服文化和政治障碍吗？这些不是单纯的问句，而是需要认真讨论的问题。

与其等待讨论结果（遥遥无期），不如现在开始尝试，以便改善将来的操作方法。在某些领域，我们不但算不上提前，其实已经落后了。征收适当的环境税，能督促各个国家控制引发全球变暖的温室气体排放，早几年开始推行就好了。

关于人类经济活动多大程度地加剧了全球变暖的激烈争论仍在继续，但是，全球变暖导致了气候变化，这是显而易见的。无论是科学论文还是政治文章，所有否认全球变暖的言论，背后都有特殊利益集团的身影，这些特殊利益集团主要来自传统能源领域。有些自然灾害可能是由人为活动引发的气候变化导致的，如灾难性的飓风、洪水、山体滑坡、火灾、地震和海啸，这些自然灾害不仅会对国民经济造成影响，而且灾难才不会在乎国界，过境之处无不遭殃。即便灾难带来的恶果只影响了一个国家，事情也不会因此变得简单，有时受灾国家会无力应对巨大自然灾害带来的经济后果，在这种情况下，国际组织会出面提供援助。国际组织不仅援助了大地震后的巴基斯坦，也援助了遭遇海啸的日本、遭遇飓风的危地马拉、发生严重火灾的西班牙。遗憾的是，未来人类还要面对更多的灾难。

为了应对未来可能发生的灾难，社会必须井井有条，要有专门用于防灾减灾和灾后重建的资金、人力资源和组织，所有的工作都需要大笔的资金支持。如果为印度尼西亚、乍得，也有可能是澳大利亚或俄罗斯受灾群众提供人道援助的所有资金，都靠各处募捐筹集，这个过程不仅会造成资金浪费，还会让很多人因为得不到救助失去生命。如果建立一个全球基金为相关援助提供资金和技术支持，只要该基金组织管理得当，救助工作的效率会大大提高，还能变得更经济、更方便。如果每个高于平均发展水平的国家（人均国内生产总值超过 2 万美元），捐出国内生产总值的千分之一，对于各国的负担都不是很重，那么基金会每年募集的资金总量就能达到约 400 亿美元。

托宾税主要是针对全球市场的现货外汇交易征税，作为更广泛干预一揽子计划的一部分，有些国家从 20 世纪末就开始实施托宾税制度，虽然没能完全阻止之后发生的金融危机，但是确实缩减了危机的影响范围。如果我们从过去就开始适当地征收国际商品贸易营业税，假设税率是 1%，这点税收不会影响出口动力，也不会影响贸易扩张，但是总的来说也不是小数目，大概 2000 亿美元，我们可以用这笔钱消除饥饿，在我们广袤的地球上，还有很多人因饥饿失去宝贵的生命。

我们应该立即让大家认识到，对社会和经济活动进行"合理的"全球性协调，更容易实现目标，还能带来多重收获。各个国家一直都是靠税收支付开支的，当然，征税也是统治子民的一种方式，关于这一点我们要时刻小心。我们前面提到过，放弃以前的做法，通过跨国组织或者全球性组织进行有条理的再分配，防治全球变暖和自然灾害，不仅不会提高，还会节约公共开支，现在大家应该更明白其中的道理了。对金融交易征税,旨在降低风险进而降低世界经济活动的运作成本。如果这种方法得以应用，虽然有些人要支付部分以前从未征收过的费用，但是全球财政支出的总量（并非绝对值，而是占总产值的比例）不但不会增加，反而会大大降低。相应的（相比于产出价值）的财政支出会降低，而不是增加。

所有这一切，从理论上来讲是可行的，从经济方面来讲也很合理，也是全社会希望发生的。但在政治上却不一定可行，至少现在是这样。原因在于，国家事务几乎全在政治家的操控之下，但是他们不是在努力赢得民主选举控制国家的统治权，就是在清缴有可能将他们推下权位的对手，简而言之，不是在争夺权力就是在保护权力。他们哪有时间和意愿来处理全球事务呢？按理来说，将来，全球化与民主和经济增长的关系会越来越紧密，这两个问题是政治家们最关心的，在这种前提下，他们应该会放眼全球。要想成功地发展包罗万象的全球化，就要有远见、有战略、有协调政策。作为全球性的公共政策的一部分，也要收取和支出资金。

全球化的过程当中，有需要我们学习的东西，也有值得我们学习的东西。不知道要经过多少代人的努力我们才能应对自如，但是我们知道熟能生巧的那一天终将到来。现代的很多国家和跨国集团已经开始在不断学习中成长，学习的过程将来也不会停止。单一种族的国家越来越少，很多社会中，民族大融合的趋势越来越明显：有些地方几乎看不到外国人，有些地方到处都是外国人，比如伦敦，居住着来自300多个国家或民族的人，使用的语言有270多种，他们都向英国政府交税，公共开支也会为他们服务。我们没必要按照这个模式重塑整个世界，但是我们要整合各个组成部分，纳入统一的协调机制。

在联邦国家的复杂结构中，成功地制定出了一套实用的财政系统，这套体系也可以一步一步扩展至全球，当然迈的步子可能会很小，我们不要期待一举成功。从体制上来讲，联邦国家更先进，比如美国、德国、俄罗斯，远远领先其他国家。印度和巴西虽然困难不断，但也应对得越来越好了。虽然尼日利亚比墨西哥的问题还多，但这些问题都是可以解决的。

但是，一个值得思考的种族问题逐渐显露了出来，而且在全世界都可以看到。以前，传统意义上的国家，乃至联邦国家或多国集团，财政收支在很多人脑海中都只是抽象的概念，将来可能会在脑海中浮现生动的收钱、分钱的画面。对比分析表明，富裕国家的种族越单一，政府规模"越大"[41]。我认为，在很大程度上，那些没有太多"异族"的社会，更愿意提供共同支出。这个结论有待商榷。斯堪的纳维亚地区的国家支持这种说法，但是作为多民族国家的法国反对这种说法。也会出现完全相反的情况，多民族国家可能会提高支出，消除种族隔离，这又是政府变"大"的另一个原因。那么，二者之间到底存在什么样的因果关系呢？这个问题可能真的没有明确的答案。总的来说，文化因素、传统、社会偏好的差异，也会让二者之间的关系发生变化。

　　唯一可以肯定的是，在这个如此多元的世界中，将钱收集到一个全球性的财政部门，再分发给全世界，一定比任何国家的财政收支过程都要困难得多，即便那个国家很不稳定，由不同民族、种族和宗教构成，像尼日利亚一样有500多种语言。将来，如果全球范围内的公共财政，全部通过区域组织或区域发展银行统一管理，到那时候就会发现，其实全球财政支出只会占全球总收入的很小一部分，可能也就百分之几。即便只是1%，不说全世界，单单欧盟总收入的1%，就已经是很大一笔资金了。

　　顺便说一句，我们应该说"全球总收入"，不应该说"全球国家总收入"，正如我们会说"全球总产值"，不会说"全球国内生产总产值"或"世界范围内的国内生产总值"一样，我们既然站在全球的高度，就应该抛弃国家和国内的概念。

　　考虑到上述所有情况，世界如此之大，如何才能不被压垮呢？世界的协调工作越来越复杂，如今人口已经有几十亿，将来还会越来越密集，人们不断交换价值万亿美元的货物和信息，这样大规模的活动，真的能被人力控制吗？我们是不是应该放弃这个打算，让所有的进程自由发展呢？别忘了，即便在未来推行全球化管理的主张是正确的，但是在开展工作的过程中，每年都会出现新的挑战。工作任务也会变得越来越复杂。

　　我们可以要求引入一套简单的全球控管制度，代替200多个国家复杂的治理程序，但是如果全球控管制度真的形成，很有可能无法取代目前的管理体系，只能做到在原来的基础上又增加了一套管理制度而已。所有的条例和法规全算上，美国的税法总共有七万页！如果我们不理会全球税法是否不够成熟，硬要推广，会引发什么后果呢？如果最强企业的首席执行官、国家元首、国际组织的领导人都难以控制现在的局面，将来的管理程序和政策要变得多复杂才能面面俱到呢？其实，很多组织的经历已经给我们敲响了警钟。以欧盟为代表的一体化集团，一直作为全球协调员的联合国（至少在安全问题上联合国一直起着调停的作用），以及在协调发展政策中占有重要地位的世界银行、国际货币基金组织，这些都是可供参考的例子。

　　提供尽可能多的调控，保持市场平衡发展，同时为市场的蓬勃发展创造条件。

为了实现有效管理，采用尽可能简单的解决方案。最大限度地放弃较早的国家法规。这些都是我们要面对的问题，但是只要我们脚踏实地，一步一步来，就能攻克所有难题。

| 第四章 |
不能创造价值的经济如同没有意义的生活

"生活要过得充实",这是一句老生常谈。生活中,总会出现各种问题等待我们去解决,我们也会时刻面临各种挑战。攻克困难得偿所愿,以个人的能力直面挑战获得满足感,如果这不是生活的价值所在,那还会是什么呢?生活给你的当然并不只是满足感,它给我们布下难题,你不可能只享受好的方面,这就是生活。

　全球化也是如此,唯一的区分是,全球化的过程比我们的寿命不知会长出多少倍。人类的历史终将走向尽头,但是那一天的到来必定还要等待很长时间。在未来的这段时间,经济活动会一直持续。我们的生活会因此变得更加丰富多彩,但是要处理的事情也会复杂无比。从现在开始,世界是联动的,谁也无法独善其身,对于人类而言,全球化意味着翻天覆地的机遇,同时也隐藏着巨大的威胁。

　根据人们持有的价值观和看待问题的角度,社会科学将他们对号入座,划分成了很多类别。我们的生活中会出现支持全球化主义者、另类全球化主义者和反全球化主义者。这些词组在社会学和政治学中没有明确的定义,在政治经济学领域也是一样。通过最普遍、最简单的方法,就能归纳出个人社会团体对全球化的态度。如果以全球化为目标展开行动,就说明他是支持全球化主义者;如果表示认同但持有异议,说明他是另类全球化主义者;如果表示反对,说明他是反全球化主义者。

　关于全球化,还有一个让人困惑的地方,那些支持全球化的人,在经济、政治和文化方面的观点有时候是互相排斥的。因此,我们同样能从全球化主义者中找到反对的观点。我们也能从大学图书馆的社会科学部找到各种各样的另类全球化主义者,这些人表示支持,但是有条件,这种人的数量也很庞大。那些思想极左或极右的人都可以归到反全球化主义者中,这个分类中的理念也是混乱、不统一的。

全球化是不可避免的，反全球化主义者不会认同这一观点，但是其中的失败主义者（失败主义是一种因为认定未来注定失败，而放弃一切改变现状的行动的思想）的想法有些不同，他们反对全球化，但是认同这种进程是不可逆转的。认为全球化一无是处，并且认为可以扭转这种局面的人，为此抗争了好多年。通过对那些反全球化主义者的观察，我们会发现，他们只是在反对资本主义全球化的现象。他们对会导致世界经济体系互相依赖的自由主义化和全球大融合并不反感，他们只是对市场经济的剥削、不公平的分配、社会排斥、各种各样的经济诈骗和政治欺诈深恶痛绝。另类全球化主义者和反全球化主义者的理念已经清晰地摆在大家眼前，为此，他们在开罗的塔利尔广场游行，在伦敦的圣保罗大教堂外面发起了占领伦敦运动。事已至此，只能走着瞧了……

另类全球化主义者认为，从文化到经济，各个领域的全球化都是有价值的，但是和现在相比，它的形态要做出一些改变。自由化和一体化是需要的，但是要比之前的几十年更有条理才行，得和失都要分得很清楚。如果有人能提出一个宽泛的理念，对经济全球化做出准确、深入的解答，如实客观地阐释后果，他们可能会赢得最多的支持者。

支持全球化主义者当然会表示支持，尽管他们的理念同样有可能与未来的发展相悖。对于这一过程，除了不会提出任何批判的坚信者、辩护者和显而易见的受益人之外，其他所有的全球化主义者都可以说是另类全球化主义者。从经济学到社会学，所有社会科学领域的代表都是如此。目前来看，支持全球化的人同时也是实用主义批评家，至于我到底是全球化主义者还是另类全球化主义者，就交由他人归类吧。我自己觉得更接近前者，但是如果有人认为我是后者中的一员，也无不可。这和我前面提到的乐观主义者和悲观主义者有些类似。

不管怎样，我们应该着眼于未来。那么我们会看到什么问题呢？之前，在考虑这一形势的时候，更确切地说应该是"时局"，毕竟它与时间的关系更密切，我会用"未来的十二大问题"[42]加以概括：

（1）经济增长的速度和局限；

（2）发展过程中价值观和文化内涵的转变；

（3）全球化发展过程的制度化与无序增长和缺乏协调之间的冲突；

（4）区域一体化和全球化道路的相互协调；

（5）非政府组织的地位和所扮演的角色；

（6）自然环境与日益减少的物质资源的竞争；

（7）人口统计工作和移民；

（8）贫穷、苦难与社会不公；

（9）知识经济和知识社会；

（10）科学技术进步；

（11）网络的进化及其所带来的经济效益；

（12）冲突和安全保障，战争与和平。

已经过去5年了，这段时间不算短，但是在历史的长河中，实在不足挂齿，尽管如此，期间还是发生了很大的变化。持续性的危机一波又一波地横扫全球，金融、生产、社会、政治、意识形态等领域无一幸免，3亿9 000万人受此影响，地图上又新增了燃起战火的地区，科学领域取得了重大发现，技术进步也取得了跨越式的发展，世界上那张紧密联系的无形大网变得更加牢固，中国的出口增长了45个百分点，而美国只增长了5个百分点，斯洛伐克和爱沙尼亚加入了欧元区，但是目前为止还没有人退出，科索沃独立尚未得到联合国的认可，联合国承认南苏丹为独立主权国家，俄国加入了世界贸易组织，伊朗仍然不是其中的成员。如果站在历史的高点来看，世界并未改变，人类面对的挑战也和从前差不多。

我记得在一次金融科目测验中，有个学生不知道什么是通货膨胀率。当她听说自己因为不知道这个重要的知识点而不及格时，她叹了口气说："和永恒相比，这算得了什么……"她的反应给考官留下了深刻印象，最后竟然让她通过了考试，因为她不仅是一个统计学家，还是一个哲学家。永恒是一个永无止境的链条，由连续不断的瞬间组成。有的人在对另一个人眨了一下眼的瞬间，就看到了永恒。在永恒中，有的东西很难改变，有的东西已经不复存在，或者完全相反，刚刚诞生。2013年的世界人口比2008年多了3.9亿，在此期间有6.7亿个婴儿出生，有2.8亿人走到了人生旅途的尽头。任何一段时间，你可以说它漫长，同时也可以说它短暂，主要看你从什么角度出发。

在"未来的十二大问题"中，各种威胁和机遇不是按重要程度排名的。战争与和平到底应该排在第一位还是最后一位，可能要思考很长时间，还要进行一番全面的讨论才有可能总结出答案。毕竟,和平是经济进一步增长的根本。在激烈的冲突或大规模战争中,文明完全没有进步的机会。"未来的十二大问题"中的第十二条"冲突和安全保障,战争与和平",基本上可以说,是列表上其他问题带来的结果。如果人类能够应对其他威胁,并利用当前大趋势提供的机遇,就可以控制住冲突升级的风险,保证自身安全,防止战争,和平共处。

但是其中有两个例外,我把和经济动力相关的重要问题移到了第五位,把科学技术进步向上提了一位。近几年的事实生动地说明了,思想和道德危机以及对全球经济活动缺乏合理监管,不仅会对我们这个时代造成威胁,思想上的迷茫和困惑、机构混乱、组织效率低下,会对未来产生长期影响。因此,经济运作机制中管理者、机构、组织的价值观是最重要的,价值观决定着未来的走向。如果有人愿意相信未来全由市场决定,那么他也应该知道,市场行为也是某些因素决定的。这就是为什么我先解释了相互依存关系决定着未来,从思想和价值观的转变开始谈起,再到制度演化、组织的角色,然后是世界政治、经济体制转型的基本因素。

科技进步这条之所以向上挪了一位,因为,科技进步在很大程度上决定了知识经济和互联网的扩张范围。这个顺序看起来更合适,但是我们要时刻记住,科学、技术、知识、网络、经济和社会之间是会相互影响的。

总之,讨论先后顺序毫无意义。这些问题在大家心目中的排序可能不尽相同,所以还是按照自己的方式排列吧。反正这也不是数学方程式,但它是历史上最伟大的政治公式。我们还不知道如何解答,但是我们知道各种要素,也知道答案是存在的,这就够了。

※ ※ ※

"未来的十二大问题"探讨了发展过程中价值观和文化内涵的转变。一些思想开明的进步人士在很早以前就提出了价值观要发生深刻变革的观点,另外一些人遇到困难才开始思考这个问题,如果不能理清现在占主导地位的价值观,很难在和平发展的道路上继续走下去。人类的价值观正在经历着巨大的考验,价值观的危机会长时间地拖住五大洲发展的后腿。这是意识形态遭遇的重大危机,失败的新自由主义带来的影响最大,但不是唯一的因素。

在新自由主义没有成功落地生根的地方，人类和社会对其他价值观、意识形态和政治感到失望时，意识形态也会出现危机。当美国制造的危机席卷全球时，"阿拉伯之春"席卷了北非和中东地区，对曾经坚定无比的价值观发起了挑战。大家依然顺从父母，但是对统治者的态度，今时已不同往日。在新自由主义开始衰退之前，也就是二三十年前，社会主义（有人称之为共产主义）便开始走下坡路，但是并不是所有的社会主义国家都衰落了，中国和越南就成功地进行了社会改造，更加注重以市场为导向，避开了衰落的命运，除此之外还有朝鲜和古巴，大家都觉得这两个国家的社会主义状态不会一直持续下去。

还有，出于政治动机的经济制裁很难带来预期效果，有时还会带来反效果。很多改革派的古巴经济学家认为，美国对古巴实施了长达半个世纪的贸易禁运，就带来了反效果。国际制裁的目标是通过制裁，让古巴废除非民主的政治体制，但是古巴并没有这么做，而且为制度体系的低效和经济政策的失败找到了借口，所有的罪责都推到国际制裁的身上。伊朗的情况也差不多，制裁不但没能实现政府减员，政府打着反抗敌对国家的口号，反而更容易整合社会不同派别。对于令人反感的政治体制，最好通过国内软革命进行改革，外部世界不要强行干预。

这个道理并不是全世界通用的真理，只适用于部分正在经历政治转型，以及正在摆脱社会主义制度的国家。经验表明，政治、文化和经济情况相似的国家，在二三十年内，占主导地位的价值观就能发生根本性的变化。20世纪的最后二三十年间，前社会主义国家发生了变化，从社会定性上来讲，中欧和东欧（包括波罗的海地区的三个苏联国家）地区的国家发生了巨大变化，苏联的部分国家也在不同程度上发生了变化。虽然民众对政府的期待始终高于市场经济，但是大家开始渐渐明白，消费水平以及生活水平的高低主要还是看自己会不会精打细算，政府的意愿是好是坏，对个人的生活影响其实没那么大。

如今的企业家是代表正面价值的。对政府施压或开展地下经济的行为已经被大家所唾弃。大部分人都意识到了勤奋、有条理的组织和高效的管理才是值得推崇的，所有非法的运作和交易都是歪风邪道。以前大家常说"帮我安排一下"，觉得这是很正常的行为，不会受到谴责，但是现在要是有人再说这种话，大家会觉得怪怪的，可能有人都不太明白这句话到底什么意思，现在"安排"事的情况已经很少了，大家都通过经营解决问题。遇到问题，不是去拜托身居高位的朋友，而是转向市场寻求出路。以前大家觉得人人有工作、基础商品和服务价格稳定是理所当然的事，现在已经不是了。虽然很难接受，但是现在的社会，失业和物价波动才是理所当然的，更惨的是，虽说物价波动，但是只见上涨几乎从来不见下降。

这些表现是价值体系转型的一方面。还有更糟糕的一面：毫不掩饰的贪婪和对贪婪的赞美、高深莫测的诡计让人觉得过去的时代都是儿戏；在去国有化的过程中私自侵吞公共资产，容忍社会中的排外主义，并非只因自己的能力而变穷的人们也不能团结起来为自己讨公道；而且，和发达的资本主义国家相比，前社会主义"新兴市场"更容易接受这种社会中的丑态。

需要指出的是，思想、观念、喜好和同情心理的综合转变，会引发压力和不满，很多时候，实际结果和预期结果相差很远。引发压力和不满的原因有很多，特别是理想破灭，尤其是对现实的失望，现实情况与当初许诺的未来完全不一样。在以前的政治制度下，反对社会主义的人总是拿社会主义的缺陷和资本主义的强项做比较。这样一来，一方面，民众对社会主义现实的反感情绪越来越强，另一方面，人们对近乎完美的资本主义越来越向往。直到曾经的将来变成现在，才发现现实与期望相距甚远。

出于意识形态和政治考量，未来被勾勒成了一个完全不可能实现的形态。政治人物让民众相信对未来的设想是可能实现的，这样一来他们就能达到自己的特殊目的——人们以为这种幻想是可能实现的，这样具体的目标也可以实现——公众对主流价值观的反对被无视了。我们应该从中吸取教训，历史无法逆转，但以后最好能诚实地向公众呈现接下来可能出现的局面，这样一来我们就不会再被当初的承诺束住手脚。我们应该在现实中进行对比，向更好的地方努力学习，不应该拿现实和理想进行对比，这样不仅无法进步，而且只会让人感受无尽的失望。

当初，社会主义政权在宣传中也使用了相似的手法，拿理想中的社会主义与现实中的资本主义进行对比，夸大资本主义的缺陷，贬低资本主义的优越性。如今，资本主义当道，资本主义政权又开始拿理想的资本主义（民众都看到了资本主义的现实，因此根本不会买账）与现实的社会主义进行比较，诋毁社会主义制度。个人的感受和价值观各不相同，对个人感受和价值观造成影响的不只是别人灌输的思想，主要是自己的生活经历。时光荏苒，能根据自身经历对比两种价值体系的现实情况和价值观的人越来越少，因此如果你赶上了这个难得的机会，在谣传遮盖事实的今天，不应该保持沉默。

价值观演变发展的速度如此之快，曾经整个世纪保持不变，如今却发生了根本性的变化，甚至在一代人的时间里就改变了两次。一些前社会主义国家的情况就是如此，更确切地说，是这些社会的某些部分，这些社会先是对现实的社会主义感到失望，之后又变成了新自由主义的受害者。但是这些社会并没有被两次沉重的打击压垮，而是将苦难转化成了一种力量。新价值观的失败，一度让社会被失望、沮丧、厌恶新生事物的气氛笼罩。大概20年前，随着社会变革的发生，中欧和东欧产生了一股乐观主义思潮，很多时候，这种乐观是非理性的，之后又形成了一股悲观主义思潮。在社会主义时期，那些了解其他体制现实情况的人会讽刺性地评论道，资本主义虽然腐败，但是闻起来挺香。如今资本主义已经蓬勃发展，没人再提起这个笑话，因为已经不好笑了。

最糟糕的是，前社会主义国家的悲观情绪往往是结构性的而不是周期性的。周期性的悲观情绪是暂时的，拿经济低潮期来说，虽然难熬，但是会过去。一旦经济衰退期结束，产量会再次增长，收入会增加，幸福感会重新回归，悲观情绪越来越少。结构性的悲观情绪更持久，更难以克服，因为人们已经失去了对美好未来的信念，对自己刚刚接受的价值观感到失望。这并不是小问题，因为和悲观主义者共创美好未来会增加任务难度。此外，如果群众情绪悲观，知识分子、政治精英和专业人士全是失败主义者，未来几乎没有任何希望了。

尽管支撑国有经济的潜在意识形态在崩塌，人们对曾经崇拜的自由市场资本主义非常失望，好在事情还没有发展到一发不可收拾。前社会主义国家的情况各不相同，如果全都放在一起，有点过于简单化了。其中一些国家占主导地位和受人推崇的价值观，肯定是更接近于奥地利或西班牙的标准，而不是苏联的价值观。很多人都在抱怨现实，很多时候，现实确实值得让人抱怨，很多人开始怀念过去没有统一价值观的时代，在民意调查中总是有人表达"希望回到过去"的心声，不过这是典型的周期性悲观情绪。如果是结构性悲观，倘若你提出"你想恢复旧制吗"的问题，很多人会给出一个肯定的答案。但是现在几乎没有人愿意恢复旧制，大家宁可在现在的社会抱怨现实，也不愿意恢复旧制。

人类的世代交替，使人们对周围世界的理解以及对未来的期许发生了改变。所有类型的国家都是如此，对于年轻人居多、人口变动大的社会来说，尤其显著。

波兰人口增长已经停滞，24 岁以下人口占 30%，20 年来人口数量和人口结构几乎没有发生过变化。之所以以 24 岁为基准线做了区隔，是因为这些人是在波兰圆桌会议之后出生的。波兰圆桌会议在 1989 年初召开，是波兰和世界历史上的一个重要转折点，我也有幸参与其中，坐在了那个注定会被历史铭记的圆桌旁边。半数左右的民众对这件事是没有记忆的，即便知道也只是听说而已。因此，他们的价值观没有背负历史的重担，不管是消极的还是积极的，那些历史事件不过是父辈或祖辈口中的故事。

阿拉伯国家世代交替和价值观变化的过程更快。如今在埃及，大家顶多能回忆起穆巴拉克时代，对于很多人来说，似乎从一开始就是他在当政。埃及的邻国利比亚也是一样，几乎没有人记得卡扎菲统治之前的时代，和穆巴拉克一样，很多人只记得他的统治。在叙利亚，民众只记得巴沙尔·阿萨德和他的父亲哈菲兹·阿萨德。如今，多年来强加在民众身上的价值结构一旦开始崩塌，新的价值体系就会出现，整个过程是非常快速的。问题是，新的价值体系到底是怎样的？是所谓的西方价值观，还是自由主义价值观，抑或是伊斯兰价值观呢？谁会在旧的废墟中脱颖而出呢？

个人和集体的价值体系、理想和喜好，都深深植根于历史、传统、文化和宗教之中。经验教训和失望痛苦对价值观影响很大。比较、与异己的对抗、接受或拒绝别人的偏好，也会产生影响。与天主教徒、新教徒、印度教徒和犹太人相比，穆斯林不太认可"竞争是好事"，"应该增加在商业和工业中的私有财产范围"，以及作为"对个人努力的激励"收入必须多样化[43]，这类亲市场的表述。

2011—2013 年阿拉伯地区爆发了革命，这也是一场文化革命，彻底重塑了当地的价值体系。我们不知道随后还会发生什么。可以肯定的是，阿拉伯地区将更加尊重公民自由和民主，但是不应该完全不加批判地模仿西方社会。这里又出现了一个悖论，找个范例能节省时间，比如莫斯科参考了巴黎的发展模式，北京参考了东京，如果多哈能参考贝鲁特，利雅得能参考伊斯坦布尔，将会大大节省发展时间。这些地区市场的自由程度会进一步加深，政府对生产和分配的参与会越来越少，在这方面，欧洲的前社会主义国家比阿拉伯国家更进步。阿拉伯联合酋长国，近 90% 的国内生产总值来自国有企业，而波兰是 25% 左右。

某些方面的转变是必然的，但是也会存在很大的质疑。中欧和东欧在很大的程度上被灌输了所谓的西方价值观（第二次世界大战前，其中很多国家曾经做好了接受西方价值观的准备），部分苏联国家也在一定程度上接受了西方价值观，但是让阿拉伯世界在短时间内大规模地接受西方价值观，几乎是不可能的。阿拉伯国家自己的文化根深蒂固，所有的进一步探索都是有前提的，即任何人不得将所谓"更优越"的价值观强加在别人身上。西方价值观不能强行在阿拉伯国家及其他类似国家推广，你在这些地区旅行时，就可以听到人们的这种心声。要想摆脱这种混乱的局面，就要使多元文化表现出最大限度的包容，还要表现出足够的尊重。我们要明白，各种各样的价值观都可以引导高效的经济活动。要记住，即便理想世界没有统一的标准，公司和经济体也可以拥有强大的竞争力。

民主是有特殊价值的，将来也是一样。一方面，民主在各种文化中的表现不尽相同，也是值得尊重的；另一方面，民主不一定非要促进经济增长，实际上甚至可能阻碍经济增长。将西式民主强加在伊拉克身上似乎不太成功，因此，除了在欧洲–大西洋文化中备受推崇的代议制民主外，只要能达成共识，其他形式的民主也是值得尝试的。为了达成协议，通过长老会进行决议，如果这件事放在比利时或荷兰，大家肯定觉得荒唐至极，但是如果放在伊拉克或阿富汗，不通过长老会才叫荒唐。

自由选举、媒体独立，才称得上真正的民主。事实是，大众媒体可以独立于民主选举的政府，但是一定会依附于不通过任何选举产生的特殊利益集团。然而，真正的民主并不能起到提升经济的作用。如果其他条件都满足，特殊利益集团可以拉动经济，抛开一次又一次的政府选举不说，能保证一直依法治理才是最重要的。如果缺乏法治，就只有名义上的民主，没有真正意义上的民主，对于很多问题的解决是弊大于利的。[44]不只是经济落后的国家，对于经济发达的国家而言，也是如此。在发达国家，见利忘义的政客们和特殊利益集团相互勾结，牺牲民众的利益为己谋利，自己还假扮成一副为人民服务的样子。无论民众为什么目的而投票，这些所谓的精英们都处于有利位置，对于他们而言，民主只不过是一种工具而已。将来，我们一定要和这种背离民主本质的现象对抗到底，从这方面来讲，历史也是没有尽头的，只要有民主就会有偏差。

如果我们真的想在全球化的框架内、在法制世界中建立一个法治国家，无论是原则问题还是现实原因，都应该更加重视法律健全的问题。健全的法律应该能起到保护社会免受侵袭的作用，给社会带来危害的一切事物都应该受到谴责。健全的法律不应该只是字面上的解释，应该能在服务社会的过程中发挥重要作用。法律的制定应该以促进增长、提高社会凝聚力为目的，而不是增加官僚习气，也不应该变成特殊利益集团的工具。法律一旦开始为官僚或特殊利益集团服务，真正的法治就会消失，能为某些人获取特殊利益的行为会被合法化，即便对社会无益也要强加给社会。这和真正的民主毫无关系。

总的来说，民主化是被普遍接受的一种趋势。由于一些国家在处理社会和经济危机方面犯下了严重错误，再加上随之而来的政治危机，2010年前后爆发了"阿拉伯之春"[45]，民主开始回归，在此之前，当地社会貌似与民主渐行渐远。民主越是无处落脚，民主主义的势力就越弱，中央集权就越来越强。这个过程是缓慢的。欧洲和美国也没处理好危机，但是这些地方的民主并没有陷入窘境。情况是不断变化的，你的看法决定着民主的表现。就像足球比赛，双方都希望自己的队员更占优势，但是双方的上场名单并不是那么容易决定的，都希望自己的球员胜利，然而，确定谁是自己的球员、谁是他们较量的对象，还是有点困难的。观众、赞助商和其他利益相关者都不是处理这个问题的专家。我们也迫切需要诚实、专业的经济学家来指点迷津。如果没有他们，民主就没有立足之地。

我们无法从数学运算的角度证明民主有利于经济增长。1960—2001年期间，民主国家的年均经济增长率为2.3%，而非民主国家是1.6%[46]。在之后的十年，二者之间的差距几乎消失了，主要是因为中国以及其他东亚国家经济的快速发展，民主在从容不迫地渗透，任务还很艰巨。

西方富裕国家之所以富有，不一定是因为蓬勃发展的民主和公民自由权的普及。民主和公民自由是后来才出现的，出现的时间也不尽相同，而且并没有覆盖所有地区，西方富裕国家也不是所有人都能享有民主和自由。人们普遍认为，当社会发展到一定水平，民主才能全面启动。这种观点是正确的，如今最发达的几个国家，民主确实占据着至高无上的统治地位。如果我们把新加坡和中国香港地区也视作民主政权，那么全球创新指数排名前25的经济体都是民主制。

未来的发展也很明确。随着经济的增长，民主制度的优势会越发明显。与此同时，如果某些附加条件得以满足，尤其是调节经济活动的机构能够发挥应有的作用，将来，民主在经济扩张过程中发挥的作用会越来越大。当社会发展到一定水平后，民主的隐含价值会日益显现。如果我们拥有了足够的金钱和物资，金钱和物资的增加再也无法提高生活中的满足感，这时我们不会再向往加薪，而是向往更大程度的民主，即便实现了地方性的民主还会渴望实现全球性的民主。这就是为什么有些国家宁可牺牲潜在的产值和收入，也要让自己的政府最大限度地听取民众的意见，来提高人民满意度。从环境问题到收入差距带来的挑战，富裕国家越早加入重视民意的行列，对自己越有好处。不可否认，将来，社会科学家和心理学家可能会因此变得更加忙碌，经济学家的任务也少不了。但愿不会。

有些固有的价值观必须摒弃。不适用于当代的、将来更显无用的价值观，我们必须放弃。那么，哪些价值观需要增强，哪些需要放弃？这是需要一定智慧才能处理的问题。从天性上来讲，人只会接受自身形成的价值观。如果别人的价值观比自己的更优秀，应该在没有压力的前提下去吸纳并内化，这样一来，那个优秀的价值观就不再是别人的，而变成你自己的了。这就等于你接受了新的价值观。

经历政治转型的国家，价值观的转变速度非常快，前社会主义国家和阿拉伯国家就是最明显的例子。与塞尔维亚相比，捷克共和国价值观转变得更快、更多、更好；与沙特阿拉伯相比，突尼斯价值观转变得更快、更多、更好；对于沙特阿拉伯而言，期待价值观发生质的变化，还为时过早。虽然俄罗斯价值观的转变称不上迅速，但是比土库曼斯坦快得多。虽然这些变化只覆盖了全人类的百分之十几而已，但是在地理政治学方面的意义非常重大，给未来的整个世界都会带来影响。价值观与全球化之间有两重关系：二者互为彼此形成的原因，在某种程度上，也会互相影响彼此未来的发展。

正在努力摆脱各种殖民或后殖民影响的国家，也在经历政治变革以及随之而来的价值体系变革。并不是所有国家都能持续进步，有些国家经历一段急速发展之后，甚至出现了倒退，比如最近在津巴布韦和南非就出现了这种情况。然而，民主还是会朝着正确的方向前进。

至于西方国家，从平头百姓到华尔街精英，从那些因为入不敷出辗转难眠的人，到不知道该买下切尔西还是曼联而苦恼的人，大家都在想，事情怎么会发展到这个地步。人们扪心自问的问题各不相同，因为他们遇到的困难不同，每个人的生活也各不相同。经济学家为什么没有预测到突如其来的可怕危机？为什么有人提醒时，政治家们完全不在意呢？为什么投资家和商学院毕业的精英会把贪婪当美德呢？上层集团控制着私有化的过程为自己谋利，由于他们的错误致使国有资产大量流失，在这样的体制下，我们如何让经济高效运行呢？以经济伪论为基础，商业化、意识形态化、官僚化不再是科学的发展过程，而变成了特殊利益集团疏通的工具，这样的社会还有公平合理可言吗？

难怪那些曾经对批评当代放任自由主义有所保留的作家，现在也不再避讳使用"背叛"或"欺骗"这些强烈又鲜明的字眼[47]。即使说谎、欺骗和偷窃并不是常态也不是系统性的，生存的空间也比新自由资本主义狭窄，目前的规模也已经超出了可容忍的范围。偶发的瑕疵已经演变成了结构性的混乱。弗里德里希·恩格斯（1820—1895）曾经指出，"如果善与恶被混淆，道德就会灭亡，每个人都会任意妄为"[48]。如果我引用恩格斯的话会惹人不悦，还是补充一句吧，他这句话是从圣师托马斯·阿奎纳那儿照搬来的。如何才能防止未来出现这样的困惑呢？诚实正直的经济学对此能做出什么贡献呢？

这个问题和许多其他问题都在等待有人给出答案，不只是为了满足大街上哪个人过剩的好奇心，也不是大学教授提出的知识问答题，得到答案是为了创建一套新的价值体系，并通过这套价值观让现实走向理性。即便答案不是最好的，至少是理性的也好。我们常说，要在失误中学习。如果想要拥有一个更加美好的未来，全体人类都要从错误中学习。因此结论就是，我们要对未来支配经济活动的原则进行再评估，重新定义目标。正如某些人所说，事情不能再这样发展下去了……

那么，事情应该怎样发展呢？我们如何才能追寻到一心向往的价值体系呢？毫无疑问，这是一个需要时间的过程，不可能一蹴而就。20多年前的社会主义改造、新自由主义资本主义的失败、持续了好几年的"阿拉伯之春"，都是难得的社会变革，为我们追寻价值观的过程添加了动力和色彩，但是不会就这样结束。未来社会价值观的变化会更加复杂，也会涉及新的内容。

我们这里谈论的不是普世价值观，虽然普世价值观也很重要，但是普世价值观的问题还是留给哲学家、伦理学家和理论学家讨论吧。我们主要讨论与经济过程相关的价值观。同时，我们的思想不能受狭隘经济定义的限制。毕竟，我们已经认识到了跨学科的思考对未来而言至关重要。因此，注意到多方面的价值观，为我们思考经济价值观提供了更广阔的视野。我们绝不能屈服于所谓理智的重商主义，因为这种思想无法帮助我们进步。世界和人生既不是始于经济活动，也不会终于经济活动。经济活动是伴随相应的文化环境存在的，经济价值观很重要，但始终只是整体价值观的一部分。

假设旧的价值观重新回归只是时间问题，我们还会走回原来的老路，这些话没什么意义。世界不会往回走，因为事实很快会为我们证明，重蹈覆辙不能引领我们走向更美好的未来。很多历史转折点为文化、体制和政治带来了根本性的变革。我们足够幸运／不幸（最好让大家自己选择是幸运还是不幸）才能生活在这样的时代。对于那些将正在发生的一切视作不幸的人而言，这是个绝望和迷茫的时代；对于那些将正在发生的一切视作幸运的人而言，这是一个充满希望和探索的时代。

因此，我不认为几年或者十年后，局势稳定了，价值体系就会走向常态化。未来之所以不会这样，是因为价值体系会一直不断发展。即便是西方世界也不可能回到危机前的价值观和标准。当然，西方世界必须改变。他们必须适应未来的世界，而不是梦想着回到过去的世界。全世界都不应该再做这种白日梦，特别是对于自主经济体中的多元文化社会，一定要学会适应。即使我们设法稍微改善了西方的经济形势，支撑我们的乐观情绪也只会是周期性的。我们需要结构性的乐观情绪。

当代的放任自由主义危机和随之而来的意识形态的潜在危机，给我们带来了艰巨的智力挑战：对于西方经济和政治思想的惨败，还没有出现令人信服的回应。需要重申的是，西方资本主义已经通过自身的表现告诉大家，市场不能消除不诚实行为，民主也不能阻止愚蠢行为。世界其他地区已经开始探索新的价值观，因为它们的价值体系正在崩塌，即便没有这么严重，至少可以说在发展中出现了裂缝。不只是前社会主义和阿拉伯国家在探索新的价值观，撒哈拉以南非洲和亚洲的很多国家在殖民时期过后兴起的民族主义也走向了衰败，还有最近理想化的"全面自由"思想逐渐淡出的中美和南美地区。我不是要放过国家资本主义，虽然国家资本主义没有像反对者希望的那样发展得很糟糕，但也没有像支持者所希望的那样发展得么好，委内瑞拉、阿根廷、俄罗斯、伊朗、越南，都是国家资本主义的拥护者。

那些非正统的思想，应该能帮上忙。只抓着"经过证实的价值观"和"唯一正确的思想"不放，是没有意义的。我们要去寻找，要展开行动。不管是含糊不清的后资本主义新式乌托邦，还是政府的专家把不同的价值观搅和在一起堆砌成了全球规模的桃花源，不要再拿这些东西迷惑大众了。别忘了，胡乱的混合可能引起爆炸，因此我们应该让能够彼此融合的要素互相结合。我们不能通过新自由主义调和左翼和右翼之间的矛盾，但是我们可以让草根创业与跨国战略规划搭上关系。在文化大熔炉中，我们不能将经济民族主义与全球开放相互融合，但我们可以将社会市场经济和占统治地位的私有制相结合。我们无法调和极端贫困与铺张浪费之间的矛盾，但是我们可以尊重合法的庞大财富积累，接受小范围的社会排外主义。

　　世界的意识形态正在分离。旧的意识形态就要走到尽头，新的意识形态已经上路。旧的价值观正渐渐被人忘却，新的价值观正在慢慢成长。分离意识形态的机制将那些人们不再相信、无法再信任、不再有价值的意识形态过滤掉。如果腾出的空间没有及时被有利于经济增长和社会进步的积极观念填补，有害的糟糕观念就会乘虚而入。其实不好的观念已经渗透到社会当中去了。经济方面不能出现制度真空，社会方面价值观不能缺失。如果社会不团结，蛊惑人心的民粹主义就会大举进犯。如果当权者没有足够的政治责任感，就会陷入没有约束的无政府状态。如果市场交易缺乏诚信，欺诈行为就会横行。如果缺乏经济智慧，在经济活动中就会做出很多愚蠢的行为。

　　全世界的意识形态之所以开始分离，也是因为各种各样的意识形态已经多得像集市一样繁杂。确实是集市。作为一位经济学家，我特意没选择"意识形态市场"这个词，因为现在的状态更像集市，人声鼎沸，说的话比卖的货多，议论比交易多。这里有各种各样的期望和需求，也有各种各样的提议和现成的方案。这是一个全球性的大集市，现在几乎人人都可以在这里发表自己的观点。现代技术，尤其是连接整个世界的虚拟网络，促成了这种局面。争论仍在继续，各种价值观相互交叉，随着时间的推移，可能会出现新的成果。"新兴市场"的时代已经结束，如今很多国家都在寻求自主，是时候有新的意识形态出现了。

　　所有新生的意识形态搅在一起，应运而生的这些思想在这种全球离心机中能够得以混合（这是我上面所列举的全球化现阶段的第六个特点），一方面，不同的价值观体系、价值论的思考、信念和信仰、喜好和愿望，互相冲突、碰撞、排挤和争斗，另一方面，互相穿插、丰富、强化。这是一个真正的大熔炉，儒家和无政府主义者互相争论，社会主义者与自由意志论者展开讨论，伊斯兰教徒会和天主教徒探讨各自教派思想方面的优越性，北京式的国家干预主义支持者与台湾式的干预主义支持者也会各自讲述各自的道理。现在有很多讨论平台，但是真正理解对方的思想并将之系统化，并非易事。

其中一定会溜进一些有趣的东西。"有趣的事情"可能是好的也可能是不好的，所以关心全球化未来和未来经济进步的社会力量必须积极参与到这一历史性的辩论中来。因为这些辩论确实会影响历史。与此同时，我们要时刻警惕，特别是正发生在我们身边的事情，因为正如我们所知，在危机引发的混乱中，卑劣的意识形态曾经不止一次乘虚而入。1929—1933年的经济大萧条之后，法西斯主义、纳粹主义、军国主义和斯大林主义纷纷涌现，趁势作乱。

现在也是历史的转折点，但是和当初病态的疯狂时期不大相同，不过我们也不能掉以轻心，有害的反动思想正在流行，从希腊、法国到荷兰，从芬兰到乌克兰、匈牙利，极端的右翼运动和组织如雨后春笋般涌现。如果民族保护主义在几个国际影响力较高的大型经济体中，变成了"经济爱国主义"，那麻烦就大了。如果小规模的地方冲突失去控制，危险就会扩散。如果意识形态危机和价值观危机带来了混乱，不得不与无法控制的炮党联合才能在议会占据大多数席位，我们就会麻烦缠身。很多国家的极端右翼政党和排外主义捆绑在一起，通过民主选举取得合法地位，更糟的是，很多时候，他们会用所谓的进步言论影响当权者。

意识形态的形成需要一定时间，虽然一体化的范围日益扩大，但是到什么时候全世界都不可能只有一种占主导地位的意识形态。在全球化的过程中，我们的意识形态会不断改变，不断互相渗透。虽然不会爆发革命，但是会不断进化。从经济角度来看，新的意识形态能够冷静地面对世界经济给我们带来的挑战，这才是至关重要的。

有些人可能觉得意识形态不会影响实践活动，其实不然。价值体系的形成很可能对参与全球化、社会市场经济、团结、社会和谐、可持续发展和多元文化起到促进作用，因此是值得支持的。怀疑论者认为不可能，理想主义者认为一定如此。现实主义者会说：他们说得都不对，那是我们的向往，也是可以实现的。在这里需要再一次强调的是，我们无法实现完美世界，但是完美世界是我们努力的方向。

问题是，对于这样美好的泛泛之谈，几乎人人都会"赞成"。只要没有失去理智，怎么会有人反对环境可持续发展呢？无论是绿色组织还是破坏环境的能源企业，在口头上都会赞成环保。谁敢公然反对参与全球化？谁敢公然支持以牺牲别人的利益为代价让一些人先富裕起来呢？哪个聪明的人（傻瓜就不要管了）敢公开反对文化包容的理念呢？谁敢公开宣扬种族主义或种族歧视呢？除了非理性的自由意志论者，谁会不顾及批评的炮火，冒险反对团结和社会凝聚力呢？投身工会的活动家和无情无义的金融投机商都会冠冕堂皇地表示支持全球化。到底是真的尊重这种价值观，还是只是假意表示认同，实则完全不顾，对于这两种人，我们应该加以分辨。

最近出现了一个值得注意的时髦术语：企业社会责任。这个概念是新自由主义的又一个噱头。我不否认，许多个人、专家、活动家，以及许多企业家、经理人，真的身负使命感，心怀好意，意图正确。这种情况确实存在。但是，坚信企业有社会责任一定会带来好结果，这种想法太过天真，这就像相信受十诫或其他道德规范约束的一定是好人一样。虽然这些法条，可以帮助他们做到行为得体、远离罪恶，但是他们还是会犯错。商业活动也是一样，在商业活动中超出了应该遵守的底线，就是犯罪。只有标准和规则这些名义上的东西是不够的。相应的奖惩制度是绝对必要的。

企业社会责任不仅是可取的而且是必要的价值观。问题是，企业社会责任不是自发的天性，因此需要配套的强制执行措施。高尚的道德必须有法律为之保驾护航。我们可以呼吁大家谨守企业社会责任，发出请求、给予一定的提醒和建议，适时地做出表扬，开会讨论，通过网站和宣传册进行宣传和推广，但是这些方法的收效都不会太显著。要求"不许杀人"，还是会有杀戮，要求"不许说谎"，还是有骗子存在，因此光要求是不够的。法律明文规定"不许盗窃"还是会有小偷，因此只是口头上倡导"不允许剥削"，剥削行为完全不会减少。

好在最近一些优秀的商学院，开始将企业社会责任纳入课程编排，在此之前，很多人都认为教导企业社会责任是在浪费时间。我们应该像重视管理和公司财务课程一样重视企业责任课程。这门课意义重大，有时甚至能塑造出高尚的品质。前提是在教学中遵循原则，不要误导学生。但是，在很多实际教学中，老师在教学生们如何假意关心消费者的感受以及社会、环境和文化问题，本质上还是只在乎自身的利益。正直的企业社会责任应该切实地坚决不做有害他人的事，不能只给大家营造一个关心周围环境和利益相关者的假象，实际上只顾股东和管理层的分红。如果是这样的话，企业社会责任只能算是另一种营销技巧。或者说是一些人赢利的手段，另外一些人花钱的借口。即便是花企业的钱打造形象，这种开销和商品成本都会转化成销售价格，说到底最终买单的还是消费者。我在搜索引擎中输入"企业社会责任"，出现了322 000个链接，第一个是"组织企业社会责任的活动——公司活动"。这也是很多企业对所谓社会责任的理解和表现方式。

因此一定要采取措施促使企业重视企业社会责任深层次的价值观。此外，很多时候，公司的运行会带来负面的外部效应，比如会破坏自然环境，因此一定要强制企业履行自己的社会责任。如果强制企业履行社会责任的时间足够长，有些时候，企业也许会希望自己能将尊重特定的文化视作自己的社会责任。不是要求他们出资修建宗教殿堂，我看到过很多企业出资兴建的天主教堂、东正教堂、清真寺、犹太教堂、佛教寺庙、印度教寺庙，而是一定要企业约束自身的浪费行为。企业可以不去赞助那些声称对商业活动充满热情的政党，但是要主动要求消费者协会监控自家的商品质量，这样做有益无弊。企业没必要提供员工餐，但是关心员工健康，一定是对公司发展有利的。

与之相反的是，新自由主义主要是将企业社会责任当作一种操纵舆论的工具，这是新自由主义的另一个假面具。一只手给孤儿院捐一点小钱，另一只手从天真的银行储户那里大肆敛财；出资建设一所学校，以资助教育的名义通过转让定价和避税。你所做的无非就是给别人留下你关心他人的印象，其实自己一心只想着自己的利益。因此政府一定要建立完善的体制，促使企业为员工私下的作为承担社会责任，因为企业不会主动承担，追求利益才是商业活动的天性。法规的意义在于扩大个人利益，前提是个人利益不能与社会利益发生冲突。未来，这将会成为社会市场经济的核心价值。

令人惊讶的是，虽然我们掌握了互联网这类强大的工具，但是到目前为止，还没有出现一个影响力可以和500年前的马丁·路德（1483—1546）媲美的人物。1517年的时候，马丁·路德只是在威登堡教堂门上钉了95条抗议条款，很快改革就开始了。改革没有遍布天下，也没有取得完全的胜利，很多"异教徒"为了改革大业被烧死在火刑柱上，虽然牺牲很大，但是改革发挥了作用。这次改革在经济领域也发挥了相应的作用，在欧洲占主导地位的基督教分支虽然只是宣扬了提倡节俭、资本积累、投资和经济扩张的价值观，但这种价值观抑制了贪婪，而且帮助企业家塑造了诚信的品质。

如果那时有互联网，路德反对赎罪券的呼声可能会被互联网淹没。就像今天很多宝贵的想法没有机会突破网络就被淹没了一样。很多人的想法都没有被了解，没有被解读，没有被推广。通常浮上台面的都是出于偶然，有机会被大家了解的未必是最优秀的真知灼见。未来的意识形态，包括全球市场经济的价值论的基础在内，应该不会是在众多意识形态中随机出现或成功突破出来的，未来的意识形态即便价值不是很大，但一定是受特殊利益集团刺激产生或由特殊利益集团资助形成的。

我们要用伟大的构想取代幻想。我们要制定战略通过实践检验价值观的适用性。我们要用优秀的知识分子扩散进步理念，帮助进步理念更容易脱颖而出。我们需要有远见的伟大政治家告诉大家什么才是全人类的利益，并向大家解释其中的原因。

我们需要的东西很多，而且貌似这些还远远不够。不过，正如人们常说的，天无绝人之路。因此，危机中也许会有一线光明。在看到曙光之前，我们要先解决最迫切的问题，也就是金融和实体经济中的不安情绪，因为这种不安会影响雇佣、生产、销售和购买等活动。我们期盼着优秀理念（先要冻结住胡闹的想法）统治的美好未来，在此之前我们要先改善经济环境，以便新颖的、优秀的、进步的理念能够付诸实践。

* * *

全球化发展过程的制度化与无序增长和缺乏协调之间的冲突，是未来要面对的第二个重大问题。我们不可能强迫全球的经济活动都遵循统一的法规（如果真这么做，就是完全没有必要的愚蠢行为），也不可能任其自由发展。两个极端之间一定存在一个折中的可行方案，更准确地说是一个范围，因为并非只有一个点是可行的。将来，通过实施涉及控制和监督、标准和规范的全面监管解决方案，不可逆的全球化过程应该给人类提供巨大的机会，而不是带来严重的威胁。目前，有些人认为威胁占了上风。不幸的是，在某些方面确实如此。

在全球性的社会开展资源分配合理、监管到位的社会市场经济固然好，但是这并不现实。我们可以朝着这个美好的乌托邦前进，但即便是非常遥远的未来，整个世界的经济也不可能像现在的国家经济一样运转。在未来的世界，我们可以采用最高级别的民主制度，接受良好的教育，全球社会联系紧密，这样我们就可以选择最能满足人类需求的经济政策。这样的构想当然好，但是实践起来非常困难。实际上，未来不可能完全按照我们预想的发展，但我们应该朝这个方向努力，尽可能实现我们的构想。有时候能按照正确的方向前进就已经非常不容易了。

如今，世界上许多达官显贵都声称支持民主，不一定是出于原则，而是因为他们已经注意到，他们不需要专制政权来保证自己的利益。在殖民时代和随后的后殖民时代，只有专制政权能保障他们的利益，但是如今在全球化的时代，没有专制政权的庇护，他们照样能保住自己的一切。正因如此，西方的很多新兴市场都支持民主。事实表明，在不违背民主的前提下，人们照样可以做好自己的生意，也可以不犯任何政治错误。如果民主当局让国内外企业在利用自然资源和人类资源时困难重重，我们可以据此推断他们一定是靠作弊当选，或者在结党营私危害社会。俄罗斯和委内瑞拉就是典型的代表。但是，查韦斯当选委内瑞拉总统时，有人说这场选举堪称典范。这样的溢美之词并不是查韦斯自己说的，而是出自美国前总统吉米·卡特之口，卡特的非政府组织监测了多个国家的民主选举。

无论是本国的还是国外的选举，只有大家都关心选举结果，才能让合适的政党掌权。然而，如今在民主机制内也可以做些小动作，无须顾及大众利益，只需照顾特殊利益集团，大多数人不满意没关系，只要采纳的方案能让少数特权人士满意，就能当选。此外，随着全球化大踏步前进，国家行政管理机构对各种问题的话语权越来越少。越来越多的问题要交由世界解决，但是现在的全球事务采取的并不是民主机制，更别提选举了，这一点需要大家注意。私人资本在非民主世界获得的自由度比民主国家更高，这也算是非民主世界的一个优势。

我们来看看这里出了什么问题。世界上没有会思维的机器，因此也就不存在真正的智能电脑，没有全民选举，民主也只能算是个修饰词。我们谈论的不是用所谓的"人民的呼声"引导全球化的经济连接，而是寻找一个方法为全人类谋福利。世界实现真正的民主化应该会对实现这个目的有所帮助。

通过各国官方达成协议建立的国际组织，可以说实现了部分民主。因此，世界贸易组织比国际货币基金组织更加民主，联合国比世界银行的民主程度更高。

当然，很多民主价值观和民主程序在国际和全球性的非政府组织中占有一定地位。然而，在如今的全球秩序中，民主只是一种外衣，这种几乎不能称之为真正的民主，仅仅是全球秩序或是真正的民主的一种没用的缓解剂，治标不治本。我们应该根据现状得出两方面的重要结论：如何评价现状，更重要的是，机构改革的正确方向在哪儿。

首先，由于全球化，民主国家的地位在下降，这个现象对于大多数政治和经济界颇具影响力的领袖们来说，其实是件好事。无论从绝对意义还是相对意义上来讲，他们的地位都会因此提高，他们可以继续无条件地在口头上支持民主，赞扬民主在人权和媒体自由方面的贡献。确实，这种言论在政治层面来讲是完全正确的。口头上支持民主更像是一种普遍通用的社交礼仪，而不是传达自己诚实的态度及行为。如今，金融取代了冷战和战争时期军事和工业的特殊地位，相关法律的制定和执行，为金融领袖附加了一定的政治影响力。眼前有一个大难题，既想要保留现在的军队，因为保留军队虽然存在风险但是也有一定的好处，还要调控全球金融市场，让全球的金融市场处于统一的监管之下。如今，制度化改革的过程只完成了一小部分，比如欧盟的金融市场，欧盟推进的过程正好向我们展示了全球推行制度化改革会遇到多么大的阻力。为了实现目标，我们还需要做出更多努力。

其次，考虑到政治和经济界领导者抱持的价值观，可以说这些实际决策者对支持世界范围内的民主并不感兴趣。客观地说，因为民主会影响他们的议程，他们之前可以不用顾忌外部效应，不用考虑公众利益，实现全球化监管以后，就要对他们强行施加一些标准和约束。目前，建立全球民主秩序的最大障碍不是无政府主义者或恐怖分子，也不是民粹主义者或反全球化分子（话虽如此，我们也不能放松对这些人的警惕），那些所谓的掌权人物才是最大的障碍，他们认为是自己在"统治世界"[49]。

"统治"是一个很夸张的词汇，因为无论是通过民主还是专制手段，或者从虚掩的门背后刚刚露头的其他方式，世界作为一个整体是不可能被统治的。不过，一些人确实可以影响事件的发生以及发展，因此，我们需要建立并强化全球制度，使之有条不紊地扩张，指导全人类共有的世界向前发展。似乎人人都想克服现在的窘境，但在现实中，一些让世界陷入纷争，以及梦想统治世界的人，一直存在。

最重要以及我们最感兴趣的，仍然是未来的全球民主化进程，是会促进还是阻碍经济发展。不只是各个国家，在一体化的世界中，法律和秩序也能够显著提高经济发展。这是政治领袖、进步思想家，尤其是法律专家常挂在嘴边的大道理。但是如果我们仔细研究国际政策就会发现，很多纠纷甚至战争都是想要将自己的法律标准强加给对方引发的。全球性的法律只会对那些极力要求接受全球性法律的国家有利。就像我们之前所说的那样，世界上不可能存在一套完美的价值体系，同样，世界上也不可能存在一套"唯一正确"的法律法规。

如果未来是一个法制的、有秩序的世界，那么什么样的或哪个国家的法律应当统治世界呢？美国的还是欧盟的？中国的或日本的怎么样？应不应该是伊斯兰或苏联的？全世界在这个问题上将会产生很大的意见分歧，因为这个问题牵涉到了各方的利益。什么都没开始，光是制定法律就已经引发纷争了。大家都试图用本国法律标准主导国际法规的制定，这个问题暂且不提，所有的国家都想通过这套法规为自己争取利益，在这么做的过程中肯定会损害他国利益。将来，全球性法规制定得越完善，发生冲突的可能性越低。

那么，全球性的民主有可能实现吗？更重要的问题是，我们是否需要全球民主？如果真的需要，哪些人需要，为什么需要？我们可以针对这些问题展开详细讨论，但是我们最感兴趣的还是全球性民主在经济方面的表现。既然民主是一种内在的价值，如果民主覆盖全球，按理来说应该更有价值。但是貌似并非如此，并非如此的意思，不是说不会有新的领域采取民主决策，也不是说在民主来临之前其他决策机制不会犯下更多的错误。毋庸置疑，我们正努力使得跨国或全球性决策无法强制通过，比如由西方发达国家组成的七国集团（美、英、德、法、日、意、加）和八国集团（七国集团的基础上加上俄罗斯），不管是哪个国家，如果只考虑自己的利益，这样的协议都无法达成。

为了帮助大家理解，我还是多说几句吧。1994年，为了缓和当时的政治局势，主要是安保和军备问题，俄罗斯首次受邀加入七国集团峰会，后来变成了现在的八国集团，但是一直到1997年，俄罗斯一直在七国集团的边缘，观点仅供参考不予采纳。那时担任俄罗斯总统的是鲍里斯·叶利钦，七国集团之所以邀请俄罗斯加入，是对他采取的市场改革的认可，鼓励他继续推行当时的政策，叶利钦的政策未必对俄罗斯人民有益，但是对西方国家而言，是应该支持的。如果叶利钦时期俄罗斯没有加入当时的七国集团，以弗拉基米尔·普京统治之下推行的经济政策，是不可能被邀请加入的。即便俄罗斯现在是八国集团之一，但是它对经济决策的影响接近于零，只能在讨论安保、气候变化等议题时说上话。

自主经济体获得了更多的话语权。全球事务的决策中心正从之前的七国集团／八国集团转向覆盖范围更广的集团会议，而且这种趋势还会继续发展。这在某种程度上来讲，可以说是民主化的预兆，跟以前相比，决策时听取了更多国家的意见。有趣的是，趋于民主化的全球决策中也考虑了非民主国家的意见。因此，这里又出现了一个悖论：让非民主国家参与到对全球事务的决策中来，向实现民主化迈了一大步。

要想创建相互依存的世界经济新秩序，关键在于要监管人力、物力和财力的跨国流动，确保所有市场参与者都要遵循经济活动规则，保证全球范围内的资本能够进行有效分配，还要保证全球范围内的经济实体之间能展开公平竞争。除此之外，监管必须能起到刺激全球经济平衡发展的作用。为了实现上述目标，就需要一个新的国际组织机构，二十国集团更能展现这方面的能力。有人可能会说，加强联合国的决策权会让世界变得更加民主，但是可以肯定的是，联合国负责的领域也会越来越少（从很早之前就已经开始削减了）。当形式民主（联合国中的所有独立国家参与）和实用主义发生对抗时，我们必须要牺牲形式民主。原因很简单，20个参与者达成一致意见绝对比195个参与者达成一致意见要容易。不仅如此，加入二十国集团的国家也会代表与本国意识形态相近、利益相同、地域接壤的其他国家的利益。

二十国集团实际上是十九国集团和二十八国集团的合体，包括了19个国家和28个欧盟成员国，19国和28国中都包括德国、英国、法国和意大利四个大国。因此二十国集团实际上是四十三国集团，欧盟很能代表所有成员国的利益，包括芬兰、葡萄牙、马耳他、爱沙尼亚等小型经济体。如此一来，可以说二十国集团拥有全世界68%的人口，却创造了近87%的全球产值。

这里还有另外一种说法值得注意。一些欧盟成员国仍然有权成为自主经济体，只是即便发生，也是在很久远的未来。有时，斯洛伐克或罗马尼亚与哥伦比亚或泰国之间的利益关系更紧密，与同属于欧盟的德国或意大利，反倒没有共同利益。因此，在二十国集团中，有时欧盟代表的并不是全体成员国的利益，而是"老"

欧盟15国（15个富国）的利益。新加入的成员国主要是前社会主义自主经济体的利益。在二十国集团中，没人会替他们说话。具有讽刺性的是，与奥地利或法国相比，马来西亚或巴西有时更能维护自己的利益。

由于目前还存在这么多缺陷，或者更准确地说，为了尽可能地弥补缺陷，二十国集团必须让自己的制度和内部系统变得更加合理。如果没有指导纲领，至少是可操作的章程，没有常设的秘书处，改进工作就无法顺利展开。如果没有高效的官僚机构，二十国集团就没办法高效地发挥自己的功能和作用。

二十国集团作为一个协调机制，必须以明确的法规为基础，所有成员国都要遵守达成的协议。这个协调机制的结构还很松散，因此必须有一个专门的机构，落实决策。这个协调机制必须能起到监督和执行各项规定的作用，保证所有任务能够在规定的期限内完成，避免纠纷、拖沓，乃至最后一无所成的情况发生。除了美国和中国，欧盟也是二十国集团的重要成员（发生最近这次危机之后，有人开始质疑欧盟的模式），但是我们不能按照欧盟的模式改造二十国集团，不过关于确立共同规则的问题，强烈建议二十国集团参考欧盟当初的经验。我们要考虑的问题包括：做什么、如何做、为什么这样做以及要避免什么。

对于未来而言，国家资本主义是一种更好的制度选择吗？毕竟，西班牙的经济政策出现了失误，巴西却没有；希腊的经济濒临崩溃，越南却在扶摇直上。西班牙、希腊走的都是自由资本主义道路，甚至是新自由资本主义道路。巴西、越南都属于国家资本主义，虽然走国家资本主义道路的各个国家发展情况也不尽相同。还是一样的道理，我们不能看谁发展得好，就要求全世界照搬它的模式。我们不能也没必要按照国家资本主义的模式重塑整个世界。我们应该做的是，看我们的价值观、制度和政策中哪些部分适用于全球。也许全球体制中可以采纳某国的战略指导计划，也许可以参考某国的基础设施建设政策的协调方式，也许可以借鉴某国的非民主管理手段保证各国严格遵守环保标准，也许可以挪用某国的财政解决方案分配公共物资。

国家资本主义是一种成分混杂的结构，人们会惊讶于体制相同的国家，在经济方面的表现竟然完全不同，比如俄罗斯和巴西、新加坡和阿根廷、南非和白俄罗斯、卡塔尔和乌兹别克斯坦，体制相同却很难混为一谈。人们对国家资本主义认知的混乱是标准不明确造成的。自由资本主义与国家资本主义是对立的，对于国家资本主义的支持者而言，不管国家作为资本的拥有者还是作为经济活动的调节者，只要国家能在经济活动中发挥重要作用就够了。我们甚至听到过"国家资本主义轴心国"这种说法，这些轴心国提出要反抗西方"自由世界"的阴谋，否则会对世界其他国家的主导价值观和国家利益构成威胁[50]。这又是一种夸张的表达方式，因为价值观和利益产生冲突更多的可能是在国家资本主义国家之间，国家资本主义国家与西方国家之间的冲突反倒没那么明显，比如沙特阿拉伯和美国之间。出于同样的原因，随着新国家资本主义的体制的扩张，似乎建立协调管理机制也很难实现。很多新兴市场走的都是新国家资本主义路线，相对而言，当初西方国家那种高度集权的形态属于旧国家资本主义。

未来要求重新建立全球经济秩序，有人可能会把管理制度的改变和是否继续全球化联系在一起。别忘了，之前我们已经说过，全球化是一个不可逆的过程，全球化的过程一定会继续。也就是说，即便我们没有抓住机会在危机过后建立一个全新的世界经济秩序，全球化也不会停止。只不过未来的世界经济发展会缺乏秩序，比较混乱而已。

混乱很可能带来毁灭。如果经济秩序混乱，经济活动中的参与者，比如个人、公司、政府，储蓄倾向会降低。将来积累的资本会越来越少，导致没有钱进行投资，银行和资本市场这类的金融中介机构会变得越来越低效，甚至完全不能发挥自己的作用。我们已经见识了经济危机的糟糕状况，如果经济秩序混乱，情况只会更糟。此外，产出、就业率、收入和支出，以及消费和生活水平都会下降。我们最好不要有机会验证秩序混乱是否会造成这样的伤害，应该确保不会出现制度上的混乱才行，如果再次被新自由主义带有欺骗性的魅力迷惑，一定会面临巨大风险。

第五章
国际间的一致意见和分歧

我们是不是应该忘记全球化，将所有的精力集中到实现区域经济和政治一体化上来呢？5亿或10亿的人口，全球半数制造商和消费者，足够形成规模经济，但是又不至于难以管理，这样不是更好吗？与全部包含在内的全球化相比，一系列的区域一体化集团不是更能形成竞争吗？区域一体化和全球化道路的相互协调，是未来面临的第三大问题，其中主要是威胁还是机遇呢？

绝对是机遇。这个机遇不仅能加强和促进区域性的发展合作，还能改善全球范围内体制和政治的协调性。我们可以展开想象，如果世界被划分成十几个相互关联的集团组织，而不是现在的200多个国家和地区，会是什么样子。如果你想象出这种场景，就可以进一步勾勒出未来的世界，各个集团组织之间不是敌对的竞争关系，而是公平的竞争与合作关系。在此基础上，进行更高层次的整合，一个新的全球性体系就此形成。

十几个区域一体化集团组织和平共处，共同建立了一个三级的协调决策机制，三个级别分别是：国内、区域和全球。首先，国家级别的经济体先做出决定。国家的法规和政策应该是最多的，但是为了配合后两个级别的机制，法规政策相对数量会下降，慢慢地绝对数量也会下降。

接下来，由区域一体化集团做出决定。各个国家的解决方案会反馈到这里，激发一体化集团的决策灵感，另一方面，集团还会强制推动各个国家展开行动。前几年欧盟意欲建立银行联盟，这个过程正好就是一体化解决方案的一个实例。区域一体化程度越高，这个级别的规则就会越多。

再来，就是通过各个一体化集团之间的协商，形成全球高度的解决方案了。这个步骤刚刚开始，因为国家与国家之间的联盟目前还在非常低的发展水平。现在唯一成熟、理性的一体化集团只有欧盟一个，欧盟的发展远远领先于其他所有类似的组织。伙伴关系是协商的前提，也就是说，各组织间的内部关系必须要加强，在与其他组织进行协商时，该组织能充分代表多数成员的意见。到目前为止，各方主要还是在相互磋商，真正进入严肃谈判阶段或落实了的共同决议还不多。以协调全球战略和政策为目标的多方谈判，目前就面临这样的问题。欧盟和东盟定期举行的峰会可以提高协商的进度，但是离召集所有一体化集团召开真正的全球峰会还有很长一段路要走。

假设现有的区域一体化集团在体制上和政治上都和欧盟一样成熟。当然，我们还要假设欧盟日后的发展一切顺利，变得越来越强大。在这种情况下，全球十几个一体化集团可以共同协商关于制度执行、规范和标准的制定等重大问题。一旦区域集团做出官方决定，就要从"最底层"，也就是国家层面开始生效，欧盟的很多议题都是这样进行的。再反过来看，更高一级的区域组织创建的机制以及采纳的解决方案，也就因此覆盖了全球。

比如说，对金融交易征收全球税的问题时常被拿出来讨论。我们可以想象一下，在目前的组织结构下，国际货币基金组织采取了这种干预手段，会出现什么情况。我们可以去想象，但是在我们有生之年不会真的发生。将来，要通过带有配套协调制度和政策的全球机制，得出解决方案，首先要在各个一体化集团中达成相关协议，然后提交全球决议，也就是要"根据决议形成决议"。"国家对国家"——进行协商的话，很难得出结果，只会带来长时间甚至无休止的争辩，200多个国家参与的联合国或布雷顿森林体系（国际货币基金组织和世界银行）的议程就是这种机制，因此我们应该改为"一体化集团对一体化集团"的机制。这种程序应该会更高效，原因如下：

首先，很多不是很重要的问题应该先在一体化集团成员之间达成内部共识，不要让地区事务影响世界。作为主管经济的波兰副总理，我不仅要这么说，还要实际操作，在"自上而下"的压力之下积极解决困难。很多复杂的问题都已经（或正在）在区域和国家层面得到了解决，出于政治原因，联合国、经合组织、国际货币基金组织或世界贸易组织等国际组织的会议，在召开之前就要做出相关决定。

其次，从全球的角度出发，各个国家的调控机制将会日益弱化，这就要求各个一体化集团要拥有更智慧的决策机制。有时要通过投票遵循多数票的意见，有时需要成员国拥护某项决议，有时如果一个国家行使否决权，计划就不能实施。欧盟的相关经验非常值得学习。但是我们还有很多工作要做，国际组织中现有的决策机制，都不适用于全球一体化大集团。全球性的机制需要数代人的努力才能建立健全。

第三，寻找折中的解决方案能更快地达成一致，集团内部和集团之间也会展开类似的讨论。从西雅图到坎昆再到日内瓦的自由贸易峰会，出席会议的除了做好精心准备的各国代表，还有一些国家集团代表，这些集团不一定是达成公约的一体化集团，有可能只是利益共同体，在协调中准备共同进退。从京都到里约热内卢，再到波兹南、哥本哈根，环保和气候变化会议中，就出现了这样的国家利益共同体。即便我们没得到内部消息，在联合国或者布雷顿森林体系年度峰会召开之前，很多区域集团也已经达成了合议。

第四，一些国家因为共同的目标，组成非一体化的官方集团，这样做更容易使他们的提议获得通过。很多时候，组织在一起的国家，彼此之间的地理和文化差距都非常遥远，但是彼此之间利益相关，比如太平洋和加勒比海地区的小型岛屿国家，都面临着全球变暖带来的威胁，很有可能被淹没。由于全球温度升高，冰川融化，太平洋和加勒比海的水平面都升高了，因此相关国家形成了联动机制。这一次，社会、经济体和国家为正当理由，通过适当的机制，团结在一起。团结的人越多越好，最重要的是，团结的人越多，效率越高。

由于上述原因还有其他原因，与"国家对国家"的机制相比，"集团对集团"的决策机制，所需的成本更低，时间更短。问题是，新的机制转变就像在黑暗中摸索，确切的支出和效果我们都不得而知。我们知道的是，总的收益一定比转变的成本要大，只是我们对收益在各个地区、国家、专业团体、社会阶层、经济实体之间的分配方式知之甚少。对这些问题进行彻底的研究，是未来要完成的诸多政治经济任务之一。

在世界经济协调机制转换的过程中，从州与州之间到地区与地区之间，和经济活动相关的很多领域，都出现了大量机会。其中就包括温室气体排放标准的定义和实施，还有对资本流动实施监管，当然也包括协调劳动移民政策的问题。知识产权保护问题也包含在内。除此之外，还有很多例子。

这样的未来是可能实现的，也是我们希望实现的，但是并非一定会实现。除此之外，欧盟的制度危机也让我们期待的未来在很长时间内都不可能实现。但是，欧盟会渡过难关，还会取得比以前更大的成功。欧盟在2012年这个艰难的时刻获得的诺贝尔和平奖，就是在表达大家对欧盟的信心。世界其他地区也将逐渐并持续推行优秀、成熟的解决方案。这种情况已经发生，将来发生的范围会越来越广。

不太发达的一体化集团要借鉴经过验证的模式，因此提出了"华沙倡议"。那时（2011年下半年）波兰正接任欧盟轮值主席国，波兰在区域一体化进程中受益匪浅。该草案旨在为一体化集团提供广泛的技术援助，解决自主经济体的发展问题[51]。这是一项值得大力推广的倡议。

区域一体化进程和全球化进程一样，都是不可逆转的。有些区域一体化集团可能会在此时或将来遇到这样那样的问题，但是它们一定能经受住考验。将来，已经出现的一体化进程会继续推进，在此基础上还会进行一些新的尝试。经过一段时间的发展，大家会越来越认可世界是由十几个一体化集团组成的概念，200多个国家的分割方式和领土概念会越来越淡化。各个一体化集团会采用不同的组织形式，各自的发展水平也会各不相同，覆盖的范围会发生变化，内部的相互关系也不会保持不变，社会的积累也各有所长。

如果我们的推断出现错误，只可能有一个原因，就是我们以现在的角度看未来的问题，因为世界是会发展的。但是我们还是可以做出假设，现在的区域经济合作组织会持续很长一段时间，这种可能性是非常高的。不是所有的区域经济合作组织都会长时间存在，但是很多组织会一直发展到22世纪。各组织的发展动力会有所不同，所以在此之后的5年、15年、50年，各个经济组织占世界经济总产出的份额也会不同。当然，东南亚国家联盟对世界产值的贡献将会增加，因为东盟成员国都是特别有活力的经济体，而欧盟的相对地位会逐渐削弱，因为欧盟的增速会放缓，但是欧盟的扩张不会停止。

如今的经济地理地图看起来是什么样子？这个不断变换的世界都有哪些组成部分？我们可以列出14个区域一体化集团。各个集团的经济发展和政治影响都不相同，人口潜力各异，现代文明中的文化界限分明，但是各个集团都很重要，各自以自己的方式影响着未来的走向。

如果根据各自在世界产出中所占份额的比例进行排名，排在第一名的是北美贸易区，占世界生产总值的23.3%，排在最后一名的是加勒比共同体和共同市场，仅占世界生产总值的 0.14%。

如果根据人口比例进行排序，排在第一名的是南亚区域合作联盟，占世界人口总数的 23.4%，最后一名的还是加勒比共同体和共同市场，仅占世界人口总数的 0.2%。既然是经济地图，我们主要会从经济角度考虑，按照各自的产值勾勒地图的轮廓。

据悉，北美自由贸易区的产值约为 85 万亿美元（和之前一样，按购买力平价计算），占世界总产值的 23.3%，也就是近 1/4。这个自由组织将美国、加拿大和墨西哥联合起来，人口占世界人口总数的 6.6%。把两个百分比放在一起，我们会发现，虽然墨西哥的产出水平仍不是很高，但美国足够强大，北美自由贸易区创造出的产值占世界总产值的比例，是该地区人口占世界人口比例的近 4 倍。尽管墨西哥在未来二三十年内的经济活力会高于平均水平，但是由于美国和加拿大的国内生产总值的增长率将会呈现长期下降趋势，北美自由贸易区在全球经济中所占的份额未来会持续下降。

北美集团会在十年内被欧盟超越。欧盟包括 28 个成员国，分别是：奥地利、比利时、保加利亚、克罗地亚、塞浦路斯、捷克共和国、丹麦、爱沙尼亚、芬兰、法国、德国、希腊、匈牙利、爱尔兰、意大利、拉脱维亚、立陶宛、卢森堡、马耳他、荷兰、波兰、葡萄牙、罗马尼亚、斯洛伐克、斯洛文尼亚、西班牙、瑞典和英国。随着时间的推移，欧盟成员国数量会越来越多，巴尔干半岛诸国都会陆续加入欧盟。土耳其（有 8 000 万人口，还在持续上涨）和乌克兰（有 4 500 万人口，呈下降趋势）都存在加入欧盟的可能性，如果这两个国家加入欧盟，欧盟整体的经济、政治、人口、文化形势，都会发生巨大改变。以目前的形式来看，这两个国家不太可能马上加入欧盟，但是在未来的三四十年内，并不能完全排除这种可能性。如果两国明确表示接受欧盟的所有条件，愿意加入，形势可能随时发生变化。目前，欧盟产值占世界生产总值的 19.9%，人口占世界总人口的 7.2%。但是未来，欧盟的产值会持续增长，超过北美自由贸易区。至于人口，北美自由贸易区的增速肯定更快，主要是美国和加拿大的移民会持续增长。

南亚区域合作联盟排名第三，这个联盟在很多领域都只能用混杂来形容，该联盟一共包括 8 个南亚国家：印度、巴基斯坦、孟加拉国、斯里兰卡、尼泊尔、马尔代夫、不丹和阿富汗。南亚区域合作联盟的人口总数占全世界人口的 23.4%，但是由于劳动生产率低下，全世界约 1/4 的人口创造的收入只占全球总收入的 7% 左右。因此，可以说南亚区域合作联盟的情况与北美自由贸易协定区的情况完全相反。但是，考虑到区域巨头印度的地位，印度经济增长速度是全球经济增长速度的两倍多，因此南亚区域合作联盟的产值在全球总产值中所占的比例会逐渐增加。在接下来的很多年内，印度的增长速度仍会高于平均水平。

南方共同市场也是一个大型一体化组织，覆盖范围从火地岛到加勒比海，人口占世界人口总数的 5.7%，产值占世界总产值的 6.1% 左右。正式成员国包括：阿根廷、巴西、巴拉圭、乌拉圭和委内瑞拉。智利和玻利维亚为南方共同市场联系国，秘鲁、厄瓜多尔和哥伦比亚未来也有兴趣加入。将来，南方共同市场产值占全球总产值的比例会不断增加。这个地区的制度日益成熟，该组织一方面巧妙地利用全球化的优势，另一方面，也是最重要的，在不断完善宏观经济政策，让市场和政府理性结合。巴西用 10 年的时间证明了南方共同市场的进步，之所以要格外强调巴西，因为在很多人的观念中，巴西曾经是国家资本主义的失败案例。巴西用事实证明这种想法是错误的，即便如此，巴西乃至南方共同市场仍然有很多需要努力的地方。

排在第五位的是欧亚独立国家联合体，简称独联体，2008 年格鲁吉亚退出后，独联体中还剩 11 个属于前苏联共和国的国家：亚美尼亚、阿塞拜疆、白俄罗斯、哈萨克斯坦、吉尔吉斯斯坦、摩尔多瓦、塔吉克斯坦、土库曼斯坦、乌克兰、乌兹别克斯坦，以及最重要的地区领袖俄罗斯。俄罗斯使独联体成为覆盖地理面积最大的一体化集团，但是发展情况不甚理想。独联体不太像跨政府组织，更像政府间组织，独联体人口占世界总人口的 3.9%，产值占全球总产值的 4.3%。俄罗斯的国内生产总值占独联体产值的 70% 左右，在组织中发挥着关键性的作用。将来，俄罗斯在组织中的最重要地位不会被取代，但是由于其他成员国的经济出现高速增长，俄罗斯所占的比重会稍稍下降，经济出现高速增长的主要是自然资源储量丰富的国家。将来，俄罗斯和独联体在国际中的相对地位都会提升。独联体的发展在很大程度上还是会受苏联经济、政治体系影响：苏联的特色民主，很多时候还是会让这一地区无法完全开放。苏联特色的市场，非国有化和自由化的程度还不是很充分。

东南亚国家联盟创造的产值和独联体一样，也占全球总产值的 4.3%。东盟人口数量是苏联地区的两倍多,约占世界人口的8.6%,因此东盟的人均产值只是苏联地区人均产值的一半。其中一个原因是,很多东盟成员国非常贫穷,人口还多,比如缅甸,只不过近几年缅甸的经济飞速发展,越南人口即将突破一亿大关(到目前为止,人口过亿的国家在全球范围内总共有12个)。将来,东盟会变得越来越重要。东盟无疑是世界上发展速度最快的区域之一。经济的高速增长主要还是得益于政府与市场的紧密结合。虽然与泰国相比,印度尼西亚、新加坡、马来西亚等国政府的地位不太一样,但是在东盟所有国家中,政府都在制定和执行发展战略过程中发挥着主要作用。无论是极度贫穷的老挝和柬埔寨,还是非常富裕的文莱,政府的干预程度都非常深,相对而言,菲律宾的政府干预以及国家直接参与经济活动的现象比较少。

新西兰和西班牙的地理位置相差很远,一个属于南半球,一个属于北半球。欧洲航海家发现了"在世界另一面"的遥远岛屿,也就是澳大利亚和新西兰及附近的岛屿。这片区域有十几个岛国,一段时间以前,这一地区也认识到了一体化集团在全球化过程中能发挥积极的作用,也没什么坏处,因此乘势而行。对于人口数量非常少的小型岛屿国家,只有联合其他国家,才能在世界经济版图占据一席之地。有些国与国之间的距离真的很遥远,对于分散在太平洋上的11个小国更是如此,这11个小国分别是:密克罗尼西亚联邦、斐济、基里巴斯、马绍尔群岛、瑙鲁、帕劳、萨摩亚、所罗门群岛、汤加、图瓦卢和瓦努阿图。高度发达的澳大利亚、新西兰和落后的巴布亚新几内亚,以及其他大小岛屿共同组成了太平洋岛国论坛。这个一体化集团的人口数量只占世界总人口的0.5%,创造出的产值占全球总产值的1.7%。如果日本加入,人口和产值占比会分别上升至2.3%和7.3%。作为一个超级经济大国,日本加入也是很自然的,在这一片广大的区域,吸引日本的可不只是经济利益。

如果一个区域一体化组织的产值只占全球总产值的1.6%,似乎少得会让人不会注意它的存在。但是海湾合作委员会,也就是海湾阿拉伯国家合作委员会,简称海合会,是个例外。这个组织处于波斯湾西南角,人口只占世界总人口的0.9%。成员国包括:巴林、科威特、阿曼、卡塔尔、沙特阿拉伯和阿拉伯联合酋长国。大家之所以不会忽略这个人口很少、产值不高的一体化组织,是因为这一地区蕴藏着丰富的石油资源,世界经济活动中消耗的传统能源大部分来源于此,石油资源是推动这一地区经济长期持续发展的重要因素。由于世界对石油的需求增速超过供给增速,因此石油价格还会上涨,上述国家对这种自然馈赠的需求远低于储备量,因此人均收入也会跟着上涨。

由15个经济体组成的南部非洲发展共同体创造的产值更少,只占全球总产值的1.2%。这是一个非常多元化、结构相当松散的组织。成员国包括:区域大国南非共和国,以及南印度洋的岛国。该组织人口数量众多,占世界总人口的4%,而且还会继续保持快速增长。从人口角度来看,该组织在全球占据着举足轻重的地位。除了南非共和国,南部非洲发展共同体还包括安哥拉、博茨瓦纳、刚果(金)、莱索托、马达加斯加、马拉维、毛里求斯、莫桑比克、纳米比亚、塞舌尔、斯威士兰、坦桑尼亚、赞比亚和津巴布韦。

西非国家经济共同体是非洲另一个一体化集团,成员国数量相同。该组织的人口数量超过了世界人口总数的4%,比南部非洲发展共同体还多一点,但是产值只占全球总产值的0.8%。尼日利亚是这一地区的大国,人口超过1.7亿,是全球最大的石油输出国之一,有时排名第七,有时排名第八。其他成员国包括:贝宁、布基纳法索、佛得角、科特迪瓦、冈比亚、加纳、几内亚、几内亚比绍、利比里亚、马里、尼日尔、塞内加尔、塞拉利昂和多哥。需要特别强调的是,西非国家经济共同体中的贝宁、布基纳法索、几内亚比绍、马里、尼日尔、塞内加尔、多哥和科特迪瓦,通行统一货币西非法郎,这种货币的流通时间比欧元还长(而且非常成功,没有会出现危机的迹象)。

西非国家经济共同体的东侧就是中非经济与货币共同体。中非经济与货币共同体由6个国家组成,分别是:乍得、加蓬、赤道几内亚、喀麦隆、刚果(布)和中非共和国,通行统一货币中非法郎。该组织人口占世界总人口的0.45%,产值占全球总产值的0.15%。中非经济与货币共同体中的各经济体与安哥拉和刚果民主共和国共同组成了中非国家经济共同体。中非国家经济共同体的人口占全球总人口的1.8%,产值占全球总产值的0.3%。

在西非国家经济共同体和中非国家经济共同体的北部,是阿拉伯马格里布联盟,成员国包括:毛里塔尼亚、摩洛哥、阿尔及利亚、突尼斯和利比亚。该组织人口占世界总人口的1.3%,产值占世界总产值的0.7%。虽然人口数量和产值都不是很高,却是一个非常重要的地区,该地区地理位置的重要性显而易见,除此之外还有别的原因。"阿拉伯之春"引发了政治和经济变革，将来引发泛阿拉伯主义复兴的可能性是存在的，阿拉伯马格里布联盟与东边的阿拉伯国家，主要是与埃及和那些不属于海合会的中东国家，结成联盟的可能性不能被完全排除，虽然可能性很低，但是所有阿拉伯国家加入同一个大型一体化组织的可能性是存在的。如果真的出现一个这样的组织，该组织总共会有18个成员国，包括阿拉伯马格里布联盟的5个成员国，海合会6个成员国，除此之外还有苏丹、埃及、黎巴嫩、约旦、叙利亚、伊拉克和也门。该组织的产值将会达到全球总产值的3.6%，人口数量超过世界总人口的4.1%。如果不把海合会计算在内，这个一体化集团会有12个成员国，产值占世界的2.0%，人口占世界的3.2%。

在非洲大陆东部，东非共同体正在缓慢发展。该组织成员国包括：布隆迪、肯尼亚、卢旺达、乌干达和坦桑尼亚。这些国家创造的产值还不到全世界总产值的0.3%，却拥有全世界2.1%的人口。这是一个充满活力的地区，将来，这一地区产值占全世界产值的比例一定会提升，但是即便提升，依然只是个小联盟。

加勒比共同体的情况和东非共同体类似，成员包括14个国家，以及加勒比盆地的英国属地蒙特塞拉特岛及其周边岛屿。其中3个成员国的加盟，更多考虑了文化因素，而不是地理关系，这3个国家是南美的圭亚那和苏里南，以及唯一的中美洲国家伯利兹。其余的11个岛国分别是：安提瓜和巴布达、巴哈马、巴巴多斯、多米尼克、格林纳达、海地、牙买加、圣基茨和尼维斯、圣卢西亚、圣文森特和格林纳丁斯、特立尼达和多巴哥。这个地区创造的产值占世界的0.1%多一点，人口数量占世界人口总数的0.2%多一点。但是，我们不应该因此低估区域一体化进程在这里出现的意义，如果这些小国没有结成共同体，这一地区根本没有机会让世界听到自己的声音。

这14个联盟都具备一个典型特征，各联盟中都有一个占绝对主导性地位的国家。巴西是南方共同市场中的区域大国，印度在南亚区域合作联盟中的重要性更甚。南非共和国在南部非洲发展共同体中占主导地位，俄罗斯是独联体国家的领头羊，北美自由贸易区的区域大国是美国，以此类推，西非国家经济共同体中是尼日利亚，海湾合作委员会中是沙特，太平洋岛国论坛中是澳大利亚。与其他成员相比，区域大国掌握了更多的话语权，因此，联盟的基调主要是这些大国决定的。从这个角度来讲，其他联盟的情况相对更均衡一些，比如东盟，尤其是欧盟，但是"没有最均衡，只有更均衡"，虽说相对均衡，老挝还是很难跟印度尼西亚比（两国的国内生产总值比是 1:64），再怎么说，马耳他也不可能跟德国平起平坐（两国的国内生产总值比是 1:285）。

如果我们把日本算进太平洋岛国集团，14 个区域一体化集团一共涵盖了 153 个国家。如果再加上 5 个实际上与欧盟经济完全融合在一起的欧洲小国——安道尔、列支敦士登、摩纳哥、圣马力诺和梵蒂冈，还有两个与欧盟关系十分密切的高度发达经济体，也是欧洲经济区和申根条约的成员国——冰岛和挪威（挪威未来会加入欧盟的），以及正式宣布不加入欧洲经济区的瑞士（瑞士不会加入联盟），这样算来总共有 161 个国家，包括了世界大部分国家。比国家数量更重要的是经济和人口所占的比重，以及政治上和军事上的影响力。这些国家创造的产值占世界总产值的 78%，人口数量占世界总人口的 71%。确实是很大的比例，但是还有些国家没有参与其中。

其中缺失了中国。中国拥有非常庞大的市场，不需要与任何国家结成联盟，只要对外开放，就能融入世界经济。如果把中国也计算在内，14 个一体化联盟再加上中国创造的产值占世界总产值的 92%（如果算上台湾地区，是 93%），人口占世界总人口的 90%，足以代表整个世界了。当然，世界的其他部分也很重要，只是它们必须融入这个多数世界。这里存在一个陷阱：这里的大多数，还是以国家形式的组织结构存在，只是开始以跨国的一体化集团形式组织在一起，因此还需要政治意志以及技术官僚使其制度化，保证全球协调工作的顺利展开。用整个 21 世纪为这种转变努力都是值得的，这个过程需要很长时间，以及坚定的决心。

过程仍处于起步阶段，但考虑到它的实用性，这种转变一定会为未来聚集强大的动力。如果你的寿命够长，一定会看到十五大集团论坛成形，在这个论坛中，14 个一体化集团的领导人和中国领导人共同协商做出决策。即便是十五大集团，也会漏掉一些重要的世界成员，但是我们不是在分配未来全球圆桌会议上的席位，而是要划出思考方向以及行动方向。韩国就不在上述国家之中，这个国家的产值占世界总产值的 2%，虽然从地理位置上来讲中国挡在了中间，但是不会阻止韩国与东盟或太平洋岛国结成联盟。韩国位于朝鲜半岛，并不是一个孤立的岛屿，朝鲜半岛有自己的海岸线及附属岛屿，比如美丽的济州岛。上述集团中也不包括伊朗，主要是出于政治原因而非经济原因，伊朗的产值略高于全球总产值的 1%，随着时间的推移,由于地缘关系,伊朗会融入海湾国家集团。除此之外,埃塞俄比亚也不在其中,过不了多久,埃塞俄比亚的人口也将突破一亿大关,令人遗憾的是,虽然这个国家最近十年开始高速发展,但是依然非常贫穷,埃塞俄比亚可以加入东非共同体。

由于中国是单一的国家,而不是像其他一体化组织一样由多个国家组成,可能有人会因此心存疑虑(实际上确实有很多人在担心),其实无须担心,中国实际上也是一个一体化集团,包括地区核心中华人民共和国、法律上从属于中国的香港和澳门特别行政区,还有有朝一日终将回归的台湾。

如果照这样发展,未来世界会有十五大集团组成,在此基础上发展的政治、经济一体化进程不但不会与全球化发生冲突,还会促进全球化的发展。十五大集团包括:

(1)北美自由贸易区;

(2)欧盟;

(3)南亚区域合作联盟;

(4)南方共同市场;

(5)独立国家联合体;

(6)东南亚国家联盟;

(7)太平洋岛国论坛;

(8)海湾合作委员会;

(9)南部非洲发展共同体;

(10)西非国家经济共同体;

(11)中非国家经济共同体;

(12)阿拉伯马格里布联盟;

(13)东非共同体;

(14)加勒比共同体;

(15)中国(包括港、澳、台)。

历史发展引导全球范围内的经济活动开始互相连接,但是到目前为止,还没有出现一个机制可以协调全球政策。十五大集团的构想似乎最现实,而且是最多人接受的理性发展全球化的思路,十五大集团的格局有助于全球机制的产生,但是还需要实用的决策程序。全球决策不能单纯以人口规模为依据，因为如果是这样的话，中国和南亚区域合作联盟以及东盟的总人口就已经超过半数了，当然也不能单纯以产出规模为依据，如果根据产值分配决策权的话，北美自由贸易区、欧盟、日本和澳大利亚的产值已经超过世界总产值的一半了。全球决策机制必须考虑经济和人口发展潜力，不能只考虑比例。我们要在不断尝试和犯错的过程中，在争辩和协商的过程中，决定未来应该依据的比例，达成共识才是最实际的。

现在的一体化集团和国际组织使用的决策机制还有待完善，而且存在一定争议，但是只要参与其中的各方心怀好意，即便在这种多元化的结构中，也能达成共识实现目标的。欧盟在这方面就做得很好。虽然不是所有工作都做得非常出色，但是至少已经掌握了其中的方法。欧盟中既有卢森堡、马耳他这样的小国，也有法国、意大利这样的大国，既有荷兰、丹麦这样的富国，也有罗马尼亚、保加利亚这样的贫穷国家。如果从全球角度来看的话，这种极端情况还要扩大很多倍，因此我们必须更加努力寻找彼此间的共同点，不能偷懒。我们不知道几十年后的世界一体化会发展到什么程度，但是可以肯定的是，我们一定离全球性的民主更近了，未来的全球化一定比今天的全球化更有意义。

在未来的几十年，最有可能出现的是，一个介于十五大集团和二十国集团之间的模式。现行的全球政策协调机制，是43个国家达成协议组建的（20国集团包括的国家总数，其中有欧盟，因此总数超过20个，由于欧盟中的大国都有各自的代表席位，所以总数少于47个），二十国集团中的大部分国家分属于十五大集团中的各个区域一体化组织。如果把日本、韩国和土耳其也分别划归到十五大集团中，二十国集团的所有成员都是15个一体化组织中的成员。重要的是，一体化组织中的重要经济体全都包含其中了。

如果南非共和国在二十国集团中代表的不只是本国观点，还代表南非发展共同体中其余14个国家的观点，如果俄罗斯代表的不只是本国利益，也代表独联体中其余10个国家的利益，如果印度尼西亚表达的是全体东盟成员国的观点，印度代表南亚区域合作联盟8个成员国的观点，澳大利亚是太平洋岛国论坛的代言人，同时这些代表国还能说服各自组织的成员国遵循二十国集团的建议，如果巴西和阿根廷也能代表南方共同市场，这样的话，就非常接近十五大集团的构想了。

未来极有可能朝这个方向发展，也就是说二十国集团的架构将会促进一体化集团中大型经济体发挥更大的作用,这些大国要将全球决议,通过所属的区域组织,向下传达给各个成员国。另一方面区域性的提案,也要通过区域领袖向上传达到全球会议,通过二十国集团进行决议,再扩散至全球。

波兰向欧盟提出关于征收环境税的倡议,欧盟及其最大的四个成员国推动了这一理念,欧盟的四大成员国也是国际组织二十国集团的成员国。当二十国集团做出相关决定后,环保税就会在全球推行。通过一体化集团在当地强制执行这项决策,至少160个国家会通过这种方法保护环境,这些国家的产值占全世界总产值的90%,而这个影响全球的想法只是起源于一个产值还不到全球总产值1%的国家。

这恰恰说明了经济、政治一体化进程的重要性,区域一体化不仅没有与全球化背道而驰,还降低了潜在的冲突,促进了世界的发展。但是事情的发展也不是水到渠成这么简单,在调整区域一体化进程和全球政策协调方面,需要付出巨大的努力。

这是我们希望看到的未来,未来也有可能这样发展,但是也存在其他可能性。出于各种各样的实际原因,价值观会发生变化,会变得更加多样化,我们要做的就是相互包容。我们渴望看到的未来是全球化发展的最佳途径。但是,这个宏伟的进程将来可能发展到一半就停止了。在接下来的几十年,区域一体化可能会发展到非常先进的程度,只是没有到一体化集团进一步向全球一体化转变的阶段就不再前进了,因为一体化范围内的经济规模已经很让人满意,没必要继续费那么大事整合全球市场。

也许未来真的会出现这样的情况,经济规模是一方面的原因,还有就是在协调全球经济政策时一定会遇到很多困难,除此之外还可能遇到难以逾越的文化鸿沟,另外全球经济局势过于复杂,在逻辑上可能真的难以掌控。如果区域一体化进程可以互相交织,可以和全球化进一步融合,也是值得后人高兴的,因为这可以解决很多难题,社会的协同性会变得更健康。说到底,理解和合作才是我们值得努力的方向,分裂和恶性竞争只会阻碍和谐发展。

* * *

其他组织结构可能有助于实现这种转变。在这种情况下，我们可以借助非政府组织的地位和作用，这是未来的第四个大问题。和前面提到的官方一体化组织相比，非政府组织的能力可能略显逊色，但是它的重要性在将来还是会有所提升，最重要的原因是政府和市场之间的对立关系。在很多领域，政府的能力有限，如果市场不能完全接手控制这些自由空间，社会运动就会变得更加活跃。此外，全球化和区域一体化进程也会为非政府组织的扩张带来新的挑战和机遇。

非官方的团体可以有各种各样的形式和结构，统称为非政府组织，但是有些组织是政府出资扶持的，有些组织的行为更适合被称为"反政府组织"。在有些地区，公众更熟悉非政府组织的缩略语 NGO。

近几年来，政府对经济活动的干预越来越少，有时甚至会出现一团糟的局面，政府的退出一方面是受财政赤字削减预算的压力所迫，另一方面是受市场原教旨主义的影响。如果私营机构能够高效运作，也就是能在成本比政府低的前提下，提供足够的商品和服务，或者花费相同，但是提供的商品和服务既多又好，那事情就好办了，只要削减政府即可。最近，政府曾经管辖的领域，有一部分被以利益为导向的私营公司接管，过去的某些公共服务也逐步私有化和商业化，特别是医疗保健和教育领域。

但是，有些领域是私营机构不感兴趣、不愿意接手的，因为很多服务无法带来利润，甚至还要往里贴钱。市场化到这里就行不通了，如果社会性的组织不出手相助，情况会越来越糟。从文化到教育，再到体育和环保，社会组织确实涉及了很多领域。与此同时，有些领域由于既没有得到政府的重视，也没有引起私营企业、社会组织的关注，一直得不到发展。随着时间的推移，有些领域开始被人重视，有些领域可能会永远被人遗忘。

最突出的例子是，国家的能力有限，福利事业只覆盖了部分领域，而福利事业针对的是社会最贫穷、最需要帮助的人群。由于这方面的工作不到位，社会贫富差距正在进一步加大。一些反政府人士认为，通过强权推动慈善活动才能从根本上消除贫困。这种言论又给新自由主义支持者和受益者们提供了讥讽的理由，新自由主义者不知廉耻地宣称，政府应该少管这些事（最重要的是，少收点税），至于贫困问题，应该交由慈善机构处理，搞些舞会、餐会、彩票进行筹款……只做这些事，不可能解决问题，更别提消除根源了，在一定程度上来讲，只是让社会组织填补这个空缺而已,发表这种言论的人似乎并不在意效果。

各国情况不尽相同,变化的趋势和动力也存在一定差异。美国的非政府组织非常强大,得到了不同机构的大力支持,各领域的社会捐款接近国内生产总值的2%,其中还不包括对宗教组织的捐款。活动家们确实都很活跃,有不少工作要做。这些活动家不仅要忙着花钱(这件事从来不难办),还要忙着筹钱(这件事就没那么轻松了)。有了雄厚的资金支持,就可以开展大规模的社会活动,不仅能帮到周边的人,还能帮到更远距离的人,不仅能向邻居、同一个城市、同一个国家的人提供援助,甚至能向世界各地的人施以援手。

贫穷国家和正在寻求解放自主的国家,情况完全不同,自主国家正处于经济的去国有化进程之中。经历过社会主义政治变革的国家,是自主国家的典型代表。与产值相同,但体制不同的国家相比,现实社会主义制度的优越性在于,会提供包括教育、医疗、文化领域在内的广泛社会服务。如今,在这个全新的时代,我们常常会忘记,非国有化、私有化和商业化已经显著削减了这些服务的规模。部分私有化的领域,确实变得更高效,另一部分已经被如雨后春笋般出现的社会组织接管,还有一部分已经完全从地球上消失了。从前,农村有国营图书馆,现在变成了酒吧;从前,中等规模的城市都有国营影院,现在全变成了商店,什么好卖就卖什么;以前的乡村都有艺术中心,孩子可以在这里学习艺术和手工,现在这些场所全都租给当地的商人了;从前,农村有国有企业赞助的体育俱乐部,现在什么都没有了。我们只能把微弱的希望寄托在各种各样的非政府组织身上,希望非政府组织能抓住机会让自己也让福利事业繁荣发展。希望非政府组织能把每一分钱都花在刀刃上。

事情往往不能如人所愿,非政府组织所做的还远远不够。除了少数例外,大部分都不能做到慷慨解囊。鼓舞人心的是,在伊斯兰教或佛教国家,受宗教的指引,人们愿意拿出多余的钱为贫困人群和灾难受害者提供支持,如果只是口头上的声明,实在是令人沮丧。我曾经看到过一个持续了好几天的募捐活动,活动组织者希望国际货币基金组织收入丰厚的员工,为遭受毁灭性飓风打击的尼加拉瓜捐款,帮助他们渡过难关。最后只筹集了几千美元,比一个秘书职位的月工资还少。互联网社会的力量一直为人津津乐道,拯救达尔富尔联盟的例子却发人深省,这个联盟由近百个组织组成,Facebook 网站上有 1 282 339 个关注者,最后算下来,平

均每个人只捐了9美分……[52]

上面的例子确实让人沮丧，但是这并不意味着寄希望于慷慨的捐赠和非政府基金组织高效的管理是错误的，也并不意味着慷慨与对一些大型非政府组织资金进行有效管理不会共存。比尔和梅琳达·盖茨基金会就是个成功的典范，这个基金会在很多领域的作用甚至可以和世界卫生组织一较高下。但是，也有人对此提出异议，认为将某些任务交给非政府国际组织，让非政府组织接手资金、着手完成任务，会牵扯到经济利益。

我们确实需要提高警惕，有些国际组织中的官僚主义，被某些人带到了非政府组织中。曾经在国际组织工作的人，后来投身非政府组织，有些人确实出于高尚的目的，有些人只是想到关系更清楚、规则更实际、理想目标与现实目标相符的地方工作，但是也有些人是想找个油水多的地方工作，想去捞钱。此外，我们不要忽视这个现实，虽然我们谈论的是非盈利组织，但是很多组织存在的主要目的，是确保老板和员工赚尽可能多的钱。如果这是他们的目的，还能指望他们去关心别人的需求吗？

非政府组织在经济过程中的地位越来越重要，与资金转移相关的配套措施必须跟得上。对金融投机行为征收全球税，用税收对抗贫困，在这两个问题上不存在任何技术障碍。让全球性的跨国组织，对最大的温室气体排放行业收费，委托这些组织管理非政府环保组织，除了政治问题，也没有多大障碍。提高非政府组织分配的资金权利，让他们更好地为特定的地区服务，达到特定的目的，对于政府、全球性的跨国组织而言，都不存在实质性的障碍。世界银行和区域发展银行，已经在某些领域将这种构想成功付诸实践。非政府组织在包括欧盟国家在内的很多国家变得越来越普及。

非政府组织不是由政府税收提供资金，也不像私人企业那样以利润为导向。但是，他们却充分利用了这两方面的资源。一方面，可以通过财政手段鼓励人们向这些组织多多捐款，比如，部分减免捐赠人应收税款或减免捐款人捐赠部分的所得税。另一方面，很多企业为他们提供资金支持，企业这么做通常不是出于高尚的人道主义情操或企业文化达到了那样的高度，主要还是为了提高自己的利益（减免税收），既可以纳入企业成本中（最终由消费者买单），也可以当作营销或疏通费用（向谁疏通相当于谁支付了这笔费用）。

由居民或公司为指定的目的捐款,由非政府组织去分配资金,实现目的,这是一个引人关注又值得支持的成功解决方案。这种机制的运作方式和政府不同,对政府而言,无论是民主制还是官僚制,税收花到哪儿都是政府说了算。而这种机制相当于纳税者说了算,纳税人和纳税企业可以自己选择将自己缴纳的税收用到什么地方。

例如,某人向自己中意的基金会捐了1 000美元,如果他没捐,就要缴纳30%的个人所得税。实际上再分配机制是这样运作的,捐赠者其实捐了700美元的净额,政府又通过他从财政中转出了300美元,因此财政收入就少了300美元,如果没有发生捐款行为,这300美元就是捐赠者的应纳税额。这样一来,这300美元就可以用于这位居民指定的方向,比如当地的交响乐团,不会进入国家财政系统,不会用于军费开支之类的自己不想要支持的领域。但是,这样对比不难发现,这种机制有一定的局限性,我们将来可能会有太多交响乐团,军队会太少,对于任何问题而言,适度都是最重要的。

因此,从本质上来讲,权力分散会使任何政策都无法推行,最终的结果一定会和我们预期的有所偏差。捐赠者的选择以及受赠机构的办事能力,决定了捐款的去向。这样一来,可能会出现这种情况:一个城市大力发展赛车运动,却无力支持动物收容所的建设和运转,也有可能发生完全相反的状况,流浪狗都得到很好的照顾,甚至帮它们找到了家,但是赛车运动完全被人们遗忘。

将来会是什么情况呢?一旦公民社会变得更进步,移交的任务会进一步增加,公共财政体制自然会将一切安排妥当,使所有领域都能平衡发展。也就是说,现在政府掌握的权利,将来会向非政府组织转移,政府制定政策会逐渐转化成一种社会活动,行政官员的作用会被社会活动家们取代。

非政府组织的本质是不依靠政府拨款、不急功近利,它们占据了政府与市场之间的自由空间,换句话说,填补了政府活动范围和私营企业获取高额利润之间的空白地带。在未来的世界中,政府的活动范围会越来越小,市场管辖的范围会越来越大。但是,市场既不愿意,也没有能力全盘接收政府退出的领域。为了保护那些值得保留下来的东西,我们要为非政府组织的扩张,创造文化、制度和政治条件。虽然非政府组织会继续处在边缘,不会成为核心,但非政府组织发展会比私营机构、政府组织发展得更迅速。非政府组织、私营机构、政府组织是未来社会和经济的三个重要支柱，这三个支柱的规模和比例正在发生变化。在这样的背景下，市场和政府之间的对立关系将会因为第三者的介入发生变化，非政府组织会给之前那种进退两难的窘境带来微妙的影响。

但是，我们不要太天真。非政府组织有各种各样的形式和结构。人也是一样。世界上有好人，他们值得我们去支持；世界上也有坏人，我们必须与他们做斗争。优秀的人让我们钦佩，邪恶的人让我们心生畏惧。非政府组织的工作不像儿童的游戏那么容易，它不是要创建一个美好的共产社会，也不是各色人等给你掏钱你就去做事这么简单。在非政府组织的运作中，我们可以看到最美好最优秀的事物，也能见到最残酷最卑鄙的世界，非政府组织能为社会进步和经济增长提供最强劲的势能，其中也有最保守最反动的势力。绿色和平组织是一个国际性的非政府组织，该组织致力于环境保护、反对暴力。绿色和平组织和国际特赦组织一样，坚定拥护尊重人权，有时也和基地组织一样，采取胁迫手段恐吓他人；它会像透明国际组织一样曝光腐败，也和跨国有组织犯罪集团一样，参与贩毒。极端保守的基金会和虚假的国际研究中心，会以非政府组织的形式存在。但是其中也不乏能促进经济增长、社会进步的真正科研机构。

对非政府组织不加批判的拥护者们似乎不愿意承认，很多非政府组织虽然挂着"非政府"的名头，实际上是由他们所服务的政府资助，到别的地方进行反政府活动。值得一提的是，在美国注册，由国外提供资金支持的非政府组织，属于"外国机构"，受法律保护，但是如果这种情况发生在其他国家，就会被公开指责别国践踏本国民权。不只是在美国和俄罗斯，任何地区都存在有自主权、动机高尚的非政府组织，也存在被国外利益集团灌输了歪曲意识形态，为国外利益集团奔走的非政府组织。我们要时刻提高警惕。

许多组织打着冠冕堂皇的旗号开始接受资助，这种组织自成立那天起就开始为自己的赞助商办事。遗憾的是，许多伪科学中心和研究基金会、研究机构就属于这种情况。更糟糕的是，很多单位以非政府组织的名义，为某些特殊利益集团游说、疏通，或宣扬某种思想。

如今，右翼组织在这一领域尤为活跃，主要是因为他们已经得到了来自私人资本的丰厚资金支持。不妨多说一句，这些出资人既愚蠢又短视，这些人还没意识到如今全球经济中的决定性因素到底是什么，他们出资推动某种思想的传播，只会惹祸上身。一直以来他们最常用的手法就是，腐化"独立"的媒体为自己代言，在网站和电视中，化装成推动社会进步、为公共利益鞠躬尽瘁的角色，在现实中却在阻碍社会进步，只关心自己的私人利益。

从全球的角度看市场、政府、非政府组织之间的三角关系，和从国家的角度看是完全不同的。将来不会出现全球政府，会出现更多国际和区域间的政策协调，甚至更多的全球公司和以其他形式组织起来的全球资本。非政府和非营利活动会获得更大的发展空间。在推进全球化的前提下，非政府组织之间有时会和政府、市场互相配合，有时会相互竞争，有时也会发生对抗。如今已经出现过这种情况了，例如无国界记者组织正在抗议土耳其政府干涉新闻自由，绿色和平组织正在开展一项反对某石油企业在俄罗斯北极地区进行高风险海底钻探的运动。

非政府组织面前有很多任务，也有很多机会，非政府组织可以采取行动提高经济效益。在未来的世界里，很多时候全球性的非政府组织，一方面，会设法促进国家与国家之间的合作，另一方面，还能阻止民营资本做出不当行为，而这些不当行为是政府组织限制不了的。也有可能出现相反的情况，非政府组织有时会扰乱政府间达成跨国协议，支持无国界的民间资本。仔细观察不同的战术和战略联盟，会发现利益对其产生的影响不尽相同。未来会出现新的威胁，也会出现新的机会。

许多非政府组织相继成立。虽然数量是有限的，实际上已经难以计数。非政府组织不是成千上万，而是数以百万计。社会发展到这个阶段，非政府组织的数量正在不断地成倍增加。在过去的几十年间，世界的文化、政治和经济发展获得了极大的自由，随着网络的兴起，给国际组织的扩张带来了前所未有的发展动力。将来，这类组织的数量会高速增长。虽然其中少不了害群之马以及会危及社会和谐发展的组织，但是通过联盟推动社会进步将成为大势所趋。因此，应该支持这些组织进行理性扩张，但是不要忘了制度化。控制全球非政府组织毫无意义，有意义的是制定好规则，使其在正常运转的基础上进一步扩张，为公众提供更多的无偿服务，帮助促进发展和进步的服务有序开展。

| 第六章 |
限制增长的社会和生态因素

世界必须放慢发展的脚步。我们正身处危机之中,听到这样的建议会觉得奇怪,但是当我们渡过这个危机,为了避免下一次发生更大的危机,最好不要急功近利地大踏步前进,因为继续这样发展,可能会将世界的平衡彻底打破。经济增长的速度和经济增长的限制,是未来要面对的第五大难题。为什么这么说呢?也许技术进步能帮助我们沿着过去的老路步入未来,继续高速发展,但是随着原材料和能源的产量下降,技术进步真的有这么大的威力吗?之前有人预言:经济和环境,我们只能得到一个。也许这个预言有些危言耸听。

我们要放慢脚步不仅因为这个预言是正确的,更主要的原因是,我们已经认识到:如果我们不希望地方紧张局势转化为公开的冲突,给经济发展造成深远的影响,我们就必须给正在获得自主的社会在未来的世界提供充足的发展空间。为此,富裕国家必须大幅放缓发展速度,到时候整个世界的产出增长速度会比过去慢。并不是说增长速度会下降到零,经济会继续增长,社会会继续发展,我们只是换了一条路走而已。

最重要的是,我们都要挤进地球村,现在更适合称之为地球城,因为2010年前后,人类迎来了另一个转折点:城市人口数量超过了农村人口数量,大多数人不再生活在农村,而是生活在城市。未来还会继续这样发展。虽然发达国家从城市移居郊区的人口数量大增,但是贫穷和人口众多的国家城市化的速度非常快,两相抵消,进城人口数量远远高于离城人口数量。城市化速度是指城市居民人口数量的增长速度,从世界范围来看,2010—2015年,城市化速度会达到1.85%。这是平均值,有些地区的城市化速度非常快,比如最贫穷的国家,马拉维(5.3%)或老挝(4.9%),在这些国家中,移居城市可以改善肮脏的生活条件,有时甚至只是为了能够保障基本的生存条件。

与此同时，在富裕的社会中，回归自然、迁往城郊、搬到农村生活的人越来越多。但是富裕国家的城市人口也在不断增加，因为境外过来的移民大多在城市定居。经济结构是影响人口迁移的主要因素。以农业为主的地区，移民会进入农村。在制造业、建筑业和服务业需要大量劳动力的地区，人们大多定居在城市。据悉，美国的城市化速度高达1.2%，人口增长率仅为0.9%，希腊的城市化速度是美国的一半，即0.6%，人口增长速度为0.06%。奇怪的是，在欧洲前社会主义经济体中，过程恰恰相反，那里的城市居民变得越来越少，原因是很多人移民到了西方，主要定居在城市。波兰的城市速度是负值，2010—2015年城市化速度是–0.1%。

在传统的工业化时代，城市化被视为经济进步的标志。现在的情况已经变了，生活在城市并不一定会提高生活水平，有时甚至恰恰相反，由于过于拥挤，生活在城市生活水平反而会降低。而且这种现象日益严重。仅东京一个城市现在就居住着3700万人口，几乎相当于波兰的总人口。任何去过东京或其他超级大都市的人，都知道那些地方的生活多么复杂。与杜勒斯机场到华盛顿市中心绿色宽敞的大道相比，成田机场到东京市中心那条拥挤的水泥路实在是让人觉得堵心！十大城市（东京、德里、圣保罗、孟买、墨西哥、纽约、上海、加尔各答、达卡和卡拉奇）共有2亿居民，有些人推算，公元前200年，全世界总共也就这么多人，另外一些人认为，到了公元600年，地球人口才突破2亿。

富裕国家经历过很多过程，才走上了富裕的道路，在众多决定因素中，工业化、城市化和机动化，这三个因素尤其重要。当今世界正在寻求自主和解放的国家，不能再走过去的老路。之前一个地区的扩张，被视为进步的表现，如今看来却更像诅咒。在工厂上班，住在城市里的公寓，透过窗户能看到自己的汽车，有些人可能不止一辆车，这些当然不能算是诅咒；工厂污染空气，成群结伙的孩子在公寓外的操场嬉闹，自己开车出去的时候，看不见路只看得见一辆又一辆的车，生活在这种环境下，难道不是受了诅咒吗？

从空中鸟瞰自己生活的环境，你会发现，工业化、城市化和机动化这三个"化"，虽然让人们变得富裕了，但是并没有带来幸福，甚至会降低生活质量。东方世界人口数量众多，因此也想像西方世界一样人手一车是不现实的，非洲也不能照搬东方城市化的模式，非洲人口数量也很多，大型城市周围全是贫民窟，比如内罗毕郊区的基贝拉贫民窟、拉各斯郊区的马可可贫民窟。贫民窟的脏乱程度是我们无法想象的,当地居民的生活条件让人难以接受。我曾经去过这种地方,亲眼目睹了这一切。

如果将来绘制地图时,国家的大小不以国土面积为标准,而是以一个国家创造的产值和服务价值,也就是国内生产总值为标准,将来的世界地图一定和我们现在使用的地图完全不同。在未来几十年内,政治版图不会发生大的变化(不过还是会有些微小的变化),"经济版图"看起来会与政治版图有所不同,不仅一开始看起来不一样,将来还会变化,国家和大洲的轮廓都会发生变化。与南美洲相比,北美洲会变得越来越小,南北美之间的加勒比海群岛会变得越来越大。与欧洲相比,非洲会变大,欧洲东部也会变得越来越大,而欧洲西部会变得越来越小。俄罗斯是世界上领土面积最大的国家,国土占世界陆地面积的11.5%,但是产值只占全球总产值的3%。俄罗斯在世界总产值中的占比会快速增加,经济版图会越来越大,但是在可预见的未来,产值占比还是无法赶超国土占比。更值得注意的是,印度的经济版图会超过日本(以购买力平价计算,2011年印度和日本的国内生产总值分别为4.515万亿美元和4.497万亿美元,即世界总产值的5.6%)。占世界人口总数1/5的中国,创造的产值在最近几年也将超过世界总产值的20%。

那么,什么样的目标才是值得我们追求的呢?未来经济发展的动力是什么?在未来50年,人均世界生产总值年均增长不会超过2%。需要强调的是,这已经很高了。单单是增长的这部分产值,就已经相当于1820—2000年间世界总产值的2/3了,而且比现在的很多富裕国家的总产值还高。保持2%的增长速度是有可能实现的,解放经济的国家现在的平均增长速度是这个平均值的两倍,尤其是贫穷国家增长速度更快,而富裕国家的增长速度则是平均值的一半。需要补充的是,如果整体增长速度是4%~5%,意味着,欠发达地区的人均增长率是2.5%~4.0%,富裕国家的人均增长是1%左右。

把这些抽象的百分比与现实相对应,相当于未来半个世纪美国的人均收入会增长近2/3,从目前的51 000美元增长到2063年的85 000美元左右(按照美国的计算标准,以购买力平价推算)。如果一直保持1%的年均增长速度,美国要到2080年人均收入才能增加一倍。纵观历史,这个增长速度已经非常快了。考虑到现在的人们越来越没耐心,也可以说是急切的渴望,会觉得这是一段很长的时间。

最富裕国家经济增长速度放缓，为自主经济体的发展提供了额外的空间，根据经验推断，这些经济体的收入很快就能翻一番。例如，按购买力平价计算，墨西哥目前的人均收入是 15 000 美元，在一代人的时间内，就能增加到 30 000 美元左右，只要国内生产总值增长率达到 4%，人口增长率维持在 1%，只需要 24 年就能达到上述目标。如果增长率是 4.4%，到 2063 年人均收入就能超过 60 000 美元，比美国现在的人均收入高出了 20%。波兰的经济增长比较稳定，按购买力平价计算，如果增长速率保持在 4%，只需要 18 年就能使人均国内生产总值翻一番，达到 42 000 美元。如果在 2030 年以后还能保持这个增长速度，从现在开始算起的 50 年之后，人均国内生产总值就能达到令人难以想象的 143 000 美元，相当于现在的 7 倍。必须要强调的是，一直保持这样的增长是不大可能的，如果这些国家能够连续五六十年保持 3% 的平均增长率，就已经是非常大的成就了。那么，半个世纪以后，墨西哥的人均收入将达到近 66 000 美元，波兰人均收入会高达 92 000 美元。即便不是这个数字，这两个国家，以及其他很多国家也应该不会再受贫穷困扰了，但是那时候大家还是会抱怨收入低，因为别的地区收入更高。确实，到那时候，美国和德国，以及其他富裕国家的人均收入也会提高。

相对贫穷的国家不能复制富裕国家的发展之路。穷国的未来不会和富国的过去完全一样。南美不会变成北美，非洲不会成为欧洲，亚洲大陆不会成为日本或澳大利亚。穷国与富国之间的差距会缩小，但是不会消失。捷克共和国可能会赶上奥地利，韩国会赶上日本，阿根廷会赶上加拿大，但是印度赶不上英国，刚果赶不上比利时，巴拉圭也赶不上西班牙。最重要的不是差距本身，而是不断缩小差距的过程。墨西哥不一定非要赶上美国，但是一定在快速增长的道路上前进，逐渐缩小与美国之间的巨大差距。拉脱维亚也不必非得超过瑞典，但是要有条不紊地缩小彼此之间的差距。也就是说，缩小贫富之间的差距，有时比提升绝对收入，更能提高社会的满意度。

前面并没有拿邻近的国家进行对比，因为在高度全球化的世界，大家都是邻居。示范效应的力量很大，即便有人远居深山也会受到影响，距离越来越不是问题。阿联酋、卡塔尔与尼泊尔、巴基斯坦隔着洋跨着海，奥地利、瑞士与波斯尼亚、阿尔巴尼亚中间隔着山跨着岭，美国、加拿大与危地马拉、玻利维亚隔着巨大的海湾，但是放在地球村中来看，彼此就像街角、路对面，或者隔着一堵墙的邻居。

也许我们并非处在高速增长时代的末端,而是步入了衰退的时代?有人确实提出了这种悲观的设想[53]。全球经济出现了结构性的衰退,如果大家都抱有这样的想法,无疑会使问题变得更加严重,各地的潜在冲突也会因此演变成实质性的冲突。未来的世界产出下降还能维持和平,这种画面很难想象。但是,经济衰退不会一直持续,我们也不会一直处于这种危险的境地。经济不再增长是不现实的,这只是我们自己因为害怕产生的胡思乱想。在几百年前,经济开始增长就再也没有停过,将来还会继续增长,主要有两个原因:因为经济增长是我们所期望的,而且在一定范围内的经济增长是可能的。注意是"在一定范围内",不要忘了经济增长是有限度的。

从全球的角度来看,前面这一席话到底意味着什么呢?按购买力平价计算,目前的全球总收入约为85万亿美元。这个庞大的数字实在太抽象了。大家很难对抽象的概念产生什么感觉,谁也不知道85万亿意味着什么。简单来说,相当于美国或整个欧盟总产值的5倍,波兰国内生产总值的100多倍。如果富裕国家的人均国内生产总值在接下来的50年,年均增长率保持在1%,自主经济体保持在3%,那么到了2063年,按购买力平价计算,全球生产总值将达到310万亿美元,几乎是现在的4倍。这绝对是一个巨大的变化。

背后的原因是什么呢?我再重申一遍,如今世界上的发达国家和发展中国家创造的产值各占全球总产值的一半左右。发达国家的总人口数量约有10亿左右,发展中国家总共有约60亿人口。目前,按购买力平价计算,发达国家的产值是40万亿美元,每年增长1%,半个世纪之后,发达国家的产值会增长65%,约合66万亿美元。与此同时,自主经济体每年人均产值增长3%,人口平均每年增长0.7%(假设世界富裕国家人口数量与现在持平,到2063年,世界人口将会达到95亿),相当于总产值年均增长3.7%,半个世纪之后,自主经济体创造的产值将是现在的6倍多,约合246万亿美元。按购买力平价计算,50年后的世界总产值约合310万亿美元,发展中国家与发达国家创造的产值比例将会从目前的1:1上升至将近3.7:1。总收入要想在50年后达到这样的水平,就要求全球的年均增长速度维持在2.7%,要想实现这样的总收入增长,假设人口增长速度是0.6%,那么人均经济增长要达到2.1%。

2012—2013年,巴西的经济增长就达到了这样的水平,巴西经济处于中等发展水平，创造的产值相当于全球总产值的3%。美国经济处于较高的发展水平，增长速度比巴西低一些，2%多一点，产值占全球总产值的20%。未来，每年维持2.1%的经济增长，对于巴西来说太低，对于美国来说又有点高。我们要记住，经济发展需要有足够的原材料、矿产和能源，全世界还要建设配套的废弃物和垃圾处理厂，人应该去工作创造收入，不应该互相争斗，很多争斗根本没有任何意义。

如果照前面描述的发展，社会会发生巨大的变化。对于某些国家而言1%、2%或3%的年增长速度似乎不算什么，尤其是与危机发生之前非理性增长胀大的胃口相比，可能更显得微不足道。但是，与过往的历史相比，这种增长速度已经很让人满意了。同时，从未来的角度来看，这可以说是一个雄心勃勃的目标。为了让构想变成现实，原材料和能源供给紧张的现状必须得到缓解。否则的话，发展中国家增长3%，发达国家增长1%，都只是不现实的盲目乐观而已。

世界经济会放缓，主要基于两个最重要的原因。第一，自然资源的日益短缺，会迫使经济增长速度变缓。第二，高度发达国家为了实现最高利益，也就是说要确保世界范围内的冲突不再升级，出于战略和政治考量，会有意识地刻意放缓发展的脚步。换句话说，未来经济增长会放缓，一方面是出于客观原因被迫减速，另一方面是主观地想要放缓增长速度。

关于经济增长速度以及限制经济增长速度的议题，已经至少三次被提出了。第一次是英国牧师和学者托马斯·马尔萨斯（1766—1834）在两个世纪前提出的。他一边布道，一边研究政治经济学，主要是关于未来的。他被载入史册，却是因为一个后来被证实是错误的观点，他也曾经关注过我们前面提到过的那个问题：限制经济扩张的因素有哪些？顺便说一句，有时发表错误的观点比发表正确观点更容易被历史铭记，这一点真的很有趣，也很值得思考。不过，要想通过这种方式被历史铭记，你要在一个重要问题上犯错才行，犯下的错误也要引人注目。

马尔萨斯曾警告说，迟早有一天，经济不会再进一步增长，特别是由于食物匮乏，疾病蔓延，人口会停止增长。重点是，之前人们普遍认为食物产量的增加不可能赶得上地球人口的增加，因此人类社会的发展脚步不得不停下来。马尔萨斯认为，人口停止增长是难以避免的，因为人类不可能生产出足够的食物喂饱多出来的一亿张嘴。那时候是1800年，世界上的人口总共不到10亿，还不到现在世界人口的1/7。如果曾经有人对马尔萨斯说，200年后的世界生产出的粮食能喂饱 70 亿人口，他肯定会说对方是在胡说八道，正如现在的人也不相信 200 年后的地球人口会是现在的 7 倍，那可是 500 亿人口。

马尔萨斯的错误，是因为他没有充分考虑扩大耕地面积以及技术变革对农业产量的影响，更不可能预测到食品加工的变革大大降低了仓储和分配过程中的浪费。显然，那时候对未来进行研究考虑得还不是很周全，而且也缺乏想象力。但是马尔萨斯做出过正确的预测，他认为，将来不可能实现世界大同。遗憾的是，事实确实如此。数十亿人营养不良，数亿人正在忍饥挨饿，每天都有成千上万的人死于饥饿。马尔萨斯当时生活的英国没有发生这些情况，但是如今却发生了，尤其是在撒哈拉以南的非洲。不只是非洲，世界上还有很多国家和地区，粮食产量的增长速度跟不上人口增长的速度，在那些地区食不果腹是常态。马尔萨斯对政治经济的最大贡献是，他着眼于遥远的未来，强调将来的世界一定会发生质的变化。正如他所预言的那样，以前从未发生过的事情绝不表示将来也不会发生。马尔萨斯只进行了简单的推测，这次，我们不能再犯同样的错误。马尔萨斯同一时代的人可能会对他说，我们生活在 1800 年、1900 年又能有多大差别。我们生活在 2000 年，可能会觉得到了 2100 年也没有什么应付不了的。马尔萨斯预测错误，是因为那个时代在对未来的研究上很多重要的问题都没有考虑到。

第二次提出限制经济增长的议题是在 40 年前，这一次确实是要限制经济增长。当时，非政府组织罗马俱乐部（那时候的非政府组织非常少）发布报告称，完成了一项针对未来经济发展的研究。报告的标题是《增长的限制》，发表于 1972 年，很快成为了世界的热门话题[54]。其中提到了批量扩张形成的机会和因素，相关讨论一直持续到今天还没有停止。

《增长的限制》中做出的预测和马尔萨斯的人口理论一样，也没有经受住时间的考验。时间是检验真理的唯一标准，过了这么多年，作者们的预测很多都没有成真。如今，全世界的产值是当时的好几倍，人口也是那时候的近两倍，原材料和能源相对而言还算充足，按照他们的预测很早以前就应该耗尽了。因此，支持无限扩张论的人可能会问：哪有什么限制？如果用于生产的原材料供给充足，为什么要放慢经济增长速度？

我不认同他们的观点。40 年前的这份报告不仅是对当时提出的警告，即便是对现在而言，仍然有警示意义。即便作者在很多细节问题上出现了失误，但是整体思路并没有错。《增长的限制》的作者之后对这份报告进行了多次重审，报告最大的价值在于，指出历史性的重要指导原则，产值不断增长的现实条件会引发激烈的经济和政治辩论，这个议题我们必须重视。有意思的是，2004 年出版的修订版[55]似乎并没有特别注意这个问题，当时金融市场的投机活动日益高涨，他们并没有针对这个问题展开讨论。但是，经济增长一定是有限度的。我们离那道界限还很遥远，但是确实在一点点靠近。

地球上的人口密度越来越高。虽然技术进步解决了部分问题，但是如果按照目前的消耗量继续发展，能源和自然资源将来一定会消耗殆尽。世界生产总值虽然在持续增长，但是会越来越慢。现在很多发达国家已经出现这种现象了。在过去的 100 年间，富裕国家的实际收入增长了近 20 倍，20 世纪末和 21 世纪初，物质产品的重量并没有发生太大变化[56]。瑞士、意大利国内生产总值的"重量"比二三十年前还轻了。"重量"变轻了也就意味着有形商品减少了（非物质的服务业变得越来越重要），用于生产的原材料消耗降低了。一千克的面包还是一千克，但是汽车的重量比以前轻了，而且质量也有所提升，因此也比以前更贵了。一米布的长度仍然是一米，但是在制造、仓储、运输和配给过程中使用了更先进的技术，织布所需的原材料降低了，因此也就更轻了。随着时间的推移，技术进步取得更大的成果，更多国家的国内生产总值"重量"会减轻。

尽管如此，我们还是在向原材料耗尽的方向靠近。虽然人类发现的矿藏越来越多，但是原材料随着消耗而减少是难以避免的自然规律。为了避免生产资源枯竭，我们必须降低消耗速度。为了缓解原材料供给紧张的状况，如果有可能，要通过技术进步提高原材料的利用率，有形产品的生产必须减速。

富裕国家应该会愿意放缓发展速度，他们这么做主要应该是出于主观意愿，而不是被迫的，因为经济增长已经很难再提高社会满意度了。如果经济活动的目的是为了满足人们的需求，既然已经无法达到这个目的，生产更多的商品也就没有意义了，一旦超过一定的水平，消费的进一步增长并不会转变为更高的满意度。这种状况在日本已经表现得很明显，而且从几年前就开始显现了，日本人的生活乐趣不仅没有提升，反而降到了和尼日利亚一样的水平，而日本人的平均收入是这个贫穷国家的 25 倍。巴拿马人对生活的满意程度是拉美同胞阿根廷的两倍，而阿根廷的人均收入是巴拿马的两倍。在贫穷的孟加拉国，对生活表示满意的人口比例是俄罗斯的两倍,而俄罗斯的人均收入是孟加拉的10倍[57]。

为什么富裕社会的行为会这么不合常理呢?为什么还要一直不断推动经济增长呢?如果经济增长没有让自己觉得生活越来越好,为什么还想要生产更多的商品呢?原因如下:

(1)由于技术进步,工作效率在不断提高,为了使就业水平保持不变(除非减少工人的工作时间),产量必然会增加。

(2)如果没有采取其他措施,比如将就业方向向工作效率增长缓慢的服务业转移,产值高速增长一定会引发就业率下降。

(3)无论是社会大众还是专业人士,其中有很大一部分人认为,想要改善自己的环境是一种客观需求,即便是最富有的人也觉得得到更多就能获得更大的满足感。包括富裕社会在内的所有社会,都存在有这种想法的人,而且将来也是一样。

(4)发明和创新能创造更多的供给。制造商为了追逐利润当然愿意向市场提供更多的商品和服务,但是有时那些东西根本达不到提高生活水平的标准,因此制造商必须千方百计提升自己,为自己的商品找到销路。换句话说,技术进步不能只停留在实验室或设计阶段,应该将技术进步转化成新的产品,能够上市交易。这一过程也会提高产出。

(5)市场竞争不仅能降低生产成本,提高产品质量,还能增加产量。很多时候,为了在市场中存活,生产商必须不断提升产量。

(6)扩张是资本家的天性,也意味着要提高商品数量。资本家在意的不是进账多少,而是能有多少利润,进行再投资也是为了将来获得更大的利润。对于大部分人而言,最简单、效果最显著的赢利方法是投资项目,通过提高产量,从而提升产值。从微观经济的角度来讲,这种方法是合乎逻辑的,但是由于前提是错误的,也就是我们并不希望提高产量,因此从宏观经济的角度来讲,这种方法不一定合理。

(7)由于经济增长率经常被拿来作为评判政绩的标准,因此政治家们也会大力追求经济增长。民众是否能从经济增长中获得满足感根本没人在意,政治斗争如此激烈,双方过去的表现和对经济增长的承诺都要被民众拿来进行对比,比较的结果会影响民众对这些政治家和政党的印象,还会影响选举结果。我们可以期许一下,选举时,竞选双方生产停滞没有关系,提升国民幸福感才是自己工作的重点。将来也许会有这么一天，不过眼下，人们最关心的还是产值增长，这是重中之重。

（8）国家与国家之间的对比，对一个国家经济发展的影响也很大，一个国家感受到对比的压力会更加希望最大化本国的经济增长率。比较会促使各国致力于最大限度地提高国家经济体的增长速度。政治纲领、政治文章、政治研究中，总是会提到一个高速发展的国家，可能是邻邦，也可能相隔十万八千里。最后的结论往往是，人家能做到的，我们也能做到。

（9）历史长河中总是会出现特殊情况，比如现在这段时期就是。各国爆发了大规模的财政危机，政府既不愿意削减开支，也不想增加税收，在现行法规之下又很难完善税收漏洞，在这种情况下，只能提高产出，进而提高税基，扩大税收，降低财政赤字。也就是说并不是政策要求尽可能实现经济增长，事实恰恰相反，政策是处于被动地位的。

于是，这里又出现了一个严重的矛盾，这个矛盾不解决，将来的经济活动很难继续，尤其是未来10年左右。我们不能同时展开两个对立的进程。一方面，发达国家，主要是美国、日本和部分西欧国家，为了扩大税基必须提高国内生产总值的增长速度。它们的这种努力在2012—2013年表现得尤为明显，美国的年均增长率是2%，日本是1.8%，西欧已经出现了负增长，三者的平均值为1%左右。经济危机打击了生产动力，制造商和消费者的乐观情绪跌落谷底，中小型企业开始出现融资难的问题，很多公司发现就连自身拥有的产能都无法充分发挥，因此减少了扩充投资，未来的利率、汇率和税收标准都存在很大的不确定性，综合考虑上述因素，经济很难出现大的增长。这种矛盾引发了很大的担忧。同时，我们应该感到高兴，因为如果富裕国家到现在还不想放缓脚步，给那些正在崛起的国家腾出发展的空间，我们只能强迫它们让路。危机正好起到了这个作用。

现在摆在我们面前的问题，不是怎样让富裕国家的经济增速回到经济危机前的3%，而是如何才能让这些国家的经济增速在将来一段时间内不要超过1%。可惜，认清现实，按照这个方向思考的人并不多。

芬兰的确是个成功的例子，在短短三代人的时间内，就成功地摆脱了落后的经济模式，过去依赖树木采伐、鲱鱼捕捞，如今借助先进技术，经济发展领先全球。更准确地说，芬兰依靠的是一种科技，一家公司，甚至只是一个产品。诺基亚为芬兰贡献了20%到25%的税收，在商业、出口和国内生产总值中占据统治地位。因此，芬兰有点像现代的"香蕉共和国[指的是，单一经济（通常是经济作物如香蕉、可可、咖啡等），政府不民主或不稳定，特别是那些拥有广泛贪污和强大外国势力介入的国家的贬称。]"，不过芬兰的民主程度非常高，卖的不是香蕉，而是手机。芬兰的人均国内生产总值已超过37 000美元，经合组织预计，2016—2030年期间，芬兰的国内生产总值每年会增加1.7%。1.7%看起来很少，其实已经很高了。如果芬兰经济能一直保持这样的增长速度，那么按购买力平价计算，到2030年的人均可支配收入就能达到50 000美元。需要强调的是，芬兰维持这样的发展不会对自然环境产生任何负面影响，美丽的芬兰不会受到影响，但是在一些偏远的国家，为了获得手机生产需要的稀有金属，矿物勘探和开采把当地环境弄得乱七八糟。和其他主要发展高科技的经济体一样，芬兰的经济类型属于轻型经济，但是在本国发展轻型经济的同时，肯定会有发展重型经济为其供给原材料的国家，比如刚果。

富裕国家想要放慢经济增长，就要采取相应的手段消除财政危机，降低失业率。这又引出了很多话题，通常不是讨论狭义的刺激经济增长，而是广义的社会、经济发展政策，或者谈论如何将复杂的整体文化、经济体制引入另一个级别。富裕国家不能大幅度提高经济增长速度是件好事，尽管并非出于自愿。为了克服危机，它们不仅要采取措施刺激生产，还要做出结构性的调整，有时会采取不受民众欢迎的举措，比如"小"政府想要增加税收；有时也会采取一些非常规的手段，比如缩短工作时间，同时也要减薪。

那么，全球经济放缓应该到什么程度才让人觉得满意呢？应该拿什么做比较呢？如果从长远的角度来看，不是说公元3000年时的世界生产总值要比1000年和2000年时低。要知道，在19世纪早期之前，整个世界简直可以说贫穷到了荒芜的程度。

我们是怎么知道的呢？因为在庆祝千禧年前夕，我们进行了大量计算。纪念日不仅会举办宴会，给很多人提供吃吃喝喝的机会，也是签订契约的好时机。在联合国和经合组织的主持下，起草了一份长期经济增长可行性方案[58]。据经济史学家估计，新纪元的第一个千年，全球产量年均增长率仅为0.05%，几乎谈不上增长。那时候的人们从早到晚在庄稼地里忙活，忙活一辈子，收入几乎没变过。到19世纪以前，经济水平几乎没怎么提升。16世纪的时候年均增长率还是0.05%，到19

世纪初也不过 0.07%。那时,产量增长速度几乎和人口增长速度持平,公元 1000 年到 1800 年之前,世界人口增长了 4 倍,所以即便世界总产值增加,人均收入几乎没有增加。在接下来的 200 年,经济才开始出现真正意义上的增长,年均增长 1.2%[59]。

这个增长速度和当今富裕国家的增长速度相当。这些国家之所以能富裕起来,也是曾经经济高速增长的结果。现在说来,大家会觉得难以置信,但是在 500 年前,非洲的人均收入比北美要高。1820—2000 年,非洲的年均产出增长率仅为 2/3 个百分点,我们口中的西方世界(包括日本、澳大利亚和新西兰),年均产出增长率略高一点,是 1.65%。没错,就是这么一点点差距,如果持续的时间足够长,就能创造两个完全不同的世界。用八到十代人的时间,一个贫穷落后的国家就能变成富裕国家。

科技革命点燃了经济腾飞的火箭。知识型经济的发展在经济腾飞的过程中起到了关键作用,宏观政策和微观管理都取得了很大的进步。还有一个重要的因素是,国家领导人决心为市场创造有利于发展的体制结构。如果领导人在对外关系问题上,持批判性的开放态度,对国家的发展大有帮助。虽然干扰不断,但是两个世纪以来,经济一直在高速增长,只是这种增长不会持续到接下来的两个世纪。在接下来的十年,让经济保持在危机之前的增长水平,是不可能的。在危机之前,全球的年均经济增长率超过了 4%。

日子一天一天过去,经济政策也在一次又一次选举的过程中不断变化,1%、2%、3%、4% 之间的差距不会带来惊人的效果,复利法则似乎也不像一开始表现得那么强大。但是,如果我们站在长期的战略角度或以一个生命周期为单位进行分析,就会发现差距还是很大的。现在出生的这代人,平均期望寿命是 75 岁,如果年均收入增长 1%,一生总共会增长 110%,如果每年增长 2%,一生会增长 340%,如果每年增长 3% 或 4%,75 年的时间会形成惊人的差距:分别是 800% 和 1800%。

经济增长速度必须放缓,因此我们不能再支持任何呼吁经济高速增长的观点。但是,我们也不能支持零增长的主张[60]。毫无疑问,我们需要重新制定发展目标。传统意义上的产出增长已经不是当务之急,但是我们也不能完全放弃,全部转向再加工,各个时期的产出总量不会发生变化。这么做既没有必要也没有意义。换

句话说,我们不希望将来出现经济零增长,这种状况是可以避免的,而且零增长并不是可持续的经济模式,是不合理的。经济增长必须放缓,但不能完全停滞。

即便是富裕国家也不能完全放弃经济增长。在再生产的过程中,需要一定的韧性,如果没有采取必要的经济增长措施,宏观经济就会失去这种韧性。创新、发展、投资,刺激了经济增长,改变了经济结构。部分企业、分支机构、生产部门正在走向衰落,另外一些正在蓬勃发展。如果把市场比作花园,为了市场繁荣,我们要像清理枯枝败叶一样,清除技术落后、生产率和竞争力低下的公司。经过一番清理,总体产量会下降,但是技术进步、管理有序的企业会如雨后春笋般冒出来,推动社会进步。

零增长是不现实的,即便是最富裕的国家,也有穷人,这部分人的收入肯定要增加。当穷人的收入达到一定水平,理论上来讲,我们可以让经济不再增长。比如奥地利,以购买力平价计算,人均国内生产总值已经达到43 000美元,完全可以不用再继续增长了。但是,如果奥地利最穷的那部分人收入增加,总体收入停止,人口数量保持不变,也就是说富裕阶层的人收入要下降才行。我们一定要要求富裕人口降低收入吗?如果他们自愿保持目前的收入水平,就已经是前所未有的奇迹了。在政治上达成"未来穷人比富人的收入增长速度快"的统一意见,将会成为人类社会的一个巨大文明成果。

到处都有穷人。奥地利相对较少,如果把相对贫困线设在收入中位数的60%,贫困人口占总人口的12.1%;如果设在收入中位数的一半,占6.2%;如果设在40%,占2.3%。对比之下,欧盟的结果分别是16.4%、10.0%和5.6%。收入中位数是将人口划分成两等份的中间界限,也就是说在这条水平线之上和之下的人数相同。举个例子来说,波兰的收入中位数在2010年是634欧元,那么一半波兰人的收入多于634欧元,另一半收入低于这个数字。如果我们采用收入中位数的一半作为贫困标准,那么月收入低于317欧元的人,就属于穷人。

绝对贫困是按照科学合理的标准进行定义的,相对贫困取决于个人对贫困的感受,在欧洲就已经有很多标准了,更不要说全世界。除卢森堡公国,欧盟人口最少的成员国是马耳他,马耳他也是最富有的国家,按购买力平价计算的人均国内生产总值超过80 000美元,奥地利收入中位数的60%,相当于月收入958欧元,年收入15 000美元,世界上没有一个国家能达到这样的水平。大多数非洲人会认为这个收入水平让人满意，不愧为中产阶级。波兰收入中位数的60%，月收入仅为381欧元（收入中位数的40%，只有254欧元），罗马尼亚收入中位数的60%，月收入是176欧元（收入中位数的40%，只有117欧元），用这个标准衡量的话，罗马尼亚是欧洲最贫穷的国家。关于哪些人算是穷人的问题，很难讨论出结果。在谁是穷人的问题上，我们可以永无止境地讨论：是年收入2 500美元左右的人算穷人，还是虽然年收入达到15 000美元，但是生活得不开心的，也算是穷人呢？

因此，如果有的人提出整体经济应该零增长，而他又是一个讲道理的人，不是在信口开河，并且意识到了穷人（尤其是社会最贫困阶层）的收入将来必须增加，也就相当于他提议降低富裕人口的收入和生活水平。他的这种构想不会实现。但是要求降低富人的收入增速是可能实现的。富人们必须接受这个提议，不是出于道德，而是出于常识。即便富人的收入不再增长，既不会对社会造成伤害，也不会破坏经济发展动力。创造额外的收入的因素虽然发挥的作用不大，但是非常重要，是社会开展创造性工作的重要组成部分。

富人应该好好看看周围的情况。看到别人的生活，他们才会发现自己的人生多么美好，生活多么富足；他们也会看到自己将会遭受多大的损失——如果他们贪婪无情地想要得到更多，可能会失去很多。

个体经济战略和企业管理，通常是以数量上的扩张为导向的；而宏观经济战略和社会政策一定是更注重长期平衡的，也就是说经济增长必须放缓但是不能完全放弃。经济完全停滞是不现实的。经济停滞会造成深远的影响，我们制定的法规不能伤害企业家精神，同时还要呼吁通过立法防止个体经济过度扩张对宏观平衡构成威胁。

* * *

自然环境与日益减少的物质资源的竞争是未来要面对的第六大问题。实际上，这也许是所有问题中最严重的一个，特别是我们已经开始消费后代的资源。现在世界人口已经超过了70亿。就像办理个人贷款，办起来容易，但是贷款超过了自己的实际偿还能力，最后就应付不了了，国家也是一样，有时公共债务超过了合理的范畴，国家也是束手无策。自然资源的情况也是一样，现代文明对资源的消耗已经超过了常识限定的范围。我们在消费后代的资源维持自己的生活，地球母亲已经不堪重负，人类的不断索取已经超过了地球承载能力的40%左右。换言之，人类正在脱离所谓环境足迹的正常范围，在生态可持续发展的前提下，目前需要1.4个地球为我们提供食物、能源、居住空间以及各种消耗品。就像是我们有一片菜园，本来能种100株庄稼，结果我们种了140株，还天真地以为明年能大丰收，我们一定能通过某种方法实现这个目的。除非出现极端的情况，否则过度使用就相当于破坏，我们自以为很棒的"某种方法"只会是"雪上加霜"。

能源是最热门的话题，没有能源，经济无法正常运行，水是最重要的自然资源，没有水就没有生命。大自然自有一套分配资源的方式，但是分配得非常不均衡，大自然的分配方式与历史划定国界的方式完全不同。全球60%的淡水资源只分布在9个国家，其中6个国家的淡水资源比较丰富，分别是：巴西、哥伦比亚、加拿大、刚果、俄罗斯和印度尼西亚。美国的淡水资源并不匮乏，但是人口占世界总人口36%的印度和中国，淡水资源却只占全球的10%。

对水资源的消耗也是反映经济发达程度的一面镜子。富裕国家的家庭用水量占总用水量的11%，贫穷国家相对较低，是8%。其余部分的分配领域也存在很大差别。富国用于工业生产的水占60%，工业创造的国内生产总值不到60%，而贫穷国家用于工业生产的水只有10%。农业用水与工业用水的情况恰恰相反，全世界农业消耗的水资源高达70%，在人口众多、以农业为主的国家，如印度和中国，农业用水分别是70%和将近90%，而英国农业的用水量仅为3%。令人惊奇的是，美国的农业地位也很高，但是农业用水只占41%，主要得益于集约灌溉系统。

一些贫穷的小国受大自然馈赠，拥有丰富的水资源，这些水资源正是周边的富裕大国渴望的。山地王国莱索托向邻国南非共和国供给水源和水力发电产生的电能。不丹也为印度提供水、电供给，不丹在喜马拉雅山麓流淌下来的河流安装了涡轮机发电。老挝建造了沙耶武里大坝，向泰国输送电力。然而，很多时候，阻断水流动会造成地区局势紧张，使危险的纷争加剧。

有人说，下一场战争争夺的不是石油（石油引发的战争已经不止一次），而是水。虽然不会爆发太大规模的战争，但是为了争夺人类赖以生存的水资源，已经爆发过小规模冲突了，比如苏丹和乍得爆发的达尔富尔冲突，埃塞俄比亚和肯尼亚也在边境靠近奥莫河谷的地方发生了交火。一些大型水电工程也可能挑起冲突，虽然水电工程可以生产清洁的能源，却剥夺了下游人民的水资源。由此引发的地区局势紧张时有发生，缅甸密松伊洛瓦底江上数十亿的大坝项目被叫停，印度支那地区，湄公河上的大坝建设项目也被叫停。这些案例充分说明，一方面，供水问题需要战略性的规划，另一方面，必须通过跨国协议提前进行调控。

绝大多数人都向往长期、显著的经济增长，半个世纪之后，世界生产总值很可能会是如今的4倍。到那时候还会有足够的原材料、能源、粮食吗？如果那时候地球上的人口又多了20亿，人类还有足够的生存空间吗？毕竟，新增的人口数量和200年前地球人口的总量差不多。

半个世纪前，要人类创造85万亿的收入简直是天方夜谭，如今我们却可以享受达成这一宏伟目标带来的满足感（当然，有些人能享受，而有些人却没有享受，因为他们总觉得收入还不够高）。半个世纪前之所以不能实现，是因为那时候的技术无法满足生产活动对原材料的需求，当时就算能创造这么大的价值，对环境的破坏也会比现在严重得多。缓解生产和消费带来的能源和原料供给紧张的状况，是现代经济面临的现实问题。为了避免被难以逾越的障碍困住，我们必须在能源和原材料技术方面迅速取得进展。

众所周知，在世纪之交，原材料供给紧张的状况尤为突出。如果全球人均产值能达到北美的水平，我们所需要的资源将会是地球上所有可用资源的3倍。2000年，美国人均国内生产总值将近40 000美元，世界人口刚超过60亿。如果所有人对技术和技能的掌握情况都和美国人相似，大家在生产过程中就需要等量的原材料数额。地球上的资源只是所需全部资源的1/3，我们还有2/3的缺口，或者再多两个地球的资源才够。

按购买力平价计算，那时候的全球生产总值应该是240万亿美元。如果十年前由于财务和技术方面的原因，我们无法达到这样的产值，那么再过几十年，我们能创造出这么高的产值吗？如果未来全球产值以每年2.7%的速度增长，在一定的前提下这种构想是有可能实现的，到2053年全球生产总值会达到240万亿美元。我们只有一个地球，在发展过程中我们是否能够合理利用地球资源，缓解原材料供给的状况呢？

就目前的技术水平而言，我们无法创造出这么高的产值。我们需要依靠资源节约型创新和技术进步来实现，最重要的是我们要通过精简机构、培养可持续的使用自然资源的习惯,来尽可能地节约能源和原材料,还要竭尽所能提高再生资源的利用范围。否则的话,我们倒是无须担心自己被垃圾埋葬,因为在垃圾覆盖地球之前,资源就会耗尽,垃圾都无从而来了。从这个角度来看,世界经济必须进一步放缓。

将来有可能发现新的资源,而且这种假设并不是空想。其实人类一直在不断发现新的资源,只是和大家预想的不同的是,新能源大部分情况并不是进步带来的,而是可利用的资源其实比我们正在使用的资源多。非洲大陆总共有 55 个国家,其中 50 个国家在进行石油开采和相关科研项目。从北极到东南亚,再到南美,很多地方都发现了资源储备。此外,很多以前难以提炼的石油和天然气,也因为技术的进步变成了可能。其他原材料和能源一样,能利用的范围越来越广。那么,这就是解决资源危机的途径吗?将来供给真的能供上需求,我们的恐慌是多余的吗?

确实没必要恐慌,但是精打细算是必须的。不管怎么说,不可再生资源的储备是有限的。即使地质勘探能探测到更多的矿藏,但是这并不代表地球上的资源增加了,只是被我们发现得变多了而已。即便在很长一段时间内,被探测到的原材料储备量会越来越大,可供使用的新资源也会增加,但是肯定不可能一直这样发展下去。如果不加节制地开采不可再生的资源,将来肯定会有开采量下降的一天。

以最重要的原材料石油为例,石油和另外两种矿物燃料——天然气和煤炭,占世界能源供应的 87%。运输、供暖和电力生产都需要能源,目前在全球范围内,这些能源一直最廉价的。核能只占世界能源供应的 5%,2011 年日本海啸引发福岛核电站发生核泄漏之后,大家对开发核能的热情急剧下降。剩下的 8%,是可再生资源,主要是水、太阳能、风能和生物质能,其实占比非常低。可以肯定的是,即便再过 50 年,矿物燃料仍然是人类使用最多的能源。

如果石油供应不规律,如今的经济根本无法正常运行。石油消耗量正在不断上升。在过去的 30 年,由于自主经济体对石油的需求量大大增加,导致全球的石油消耗量急剧上升。直到前几年,这种趋势才逐渐放缓,由于世界经济衰退,2009 年的石油消耗量甚至有所下降。自 1983 年以来,每天的石油产量以年均 1.6% 的速度增长,已经从当时的 5 600 万桶增加到了现在的 9 000 万桶(每桶为 42 美制加仑,或约等于 159 升)。石油消耗的增速其实比产出增速慢得多。可以说是技术进步缓解了能源供给紧张的状况。据估计,在过去的三四十年中,用于生产创收的能源消耗已经下降了10%。将来下降的比例会更大。

　　石油会被我们耗尽吗？这种担忧时常会涌上我们的心头。有些人预测，我们马上就会走到供给持续低于需求的转折点，这种言论是否准确呢？不用说，这两种观点，一定有一个是正确的，但并不是唯一正确的，因为还有很多观点可供我们选择。当然，那些已经被证明是错误的观点就不包括在内了，因为在几年前或十几年前，很多人都认为到此时我们的石油应该已经耗尽了。其中部分"专家"其实并不是真的估计错误，而是刻意夸大其词，提出这种灾难性的预测是为了推动市场价格上涨，这种言论背后都是有组织支撑的，这些组织得利，石油买家和消费者只能吃亏。但是，很明显石油终将枯竭，石油的价格一定会上涨，而且从过去到现在已经上涨不少了。

　　关于未来的预测出现了分歧。原因有很多。道达尔公司是全球四大石油公司之一，该公司高层表示，过不了几年，石油就会供不应求，但是继续加大投资力度，可以推迟出现这种状况的时间。当然，过不了几年肯定是夸张了，他是想通过这种说法要各方加大投资继续发展石油行业，尤其是多给他自己的项目拨点款。根据不同分析师的预测，石油供不应求是不可避免的，只是有可能是10年后，也可能是20年或30年之后。

　　为大型石油企业效力的人，常常会表示，用不了多长时间石油供应就会出现缺口，如此一来他们就可以抬高自己所售商品的价格。奇怪的是，可再生资源行业本应是石油业的竞争对手，竟然也赞同这种观点，他们当然不会是为了提高石油价格，主要是为了让公共财政为替代能源的研发多拨些资金。美国、中国和欧盟都不例外。那么，谁会表示相反的意见，认为资源短时间内不会耗尽呢？主要是政治家，为了稳定公众的情绪，会表示在很长一段时间内资源是充足的。除此之外还有一些对此事态度非常乐观的专家，尤其是那些不加批判地相信科学和技术进步的力量会解决所有问题的人。

　　我们已经知道，预测都是在假设的基础上进行的。在这个问题上，我们设定了两个假设前提，一是人类会发现新能源，并且新能源可以为人类所用，二是人类对资源的消耗量会发生变化。对于第一个假设，技术和政治方面都不能有障碍，资源储备要可以被开采、使用才行。我们都觉得地球上还存在一定量的资源储备，只是不知道储量多少。我们甚至知道某些地方一定有，却无法获得，因为开采技术还有待提高。还有一种情况是，从技术角度来讲，可以提取，但是以目前的石油价格无利可图。有些地方虽然有储备，但是贸然开采可能引发巨大的环境灾难，因此只能有限度地进行开采。阿拉伯半岛石油储量丰富，开采成本低廉，但是我们购买中东石油时价格并不低，主要是该地区政治风险太大，将来这一地区的石油价格还会上涨，甚至会高到离谱。因此，在对石油产量进行预测的同时，也要对石油价格做出一些假设。价格取决于很多因素，因此我们要设定一些限制条件。

对于第二个假设，大家一致认同：生产所需能源供给紧张的情况会有所缓解。换句话说，单位产量所需的石油或其他能源会越来越少。因此，每创造出一万亿世界生产总值，就需要消耗数十亿桶石油，将来再创造等量的产值，消耗的石油量会越来越少。那么到底能少多少呢？没有定数，只能视情况而定。技术进步是重要的决定性因素，只是具体能发挥多大的作用我们还不得而知。在给出假设的时候，很多因素只能靠猜测，猜错的情况在所难免。

有时，我们提出的假设和政策法规的目标是相同的。有些自主市场完全没有政府干预，有些市场国家会出手干预。自主市场导致美国常见的一种警车被全面淘汰了，想看这种车型只能去古巴，因为古巴的时间就像是停滞的。这种老式警车的原装发动机每百公里耗油 30 升。美国总统奥巴马提出，要通过行政手段实现到 2025 年主干线每百公里耗油 4.3 升的目标（也就是说每美制加仑平均要走 54.5 英里），制造商们还有十多年的时间可以改进自己的产品。因此，为了保证公共利益，政府会出台措施刺激技术进步，进而强制市场做出调整。

如果石油耗尽，我们还有页岩气可用，但是开采页岩气会对环境造成严重威胁。没关系，我们还有煤炭，以目前探明的煤炭储备，足以维持数百年的消耗。但是，煤炭燃烧会排放大量二氧化碳污染大气，与石油和天然气相比，对环境造成的破坏更严重，因此人们还是倾向于使用其他能源材料替代煤炭。世界上很多地区的煤炭储备都很丰富，比如中国、澳大利亚、波兰、南非，也包括美国，因此在未来很长一段时间内，煤炭的重要地位还无法被取代。以现在的技术，我们已经可以制取煤基合成油，每桶合成油的成本是 70 美元。这项技术可以帮助我们在不严重破坏环境的前提下，同时使用两种能源材料。这样一来，人们对原油的需求就会降低，对煤炭的需求就会增加。石油价格会不断上涨的预测，也会因此无法继续发挥煽动作用。如果石油价格长期居高不下，我们就会用合成油部分替代天然石油。

假设越多，不确定性就会增加。变量越多，可能出现的结果就越多。大家预测所谓的"能量峰值"应该是个范围，指的是传统能源储量的最大量，尤其是石油，到达峰值之后，能源储备只会降低不会再增加。部分极端的预测认为，"能量峰值"出现的时间范围是 2015 年（荒谬）到 22 世纪（可能）。到目前为止，地球上只有部分地区达到了"能量峰值"。例如，得克萨斯在 20 世纪 30 年代的时候，石油工业出现了极大的繁荣，但是到了 20 世纪 70 年代，石油储量开始减少，部分储备已经耗尽。得克萨斯的石油业者可以到美国各地甚至海外继续开采石油，先去海岸，海岸开采光了，还可以去深海，但是人类把地球资源耗尽，还能去哪儿呢？

将来，能量峰值一定会出现，除非探测到的可用储备持续增加，经济发展过程中的能源紧张状况大幅减缓，也就是能源产出持续增加，能源消耗持续下降。但是这种假设完全不现实。这一领域的权威和专家还是提出了建议方案。

在第一份关于这个问题的报告《对经济增长的限制》发表 40 年之后，作者之一乔根·兰德斯再次对世界经济的变化做出了全面的预测，这次的预测还是以 40 年为期[61]。他对生产和生产耗能的发展方向进行了推测，还对这些问题的发展趋势做出了假设。他认为，从 2040 年开始，全球的能源消耗量会下降。这种观点过于乐观。不可否认，也有人认同这种观点，主要是因为非物质服务带来的收入比重越来越高，这些行业对能源的消耗是非常低的。经济正在向轻型经济转型，原材料在国内生产总值中创造的价值越来越低。不过，这并不足以使能源消耗的绝对数量在短短 30 年之后就开始下降。个案当然会不断出现。但是整体状况不会在这么短的时间内发生巨变，不过，总有一天还是会发生的。

我们已经注意到，北美、日本和欧洲这三大能源消耗主体在这方面取得的进展实在是太慢了。到 2020 年还有 6 年时间，说长不长说短不短，但是欧盟在 2007 年春季制定的"20-20-20"目标，看来是难以实现了。这个计划包括三个目标：

（1）与 1990 年相比，削减 20% 的二氧化碳排放量；

（2）可再生能源在能源结构中占比达到 20%（2005 年为 8.5% 左右，2010 年为 12.4%）；

（3）提高能源利用率，通过改善技术和组织结构，减少工业、建筑业、交通运输、居民日常生活中单位产出的能源消耗量。

有些国家表示，自愿把第一个目标中的20%提升到30%，前提是其他国家也要保证降低相应的二氧化碳排放量才行，遗憾的是，事情并没有照预期的发展。

我们也知道，中国无法使单位收入的能源消耗量降低至2009年哥本哈根气候峰会之承诺的水平。当时的计划是，与2005年相比，2020年单位收入的能源消耗要减少40%。现在已经取得了很大成果，尤其以太阳能为主的可再生能源的利用范围大大提高，但是离当初的目标还有很长一段路要走，7年时间肯定是难以实现这一目标的。

综合考虑所有重要因素，预计最年轻的一代会经历那个独一无二的苦闷时刻，从那一天开始，不可再生能源的储量有减无增。在可预见的未来，使用来自外太空的能源对于我们来讲并不现实，虽然人类已经可以利用太阳能，而且太阳能可以说是无限的，但是除非取得革命性的突破，否则不会对结果产生太大影响。大概70年后，人类探测到的能源储备会达到峰值，之后只会下降。到那时，能源供应及价格波动会引发很多问题。

将来，我们可以寄希望于用可再生能源替代不可再生能源，缓解世界经济所需的能源供应紧张的状况。然而，很多其他的原材料供应的问题是无法通过这种途径得到解决的。一些金属矿藏可以消耗的时间比化石燃料还要短。某些稀土金属很快就会到达峰值，不只是最年轻的一代会经历峰值出现的那一天，稍长一辈的人也能看到。最近稀土金属供应已经发生了严重的短缺，使得一些行业的持续扩张遇到了瓶颈。如果没有稀土金属，移动电话和高科技电视行业就无法发展；混合动力汽车发动机和太阳能电池板的制造过程中稀土金属是无可替代的；在磁悬浮高速列车和无痛牙科服务中，也离不开稀土金属。

说来也奇怪，中国供应的稀土占据了全球市场的97%。这样的现实一定会带来经济方面的影响，比如中国可以控制稀土金属的价格。据估计，中国稀土储量占全世界总量的35%左右。其他地区的稀土资源也会被开发利用，新矿投产需要10~12年的时间。在接下来的十年，我们会不断听到石油价格上涨，而那些我们并不了解、生活中却不可或缺的金属价格下降的消息，当初铜和铁也经历过这样一个过程。价格会下跌的金属包括钆（用于生产平板电视屏幕）、钷（用于生产核电池）、铒（用于生产激光器）。

一些人会自我安慰地认为，地球上的原材料虽然不可能是无限的，但是北极

第六章 \ 限制增长的社会和生态因素

海床下面也许蕴藏着巨大的储备。据美国地质勘探局估计,北极地区蕴藏的天然气占全球的 30% 左右,石油占 13%。此外,那里还蕴藏着丰富的煤炭、铁矿石、铀、金、铜、稀土金属和各种宝石。这是美国做出的评估,但是大部分矿藏都在俄罗斯境内的西伯利亚地区。北极附近的丰富资源大部分(据中国估计是 88%,丹麦估计是 95%)储藏在一条 200 英里长的专属经济区(根据联合国海洋法划分)内,这片区域北至北极圈,横跨以俄罗斯为主的五个国家。

未来在对这些矿藏进行开采的过程中,一定会牵扯到非常复杂的谈判过程,因为目前的跨国协议无法适应新的现实。由于地理位置的关系,北极附近的国家会控制这一地区的大部分利益,这也是很自然的事情。美国、加拿大、俄罗斯、挪威、丹麦属地格陵兰岛这五个国家和这一地区的另外三个国家芬兰、瑞典和冰岛达成一致共同组建了北极理事会。除了上述国家,中国、日本和韩国也准备开采北极地区的矿藏。

中国在北极相关项目的科研经费比美国还多,这一结果虽然在意料之内,还是会让人赞叹不已。中国这样做当然不是因为好管闲事,而是为了获取北极矿藏的必要信息,以便能抓住机会进行开采。另外值得一提的是,中国的科研项目几乎完全是由政府出资的。这正好说明,民间资本的关注点在经济发展过程中相对有些滞后。只有确保能够在特定的期限内取得理想的投资回报时,民营资本才会出手,北极的勘探项目当然不属于这个领域,不光是北极勘探,未来如何能获得更多的自然资源也是大部分私营企业不曾考虑过的问题。公司都是无利不起早,这也是市场局限的一种表现,这一领域的投资要经过很长时间才能显现出作用,只有国家才会对此感兴趣。

冷战时期的太空竞赛和北极科考有异曲同工之处,当时,私营部门和政府的兴趣点以及发现太空探索重要性的时间点也存在一定差距。随着时间的推移,各方在太空的问题上建立了良好的合作。这次的北极科考也不例外。唯一不同的是,太空是无限的,但是北极以及地球上的一切都是有限的。由于中国的北极勘探是由政府主导的,从长期的战略角度来看,中方一定能长期获益,美国在北极的勘探工作主要是私营部门主导的,因此可能会比中国稍逊一筹。

到目前为止,我们还无法完全利用北极的丰富矿藏,主要是受自然环境的限制,但是所有障碍都会被一点一点克服,由于其他原因难以开采的矿藏,总有一天也会为人类所用。技术进步可以轻易解决曾经无论如何都难以攻克的问题，这一次，技术进步也要在水下勘探的问题上大显身手。如果北极冰川融化，无须新的生产技术，人类就能更好地利用北极的资源，但是这绝对不是一个值得考虑的方向。人类过度依赖化石燃料，大量排放有害的二氧化碳，这样做居然有助于获得之前难以开采的能源矿藏。真是讽刺！我们现在燃烧的石油和煤炭越多，北极冰川融化的就越多，北极冰川融化的越多，我们可以开采的矿藏就越多。但是，不可能永远这样发展下去。

北极冰川融化还会带来一个好处，如可以从欧亚大陆沿北海海路以及从美国沿西北通道向北航行，必将提高运输效率，降低能源消耗。2012年，虽然只有50艘船通过那条航线，但也算是个良好的开端。从上海到鹿特丹的海路，比通过马六甲海峡和苏伊士运河到鹿特丹的海路近6 000公里，如果能够穿过北极节省的路程会更多。然而，在北海海路投入商业运行之前，上海和鹿特丹可能就已经因为北极冰川的融化沉入海底了。

只看到交通的便利就欣喜若狂实在是短视。人类在经济活动中大量消耗化石燃料，会引发气候变化和全球变暖，这是除资源短缺之外，人类面临的又一重大问题。我们将来如何处理这些问题，会关系到人类的生死存亡。

将来，人类可能会走向灭绝，但是就目前而言，在下一个世纪或未来的几千年出现这种状况的可能性很小。我们会做很多蠢事，但还不至于傻到去大规模地剥夺我们自己的栖息地。话虽如此，并不表示我们就没什么可担心的了。我们要担心的事情还有很多。将来如果出现一次经济大灾难，产量急剧下降，由于食物供给不足人口也急剧下降，建筑原料和生产材料短缺的困境很可能因此克服，虽然损失惨重，人类好歹可以延续。但是，如果气候出现严重的异常变化，人类可能因此彻底灭绝。大家都觉得不管是100年还是1 000年，这种事是不可能发生的，但这只是大家的感觉，理智和科学告诉我们，如果我们继续现在的趋势，过不了几百年，灭顶之灾就会降临。

环境的其他变化也令人深感不安，有些状况甚至会带来恐慌，比如非洲的沙漠化和亚洲的乱砍滥伐。环境的破坏不只是让我们看得见的大自然变得破败不堪，澳大利亚海岸的大堡礁存活的珊瑚虫已经从1980年的28%减少到现在的13.8%，我们现在看到的大堡礁大部分都是珊瑚虫的尸体。我的学生们去那里潜水看到的东西已经和我当初看到的完全不一样了。问题还不止如此，据生物学家估计，动植物物种目前的灭绝速度和历史相比至少快了1 000倍。虽然生活状况和以前大不相同，可生存已经成为人们不得不重视的问题，但以目前来看活下来似乎不是问题，只是我们的生活中再也没有令人神往的美丽大自然，到处出现难以挽回的物种灭亡，如果环境退化导致气候进一步恶化，接下来灭亡的就不只是珊瑚虫，而是人类了。北极冰川融化是环境灾难的不祥预兆，虽然环境未必会真的恶化到恐怖的地步，但是确实存在这种可能性。如今，夏季冰盖面积只有20世纪80年代的25%~30%。那时候，夏季的北极冰盖占全球总面积的2%左右，现在只有1%。保护地球反射太阳光的臭氧层如今变得越来越稀薄。

不仅北极冰川开始融化，英国在南极的伯德研究站通过综合测算发现，1958—2010年，南极温度升高了2.4℃[62]。如果这一情况属实，说明大规模的气候变暖已经影响到了南极。南极冰川如果融化，全世界的海平面都会因此上升，一方面是水温上涨使水底冰层开始融化，另一方面紫外线的照射会使南极冰山从上开始融化，因此产生大量的游离冰川。如果全球继续变暖，北极冰层会彻底消失，南极冰盖也会大规模缩减。海平面一定会因此急剧上升（过去的20年间上升了11毫米）。海平面进一步上升以及海水的脱盐作用，会改变洋流的方向和强度，进而影响地球的气候。脱盐程度的进一步增加可能会有助于海流强度和方向的变化，而这种变化确定了地球的气候。如果发生那样的生态灾难不仅会影响全球，甚至有可能毁灭人类文明。

现在的情况还不到危险至极的地步，但是确实一天比一天严重。在不间断的气候峰会（2012年底召开的多哈峰会已经是联合国组织的第十八次气候峰会，会议针对如何减缓气候恶化的速度进行了讨论，遗憾的是并没有达成任何突破性的成果）上，世界各国共同制定和确立了未来战略目标，保证未来地球的平均温度上升不会超过2℃。遗憾的是，这一目标似乎难以达成，2012年温室气体排放量相当于燃烧50亿吨煤的排放量，比2000年高出了20%，比全球升温不超过2℃的排放限度高出了约14%。国际能源组织认为已经不太可能实现这一目标了。

如果温度升得更高会引发什么样的后果，关于这方面的研究正在增加。有人预测，2050年，平均海平面将比2000年高出36厘米，比18世纪末期还没有进入工业化的时代高出56厘米[63]。世界银行、波茨坦气候影响研究所和气候分析研究所发表的一份报告预测，如果平均温度上升4℃，2100年海平面将会上升半米到一米，给沿海各地带来毁灭性的后果。热带森林会消失75%，印度、印度尼西亚和菲律宾等地最为严重，森林大面积消失会进一步加剧全球变暖。旱灾会更加频繁，对农业生产造成严重打击[64]。

最大的威胁是，我们可能就此激活气候变暖的自动机制，让人类彻底丧失挽回的机会。如果温度升高超过2℃，很有可能到21世纪下半叶这个机制就会被激活。之后，北部的冻土带土壤的温度会超过临界值，被冻结的另一种温室气体——甲烷就会因此获得解放。然后自动机制开始运转：气候变暖——更多甲烷——进一步变暖。如果全球变暖开始进入这个累积的过程，就表示全球性的大灾难已经降临。我们希望人类能尽快觉醒，不要发生这种灾难，但是我们会亲眼见证气候的变化，这是无论如何也难以避免的了。其实气候早就已经开始发生变化，温带气候区正在以每年五公里的速度逐渐北移。随着时间的推移，地中海地区的炎炎热浪可能让人们越来越难以忍受，我们这些生活在波罗的海的人也可以到海边享受日光浴，不用再大老远跑到南欧了。但是，这实在没什么可高兴的，将来受冻的人可能越来越少，但是被"烤"的人会越来越多。

我们应该像避免核战争一样，坚决避免全球继续升温。事实证明核战其实更容易避免，而气候变暖是一点点变化的，因此全球变暖更加危险。令人难以理解的是，人类明明已经意识到了全球变暖的严重后果，却不肯采取措施阻止这一切。京都、里约热内卢、哥本哈根、德班、卡塔尔多哈、坎昆，全球的气候专家和政治家们每年都会聚集到这些美丽的城市，试图解决日后的危机，那么我们是否真的能够通过全球政策协调，阻止人类飞蛾扑火般的愚蠢行为呢？过不了几代人，在我们看来只是可能的悲惨未来，就会变成不可避免的现实。怎么会这样？为了解释这些问题，我们还是借助未来政治经济学的相关知识，因为我们这次要处理的还是利益冲突，只不过这次任务持续的时间会格外长而已。无论是利益集团，还是人类的世代更替，通过一些行为获利的，和要付出代价的，都不是同一拨人。一个利益集团做出不当行为的后果可能由别人承担。我们这代人对自然造成的破坏，真正承受灾难的很可能是我们的后代。

我要说的并不是愚蠢战胜了智慧，是贪婪击败了节制，而且这不是第一次，也不会是最后一次。如果经济增长的数量指标在政治中的地位不是那么重要，如果追求利润最大化不是民间资本运作的唯一动力,情况可能会有所不同。但是这些只是如果,显然并非如此。有些人甚至故意歪曲事实,努力使民众相信气候变暖不是人类追逐物质财富导致的,而只是短期的气候变化。

这不是事实[65]。抛开无知的笨蛋不说,说客们发表这种言论是为了使经济主管部门继续保持目前的经济增长模式,以便继续大规模开发地球资源,从中获取巨大利益。这些人既然以这种心态思考问题,那么我们也很难对他们的价值观抱有多大期待,让他们主动降低产量增长的速度可以说是不可能的。这些人不会从整体经济和社会的角度出发更正自己的行为,宁可向人们提供错误的信息,让别人也走向歧路,与其支持那些从整体的经济、社会角度来看是理性的行为,不如努力误导人们,让他们做出不理性的行为,而另外一些人只对过分简单的信息或者谎言感兴趣。

我们都知道,社会经济活动会对自然界产生影响。厘清这两个领域的关系非常困难,但并非不可能。通过复杂的统计比较研究和计算机模拟就可以得出大致的结果,据估计,自20世纪70年代中期以来,北极地区5%或30%的融化冰川是由大西洋多年代际振荡(发生在北大西洋的一种海洋表面温度和海平面气压场的自然波动)引发的[66]。这种气候周期每65~80年循环一次。剩下的至少70%或者95%,是对环境不利的生产和消耗造成的,尤其是环境污染和乱砍滥伐。

在接下来的几十年和几百年,冲突会不断爆发,以常识和不破坏环境为基础的经济活动,与只顾改善自己的原料储备和财富积累的短视经济活动,都无法完全击败对方。与此相比,之前讨论的21世纪20年代要用什么方法克服经济危机的争论就显得有些小儿科了。对利益的贪婪和非政府组织环保活动家之间的观念差异,不会是未来斗争的主战场。鱼与熊掌不能兼得,"尽可能拥有更多"这种短视的想法与"尽可能保留更多"这种有远见的理念,一定是对立的。地球上的生存空间争夺已经开始,这一纷争也是人类所持价值观的冲突。鉴于目前的主导价值观,人类的未来实在不容乐观。

如果人类文明想要延续下去,必须脚踏实地地解决这一争端。在冰河时代末期,人类曾经几近灭绝。人类的自我保护本能再加上一点好运,使得人类逃脱了灭亡的厄运,据估计,那时候的全球人口不会超过百万。现在的世界有数十亿人口,我们还要靠运气过日子就实在太可悲了。如果幸运女神眷顾自然好,但是严格来讲,我们能依靠的应该是知识和决心，一个人的决心如果足够坚定，会对人类的主导价值观产生正面的影响，进而也会影响全球政策。

为了高效应对生态失衡带来的挑战，需要坚毅、有力、不妥协的政策支撑我们的行动。如果在这种情况下，有人还想依赖自由市场的力量，自由市场会再次辜负他的期待。这种想法最好不要出现。这一次我们要放聪明些，有可能威胁人类文明的实验行为都要坚决制止。如此一来，未来不只是自由市场和政策协调之间的问题，民主与专政之间的两难选择也是未来要考虑的问题。民主手段可能无法保持经济和环境平衡发展，我们不能对这种可能性视而不见。虽然我不希望看到这样的未来，民主也许不会真的毫无作为，但是很有可能发挥不了多大作用。

目前关于自然环境、引起环境破坏的原因和经济机制、协调全球环境政策的方式、人类幸免于难的方法的争论，是未来关于如何行使权力应对威胁的政治纠纷的先兆。从动态经济学的角度出发，如今富裕国家增速受限，那些追赶富裕国家的发展中国家高速增长，未来面临的最大问题是，在经济发展过程中如何保持全球环境和政治平衡。要想使经济、环境、政治平衡发展，我们需要一套恰当的全球解决机制，还需要协调国际经济政策。

面对不断增加的环境难题，等待市场做出反应，不会得到满意的答案，只会耽误必要措施的实施。更糟糕的是，空等还会增加成本，因为晚一点出手会让问题更加严重，解决问题的难度相应增加。这又是一个非理性的经济表现，而且这次牵扯的范围非常大。

目光短浅是传统资本主义一大特点，通常只顾追求数年内的利益最大化，很少考虑十几年、几十年之后的事情，因此资本主义自然对环保方面的投资没有任何兴趣。新自由资本主义导致了大范围、多层次的全球经济危机。如果新自由资本主义仍然得不到约束，只考虑降低成本，不考虑环境方面的影响，对于30年、40年或更多年之后才能显现成果的环保投资，还是会毫无兴趣。如果继续这样发展，经济活动引发的环境灾难在几十年后就会显现，因为与救世界于危难相比，把世界推向悬崖成本更低。

人类要有远见，才能让环保投资走向正轨。如果政府不出面，是不可能实现的。这种必要性说明政府将会在未来经济中发挥更大的作用。即便是打着"削减政府"旗号的国家也是一样，它们可能会选择削减公共开支，如果政府在人类资本方面的开支规划不合理，政府的规模还是会越来越"大"，因为花在拯救自然环境的公共开支会比削减的开支高。

据估计，环保所需的投资在国民收入中的占比会大幅提升。虽然具体项目会由政府和私营部门合作完成，但是主要投资一定是政府提供的。让自然环境保持宜居的状态需要庞大的资金投入，而且投资回收期也不能以常规方法计算。相关项目主要由政府完成，用于环保项目的必要资金可以通过税收和以环保费为主的其他收费筹措。用于环保事业的投资速度会增加。据估计，使温室气体排放量减半，用可再生能源替代化石燃料，仅这两项的开支就会占全球生产总值的6%。

全球生产总值6%的额外开支，主要是由政府承担，用于降低自然灾害带来的负面影响（自然灾害频发，主要是由于气候变化引起的），以及应对社会不平等和排外主义引发的日益严重的社会动荡和冲突。举个例子，飓风桑迪（有点像大自然想要送个礼物嘲笑美国，因为正好发生在总统大选要针对环境问题展开辩论的前夕）造成的财产损失高达600亿美元，在2013年初，在新一届政府的第一次会议上，美国国会就从联邦预算中拨款近100亿美元，解决灾难引发的后续问题。

据悉，到2050年，全球生产总值用于环保领域的投资将会从现在的24%增长到36%[67]。同时，公共投资如此之高，政府的力量一定会因此增强，由此引发的结构变化以及政治后果是不可避免的，有人提出环保投资会增加到50%，我觉得这样的假设有些夸张。不管怎么说，政府的干预和资源配置政策的地位肯定会提升，因为这些不是市场能解决的问题。在这种背景下，关于强化国家的中央决策机制，以及急需全球层面的解决方案，这两方面的讨论越来越多。

市场只关注自我利益和短期目标，在极端情况下，市场的无能会孕育并强化独裁倾向，限制民主。因此我们更需要保持头脑清醒，通过相关组织政策的协调和全球协议指导世界经济的发展方向。我们不应该将这种适当的干预视为限制市场自由，而要将其视作为了给自由创造机会的必要行为。为了支持并强化市场体制和民主，我们必须通过政府干预出手拉一把市场的无形。

乔根·兰德斯发表过与预测未来相关的作品，他在自己的作品中对全球进行了综合预测，描绘了一套改良的市场体系，命名为"改良资本主义"[68]。他认为资本主义不会以目前的形式持续40年，而且列举了充分的理由。他提出的改良意见遵循两个方向。一是，不能由狭义的盈利决定投资的方向；二是，公司的义务将不仅限于上报财务状况,还要报告开展的业务对环境和社会造成的影响。这两方面的改变会有条不紊地展开。

未来政治经济学要解决的最大难题是：改变到什么程度会触发市场的自我改革机制；到哪种程度政府的强行干预会过度,让市场受外力控制。社会市场经济已经具备理想模式的许多属性特征；贪婪、短视和自私是新自由资本主义的固有缺陷,而且自身不具备自我调节机制。如果资本主义不能自我修正,只能借助外力,只有这样才能让全球环境保持平衡,均衡稳定的环境是人类文明发展的必要条件。

| 第七章 |
又一次大迁徙

如果根据各国产出勾勒世界经济地图，随着时间的变化，地图的形状也会发生变化，人口地图也是一样。如果按照国家的人口数量决定版图的大小，将来各国的人口版图和现在的相比，会发生很大变化。印度和巴基斯坦人口增长速度非常快，欧洲或印度尼西亚的人口增长比较平缓，日本和加拿大的人口已经出现负增长，不同国家人口的变化过程各不相同。一方面是文化和经济因素造成的，另一方面，政治因素也会给人口变化带来深远影响。人口变化和人类大迁徙是未来的第七大问题。

虽然各国人口变化趋势不同，但是我们已经见证了人口的大幅增长。自1990年以来，欧洲的人口数量几乎没怎么变化（从7.21亿增加到7.42亿），亚洲的人口数量却增加了十多亿（从31.81亿增加至42.98亿）。非洲的人口增长也不容小觑，是亚洲人口增长数量的1/3，从1990年到2012年增长了2/3，从6.37亿增加到了11.1亿。北美洲和南美洲的人口也都在不断增长，1990年到2012年，北美洲人口从2.84亿增加到3.55亿，主要是移民增长，南美洲从4.44亿增加到6.16亿。世界人口不仅在数量上发生了变化，人口质量也和以前大不相同，人口的巨大变化彻底改变了人类的处境。

奇怪的是，南美洲的移民数量也在不断增加，还是主要来自欧洲。我之所以加了个"还是"是因为，欧洲人曾经在大西洋西部的这块陆地上定居过。上一次经济危机发生在1998—2007年，150万人从拉丁美洲移民至西班牙，打算长期居住或在此定居。2007年一年就有30万人从拉丁美洲来到西班牙。还有大量移民涌入西欧国家。受经济危机的影响，这波移民潮从2008年开始衰退，从2011年开始，移民的方向发生了逆转：之前大批移民迁往伊比利亚半岛，如今包括葡萄牙在内的伊比利亚半岛居民开始向外迁徙。很多当初移民的拉美人选择重新回到自己的家乡，就连西班牙的本地居民也离开了自己的国家，准备在海外定居。仅2011年，就有2万多西班牙移民来到了南美，以年轻人和受过教育的人为主。也难怪大家会选择离开，因为西班牙的失业率是欧盟平均失业率的2.5倍，超过了25%，25岁以上的年轻人中，有一半找不到工作。近些年，很多年轻的专业人才认为，拉丁美洲的发展前景更好，至少比伊比利亚国家更有前途。预计这一趋势未来还会继续下去，至少会持续几年。

主要是因为这两个地区的文化背景相似，语言相通（适应葡萄牙生活的人就能适应巴西的工作，适应西班牙生活的人就能适应委内瑞拉的生活），这两个地区的双向流动比世界其他地区要活跃得多。单向的流动正在逐渐失去主导地位也与文化和语言有关，只不过不是相通而是文化和语言的差异。

移民方向迅速彻底地转变，与经济发展的变化和人们对未来发展的预期之间存在密切关系，这是个非常重要的发现。即便是现在，在世人眼中，西班牙仍然是一个取得了很高成就的大型经济体，但是厄瓜多尔人和哥伦比亚人正在撤离。在几年前，几乎没有人觉得往西班牙移民的热潮会退去，更不可能觉得生活在基多（厄瓜多尔首都）的人比生活在马德里的人更幸福，更容易找到工作，类似的对比还有卡塔赫纳（哥伦比亚城市）和巴塞罗那。将来，世界范围内这种逆向的迁移将会越来越多。

给大家列举几个数字，应该能方便大家理解到底发生了多么大的变化。我出生的时候欧洲大陆人口占人类总人口的28%，到1990年变成了22%，现在只占16%。再过一两代之后，会变成多少呢？现在南美洲的人口数量正好等于1980年整个美洲大陆的人口总数。我第一次登陆北美大陆是1977年，1978年的时候第一次到拉丁美洲，当时肯定想不到在这么短的时间内从阿拉斯加到火地岛（分别是美洲大陆的两端）的人口居然会增加65%。到2050年，人口会增加多少？难道会再增加2/3？

在各种预测中，人口预测似乎是最容易的。我们知道过去的变化趋势，也或多或少了解各个国家目前影响出生和死亡的经济、文化因素，因此对未来的变化做出假设应该不是很难。但是，实际上根本没这么简单，特别是进行长期人口预测更是难上加难。从长期来看，预测出的人口数量通常高值太高低值太低。很多时候，这些预测不具备任何参考价值，根本不可能用于预测社会和经济的发展方向，就连根据这些预测制定与人口发展相关的战略规划都做不到。世界人口会在60亿至160亿之间，这样的预测能有什么用？这是联合国对2100年的人口变化做出的预测[69]。这份预测中还提到，2300年全球人口的范围是23亿到344亿之间，最小值是目前人口的1/3，最大值是人口数目的5倍，面对这样的预测结果，我们还能说些什么呢？

从技术角度来看，不能说这种预测是错误的，这么大跨度的范围，想出错都难。除非出现大范围爆发的流行病或核灾难，或者是难以控制的生态灾难（这些情况在未来都存在发生的可能，但是几率很低），21世纪后期的人口数量才会大规模缩减。或者，在未来的几十年，世界人口像过去几十年的非洲、亚洲一样不断激增（几乎不可能发生），21世纪末期地球人口才会变成现在的两倍。

这样的预测是怎么得出的？在预测的时候做出了哪些假设？这些假设只是根据极端假设得出的片面结果，可能出现的极端变量是非常多的，用"如果……会怎么样"能造出无数个句子。如果生育率和死亡率长期保持在目前的水平，会怎么样？虽然我们不知道人口变化的方向、发展速度和扩张或缩减的程度，但是我们知道，只要假定的前提发生变化，预测的结果就会不同。如果没有重新评估家庭规模之类的社会发展趋势，会出现什么结果？我们不知道结果，但是知道社会的发展是动态的，一直在变化。

乍看之下，准确地预测出未来的人口数量似乎并不困难，实际上恰恰相反。我们首先要提出一系列的假设，性别结构即关于性别、育龄妇女的人数和生产意愿、儿童的数量、寿命、死亡率，除此之外还有很多具体的领域，其中就包括人类迁移的热情程度和方向。考虑到复利的作用，小数点后面任何微小的差距，在十多年或几十年后，都会对结果产生很大影响。比如，假设印度的人口会继续以每年1.31%的速度增长，目前的人口数量是12.2亿，翻一倍也就是24.4亿，只需要60年的时间。但是如果我们把假设的增长率降低0.5%，也就是以0.81%的增长速度发展，60年后的人口"只"会增加到19.81亿。如果增长速度降低到和中国持平的0.48%，会怎么样呢？60年后人口"只"会增加到16.27亿。多四亿人口，或少四亿人口给全球社会带来的后果完全不同。

在进行人口预测时，有关生育率的假设至关重要，也是最容易犯错的。目前，各个地区和国家的情况完全不同。列举两个比较极端的例子：在世界最贫穷的国家尼日尔（按购买力平价计算，人均国内生产总值为 800 美元），一个女人平均会生 7.03 个孩子；在富裕国家新加坡（人均国内生产总值超过 60 000 美元），一个女人平均生 0.79 个孩子。当然了，妈妈们生下的都是完整的孩子，并不是真的只生了 0.79 个，因此拿 1 000 名女性中总共生了多少孩子做统计更合适。也就是说，1 000 名尼日尔女性生了 7 030 个孩子，1 000 名新加坡女性只生了 790 个孩子。

在全球范围内，整体生育率在过去的半个世纪内急剧下降，从 20 世纪 60 年代初的 4.90 下降到了现在的 2.45。高度发达国家生育率在 1.6 左右，经济欠发达地区的出生率大概是发达国家的两倍。决定地球人口数量的不只是出生率，死亡率也是一个重要因素。地球上每分钟有 252 个人诞生和 107 个人死亡。你花三秒钟的时间读这句话时，就有 12 个人来到这个世界，6 个人离开了这个世界。每 1 000 人中，出生人口和死亡人口之差就是人口增长的数量。如果每 1 000 人中有 19 人出生，8 人死亡，就说明人口增长了 11 个人。大范围的人口增长也是通过这种方法计算的。贫穷国家的出生率和死亡率都很高，二者之间的差值也很大。尼日尔的出生率是 50‰，死亡率将近 14‰，因此人口增长率在 36‰ 左右。

发达国家的情况正好相反。出生率和死亡率都很低，二者之间的差值也很低。例如，在挪威，每 1 000 人中有 10.8 个人出生，9.2 个人死亡。德国的人口增长率是 –2.7‰，出生率（8.3‰）很低，死亡率（11‰）也很低，但死亡率比出生率高，所以是负值。尽管 2012 年德国的净移民率在 0.7‰（按每 1 000 人中的移民数量计算），但是人口还是下降了 2‰。在波兰，每 1 000 人中只有 10 个人出生，却有 10.2 个人死亡，因此人口增长率也是负值，接近 –0.3‰。波兰的移民率为 0.5‰（与德国不同，波兰外迁的居民比移入的移民数量高），总人口变化率，也就是人口减少的数量和总人口之比是 –0.8‰。

从人口变化的角度来看，世界已经处于严重的结构性失衡之中。一些地区的人口越来越少，另外一些地区的人口增速又太快。目前，在全世界 230 个国家和地区中，有 40 个国家和地区的人口正在减少，主要是人口负增长导致的，有 20 个国家和地区的人口增长速度很低，不到 0.25%。另一方面，有近 30 个国家的人口增长速度很高，超过 2.5%，是低人口增长速度的 10 倍。

如果我们能看到未来的人口地图，就会发现几乎所有非洲国家（可能不包括埃及,因为埃及的人口已经高达8 500多万了)、中东地区以及附近的巴基斯坦和阿富汗,人口将会在不到30年的时间内翻一番。考虑到全球化进程中各国的相互依存关系,这一地区的巨大变化不仅会对该地区造成巨大影响,也会影响整个世界。其中一个后果是,这一地区的人民会不惜任何代价离开,有时甚至甘愿冒生命危险也要移居到一个有牛奶和蜜糖的地方,人民的这种强烈渴望是可以理解的。

人口失衡会给文化、社会、经济、政治领域带来各种各样的不稳定后果。地球上已经有这么多人口,而且还在大踏步增长,这些人都要吃饭,但是虽然人口增加了很多,农业和食品加工技术却并没有取得足够大的进步。我们可以通过对一些食品进行基因改造增加食品供应,应该提倡发展转基因技术,因为这项技术可以提升植物和动物自身的抗病毒能力,限制农药在育种和栽培中的使用,从理论上来讲,即便未来地球上人口数量达到90亿,我们也能生产出足够的食物。现实中的实际问题是,有些地区食物生产过剩(甚至会造成部分浪费),但是在另一些地区却长期短缺。

我们要着重强调的是,这种现象正是经济政策存在缺陷引发的,人们为了追求局部合理接受了全球的不合理现状。有些地区产能过剩,食物生产过量,农民甚至不得不闲置土地休耕,有些地区就连贫瘠的土地都没多少,食物长期短缺,这里的人民只能生活在营养不良和饥饿中,这难道不是发展政策和人类经济活动中最大的耻辱吗?

用不了多久,巴基斯坦和尼日利亚的人口就会突破2亿大关。埃塞俄比亚、越南和刚果的人口也将超过1亿。快速的人口增长可能会威胁邻国的利益。虽然为了保证政治立场正确,不能公开、正式地讨论这一话题,很多人也为了保证政治正确言不由衷,但是欧洲就是把非洲视作威胁,北美洲也是这样看待南美洲的,中国也把印度次大陆地区视作威胁。同时,几乎全世界都把中国视作威胁,虽然中国的人口增长的高峰已经过去,人口变化趋势也趋于稳定,但是中国是超级人口大国的事实一时很难改变。目前,中国人口的增长速度小于0.5%,美国人口增长速度是0.9%。严格说来,大家的固有印象是错误的,其实美国的人口增长速度比中国快。再多说一句,美国的新生儿中有很大一部分来自中国。2000年至今短短十几年,美国华人就增加了近一半,目前美国华人超过了350万,占美国总人口的1.2%。

据估计，中国目前大约有 13.5 亿人口（1950 年时"只有"5.55 亿人口），但是到 2050 年中国的人口不会增加太多，预计会达到 13.95 亿，之后甚至会低于现在的水平：2100 年 11.82 亿，2200 年 12 亿，2300 年 12.85 亿。十年后，印度人口将超过中国，到 2050 年印度人口会达到 15 亿。如果加上印度次大陆上的另外两个人口大国，总人口会达到 21.35 亿，其中巴基斯坦的人口数量会在 3.5 亿左右，孟加拉国人口数量会达到 2.55 亿。也就是说，印度次大陆与中国的人口数量的比例会从 2000 年的 1:1 左右，上升到 2050 年的 1.5:1。而且不管多么令人难以置信，到 2300 年，仅巴基斯坦的人口数量会等于 1100 年时全世界的人口总数。

人类不是一个大家庭，但是我们也可以从这个角度思考一下。如果你有两个孩子，会过什么样的生活，或者换个角度，如果你家里有父母和一个兄弟或姐妹，是什么情形？如果你有四个孩子，或者如果你的孩子有三个兄弟姐妹，你们家里的生活又会变成什么样子？两个孩子和四个孩子的家庭肯定不一样。被波罗的海、塔特拉山、布格河、奥得河环绕的波兰目前人口总数略超过 3 800 万，如果 16 年后这片区域要由 7 600 万人分享，那么波兰的社会、经济状况一定会发生很大的变化。以目前的趋势来看，波兰不会出现那样的情况，但是有些国家真的可能要面临这样的问题，比如津巴布韦，可能会因此陷入崩溃。当地人口以 4.36% 的速度快速增长，到 2030 年就会翻一番。到那时候，那里的人很可能会迁往人口较少且比较发达的国家。因此，我们更应该学会包容，接受多元文化。与此同时，法国总统、德国总理和英国首相都曾表示，自己的国家没有成功接纳多元文化，这才是我们应该担心的问题。在这方面，美国有很多值得学习的地方，他们不仅能够很好地应对多元文化带来的问题，还能成功利用多元文化，推动经济扩张。

我们需要定期学习多元文化。如果每个国家的学校都能教学生们理解多元文化，对社会没有坏处。如果联合国下次修订千年发展目标时，也能将多元化问题纳入其中，就再好不过了。当然，我们也可以理解，学校并不是学习的唯一途径。就像很多其他知识一样，多元文化也要在人生的道路上不断学习。多元文化中包含多种价值观，彼此之间取长补短，这正是多元文化的价值所在，因此如果对多元文化不能做到理解和包容，我们就无法拥有一个美好的未来。世界不同地区的人们因为各自的原因会表现出不同的行为方式。我们可以表现出惊讶，但是最好去理解对方，尽量在冲突发生之前消除起因，而不是事后再分析。

最近，哈佛大学历史学家高调公布了自己的发现，说耶稣是有妻子的，波兰的天主教徒没有因此上街抗议，也没有对美国驻华沙的大使馆放火。但是与此同时，法国内政部长在巴黎发出警告表示，警方不允许穆斯林进行示威游行，引发穆斯林怒火的是在一本讽刺杂志中出现了穆罕默德的漫画形象。如今，在西方世界的巴黎卢浮宫，开放了一间名为"翅膀"的展厅，专门展示伊斯兰艺术作品。而在东方世界巴基斯坦，由于一部愚蠢的电影触怒了穆斯林，很多城市爆发了反美示威游行，甚至造成了部分伤亡，当局称那一天为"向先知穆罕默德表达爱的特殊日子"。

虽然巴基斯坦的一位部长——堂堂部长，内阁成员——竟然悬赏10万美金追杀电影制作人，那位制片人早已逃亡多日，这应该不算是文化冲突引发的闹剧。在苏联、中欧、东欧社会主义垮台之后，弗朗西斯·福山发表了《历史的终结》[70]，提出了和塞缪尔·亨廷顿[71]完全不同的观点。当然，我们并不希望多元文化通过激烈的方式进行交流。这是一个严肃的问题，警告大家不要做蠢事，比如2012年夏天放在YouTube上引起轰动的那部美国的电影，与此同时也要建议大家多多进行积极的交流，比如巴黎的展览。最重要的是，如果大家无法互相欣赏对方的差异和多元文化，至少应该打下互相理解的坚实基础。

不要低估人类的情绪力量，人类很容易感情用事，做出非理性行为，我们应该尽量落实长期的社会、经济发展战略。认识到这一点之后，不要再通过政治声明或新闻稿发表空洞的言论，应该切实改善人民的生活水平。如果生活水平提高，年轻人就不会因为找不到工作，想通过移民摆脱人口过剩带来的贫困。如果他们不移民，就会爬上路障，在摄像机面前摆各种姿势，烧国旗，大家都喜欢烧美国国旗。事情就这样结束也挺好的，因为即便是小事，如果失去控制，冲突就会升级。很多时候，一个火星会引发一场大火，烧毁一切。我们要提高警惕。

世界正处于危险的边缘。如果经济不能平衡发展，从人口过多、经济落后的国家涌出的移民会越来越多。比如前面提到的津巴布韦，人口增长速度非常快，一代人之后，人口数量就会翻一番。然而，在经济停滞期间，应该增长的不是人口数量，而是人均国内生产总值，该翻倍的不是人口数量，应该是生活水平。在贫穷国家，一方面提倡计划生育，另一方面加快经济增长，这是大势所趋。我们需要达成更广泛的共识，宗教领袖也应该参与进来，如果他们真的希望世界上的罪人能减少就应该这么做。

我们需要突破限制，一方面是天主教，最终会代表基督教（基督教徒占全世界总人口的1/3，其中一半是天主教徒），积极支持实行计划生育，如果孩子控制在一定的数量，就能让孩子接受适当的教育，另一方面是伊斯兰教社会（伊斯兰教徒占世界总人口的23%），通过提高妇女的教育水平和专业程度改善女性地位。妇女应该有权自由决定是否想要怀孕和生育，对这种权利的剥夺，是经济和社会保守主义的典型标志。

颁布法律限制大学扩招，明显是社会倒退的表现，伊朗在2012年就针对某些院系推出了这样的法案，目的是将女学生的比例限制在60%以下，这类的政策在包括伊斯兰文化在内的任何社会中都不常见。如果政府错误地实施了由上至下的干预，大多数妇女只能待在家里生育更多的孩子，这样一来国家的经济无法快速发展，人们的生活不会得到改善，只会变得越来越艰难。

西方世界必须明白，他们那套发展援助模式已经行不通了，那套模式通常只是进行表面援助，其实是为了本国公司的利益，想要以此换取贸易特权。很多时候，富裕国家将大笔"援助"资金花在阻止移民上，而不是去创造物质和文化价值，让人民自主选择留在国内。美国对阿拉伯地区的援助并不讨阿拉伯人的欢心，美国应该赶快认识到这一点。有时援助还会带来反效果，穆巴拉克当政时期，埃及获得了20亿美元的援助资金，其中2/3用于军队，剩下的1/3大部分被政府和军方贪污了。

未来的人口趋势将会如何变化？不同的社会中，人口的变化速度和方向会是什么情况？人口的变化会延续先前的方向还是经过一段时间（多长时间，什么）会逆向发展（逆向发展多长时间，什么原因）？预测牵涉的时间越长，这样的问题就越多，我们就要做出更多的假设。"从……到……"的时间范围越广，对未来的判断偏差就越大。理论上应该是这样，但也不一定。

进行长期人口预测时，我们会假设目前的趋势会持续下去。很明显这是不正确的，因为几乎没有任何论据可以支持这一假设。我们可以假设明年人口数量的增幅和去年差不多，或者假设会增加7 800万人口（有1.34亿人出生，0.56亿人死亡），但是，如果我们假设十年后的情况和十年前的情况差不多，就会犯下严重的错误。十年前和十年后的差距很大，因为文化、社会和经济因素正在发生变化。

这些因素可能会使某一地区的家庭规模增加，但是在其他地方恰恰相反，家庭规模越来越小。在正在寻求自主的国家中，由于女性接受了更多教育，她们会选择较晚生育孩子，而且不希望有太多孩子。在一些高度发达国家，平均生育年龄已超过30岁了。通常，第一个孩子出生越晚，女性生育的孩子就会越少。

在文献中这种现象被称为"人口红利"。父母生的孩子较少，孩子的教育基金就越多，每个孩子获得父母的关照也就越多。因此人力资本提高，经济增长的机会也就越大。他们的父母就能花更多钱用于孩子的教育，父母也会有更多的时间来养育每一个孩子。因此，人力资本的质量提高了，经济增长的可能性也提高了。人们因此能挣到更多钱，退休以后可花费的储蓄就越多。储蓄倾向提升，存下的钱越多，就有越多的钱用于投资。女性接受了良好的教育可以获得更多工作机会，家庭收入会因此提升。"人口红利"会引发上述现象，带来全方位的积极影响。有必要指出的是，所有的积极影响都会提高人们的生活满意度，比改善人口统计和经济方面的数字指标更重要。

女性晚育也会对整个人类社会产生影响，女性生孩子的年龄越晚，地球母亲同时负担的人口代数就越少。如果女性首次生育年龄是20岁，地球上同时存在的就会有三四代人；如果女性的首次生育年龄是30岁，即便我们的寿命更长，同时生活的也就两三代人。

除此之外，还存在很多其他重要因素。人们经历的生活水平提高的时间段越长，平均寿命就越长，但是我们无法得知人类将来的寿命到底能有多长。人的寿命越长，受移民潮的影响就越大，但是很难预测移民的方向和规模。即便是像美国这样社会稳定的国家，生育率也常常出现意料之外的变化，在短短一代人的时间内，就从1955—1959年的3.7%下降到了1975—1979年的1.8%，又在一代人的时间内，再次上升至2013年的2.06%，这些变化都是社会和经济因素综合作用的结果。

贫困的减少和福利的增加，也会影响出生人口的数量，作用的过程很复杂。了解到上述因素之后，再进行预测时我们应该能够抛弃以前那种简单的推断方法：以前就是这样，现在是这样，那么以后也会是这样。

未来会变得不一样。究竟会有多么不同呢？要想回答这个问题，我们需要做出更多的假设。未来的生育率，可能会偏离维持目前人口水平的替代率，我们要对偏离的规模和方向做出假设。目前，全球的生育率大约是2.2，也就是说平均每位女性会生育 2.2 个孩子，这一数字在不同的文化和经济背景之中存在一定差距。高度发达国家，目前的生育率是 2.1，在发展中的经济体中，目前的生育率是 2.3。

如果出生的婴儿没能长大成人，或者成年女性不愿意或不能怀孕生产，人口数量就无法保持恒定。在贫困国家，由于其营养、卫生和医疗水平低下，儿童死亡率较高，其中当然也包括未来可能成为母亲的女孩，因此那些地区必须把人口替换率保持在较高的水平。在阿富汗，每 1 000 个初生婴儿中，有 122 个无法存活，马里是 109；同样是在 1 000 个初生婴儿中，瑞典只有 2.74 个会夭折，日本是 2.21；中国是 15.62，印度是 46.07。在非洲，多达 13% 的儿童活不过五岁，在欧洲和北美这个比例是 1%，亚洲是 8%，南美洲处于平均水平是 5%。

在落后国家，很多年轻的母亲死于分娩。在乍得，每 10 万名孕妇中，会有 1 100 人死于分娩。这个数字实在惊人，也就是说，每 91 位女性在创造生命时，就要有一位牺牲掉自己的性命。与之形成鲜明对比的是，在希腊每 10 万个孕妇中只有 3 人死于分娩，在爱沙尼亚，每 10 万名孕妇中仅有 2 人死于分娩。中国和印度分别是 37 和 200 人。

一父一母是两个人，为什么人口替换率要超过 2？如果等于 2 不是刚好吗？还是举例说明吧。假设总人数是 200 人，其中有 101 位男性和 99 位女性。99 位女性找到配偶后有 97 位想成为母亲。其中 95 位女性能够生育，婴儿出生。有的只生了一个孩子，有的生了两个或 3 个、4 个，平均下来每位女性生育两个孩子。也就是总共出生了 190 个孩子。其中 186 个长大成人，4 个人因为某些原因夭折，通常发生在婴儿期。也就是说，下一代总共只有 186 人，减少了 7%。因此需要 5% 左右（相当于 0.1/2.0）的安全缓冲带。换句话说，平均每位女性生育 2.1 个孩子，随着时间的推移，人口数量才会保持恒定。假设总共还是 200 个人，其中有 99 位女性，有两位女性不想生孩子，还有两位无法生育，其余 95 位女性平均每人生育 2.1 个孩子。再假设其中 85 位女性每人生了两个孩子，也就是出生了 170 个孩子，剩下的 10 名女性中有 6 位生了 3 个孩子，4 位生了 4 个孩子。因此总共出生了 204 (170+18+16) 个婴儿。其中 4 个不幸夭折，200 个孩子长大成人，进入下一轮生育阶段。由于出生率是 2.1，才能让曾经的 200 人，繁育出 200 个后代。

在现实中，如今世界范围内的男女比例是 1.012∶1。15 岁以下年龄段的男女比例是 1.07∶1，15 至 64 岁年龄段男女比例是 1.02∶1，65 岁以上年龄段男女比例是 0.8∶1。

女人的平均寿命更长。有人说，他们没有短命的妻子……

有朝一日，人口会保持在一个合理的规模，注意不要忽略了有朝一日，并不是现在。就目前而言，人口在不同地区的繁育速度各不相同，各地的繁育速度与之前相比都放缓了。但是，由于儿童的死亡率越来越低，人类的寿命越来越长，因此人口数量越来越多。在马尔萨斯生活的年代，人口数量刚到10亿。据估计，到1820年前后，地球人口数量突破了10亿。到110年之后的1930年，人口数量又增加了10亿。然后是1960年，只用了30年人口就又增加了10亿。之后，每增长10亿人口所需的时间越来越短。1974年地球人口超过40亿，14年之后的1988年到达50亿，11年后的1999年超过60亿，又过了12年到2011年时世界人口突破了70亿。据估计，到2025年，世界人口很可能达到80亿，到2050年左右，世界人口将达到90亿，这个时间点也可能会提前。这种前所未有的发展过程，会带来什么样的影响值得人们深入思考，这样的发展势头必须终止，而且要马上终止。到2050年，在地球的90亿人口中，有一部分人和现在是重叠的，其中部分人一生中经历了人口3倍的增长。这样的高速增长，历史上从来没有发生过，将来也不会再发生。

随着时间的推移，经济增长和更完善的财富分配制度会改善人们的生活条件，贫穷国家和富裕国家生育率存在明显差距的现象也会消失。到那时候我们还要期待什么呢？我们应该制定什么样的社会政策，使生育率保持在一个合理的水平呢？我们中有多少人能见证那一天的到来？那时候的总人口是多少？地球上应该有多少人才能保持相对的平衡呢？

这次也是一样，只有依靠知识才能回答这些问题，书到用时方恨少，我们的知识也是一样，永远不够用。如今不确定的范围越来越大，人口结构已经进入一个复杂的转变阶段，在这个过渡阶段，存在两个相对的趋势，家庭规模也发生了根本性的改变。人口结构的转变已经持续一段时间，未来还会继续，以前比较普遍的大家族会转化成适中的规模。理论上来讲，家庭面临的是 r 选择和 K 选择的问题（r/K 选择理论是生态学上一个有关生物体如何权衡后代的数量与品质的理论）。

r 选择代表多产策略，指的是父母会生育众多后代，因此每个孩子获得的投资比较少。K 选择恰恰相反，指的是父母不会生很多孩子，因此有能力让孩子得到更好的照顾。r 选择中，会产生很多脆弱的个体，有些会中途夭折，但是剩下的孩子会长大成人，传宗接代，使社会得以延续。K 选择中，很少有人会中途夭折，父母在孩子的成长过程中投入的精力会很高，孩子会更健康、更强壮、更优秀。

在大自然中，从老鼠到海洋哺乳动物再到大象，不同的物种选择了不同的繁育策略。兔子的繁殖属于 r 选择，而鲸的繁殖则属于 K 选择。行为取决于环境，即使是同一物种，个体之间的选择也不一定相同。

为了研究和规范人类的繁衍过程和繁衍机制，社会学在研究家庭生活、社会心理和经济行为时，借鉴了生物学和生态学的观点和概念。即便在同一个社会中，也会出现各种各样的情况。但是社会学家还是总结出了大致的规律，较贫穷的国家主要是 r 选择：一个家庭中有很多孩子，当然未必是在家庭中，在这样的社会中流落街头的孩子也很多，用于每个孩子生活和教育的费用非常低，很多学龄儿童因为没有钱无法接受教育，由于没有充足的资金进行投资，工作岗位不多，就业率也很低。贫困国家生育的人口很多，但是很多孩子未成年就会夭折，人口的素质和能力都很低，进入老年的年龄也比平均水平早。富裕国家与之相反，主要是 K 选择：孩子少，资金充裕，因此父母在每一个孩子身上的花费比较高。孩子们能够得到很好的照顾和充足的营养，普遍接受了初级和中等教育，接受高等教育的比例也很高，人口素质高、身体健康、寿命长是这些社会的典型特点。

如果你有很多兄弟姐妹，父母并非财源广进，那么你属于 r 选择群体。如果你是被父母悉心照顾的独生子女，那么你就属于 K 选择群体。无论你属于哪个群体，都可以在周围的朋友中找到相反的例子，就算在现实中不容易找到，在 Facebook 上也轻而易举。在非洲找到属于 K 选择的朋友比在欧洲找到 K 选择的朋友要难，美国这两种朋友都很容易找到，但是在中国几乎不可能找到 r 选择的朋友，因为中国在政策上严格实行 K 选择。我们可以据此得出一个大家都很容易理解的结论：如果中国盛行 r 选择，就会像邻国巴基斯坦或多年前的印度一样，中国经济会陷入泥沼，不会取得现在的成功。

一些社会的人口结构正在发生巨大转变。比如，墨西哥在短短一代人的时间内，平均每位女性生育子女的数量从 6 个左右下降到了两个，伊朗从 5.5 个下降到两个以下。中国过不了多久就会废除城市居民只能生育一个子女的计划生育政策，但是中国不会因此退回到之前的 r 选择，会更靠近 K 选择，而且是自愿的。

经验研究表明，盛行了几个世纪的模式即将就此终结。特别是那些相对比较贫穷，但是近些年出现高速发展的国家，比如实现彻底转型的中欧和东欧国家，发展比较快的东南亚国家，这些国家都从 r 选择转换到了 K 选择。这种人口结构的转变会在自主社会中至少持续两代人的时间。这个过程会解决一些问题，同时，也会带来新的问题。不过，人口结构的转型似乎是实现可持续发展的必要条件[72]。

K 选择中包括很多决定性因素，最重要的是基于信任的社会资本，以及保证经济增长的高层次人力资本，可以满足少而精的用工需求，为企业提供受过良好教育、意志坚强、身体健康的人才，不称职的廉价劳动力会导致生育率下降和经济增长受挫。从 r 选择到 K 选择的转变能够轻松创造更高的人力资本，借助这批人力资本可以让很多国家重塑国内的人口结构。但我们不能推行相关政策过分限制生育率，不应该要求一个家庭只能生育一个孩子。否则，人类迟早会走向终结。

如果一家只有一个孩子，不需要会带来灾难的战争，也不需要环境灾难或宇宙大灾难，只要人口结构持续下去，人类文明就会走向末日。如果人口继续保持这样的结构，人口更替撑不过几百年就无法继续了。首先，女性太少，男女比例会严重失调，男性不可能单独繁衍，因此也会灭绝。怎么会发生这种事？其实道理很简单。

在 83 个国家和地区中，出生女婴数量已经少于上一代女性的数量。因此，女人越来越少。以最显著的香港地区为例。有人对 2010—2015 年香港出生人口数量和性别结构进行了预测，预测指出 1000 名女性每年只生 547 个女孩。如果这些女孩也像她们的妈妈一样，那么下一代就只有 299 个女孩。如果按照这个趋势进行推测，目前香港女性人口有 375 万，只需 25 代就会缩减到一个，也就是全香港的最后一个女人。香港女性的平均首次生育年龄是 31 岁，那么最后一个女孩会在 2798 年出生。以此类推，即便是在人口密集的西班牙、日本、德国、俄罗斯、意大利也耗不了多长时间，到下一个千年的末期，人类会彻底灭绝[73]。我们当然不能坐等人类灭亡，从现在开始就要采取行动，一定要记住，这件事不是光靠女人们努力就能解决的。

和现在相比，未来确实会发生显著的变化。联合国人口发展研究中心试图揭示人口数量变化的趋势，于是做出了引人关注的长期预测，还提出了具体假设，假设是关于生育率及其时间和空间上的变化，确切地说是关于替代率的偏差。一些国家的生育率会很低，如果没有移民进入，人口会越来越少，另外一些国家的人口数量很多，在本国找不到合适的生存发展空间，会想要移民到别的国家。这是我们希望见到的。

在联合国做出的预测中，提到富裕国家的生育率甚至不能满足最基本的人口替换需求。美国目前的生育率是2.06，已经低于正常的人口替换率。日本的生育率更低，欧盟、加拿大和澳大利亚的生育率分别为1.39、1.59和1.77。这些国家目前的总人口数略超过10亿，联合国预计这些国家2050年的平均生育率会逐渐下降到1.85，美国的生育率还要继续下降，日本、欧盟、澳大利亚和加拿大的生育率要上升。其他富裕国家和地区的数据暂且忽略不计，瑞士、挪威、冰岛、韩国、中国台湾、新西兰、前社会主义国家中最发达的捷克共和国和斯洛文尼亚，最近也步入了富裕国家的行列，这些国家虽然对世界人口和经济也会产生一定的影响，但是考虑到这些国家的人口数量，暂时可以忽略不计。上述国家的生育率变化趋势和富裕的大国类似。

在相对温和的预测中，会假定经济欠发达国家的生育率会继续下降。生活水平越高，尤其是女性的教育水平越高，以及社会福利和教育体系越完善，生的孩子就会越少，儿童的死亡率也会越低。相反，儿童死亡率越高，父母就越想生育更多的孩子。在极端情况下，婴儿的死亡率会超过1/10，其中一两个孩子在很小的时候就会夭折，剩下的孩子会长大成人照顾自己逐渐年迈的父母。贫穷的国家没有养老保险制度，通常会由家庭来弥补社会福利的缺失，因此一个家庭中的人口越多，生存几率就越大，没有养老金的人口目前还是占全世界人口的大多数。其中的双向关系非常清晰：因为孩子太多所以穷，与此同时，因为太穷，不得不多生点儿孩子才能保证一定的存活率，让能够长大成人的孩子保障自己的晚年生活。

亚洲和拉丁美洲的生育率应该会迅速下降，但非洲下降的速度会相对较慢。亚洲和拉丁美洲目前的生育率分别是2.2和2.3，到2050年会下降到2.1，非洲的生育率会从目前的4.5下降到2050年的2.7。这种转变是很有希望的，特别是最近生育率的下降速度非常明显。再补充一点历史信息，半个世纪前拉丁美洲每位母亲会生育6个孩子。巴西是南美大陆人口数量最多的国家，在全世界排名第五，人口数量超过2亿，近半个世纪以来生育率的下降速度尤其显著，从1960年的6.2下降到了现在的1.81，低于保持人口恒定的替换率。如果非洲的生育率在未来几十年也迅速下降，并不值得大惊小怪。非洲生育率的变化，在很大的程度上将取决于千年发展目标推进的步伐，尤其是消除贫困、提高卫生标准和改善儿童孕妇保健水平等方面的进展。如果未来的发展方向真的与联合国的预测相符，五六十年之后，各大洲目前的繁育分化状况就会消失，除了非洲和最富裕的国家，其他地区的生育率会维持在2.1左右，人口数量会趋于稳定。人口数量停止增长，将会成为人类历史上的重要转折点。自从大约250年前，现代经济开始增长，人口就开始迅速增长。14世纪的大瘟疫结束以后，人口数量一直在持续增长，但是从来没有达到过现在的增长速度，即便是在造成6 000万人死亡的第二次世界大战期间，人口增长也没有停止。我们有充分的理由希望未来人口能够保持稳定，我们必须竭尽所能确保我们的希望变为现实。

但是，其他的预测也有可能变为现实。其中一个非常可能实现的假设是，用不了多久，未来的人口就会下降到无法保持恒定人口数量的水平，而且这种趋势会一直保持，世界人口会因此下降。在这种设想中，要强调的是这是设想不是预测，所有的推断都是以目前的生育率会持续下降为基础的，2050年以后生育率会比联合国的预测低25%，也就是1.85（2.1-0.25）。人口数量在2040年之前就会达到顶峰，之后开始下降，2050年会下降到74亿，和现在的水平差不多。如果未来能这样发展就再好不过了。

另一种可能实现的假设是，过去几十年的人口增长态势会持续下去，到2050年，世界人口会达到109亿。联合国的预测的数字比这个数字低20亿，说的是到21世纪中叶，世界人口会达到89亿。这种假设变为现实的可能性非常高，但并不表示100%会发生。

如果真是这样，当代人口数量与曾经在地球上生活过的总人数的比例，将会出现最后一次上升。据估计，在此之前地球上前前后后总共曾经生活过1100亿人。如果这个数据准确，就表示如今的人口数量占地球上曾经出现过的人口总量的6%左右。如果到2050年地球人口又新增了47亿~49亿（期间28亿~30亿死亡），那么本世纪中叶的幸运儿们将占地球上曾经生活过的人口总量的7.7%。换句话说，如果你能活到2050年，你将是所有曾经在地球上生活过的人类总数的1/13（89亿除以1150亿是1/13）中的一个人。在地球上生活过的人类包括距今320万年的阿法南方古猿，也就是在埃塞俄比亚哈达发现的人类始祖露西，如果你相信神话，其中还包括亚当和夏娃。

在人口预测过程中做出的假设都存在很大的风险，很可能会出现严重偏差，文化和社会变革会影响假设的准确性，不断变化的经济和政治局势也会使现实背离当初的假设。各国的政策也会在很大程度上左右着当初所做假设的现实发展。收入和社会政策，对幼儿教育和学校教育的支持，政府的承诺，这些因素都可能起到鼓励父母再多生一个孩子的作用。

要想让孩子出生，首先要有父母才行。在一些国家满大街都是孩子的父母，比如正在快速发展的巴西，那里的人普遍早婚，在另外一些国家，由于种种原因，想早点结婚生孩子并不是件容易事。有时候，愿意结婚的男人供不应求，有时恰恰相反，等着结婚的男人排成行，但是找不到新娘。如果伊朗的女孩决定上大学，她们就会推迟结婚的年龄。伊朗选择接受大学教育的女性，相对来讲确实比其他中东国家多。为了不被打扰，很多女大学生会戴上面纱，有些人甚至会带个假的结婚戒指，这样的装扮在集市上随处可见。

其他地区也因为各种各样的原因，很多人无法找到配偶。在中国，男人娶不到媳妇和城市的独生子女政策有关，当初很多怀女孩的都选择了流产。因此，初生男婴比女婴多的状况一直持续了很久，娶不到媳妇的单身汉因此越来越多。在人口稠密的印度和巴基斯坦，也有类似的情况，只是没有中国这么严重。全球男女出生比例平均是 1.07∶1，巴基斯坦是 1.10∶1，印度是 1.12∶1，中国是 1.13∶1。在高加索地区，男女比例的差距也不小，格鲁吉亚是 1.11∶1，亚美尼亚和阿塞拜疆都是 1.12∶1。

在世界的另一端——自由圣殿美国，每 20 个非洲裔美国人中就有一人身陷囹圄，其中以 19～34 岁年龄段的人为主。这些人很难成为父亲，大多数情况下，这个群体中的女性只能嫁给这样的男人。如果这么多的男性都在监狱里，很多人一辈子都出不来，很多女性就无法结婚。大家都能理解，谁会愿意当单身妈妈，因此结不了婚的只能选择不生孩子。

出于各种各样的原因，世界各地的单人户，也就是单身汉或无子女的单身女性越来越多。到 2020 年，这样的家庭可能会占到西欧家庭总数的 1/3，在东欧和美国也会达到 27%～28%。拉丁美洲（约 12%）和亚洲（9%）的比例应该会低一些，但是这种趋势也在不断上升。非洲和中东地区（6%）的比例应该是最低的。[74]

这种差别主要是各种潜在的文化、经济和心理因素导致的，尤其是对女性而言。抛开个体对生活方式的喜好不谈，教育水平是一个重要因素：学历越高，结婚时间越晚。在年轻的单身群体中确实如此。在上了年纪的单身人士中，主要以女性为主，因为女性的寿命更长，平均能比男性多活几年甚至十来年。即便在男女比例差距较大的中国，超过65岁的人群中，也是女性数量更多，这个年龄段的男女比例是100:92。

与幸运地找到了丈夫（但愿真的是幸运而不是不幸）的同龄已婚女性相比，单身女性生育的孩子更少。当然，很多时候这些单身女性想生孩子，却找不到能嫁的人。不管这种单身的状况是自己主动选择，还是无奈，随着时间推移都会带来负面的经济后果。简单来讲，就是能得到孩子照顾的老年人越来越少。未来，人类的寿命越来越长，这个问题会越来越突出。人口结构老龄化已经带来了很大的问题，在富裕的日本这个问题解决起来相对容易些，但是在正在发展中的中国就没那么容易了，在相对贫穷的东欧国家，比如保加利亚和罗马尼亚，以及高加索地区，成功解决这个问题的难度更大。

综合考虑，从长远来看，单身文化会带来消极的经济和社会后果。比较心理学和医学研究表明，单身更容易感受到压力、愤怒、危机感，在他们的整个生命周期中，可能会为社会带来更大的负担，单身人士对社会的依赖更大，因此需要更多的公共开支，特别是在医疗保健和社会福利方面。

就人口进程以及单身现象的本质而言，目前的这种情况会产生长期影响。一位单身人士，不管是主动选择，还是"顺其自然就走到了这步"，到30多岁就不容易脱离单身了，到40多岁更难，到50多岁就几乎不可能了，到60多岁想都别想了。因此，在放眼未来时，经济和社会规划都要将单身现象考虑进去，例如建立单身专用的储蓄系统，或者为单身父亲或单身母亲提供额外的补助和教育支持，帮助他们抚养孩子长大成人。

所有的发达国家都已经意识到，以目前的发展趋势来看，人口数量会下降。从境外引入移民可以有效解决人口负增长的问题，但是也会带来新的问题。如此一来，只能通过鼓励生育的政策刺激人口增长。波兰最近采取的政策不值得推荐，因为波兰没有为幼儿的看护提供足够的资金支持，只有在这方面消除年轻女性的后顾之忧，才能真正起到鼓励生育的目的。给每个新生儿补贴300美元的政策，可以说是在浪费公共资金。如果一个国家不是穷得离谱，谁会为了 300 美元去生孩子！就算鼓励民众收养流浪狗，这点钱都不够，更别说鼓励一个家庭做出重大决策了，母亲的身份和父亲的身份都是沉重的责任，300 美元完全起不到分担责任的作用。

接受教育的女孩子越来越多，学历越来越高，因此事业心也越来越强。这没什么不好。遗憾的是，母亲的身份会给她们带来很多麻烦，如果幼儿园和学前班数量不够或条件不佳，妈妈就要待在家里不能去办公室，每天要给孩子读童话故事，还要教育孩子，因此就没有时间看自己想看的书或者继续学业。新自由主义经济学家会说，这是一个市场问题。有需求就会有人提供服务。理性的经济学家会说，如果财政体制和政府的社会政策（掏钱的当然是纳税人，还能有谁？）为发展网点式的托儿所、幼儿园和其他形式的幼儿看护机构提供支持，才会创造出需求，否则妈妈带孩子就是天经地义。顺便说一句，个体状况和社会偏好完美匹配的领域少之又少，因此政府和私营企业之间的相互合作还存在很大发展空间。

很多时候，只有一个孩子没有工作的全职妈妈，会想要生第二个孩子，有的还想生第三个（偶尔），甚至有想生第四胎（如今已经越来越少了）、第五胎（极其少见）的。一般来说，如果父母在外工作时，孩子能得到家庭以外的悉心看护，就会想要多生几个孩子。当然其他因素也会对家庭的生育计划产生影响，特别是薪资水平、拥有的财产、上下班时间、家族里是几世同堂。

如果现实情况照联合国的预测发展，1950 年人口排名第五的日本，到 2050 年排名会下降到第十五，德国会从现在的第七下降到二十名之外。在这些国家排名普遍下降的同时，1950 年没有跻身人口最多的前 20 个国家之列的埃塞俄比亚和刚果，到 2050 年会分别上升到第九和第十，这两个国家的人口倒是会变成现在的两倍。

虽然计算方法存在争议，有些人只是单纯的心存疑虑，但是这些估算结果还是有一定参考价值的，因为制定长期的经济政策必须与人口状况相结合。我们需要不时对预测进行修订，一方面是因为初始信息未来会出现变化，还有就是这些信息都是影响决定的因素，因此也会对未来的发展方向产生重大影响。人口变化会带来非常大的影响，因此专注于解决短期问题的经济政策，也不会忽略长期的人口变化趋势，因为一旦忽略常常会产生无法挽回的后果。

接下来谈谈寿命的问题。随着社会和经济的进步，人类的寿命越来越长。目前全球平均寿命将近 67 岁，但是乍得、几内亚比绍和非洲南部的平均寿命只有 49 岁，澳大利亚和意大利的平均寿命是 82 岁，日本的平均寿命为 84 岁。波兰的平均寿命已经超过 76 岁，其中女性的平均寿命是 80 岁，男性的平均寿命是 72 岁。如果身体健康，大家都认为活得越久越好，如果晚年能领退休金生活那就更好了。还能工作且有资金支持的话，寿命长甚至更好。如果世界上有能消除男女寿命不相称的魔法棒，让男性也能活到 80 岁，我们最好不要随便使用，因为财政预算可能会不堪重负，因为现在的养老金是现收现付的，目前缴纳的社会保险存在很大缺口，需要国家预算进行补贴。现在的退休人员工作时缴纳的养老保险金，当时已经被用于那个时代的退休人员养老金支付出去了。

社会老龄化是一个客观过程。据估计，到 2050 年，全人类的平均寿命比现在还要长十年。如果估计正确，就表示那个时候全世界人民普遍能活到 77 岁。虽然很难相信，但在 20 世纪初，即便是发达国家平均寿命也只有 50 岁，比如今生活在贫困非洲国家的人们的平均寿命还短。儿童死亡率高是其中的一个重要因素，但是总的来说，人类整体的生命周期都比现在短很多，究其原因，主要是环境因素造成的。

2100 年，各个地区的平均寿命会达到 67 岁到 87 岁，到 2300 年，会达到 87 到 106 岁。如果这些预测成真，经过十代人，排在最末端的平均寿命，也比现在排名第一的寿命长，在最长寿的国家，平均寿命将高达 106 岁，比现在最长寿国家的平均寿命多了 20 岁。

人类寿命的延长，会给文化、生活方式、社会关系、经济活动和公共财政带来难以想象的巨大影响。社会老龄化问题是社会面临的巨大挑战，受此影响的国家越来越多，不仅经济领域面临巨大挑战，文化和政治也是一样。在 2000 年的时候，如果全世界的平均退休年龄是 65 岁，退休人员只能领两个星期的退休金就会离开人世。到了 2300 年，人们的平均寿命预计可达到 96 岁，假设平均退休年龄还是 65 岁，就表示退休人员要领 31 年的养老金。能领这么长时间的养老金，我们该为此感到高兴吗？

谁都会变老，但是谁也不愿意接受自己已经老了的事实。青春一去不复返！目前，65 岁以上年龄段的人占世界总人口的 7.9%（其中有 2.27 亿男性，2.89 亿女性），据联合国预测，这个年龄段所占比例将会从 2100 年的 24% 上升到 2300 年的 32%。从 22 世纪到 23 世纪，80 岁以上年龄段的比例会增加一倍，从 8.5% 增长到 17%，100 岁以上人口比例会从 0.2% 上升到 1.8%。到 24 世纪，当前退休年龄以上，也就是 65 岁以上的人口会达到 30 亿，这个数字和半个世纪之前全球人口总数相同。不用等到 24 世纪，其实用不了多久，世界人口再增加 2 亿，60 岁以上的人口数量就会达到 10 亿，到本世纪中叶，这个数字就会达到 20 亿。到 2050 年左右，60 岁以上人口数量就会比 15 岁以下人口数量多[75]。

老龄人口在不富裕的社会中增长速度最快。40 年前，超过一半的 60 岁以上老人生活在发展中国家（当时被称为"第三世界"），40 年后，60 岁以上年龄段的人口已经达到 20 亿，其中 80% 生活在发展中国家。这既是好消息也是坏消息。一方面，这说明人类的生活水平正在不断进步：收入、营养、卫生、保健等领域都有所改善。另一方面，如果一个社会的老年人口比例过高，经济很难会高效运转。目前，30 岁以下人口占印度总人口的近 2/3，因此可以说印度是一个年轻的社会。到 2050 年，60 岁以上人口会达到 2 亿，印度就变成了老年社会。到那时候印度的老年人要靠什么生活？他们的生活条件会提高到什么水平？

有些人一辈子疲于奔命无法享受生活，只盼着退休以后能够弄孙为乐，有病了看看医生，没事时看看电视，但是富裕国家的状况并非如此。很多人退休以后依然精力充沛，想要去工作，不一定是全职，在家或附近的社区做点什么也可以，不然突然有了大把闲暇时间，真的不知道该怎么安排。很多人工作是出于经济原因，只有这样才能保证自己目前的生活水准。即便你有很多存款，如果不工作，日子一天天过去，存款只会一点点变少，前面还有很长的日子要怎么过呢。假设你有 12 万美元的积蓄（政府想要减少公共债务，采取金融抑制措施，导致通货膨胀，由此对公众利益的影响不予考虑），一个月花 1 000，能花 10 年，一个月花 500 能花 20 年，一个月花 300 能花 33 年。

至于提高退休年龄的问题是否迫在眉睫，有人心存疑虑，这些预测应该能帮你消除疑虑。如果我们把世界看作一个整体，试想一下，如果有 1/3 的退休人口，经济还能正常运转吗？各个国家的具体情况不同，但是退休之后的寿命越来越长，是所有国家的共同特点，我们需要坚决支持政府制定政策延长工作年限，推迟退休年龄。

不要忘了，工作年限延长，每天、每周，甚至每年的工作时间就要缩短。我们不知道这种过程会对未来的几十年产生什么样的影响，更别提几百年以后了，但是总的来说，在越来越长的有生之年，我们的工作年限确实可以通过这个过程被拉长。当然，在延长整体退休年龄的同时，我们也要制定一套关于提前退休的方案。随着时间的推移，我们办理提前退休的年龄，可能是 70 岁，也可能更晚……

与此同时，金融危机期间冒出的一个提议也不能采纳，这个提议指出退休年龄应该按照平均预期寿命进行调整。这又是一个用常规甚至机械的方法解决复杂问题的例子，实际上，退休年龄不仅牵涉到经济问题，更是个社会问题。如果按照这个提议确定退休年龄，人的寿命越来越长，退休年龄越来越靠后，但是退休后的时间还和之前一样。如果到 2050 年人类寿命真的会延长 10 年，按照这个提议，退休年龄也要延长 10 年。从社会角度来看，这个提议毫无道理可言，但是人们还是总拿出来进行各种讨论。当人到了一定年龄，接下来的日子就像爬山：越向上爬难度越来越大，人的年龄也是一样。可能会晚于 2050 年，不管是什么时候，如果人类的平均年龄真的又增长了 10 年，并不等于就可以在现在 65 岁退休的基础上再工作 10 年。

不可再生自然资源的枯竭是人类未来面临的最大挑战，再经过几百年，我们的后代会站在选择经济还是选择自然的十字路口。这一次，老龄化问题把我们推到了选择经济还是选择社会的十字路口。一方面，老龄化是经济进步的标志，经济能够创造更多人们生活所需要的商品和服务；但是，另一方面，老龄化又带来了很多问题，如果我们继续保持目前的经济活动方式和收入分配制度，这些问题就无法得到解决。老龄化社会需要对价值观、制度和政策进行深刻改革，只有经过改革，未来的经济制度才能勇敢面对不断增加的困难。

如今，大家一直在掩盖道德层面的问题，甚至禁止公开讨论，道德真的是个微妙的东西，将来一定会以前所未有的规模涌现。这几十年内，暂时不需要担心道德问题的大规模爆发，可能在更遥远的未来才会显现，其中最敏感的应该是，人是否有权利确定自己的生死。目前，只有少数几个国家制定了相关立法，当然，标准非常严格。瑞士 1942 年就推出了相关法规，但是至今安乐死只占死亡人数的 0.5%。荷兰安乐死的比例最高，占总死亡人数的 3%。在欧洲，比利时、荷兰、卢森堡经济联盟国家对这个问题的立法是最开放的。在美国，安乐死只在几个州是合法的，即便在合法地区，这种做法也非常少见。俄勒冈州，安乐死的比例是 0.2%。其他一些州也在考虑放宽这一问题的立法，比如美国的马萨诸塞州和澳大利亚的新南威尔士州。

超过了一定年龄限制的社会老龄化，让大家对这一问题产生了新的认识。目前，各个年龄段的人都可能因为过于绝望，选择结束自己的生命，主要是包括贫穷在内的个人命运悲剧引发的。虽然从道德和社会的角度来看，自杀是一个非常严重的问题，但是无论是安乐死还是自杀，对经济造成的影响都非常有限。眼下，我们还没有为讨论这个严肃的问题做好准备，不同文化背景的社会未来会如何解决这一问题不得而知，但是人口老龄化一定会是一个新的决定性因素。

老龄化给医疗保健、社会福利制度，以及公共财政带来了严峻挑战。未来，人们的寿命会越来越长，而过去采用的养老金制度只适用于寿命较短的情况。如果在职员工比例和退休员工比例达到 1:1，目前的体制都无法承担起养老的义务。这种极端的情况真的可能发生，如果下面这三件事同时发生：最年轻的人口占社会的 1/3，这些人正在享受童年、上学；正在工作、养家糊口、承担社会责任的占 1/3；正在担心退休生活如何实现收支平衡的占 1/3。还有更糟的，只要下面这四件事同时发生：社会中的 1/4 人口正在接受教育，第二个 1/4 的人在工作，第三个 1/4 的人处于失业状态，剩下的 1/4 正在领养老金过日子。如果你曾经遇到过这样结构的家庭，可以想象一下，如果整个社会都是这样的模式会是什么状态。那不是未来，简直是噩梦。

无论是美国医疗预算的调整方向，还是欧盟的退休年龄，围绕这些问题展开的所有讨论和政治斗争，只不过是两代人之间的利益冲突，以及针对如何合理解决这些问题所持的理念碰撞而已，而现在的讨论和斗争还只是个开端。毫无疑问，我们应该通过混合养老金制度鼓励大家养成储蓄的好习惯，将来的养老问题，一方面政府定期支付养老金，另一方面靠合理分配自己的资产，政府也要参与其中对再分配过程进行干预。养老问题不能丢给市场。当然，医疗保健领域需要公共医疗和商业私营企业共同参与。

2012 年美国总统大选的共和党候选人米特·罗姆尼表示，医疗服务也应该和其他商品一样，推向市场，单就这一观点，基本可以认定他不是个务实的政治家。这是一个完全理想化的观点，而且在经济方面存在根本性的错误。如果医疗服务完全市场化，很多人都无力负担，会迅速削弱社会的人力资本。这样一来，不仅人类寿命无法延长，由于缺乏劳动力以及合格的人力资本，经济也会受到影响。人类的寿命无法延长，资本家的利益也无法增加。这种观点真是无知和短视到让人惊奇，一幅漫画中，有个人坐在树枝上锯自己正坐着的那根树枝，罗姆尼的观点和这幅漫画简直异曲同工。

养老和医疗问题会变成滋生右翼或左翼思想的完美温床，这才是最大的风险。最常见的状况是，民粹主义不考虑现实的财政状况跳出来蛊惑人心，政治家们在各种选战中利用这些问题讨好选民。当然，有关养老和医疗的问题不能完全交由政治家决定，即便是通过民主选举获得权利的政治家也不能独自做出决策。这些问题也不能完全交给技术专家，不管他多么优秀，也只能考虑到自己专业领域内的问题。完全交给市场上的投机者就更不可能了。关于这些问题，没有简单、明确的解决办法或最终决定。只有通过对话才能得出结论，但是对话也不能没完没了，因为时间不等人。

人口结构的变化也会引发消费模式变化。虽然所有女性都会花钱买化妆品，但是18岁的女孩还会把钱花在教育、买网球拍、iPad、比基尼、看电影上，她们还想尽快拥有自己的跑车，但是80岁女士的需求结构和小姑娘们完全不同。日本和太平洋对岸的墨西哥的区别不只是相差数倍的国民收入，年龄结构也存在很大差异。因此各自提供的商品和服务结构也存在很大差异，以满足不同人群的需求。在阿拉伯地区，如今意气风发的年轻人正在反抗现状上街游行，只是希望几十年后，退休时的经济状况和现在变得完全不同。

在技术方面，我们可以轻松应对生产和服务结构变化带来的挑战。这里发生冲突的可能性不大。科技和组织结构的进步也能起到很大帮助作用。社会老龄化进程中，文化、社会和政治发生变革时最容易爆发严重的冲突。也就是说，社会将进一步分层，根据不同年龄层的轨迹朝多样化发展。如今四世同堂的家庭越来越少见，但是只要女性生育年龄提到30岁之前，就很容易实现。我们需要为此做好充分准备。在一些富裕国家中，四世同堂开始出现，因为国家能负担得起老年人的生活费用，所以他们的寿命越来越长。毕竟，只要活着就得花钱，活得越久花得越多。

在正在走向解放自主的国家中，如今还是年轻人居多，但是随着时间的推移，终有一天中年人、老人会变成大多数。有些年轻国家也取得了不错的成果，老年人能活到七八十岁，发展最快的要数韩国。也有特别糟糕的，比如一些非洲国家，甚至活不到五六十岁，半个世纪之前，韩国也是这种水平，只不过韩国迅速发展，非洲却没有进步。各个地区的机会确实不同，但是世界各地都有抓住机会获得发展的成功案例。

如果一个国家人口老龄化越来越严重，年轻人又不愿意努力孕育下一代，就只能靠移民挽救这种局面了。这不是假设或建议，是已经发生的事实。在富裕的加拿大，整体人口增长率是0.9%，而人口自然增长率，也就是出生率减去死亡率只有0.3%。宽松的移民政策造就了两个数字之间的差距。在美国，人口增长率是0.9%，人口自然增长率是0.6%。如果没有源源不断的外国移民，这些国家的经济不仅无法增长，甚至无法维持，会走向衰退。在加拿大，有2/3的"新"加拿大人，所谓的"新"加拿大人指的就是移民，在美国有1/3来自海外的"新"美国人。澳大利亚和新西兰也因为引入了合理规模的移民，各自实现了繁荣。

大部分移民都是年轻人，不但精力充沛，而且都很勤奋，个个雄心勃勃。唯一的问题是，这样的人只会涌向固定的几个国家。他们来自某个地区，抛弃了那里，虽然残酷，但这就是移民的本质。人才外流通常会对当地的人力资本和经济扩张带来毁灭性的打击。移民不是所有人的出路。引入移民也不是所有国家的出路，虽然有些国家确实通过引入移民解决了很多问题。

在民主社会中，比如北美、西欧和澳大利亚新西兰地区，移民主要是单向转移。有时，某人只是想在某个国家暂居，但是过一段时间以后，就会想在此定居。抛开周期性驻扎的外国劳工不谈，一个人到一个地方住的时间越久越愿意在此长住。他们会在这个地方找到归属感，有些人一直生活在这儿，但是彼此对这个地方的感觉不同，这种差异就成了引发冲突的根源。

在阿拉伯半岛的富裕国家，虽然国外劳工工作效率很高，已经成为支持经济发展的核心，但是目前的这种状况不会持续太久。因为这些劳工虽然在这些国家待了很多年，但是阿拉伯地区的非民主国家甚至不愿意授予他们合法的公民身份。阿拉伯地区在整个世界经济中的地位举足轻重，移民问题是摆在该地区文化和政治面前的巨大挑战，阿拉伯半岛之所以重要是因为沙滩和海岸下方蕴藏着丰富的石油和天然气。在该地区的一些国家，比如科威特和阿拉伯联合酋长国，周期性的外国劳工已经在那里生活了一代，真的是一个相当长的"周期"，这些劳工在人口中占大多数，因此应该融入当地社会，才不会显得突兀。外国劳工的结构也很多元化。高端技术移民主要来自富裕的西方国家，包括家庭服务员、工业工人、建筑工人在内的下等技术工人主要来自远东地区：巴基斯坦、孟加拉国、斯里兰卡、越南、菲律宾。有的国家既能输出技术型劳工，也能输出非技术型劳工，比如印度。

耐人寻味的是，有些国家正在努力鼓励本国公民尽可能地参加工作。比如沙特阿拉伯就推出了所谓的"沙特化"政策，强制要求一定数量的沙特公民到制造业和服务业企业工作。不管技术水平如何，是否接受过培训，在不同的业务领域，沙特公民必须占员工数量的30%、50%或70%。阿曼的政府可以说是所有阿拉伯国家中最好的，"阿曼化"正在如火如荼地进行。其中也包括聘请阿曼工人或禁止雇用外国工人的行政规定，这两种说法归根结底是一个意思。两个国家的具体方案各不相同，在利雅得（沙特首都）没有一位出租车司机是沙特人，而在马斯喀特（阿曼首都），根据法律规定，所有的出租车司机必须是阿曼人。

我们应该知道，就像当初被强迫带到美国的非洲奴隶，得到解放后，也不可能再被送回非洲一样，从印度被"暂时"带到斐济种植园的工人，最后只能一辈子待在斐济，如今他们的后代约占整个国家人口的一半，斐济就是他们的家；来自土耳其的外籍劳工，最终决定不再回到贫穷的安纳托利亚（土耳其地名），如今每四十位德国人就有一位是土耳其裔。阿拉伯国家也是一样，这些国家的经济发展对外国劳工的依赖程度非常高。有朝一日，苏丹会不会出现一位巴基斯坦裔的元首，孟加拉移民的后裔是不是也能当上阿布扎比（阿联酋首都）的酋长呢？以目前来看，没有人会相信未来会发生那种事。不过，在半个世纪以前，很多地方都禁止"黑鬼"进入，那时候谁也想不到黑人会当上未来的美国总统。

庞大的移民潮难以避免。我们的身边会出现越来越多的移民。目前，有超过2亿甚至可能将近2.5亿人，并没有在自己的出生地生活。随着时间的推移，这个数字会越来越大。移民浪潮既会带来严重的威胁，也会带来巨大的机会。之所以说是威胁，是因为大规模迁移最终可能失去控制，从北非到南欧、从墨西哥到美国、从巴布亚新几内亚和其他南太平洋地区到澳大利亚、从叙利亚到土耳其、从乌克兰到斯洛伐克、从莫桑比克到南非、从缅甸到泰国都包括在内。我们不能也不应该强行压制移民倾向，而且即便使用强硬手段，也不可能完全阻止人类的迁移。

但是，我们可以合理地引导移民，让人口流向指定的方向。

合理指的是，保证移民输出国的人力资本水平不会下降，不会影响本国正常发展。如果伊拉克成千上万的医生都跑到西方国家工作，伊拉克的发展肯定好不到哪儿去；如果津巴布韦培养的护士，都跑到英国去找工作，当地的发展肯定会受影响。除此之外，合理还包括另一方面的意思，要保证美国不会出现上千万来自拉丁美洲和加勒比地区的非法移民。有些人已经移居他国几十年，仍然找不到家的感觉，但是在孩子眼中，这个国家就是自己的家乡。合理还表示，我们不必非得把成千上万来自罗马尼亚、生活在法国的罗姆人（流浪民族）遣返回罗马尼亚，能做的只是给他们几百或 1 000 欧元做送别礼，也表示我们不用担心如果上百万阿拉伯人涌入不能将他们遣返的问题。

有些国家无力招架大规模涌入的移民，也没有为这些外来人口在本地扎根做好准备。如果他们不能应对由此引发的多元文化问题，除了冒险前进也没有别的好办法，虽然前面的路上困难重重，但他们必须努力向前取得胜利，只要努力就有可能。多元文化共存是未来社会的必然。由于地理或整体环境的原因，无法或不能获得解放自主的国家，未来会向发展中国家涌入大批移民。我们这里所说的大批，不是指一船或者一卡车移民，而是几十万甚至上千万规模的人口流动。

合理引导移民的可能性很大，但也可能出现意外。为了保证移民不会背离合理的方向，以及涌入的移民不会冲击当地的社会秩序，我们要限定移民的规模，延长移民潮持续的时间，引导移民方向。我们的价值观、制度和政策也要做好准备，应对这些未经邀请主动造访的不速之客。以目前的状况，如果一艘满载南亚难民的渔船冲向澳大利亚海岸，政府就会束手无策，不知道怎么应对这种情况。如果几千叙利亚难民劫持一艘船驶向鹿特丹，会引发荷兰的政治危机。如果上万来自苏联地区的移民横跨布格河，波兰也无力应对。把南亚难民聚集在远离澳大利亚海岸瑙鲁岛上的"临时"营地，或者把他们限制在船上不得上岸，再或者把他们带到废置的度假村加强守卫，这些方法都不能解决问题。如果真的发生上述情况会怎么样？如果比我们设想的规模还要大该怎么办？

无论对于移民输出国还是输入国，移民都会带来巨大的机会。如果移民有条不紊地离开自己的国家，在降低过剩人口的同时没有削弱当地发展所需的人力，这当然是好事。如果这些人来到一个由于人口替换率过低，同时人口老龄化状况严重、劳工短缺的国家,移民的涌入可以拯救当地供不应求的劳动力市场。如果外国劳动力能够在长期可持续发展战略的引导下流动,就更好了。这种战略应该由政府制定,如果多国政府能针对这个达成协议,而不是由市场决定,那就再好不过了。市场应该起到的作用是落实政策,移民对私营部门的发展也是有好处的。毕竟,移民不会去政府找工作,要到私营企业上班。有朝一日,他们居住的时间足够久了,这里就会变成他们的家,政府部门中也会出现他们的身影。政府中有移民身份的职员不仅不会带来任何伤害,还对社会发展大有帮助。

大规模跨国人口迁移在对社会和政治产生积极影响的同时,也会影响经济。移民活动还能消除地区或国家之间巨大的收入差距。发生作用的过程很简单。某地区输出劳动力后,当地的劳动力市场供应就会降低。其他条件相同,市场会因为劳动力供应的下降,提高工资。另一方面,移民输入国,劳动力供应上升,工资增长速度会放缓(前提是经济增长)甚至下降(前提是经济没有增长)。因此,劳动力输出国和输入国之间的收入差距就会缩小,从长远来看,由于能缓解国际范围内的社会和政治紧张局势,因此是值得鼓励的好现象。

我们可以参考欧盟的例子。随着欧盟的不断扩大,11个前社会主义自主经济体也加入了欧盟,包括塞浦路斯和马耳他在内的17个富裕的欧盟国家的就业市场向这一地区开放。不是马上开放,更准确地说,并不是向所有国家开放,其实过了7年,直到2004年,德国和奥地利对爱沙尼亚、拉脱维亚、立陶宛、波兰、捷克、斯洛伐克、匈牙利和斯洛文尼亚设置的限制才解除。如果上面的说明还不够充分,我们再举一个具体的例子。假设在移民的浪潮出现之前,一个熟练的水管工在波兰工资是500欧元,在法国是2 000欧元。法国和波兰的工资比是4∶1,这就是移民的强烈动机,贫穷国家的人民也会因此对社会心生不满,谁不想"和别人有一样多的钱"?水管工会因此从波兰移民到法国。也有很多来自中欧和东欧其他国家的水管工来到法国,如果一个东欧国家的水管工在本国也挣2 000欧元,就不会千里迢迢来到法国。随着各国水管工的涌入,水管工在劳动力市场供应提高。过一段时间之后,这些人的工资就会下降到1 500欧元。与此同时波兰本地的水管工数量下降,但是需求并没有降低,该漏的管子还是会漏,也就是说供应下降但是需求保持稳定甚至有所提高,在这种情况下,工人的工资就会提升。那些没有被2 000欧元高薪吸引,选择留在本国的水管工们,随着市场供求关系的变化,工资上涨到了750欧元。如此一来,法国和波兰水管工工资的比例就从原来的4:1下降到了现在的2:1。

因此,全球范围的收入差异在不断缩小。上百万墨西哥人移民到了格兰德河北岸,拉低(与没出现移民之前的状况相比)了对岸的收入增长速度,甚至北美的绝对收入也会下降,与此同时,墨西哥的收入增长率会相对提升。美国或加拿大当然也会从中获利,国民总收入会提升,富裕阶层会变得更富,因为移民作为廉价劳动力,薪资水平更低。即便如此,移民挣的钱也比在自己的国家多,但是外地劳工的工资比本地的同种工人低。这种不公有很多方面的原因,一方面是文化因素(大家都愿意给"自己人"多付点工资),还有就是工会组织(工会中一定是本地人更多,因此在谈判时会照顾自己的利益)。

奇怪的是,目前人们的移民倾向并不是很强烈,在全球化的上一个阶段,也就是19世纪末20世纪初的时候,因为各种各样的原因很多欧洲人迁移到了美国。目前的局势依然瞬息万变,全球的收入差距会逐渐缩小。如果资本生产力和工作效率全面提升,世界各地的收入水平都会上升,如果劳动力能追随供求关系转移,上升的速度会更快。弥补收入水平之间的差距当然是最重要的,与此同时,全球范围内的移民,也在提高自主经济体的经济增长速度方面发挥了重要作用。

即便人口增长并没有失去控制,也不能掉以轻心,因为人口结构的严重失衡也会成为孕育各种冲突的温床。那些正在追赶发达国家的后进国家,如果不降低人口增长速度,同时保持经济高速增长,迟早会爆发冲突。如果富裕国家想要避免贫穷国家移民潮的冲击,必须为实现包容性的全球化而努力,还要将援助自主经济体的发展提上日程,并在需要时提供相应的资金支持。

| 第八章 |
贫穷和富有

我们要认识到，贫穷并不可耻，这才是重要的。孔夫子曾经说过："邦有道，贫且贱焉，耻也；邦无道，富且贵焉，耻也。"说的是，如果国家治理有道，贫穷是可耻的；如果国家治理无道，富贵才是可耻的。那么，现在这个世界，谁应该觉得可耻，那些人都聚集在哪里呢？谁应该觉得骄傲，为什么而感到骄傲呢？如果我们把世界看作一个整体，这个世界"治理"得并不好，富人们应该觉得羞耻才对。

贫穷、物质匮乏和社会不公是未来要面对的十二大问题中的第八个，从字面意义上的村庄，到社区、地区、国家、区域、大洲，再到整个世界，着眼点不同，表现形式也各不相同。我们已经知道，经济活动已经取得了多种多样的成果，跨越传统国界的人口迁移也属于经济活动。我们如何评判这些成果，如何从经济和政治层面做出总结，主要取决于我们自己的见解。一方面，如果对比各个国家的平均收入（眼光放长远一点的话，还是要看国民财富），我们会发现贫富差距正在缩小。这是好消息。但是，另一方面，如果我们选取特定的国家，对比收入分配，就会发现贫富差距越来越大。这是绝对的坏消息。支持全球化和反对全球化的人，都会拿全球化对收入分配的影响说事，支持的人会说全球化缩小了收入差距，反对的人会说全球化增加了收入差距，根据刚才的分析都不算是错误的。

事实情况是怎样的呢？全球化确实既拉大了差距也缩小了差距，只是看我们怎么分析而已。真正的放眼全球，收入差异确实在增加。如果我们忽略边界的概念，在全球化的过程中，边界的概念确实在逐渐弱化，忽略国家、社会和国家经济体的差异，不要统计各个国家的平均收入或国内的收入分配情况，全都放在一起统计比较，我们的世界拥有超过70亿人口，将全球看作一体统计收入和财富。如果从这种高度出发，社会分化确实在加深。不只是单独个体和某些人群的收入增加明显高于其他人,更要注意的是有些人的收入在下降。虽然劳动生产率在提高,总体产值在增加,但是有些人的收入水平还是低得离谱。事实就是,地球上80%的地区的收入差距在增加。你所在的地区可能在这80%的范围之内。

这种差距增长到什么地步才算到头呢?如果近期的这种收入差距继续发展,会引发什么样的后果?有些国家是否在危机发生之前受新自由主义影响走了回头路,允许一些人牺牲他人的利益为自己谋利呢?真的有可能进一步降低刚开放的国家和富裕国家之间的收入差距,还会大大缓和国内的收入分配不均问题吗?如果要使全球范围内的收入分配更加合理,让社会和经济持续发展,而不至于给未来埋下严重隐患,我们应该做些什么?怎么做?解读未来的政治经济学一定要找到这些问题以及相关问题的答案。

如果我们想做到真正解放全人类,想要实现可持续增长,就一定要有所作为,缓解收入不均的状况,否则就不要期待能拥有和平宁静的未来。我这里所说的既包括国际间的收入差距也包括国内的贫富悬殊,两种情况都要改善。无论哪种情况,低收入人群的收入增速必须高于高收入人群的收入增速,收入差距才会逐渐缩小。

评估收入分配是否平等的标准有很多。各个标准都是侧重一个方面,忽略了其他方面,因此没有一个是完美的。我们以最常见的两个标准:基尼系数和十分位所得分配比,作为参考。

将人类视作一个整体,全球基尼系数是0.650[76],分配不均的严重程度已经超过了警戒值。如果以国家来看,各个国家之间存在很大差异。社会凝聚力较高的国家,分配相对平均;体制和政策都不完善的国家,贫富差距问题十分严重。基尼系数小于0.200,说明收入绝对平均,基尼系数大于0.700,说明该国收入极度不均。北欧国家的贫富差距较小,社会和市场秩序井然有序,也因此吸引了来自全球的很多移民到此定居。另外一些国家则恰恰相反,上百万国民都想要永远逃离自己的国家。这里所说的主要是位于南部非洲的一些国家,尤其是少数白人掌握大多数社会财富的国家形势更严峻,比如纳米比亚(基尼系数0.707)、南非共和国(基尼系数0.650)、博茨瓦纳(基尼系数0.630)。

在非洲23个国家中,有9个国家的基尼系数超过0.500。除了上面提到的3个国家,还有以下国家,基尼系数从高到低顺序如下:莱索托(0.632)、塞拉利昂(0.629)、赞比亚(0.508)、斯威士兰(0.504)、冈比亚(0.502)、津巴布韦(0.501)。

还有10个拉美国家：玻利维亚（0.582）、洪都拉斯（0.577）、哥伦比亚（0.560）、危地马拉（0.551）、巴拉圭（0.532）、智利（0.521）、巴西（0.519）、巴拿马（0.519）、墨西哥（0.517）、哥斯达黎加（0.503）。加勒比地区的海地（0.592)。亚洲地区是泰国（0.536）。大洋洲国家是巴布亚（0.509）。在发达经济地区，只有香港超过了0.500，基尼系数是0.533。

贫富差距较低的国家各具特色。让人感到奇怪的是，21个基尼系数低于0.300，分配相对平均的国家，其中有10个属于前社会主义国家，基尼系数从低到高排列如下：黑山（0.243)、匈牙利（0.247）、斯洛伐克（0.260）、哈萨克斯坦（0.267）、克罗地亚（0.270）、白俄罗斯（0.272）、乌克兰（0.275）、塞尔维亚（0.282）、斯洛文尼亚（0.284），以及还未得到国际社会认可的科索沃（0.300)。

不熟悉社会学统计方法的人，可能会吓到。基尼系数居然精确到了小数点后三位，我们中的很多人可能只知道自己大概是几十千克，具体数字都不清楚。这种貌似精确的数值其实只是用来唬人的。因为基尼系数本来就是计算到小数点后三位，如果是以1到100计算，只要到小数点后一位就可以了。我们要注意，这些数据并不一定完全准确，尤其是一些不发达国家，统计系统也很弱。除了巴布亚、洪都拉斯和斯瓦士这三个地区以外，其他国家我都去过，所有的人都很友好，但是对于那些地区的统计数据我确实会心存怀疑，收集和处理数据的通常不会是当地那些友善的居民。联合国、世界银行、开发银行等国际组织的专家和行政官员尽自己最大能力做出评估，但是他们得到的数据很零散，观察报告也不全面，因此我们在采纳这些数据时要有所保留，以免得出错误的结论。

在这种背景之下，阿拉伯国家居然在2011年发动了名为"阿拉伯之春"的革命浪潮，南美洲和非洲南部的很多国家濒临破产却没有发生革命，拉丁美洲和非洲南部收入不均的状况明显高于非洲北部和中东地区。在阿拉伯地区，只有摩洛哥的基尼系数略高于0.400，其他国家都低于这个数值。根据联合国、世界银行和美国中央情报局提供的数据，埃及的基尼系数是0.344，是这个地区贫富差距最低的国家。这个结果存在两种解释：首先，事情之所以会这样发生，是由很多因素同时共同作用引发的，扭曲的分配状况并不是引发人民起来反抗现状的唯一因素。还有就是，如果拉丁美洲、非洲南部和中亚地区的分配状况一直持续，过不了几年，也会爆发革命。

大家可以通过美国中央情报局世界实况中的数据进行对比分析。这些数据并不是美国的情报部门自己收集的，而是根据联合国组织和世界银行提供的资料汇总的。美国中情局当然对这些数据进行了深入的研究。有趣的是，最近世界概况不再提供叙利亚和利比亚等国关于收入分配不均状况的相关数据[77]。不管怎么说，我们还是要感谢美国中央情报局提供的这些资料，但愿中情局的数据分析都是以充分的科学研究为基础的。

波兰的基尼系数和埃及差不多，是0.342，属于该地区基尼系数最高的国家之一。这是2008年的评估数据。十年前，也就是1988年"波兰战略"实施之后，当时的基尼系数是0.316。目前没有最新的数据，这些数据虽然不能完全相信，但是确实没有好转的迹象，收入分配不均的状况仍在加剧。在这个问题上，波兰的状况和贫穷的玻利维亚以及富裕的美国是一样的。更糟糕的是，不考虑劳动生产率的变化，市场和财政的再分配机制是贫富差距加大的主要原因。一次又一次的选举（不管结果是否真的与民众的期许相符，但是选举活动确实一直在进行）稍稍缓解了民众由于分配不均积累的不满情绪，但是政治家们最好不要玩火，免得引火烧身。不管是在贫穷社会还是富裕社会，贫富差距拉大一定会增加社会的不满情绪。

所有的数据都非常滞后，这是让我们最困惑和担心的问题。如果收入分配状况一直像现在这样稳定持续，暂时还不会出现问题。就算是过去的知识，只要是正确的，也能用来解决今天的问题。但是，事实并非如此，情况随时在变化，有时快速而彻底，有时会走错方向，迈向危险。

收入分配数据没有理由非要延迟几年公布，除非故意滞后发布数据是想让公众和政治决策者意识到一些事实。我写这本书时，用的最早的数据是博茨瓦纳1993年和塞拉利昂1989年的数据。塞拉利昂的数据太过时，对于分析现状来说根本毫无用处，如果采纳这些数据，现在的分析总结肯定不够精确，对于制定未来的发展政策也没有参考价值。我们虽然能知道当地开采的钻石价格，但是现在谁找到了钻矿，谁拥有钻矿，目前当地民众的收入状况如何，这些我们都无从知晓。

当然了，上面的例子比较极端，但是包括已经加入欧盟的前社会主义国家在内的很多自主经济体，收入分配数据的陈旧程度也让人难以接受。比如说，引用的斯洛伐克的最新数据是2005年的，很多国家的数据都是好几年之前的。美国的基尼系数 0.470，也是 2007 年的数据，但是在经历经济危机的冲击之后，收入和财富的分配一定发生了很大变化。美国的社会机制一定会使穷人变得更穷，富人变得更富。现在的收集和处理机制都是为政治服务的，而不是真的为了得到真实的统计数据，照这样发展下去，如果我们想知道 2012 年收入分配的准确数据，至少要等到 2017 年才行，到那时候，总统早就已经换人了。

如果希望特定价值观引导下制定的社会政策发挥作用，单单依靠正确的经济理论肯定是不够的，我们还要对现在的状况和未来趋势做出持续的分析。政策的本质是以未来为导向的，因此如果我们采纳的数据是过时的，不能如实反映现在的状况，肯定无法制定出适应未来的政策。

虽然股市与家庭收入完全是两码事，但是道琼斯指数、富时 100 指数、达克斯指数和日经指数对于现实生活还是有指导价值的。我们可以通过这些指数按月了解货币供应变化；按季度了解国内生产总值的波动；每隔几年，我们还能通过这些数据了解几年内的收入关系。虽然世界一团糟，但是政治家们总会想到办法。他们会设法将大家的注意力从重要的问题移开，转到不是很重要的问题上去，同时暗地里为一些特殊利益集团服务。

几乎每个政治人物都知道自己国家股票交易市场的当前值。但是几乎没有人认识到基尼系数的重要性，即便他们在想方设法希望赢得选举，而基尼系数太高会让他们落选，他们还是不会去重视这个问题。败选之后，他们可能会在报纸上看到这样的评论：股票市场下滑，导致某某败选。他们自己也会认为这才是败选的原因，而真正的原因是收入分配的严重失衡使他们失去了民心。

这种状况已经严重影响了经济状况和发展政策。收入分派的评估必须得到重视，数据不能再像之前那样滞后。这些数据不只对国家发展有利，对全人类的千年发展目标来说也很重要，因此必须定期监测收入分配的变化。

国际货币基金组织要及时收集进出口趋势和资本流动方面的信息，分析师、决策者、经理人、企业家、投资者和政客们也要了解薪酬等方面的必要数据，世界银行和联合国开发计划署应该以不低于每年一次的频率，统筹和公布可靠的收入数据，包括收入水平、变化趋势、结构和不平等程度。总的来说，现代经济最重要的就是收入分配问题。我们前面提到过经济是动态发展的，前天的数据能帮你决定昨天的行动，我们的目标应该是根据今天的状况，为明天做出明智的决策。

在这种环境下，联合国在人类资本变化和现状评估方面付出了很大努力，我们应该对此表示感谢。最可贵的是，联合国在试图调整收入分配不均的状况，把关注点从人类发展指数转移到了人类纠正不平等发展指数上面。虽然这些评估也是基于滞后的数据做出的，但是不管怎么说，联合国在尽力对照180多个国家的这两个指数，已经是很大的进步了。随着时间的推移，这些工作对制定发展政策的意义会越来越重要。人类纠正不平等发展指数比人类发展指数低23%。这个指数会告诉我们，收入不均状况发展到哪种程度的时候，我们应该通过调整收入差距改善生活质量。

在很多情况下，与增加收入或提高社会健康和教育水平相比，改善不平等状况需要的时间更短，也更容易。当然了，我们应该重视所有领域的问题，但是改善不平等状况是重中之重。不管在贫穷还是富有的国家，都适用。如果想让美国人民像挪威人民那样享受生活，只要降低收入差距就能实现，这并不是很难发现的问题。这两个国家的人力资本指数分别是0.943和0.910，相差0.033，收入分配指数之间相差0.119（分别是0.890和0.771）。结果，美国人虽然平均富裕程度、受教育程度、健康水平都比挪威人高，却不如挪威人快乐。

还有一个最常用来衡量收入分配平等水平的方法，外行人更容易理解，叫作十分位所得分配比，具体指的是最富有的10%人口和最贫穷的10%人口平均收入比。以全球来看，十分位所得分配比值是10.3。全球最富有的7亿人收入占全球总收入的27.8%，全球最贫穷的7亿人收入只占全球总收入的2.7%。无论是最富裕的人还是最贫穷的人都分散在世界各地，只是在富裕国家中，富裕人口的比例更高，在贫穷国家中，穷困人口的比例更高而已。富裕国家也有人属于那10%最贫穷人口，贫穷国家当中也有人属于那10%最富裕人口。

有一天早上，我晨跑经过纽约联合国广场附近的一个交通路口等交通灯，对面就是联合国大楼，当时我看到了这样一幅场景：一位受人尊敬的绅士，可能来自非洲或加勒比地区，带着一块至少上万美元的白金劳力士，他把一个两角五分的硬币放到了一个星巴克的纸杯中，拿着纸杯的是个非洲裔美国人，带着一块10美元的假劳力士。那位绅士一定属于最富有的那10%，手拿纸杯的一定属于最贫穷的10%，尽管他们手上都带着劳力士……

2009年的时候，波兰最富有的10%与最贫穷的10%人口的收入比是8.2，最富裕的 10% 人口收入占总收入的 27.1%，最贫穷的 10% 人口收入占总收入的 3.3%。瑞典一直以贫富差距小著称，收入比是 6.2，10% 富裕人口和 10% 穷困人口收入分别占总收入的 22.2% 和 3.6%。纳米比亚是收入差距最大的国家，收入比高达 48.2，10% 富裕人口和 10% 穷困人口收入分别占总收入的 53.0% 和 1.1%。

拉丁美洲通过社会和经济政策调整，在收入分配方面取得了很大进步。2003 年的时候，这一地区的基尼系数是 0.530，到了 2010 年已经降至 0.500，而且还在持续下降，但是贫富差距还是很悬殊。不用进行深入的对比研究，只要是去那边旅行过的人很容易就能发现这个问题。如果我们不用十分位所得分配比评估当前的状况，换成五分位的话，就会发现最富裕的 20% 人口平均收入是最贫穷的 20% 人口平均收入的 20 倍。

美国社会收入分配不均，主要是因为实施了新自由主义政策。虽然这符合了某些人的心意，但是另外一些人却十分不满。从罗纳德·里根总统 1980 年赢得选举开始，分配法则发生了巨大变化，1% 的最富有人口占据了总收入的 9% 左右，如今 1% 的最富有人口占据了总财富的 40%，拿走了总收入的 23%。少数人之所以掌握了大部分财富，都是借助金融市场解除管制的机会，通过投机获得的。由于对国内经济活动的监管不到位，会因此引发危机。大家应该为此感到惭愧。最近一次大规模的收入转移，发生在 1929 年的大萧条时期，1% 的特权人士接管了 18.4% 的社会收入。

我们来进行一下对比：奉行新自由主义的英国，1% 的最富有人口拿走了总收入的 15%，瑞典和法国则低于 10%。在 1973 年到 2007 年间，美国的劳动生产率上升了 83%，但是男性平均工资水平基本没发生变化，仅上升了 5%！难怪经过 1997—2007 年这十年的积累爆发了危机，基尼系数从 0.408 迅速飙升到了拉丁美洲的水平，达到了 0.450，现在比那时候还要高。结果，十分位所得分配比高达 15 倍，最富有的 10% 人口拿走了 30% 收入，最贫穷的 10% 只占总收入的 2%。

重点是社会分层越来越严重，富裕人口（占总人口的少数）和贫困人口（人数更多）收入差距越来越大。2009 年经济衰退之后的前几个季度，经济有所反弹，资本收益提升，获利总数是人工成本的三倍。但是有些人的生活状况却越来越差，大多数人还在努力做苦工，少数人却开着豪华游艇到处招摇。这种状况会威胁到社会秩序，应该引起注意。别把大家当傻子。

很多地区的工业发展在退化,这和熊彼特[78]著名的创造性破坏理论完全不同,熊彼特提倡应用新科技,让事业和工业部门变得更有效率,替换掉无法抵抗竞争压力的陈旧管理方法。也许,创建新管理平台的创造力,无法弥补过时的生产方法、管理不善以及政策缺失引发的破坏性结果,因此,经济还会持续下行,随之而来的便是社会退步、文化堕落。当然,事情也许不会这么糟糕,但是现在的状况确实不容乐观,对未来造成的威胁可能还会更严重。值得一提的是,熊彼特的"创造性破坏"论是从马克思和恩格斯那里借鉴来的,不同的是,熊彼特对这种理论描述的结果充满了渴望,他曾告诫大家提防资本主义自我毁灭的风险。

这方面有一个非常值得注意的例子,我要说的就是底特律,一直到最近,它都还是美国引以为傲的汽车产业重镇。有人说,对通用汽车有利,从本质上来讲就对美国有利。美国向广岛抛下原子弹,放射性粉尘要过100年才有可能散去,现在互联网上有很多人把广岛和破败的底特律进行对比。60年前,底特律有180万人,现在只有不到1/3。电影《底特律》[79]对这种状况进行了充分的描述,在困难时期(现在就是),如果雇员们不同意合理减薪保护就业,工厂就会倒闭,所有的雇员也会因此失业。

不只是底特律的日子难熬,日本的日子也不好过,只是原因略有不同。很多地区从前繁荣的工业中心,盛产汽车、船舶、煤炭、水泥、服装,后来市场不再需要这些商品,或者更廉价的同类商品占据了市场,最终该地区走向没落。这会增加贫困地区的范围,拉大收入差距。最近,某些高新技术区发展得很好,就像当初的汽车之城底特律、德国的钢铁之城鲁尔、造船巨头格拉斯哥一样。但是我们要注意,世间没有什么是永恒不变的,在遥远的未来,也许硅谷也会走向穷途末路。

眼下,建议政府出手干预市场进程,实施"创造性破坏"政策,这已经不再是吸引人眼球的理论概念,已经变成现实了。纪录片《底特律的崩溃》中清晰地描述了,技术发生变化,经济结构在转型,却没有相应的产业政策支持,可能引发什么样的后果。

这使我想起了20世纪90年代早期,波兰经济遭受打击,政府却置之不理的场景,那时候的工业部长说"不制定政策就是最好的政策"。他当时打算等到合适的时候再推出产业政策,他认为的合适时机是,生产技术和生产体系完全转型以后。

由于没有适当政策支持引发了工业化倒退,如今在很多地方大家还能感受到它的副作用。如果政府不能适时推出明智的政策,可能会引发爆炸性的破坏效果。再多说几句,让大家明白,不好的政策会带来严重的灾难。市场经济发展的目标并不是完全摈弃政策,全靠自由市场,而是应该结合私营企业的发展根基,调整结构制定缜密的经济政策,通过宏观调控,使经济平衡发展。

美国当然不是世界的中心,但是它确实是一个超级大国,也是一个非常庞大的经济体,在这里,世界5%的人口创造了全世界20%的产值,控制了全球40%的金融市场。这里发生的一切都会引发世界性的连锁反应。老百姓的状况比华尔街还要糟。采取的客观手段和犯下的主观错误互相作用,导致美国贫困人口正在增加,中产阶级人数正在下降。失业人口、贫困人口、社会边缘人和在押犯,被排挤在正常的经济活动之外,因此根本不在统计范围之内。

经美国人口调查局和联邦储备委员会定义的中产阶级是,收入水平在39 000美元到118 000美元之间的人群。在过去的十年间,三口之家的平均收入从72,956美元下降到了69 487美元,考虑到5%的通货膨胀率,实际上实际收入水平下降得更严重。2001年中产阶级占总人口的54%,2011年下降到了51%,虽然上层阶级人数有所增长,但是下层阶级的人数增加得更多。在底特律(不只是底特律,还有其他很多地区)我们会听到这样的说法:中产阶级中有一小部分人上升到了上层阶级,大部分变成了穷人,如果我们不能马上终止这种进程,必然会迎来一场革命。接下来就不只是产业问题,会变成社会问题了。这是耸人听闻吗?其实不是。这是一种可能,虽然谁也不希望未来变成这样。不过,如果重新走上新自由主义的老路,得到利益的人不知道反思,仍一心追求利益,爆发社会革命的可能性会大大提高。

难怪美国的社会资本正在减少,民众对未来逐渐失去信心,这些都是令人担忧的问题,因为会危害到社会发展。由于社会等级差距越来越明显(经济危机并非贫富差距拉大的唯一原因,很明显是特定的经济政策长期作用的结果),美国人民正在失去乐观的态度。2008年的时候,54%的民众认为下一代的生活会比现在的生活更好,到了2011年,只有43%的民众这么认为。这个调查结果揭示了一个质的变化,当然是往不好的方向发展。即便统计数据显示实际上总体平均状况在改善,但是民众抱有这种消极的想法,认为未来会越来越糟,说明社会确实已经在朝着更糟糕的方向发展。

美国面临的问题也是世界面临的问题。先降低收入差距增长的速度,再慢慢拉近收入差距,是时候该行动起来了。只要触动导火索,罢工、游行、抗议、示威、占领等冲突就会在世界范围内轰轰烈烈地爆发。别忘了,政治运动颠覆了很多社会主义国家的政权,从奥得河一路延伸到太平洋。波兰城镇梅莱茨一家工厂自助餐厅的肉丸价格从9兹罗提(波兰货币)长到了10兹罗提,因此引发了1980年7月1号的罢工运动。肉丸涨了1兹罗提就改变了历史进程。

表面上来看,只是各种各样的小问题,美国可能存在这种小问题,中国存在另一种小问题,埃及和印度也存在不一样的小问题,俄罗斯和巴西也是一样,但是如果我们仔细观察就会发现,事件真相下面的问题都与收入相关,都是收入水平、收入变化或收入关系引发的问题。为什么当今社会变得这么不稳定,这就是症结所在,因此一定要重视。固有的文化冲突也很严重,但是经济问题更严重,收入分配方面的问题是最关键的。

政治层面应该做出的反应很复杂,数学方面的问题其实很简单。从数学角度来看,无非就是让挣得少的人收入增速比挣得多的人快。但是从政治层面来看,将之转化为现实是非常复杂的。虽然很难,但是并非不可能。首先,要有改变的意愿,这样才有可能实现。结果会向大家证明,这么做是值得的,因为这么做不仅对社会有益,也会为经济发展带来好处。

让我们将目光转向现实政策,你会发现,短期政策都是为小股利益集团服务的,缺乏真正想要改变的决心,在改革的问题上,意见不一。法国社会党的总统弗朗索瓦·奥朗德,采取了和共和党前总统尼古拉·萨科齐完全不同的策略。贝拉克·奥巴马解决问题的方法与米特·罗姆尼想要采取的方法存在本质上的差别。波兰也不例外,每个党派都有"精彩绝伦"的执政理念。中国的新领导层对于如何解决收入不平等的问题也没有达成一致。说白了,国际组织、政府和非政府组织的发展经济学家、相关专家、官员,所有人的意见都不统一。

有些人可能想要坚持维护一个单纯的假象。民众可以抗议收入不均(这种可耻的不公平,与一个人对国家做出的贡献无关),也没有人会去设置人为的障碍。但是混乱会让社会无法摆脱2008—2013年的美国和欧洲经济危机,"阿拉伯之春"可能会蔓延,各种示威活动会遍布全球。他们应该会明白,不平等中必然会存在贫穷。然后他们会看清真相，意识到一直维持这种扭曲的状态是不现实的。未来可能会是这样的：过去是这样，现在也是这样，但是未来一定会发生变化。

什么样的人属于贫困人口，什么样的人不属于贫困人口，这也是一个存在争议的问题，主要是看我们采纳了哪种定义，哪项指标。如果提出这样的问题，会得到什么样的答案呢？你是想在富裕的国家当个穷人，还是想在贫困的国家当个富人？关于这个问题，大家会给出不同的答案。主要是看回答问题的人怎么理解穷国的富人和富国的穷人的生活状态。在真正的社会主义国家物质极其匮乏的时候，有人开玩笑说宁可用华沙带两个卧室的公寓换取纽约的一个睡袋。当然了，他并没有这么做，就算他真这么做了，他当初想的肯定是能在短时间内能摆脱睡袋，搬到和华沙差不多的带两个卧室的曼哈顿公寓里去。如果他的构想实现了，他相当于从东欧的中产阶级，变成了北美的中下层阶级，但是如果事情没有按照他预想的那样发展，他可能会变得穷困潦倒，整天在地铁里混，因为那里稍微暖和一点，在这个大都市里，很多无家可归的人都会睡在那里。曼哈顿的街头看起来真的很可怕，即使大家都不说，但是去过的人都能感受到。找个纽约的流浪汉问问，他也会说，社会不平等问题以及社会排斥问题比以前更严重。十多年间，流浪汉的人数增加了61%，目前已经达到了50 000人，真的是相当惊人的数字。

在富裕的美国，有15%的人口生活在贫困线以下（之所以用美国参考而不是其他国家，因为如果是委内瑞拉或者白俄罗斯等国，贫困人口比例肯定更高）。总共有4 700万人，和西班牙的人口总数差不多。生活在贫困线以下的人属于贫困人口，贫困人群的"收入无法满足维持健康生活的基本生活需要，收入所得无法提供保持健康必需的食物、住所和衣着"。收入水平是政府中负责人口统计的机构，根据家庭人口数量，参考每年的基本生活标准和通货膨胀率，经过严谨的计算得出的。其他国家的计算方法也大同小异。

美国有21.9%的贫困儿童，65岁以上的贫困人口较少，有8.7%。原因是，贫困对孩子多的大家庭的影响最严重，对于那些依靠自己的专业技能以及商业活动积累了一定财富的人来说，影响不是很大。也就是说年纪大的人在经济全盛时期已经积累了一定财富，现在他们只需用自己的积蓄维持一定水平的生活就可以了。美国四口之家人均月收入不足480美元，五口之家人均月收入不足500美元，一口之家人均月收入不足960美元的，就属于贫困群体。八口之家（美国确实存在这种人口众多的大家庭）人均月收入不足 400 美元的话，生活就很难维持[80]。

波兰属于中等收入国家，有 16.7% 也就是 1/6 的贫困人口，1/6！这可不是个小数字。看看你的周围，你的邻居、同学、同事，街上的路人、公园、商店里的人，你能看得出谁是这 1/6 里面的人吗？如果你看不出来，可能因为你身边没有这样的人，但是在其他地方一定有大批贫困人口聚集，这些人甚至不在统计范围之内，也有可能你与那些人擦身而过，却没有注意。或者是我们在有意地忽视这些人的存在。

刚果是世界上最贫困的国家，生活在贫困线以下或者说极度赤贫的人口，占总人口的 70%。这里的人均寿命只有 56 岁。成年女性，平均会生育超过 5 个孩子，13 个孩子中就会有一个活不过婴儿期，侥幸活下来的孩子中，会读写的女孩只有 57%，男孩有 77%。将来，这里的人民一定会竭尽全力摆脱这种生活。在全世界还有很多类似的地区。在那些地区会看到很多震人心魄的惨状。

这些统计数据有可比性吗？刚果 70% 的贫困人口与美国的 15%，这种数字的对比有意义吗？应该拿波兰的贫困人口比例与其他国家进行对比吗？答案是肯定的，但是我们得出结论的时候必须注意，所有的评估和战略决策都要以发展政策为基础。得出的答案取决于你要解决的问题。对于金钱的匮乏而言，刚果每天 0.5 美元的生活状况可能和波兰每天 30 兹罗提差不多，如果我们开展示威游行，罢工或其他形式的反抗，波兰人月收入 1 000 兹罗提可能和美国人月收入 1 000 美元的生活水平相当。贫穷是一个相对的概念。

波兰的中央统计局同时参考了多个贫困标准，认定只能维持最低生活标准的人属于赤贫人口，赤贫群体商品和服务的必要消费必须得到及时的保障。生活最低标准是由劳动与社会研究所计算得出的。基于这个统计，统计局估计，约有 6.7% 的家庭生活在赤贫状态。这个人口很庞大，而且通常是一些人口众多的大家庭。一口之家占比 2%，四个以上孩子的家庭占比 24%。最后要强调的是，收入水平低、失业率高的地区，贫困人口数量更多。

大规模的贫困人口会对国家的社会结构形成严重的威胁。好在目前还没那么糟糕，在制定最低生活标准的时候还是比较宽松的。如果按照定义来看，生活在贫困线以下的人根本没办法生存，我指的不是最低工资标准。但是，虽然政府制定了很多保障政策，生活水平低下的人还是很难走上生活的正轨，孩子得不到适当的照顾，很难有机会翻身。所谓的解放，不是单指解放一个整体社会，也要解放每一个具体的社会成员。话说回来，想要彻底解放，就要发展经济。

贫困线是一个应用广泛的指标，可以显示支出和收入低于全国平均水平一半的人占全社会的百分比。难怪波兰的贫困人口比例这么高，根据这种计算方式，高达 16.7%[81]。准确来讲，这个标准侧重的是家庭平均开支而不是收入。相关规定的目的是，要调整用于支出的可支配净收入（有些人会将收入存起来一部分，但是只要用于家庭开销的金额低于一定值，也算作相对贫困人口）。

从心理学角度来看，如果身边的人都比自己富裕，你就会觉得自己穷。虽然这种主观的自我比较行为是可以理解的，但是这种意义上的个人收入水平不及平均收入水平一半的情况，并不能作为相对贫困的标准。很多国家半数人口收入上万美元，但是如果说月收入 5 000 美元的列支敦士登和月收入 3 500 美元的卢森堡居民算是贫困人口，似乎也很荒谬。好吧，考虑到相对的贫困概念，他们确实也算是穷人。

关于贫困人口的最低收入标准，贫困人口收入与平均收入比应该是多少，一直存在很大争议。50% 是最容易想到的数字，除以 2 就可以了，谁都能算得出来。但是，考虑到贫困人口的数量，这个比值明显偏高，很难实现。各国政府普遍急切地想要降低贫困指数。只要把贫困人口的基本消费水平调整到平均消费水平的 40%，贫困人口的数量就会减少很多。通过这种方式降低贫困人口数量，与政策无关，只是耍了点障眼法。就像奉行新自由主义的玛格丽特·撒切尔执政时期的英国，失业率的定义调整了 12 次，在调整定义的过程中，失业率下降了 11 次，另一次是持平的。有意思的是，中国最近也调整了贫困的相关定义，标准大幅提升到了 2 300 元，约合 365 美元，相当于每天生活标准在 1 美元，购买力平价推算的话相当于 600 美元。结果贫困人口上升到了 1 亿 2 800 万，虽然他们的生活水平已经不可同日而语，这部分人的实际收入也在逐步增加。

不管怎样，中国都是全世界贫困人口最多的地区。糟糕的是，最近中国的贫困人口数量还在增加，虽然经济在持续增长。据千年研究项目推算，全世界每天维持生活花费的金钱低于 1.25 美元的人口超过 10 亿，联合国以此作为贫困的标准，并以此为参照制定了千年发展目标。千年发展目标计划，到 2015 年贫困人口数量应该降低至 1990 年的一半，也就是说，贫困人口数量要从 18 亿多减少到

9亿2 000万。但是，此时有27亿人也就是全球总人口的38%，受经济危机的影响，每天的生活标准低于2.5美元。基本上就是活一天算一天。每天有15万人死亡，其中大部分是贫困导致的饥荒和疾病引发的。

每7个人中就有1个人营养不良，忍饥挨饿的人更多。这些人中既不包括你，也不包括我。那么一定有些地方挨饿人口的比例超过平均值，就是那些贫困国家。据联合国粮农组织推算，近几年全球有9亿人在忍饥挨饿，和贫困人口的数量相当。营养不良的人中大部分由这些人组成。由于贫困国家都集中在亚洲、非洲，尤其是撒哈拉以南地区，所以这些地区填不饱肚子的人口数量也相对较多。98%的挨饿人口集中在所谓的发展中国家，实际上应该称之为欠发达国家。

由于很难统计，实际上没人知道到底有多少人填不饱肚子，很多国家的数据都很粗糙。而且，由于政治原因，有时候这些数据是经过处理的，原因是有些国家或国际组织想要鼓吹自己在解决温饱问题上做出的贡献。世界粮农组织在2012年秋天对之前的评估方法做出了调整，也许更准确了，但只是也许。结果，2009年评估的贫困人口数量是10亿，在评估方法调整之后，下降到了8.7亿[82]，即便如此，贫困人口还是占到了人口总数量的1/8。1990年长期挨饿人口数量是9.8亿，这样一来就下降了11%。单看非洲，长期挨饿的人口数量就从1.75亿增长到了2.39亿。即便如此，现实情况也和千年发展目标中预想的相差很远，千年发展目标中计划到2015年营养不良的人口数量与1990年相比要减少50%。肯定无法实现。

今天一天就有18 000名儿童死于营养不良和营养不良引发的饥饿，这些孩子还都不满5岁。明天还会有这么多孩子离开人世。

最令人难以接受的是，其实全世界有能力生产足够的粮食，维系整个人类的生存。据世界粮农组织估计，全世界生产的粮食足够养活120亿人，如果地球上真有120亿人，人口密度会非常高，这种情况很可能永远都不会出现。现在，我们最该担心的应该是全世界那10亿吃不饱的人。目前，虽然人口数量疯长了70%，全球的人均农业产量比30年前提高了17%（按照卡路里换算），如果分配得当，每个人都能满足每天2 700卡路里的摄入量，远高于人体所需的2 300卡路里，不幸的是，没有土地生产自己所需的粮食，或者是无钱购买的人口，还占全球人口总数的1/7之多。

我们应该通过哪些制度性的解决方案和经济政策手段，促进现状往积极的方向调整？这是一个需要回答的问题。降低收入差距，缓解长期的收入短缺，消除饥饿人口，为了给这些问题找到正确的解决方向，我们必须先了解贫困的分布情况。根据这些知识，制定合理的政策，彻底消除贫困和贫困带来的不良影响。

如果简单地说贫困人口大部分分布在非洲和亚洲，或者说大家庭贫困人口的比例更高，这样描绘太过笼统了，这个问题实际上很复杂。想要找到限制贫困地区扩大的方法，就要先找到贫困群体的位置。给每个贫困群体或个人提供个性化的援助，根本不现实。只有系统性的方法才能发挥作用。

如果我们根据贫困人口的数量绘制一张新的世界地图，非洲和亚洲一些地区会变成这种意义上的大国；欧洲，尤其是西欧，以及北美地区，则会变成这种意义上的小国。我们还会发现，各个国家自己绘制的地图轮廓都不一样，因为大家对贫困程度的判断参考了不同的标准。

在比较经济学中，处于不同发展阶段的国家应该区别对待，大体可分为三个阶段：最贫困阶段国家、经济中度发展阶段国家、富裕国家。前两个阶段的国家比较脆弱，发展过程中很可能遇到困难，甚至崩塌。这两个阶段的国家可以进一步分为"受冲突影响的脆弱国家以及脆弱和衰败的中等收入国家"[83]。发展水平最低的国家，以及按购买力计算人均国内生产总值达到12 500美元的中等发达国家，都属于这个范畴。巴西和罗马尼亚的人均国内生产总值就差不多是这个水平。同样是对抗贫困，问题也有轻有重，乌干达或缅甸的收入是这些国家的1/10，利比里亚和索马里的收入是这些国家的1/20。

顺便说几句，其实到底哪些国家算是"受冲突影响的脆弱国家以及脆弱和衰败的中等收入国家"，也是值得商榷的。尤其是前段时间，当局派人威胁布加勒斯特（罗马尼亚首都）附近的罗马（非意大利罗马）棚户区居民。如果是津巴布韦当局派人威胁哈拉雷（津巴布韦首都）的麦拜尔市场的棚户区居民，大家可能还不觉得这么震惊。警察出动不是为了保护要求民主的抗议者和公民自由，而是镇压，我说的不是发生在叙利亚或也门的事，滥用警察特权的是西班牙和希腊政府。向民众射击橡皮子弹、扔催泪瓦斯的不是大马士革（叙利亚首都）或萨那（也门首都）的警察，而是马德里和雅典警察。即使没有催泪瓦斯，看到这种画面你也会想哭，谁也想不到欧盟国家居然会走到这步，混乱的局势直到最近才恢复和平。

失败的政策会引发一系列的经济和社会危机，公众不得不承受严重的财政紧缩造成的影响。过度的激进主义降低了中产阶级的生活水平，甚至把很多中产阶级拉入了贫困阶层。很多人一开始置身事外，后来也会上街抗议。同时，政策对于满足人民的需求只能起到反作用，国家的经济越来越不景气，经济危机激化了民众的反抗情绪，希腊和西班牙的局势变得愈发混乱。这里再也不是流淌着橄榄油和葡萄酒的梦幻大陆，这些社会尽管并不贫困，却变得异常脆弱。最近这几年，地中海周边的几个国家都可以算作"受冲突影响的脆弱国家以及脆弱和衰败的中等收入国家"，这些地区如果推行了成功的经济政策，社会发展得一定比现在好。

因此，富裕和脆弱的社会并不是完全对立的。新自由主义政策如果被广泛实施，将来这种情况会发生的越来越频繁。葡萄牙政府为了解决财政危机，推行了不负责任的极端政策，他们将企业支付的社会保险费用从工资总数的23.75%降低到了18%，把负担推到了雇员身上，员工缴纳的部分从11%涨到了18%。不仅民主议会提出了抗议，街头也爆发了暴力示威活动，迫使政府放弃这个考虑不周的计划。如果我们以平均购买力每天1.25美元作为标准，简单地将消费标准低于这个数字的人口定义为贫困人口，稳定的贫困国家贫困人口数量从1990年的20亿下降到了如今的10亿。这是非常大的进步，如果我们对未来的期待与之相似，也会得到满意的结果。有些人确实抱有这样的期待，即使潜在因素正在变化。对股指期货市场进行的比较研究表明，这些国家的贫困人口数量还会持续降低，到2005年，这些国家的贫困人口数量会下降到2亿[84]。

经济发展促成了这些成就。在某些案例中，比如巴西在过去10年间又推行了收入分配制度，给穷人带来了更多好处，这是造成这种积极改变的另一个重要因素。政府的开明政策可以让穷人的收入增速高于平均值。

但是，我们也不要被民粹主义引入歧途，以为只有通过收入再分配才能消除贫困。如果经济零增长，一切都成了无稽之谈，只有在产值增加的情况下，再调整收入分配制度，才能得到我们想要的结果。必须实现收入普遍增长，穷人的收入才能正常增长。

相比之下，拥有13亿人口的中国（中国2014年统计的人口是13.672亿）幸运地摆脱了贫困的泥淖，经济增长改变了数以亿计的人生活状态。如果不是由于政府推出了适当的经济政策，国家与市场互相协作，很难取得这么大的成果。根据中国的经验，我们可以得出明确的结论，那就是：如果政府不能发挥积极的作用，

就不能从本质上减少贫困。即便是在最富裕的国家也很难取得这样的成果。

对于中国来说，贫困人口的减少和收入不平等状况的加剧是同时存在的，因为在中国经济整体增长的时候，富人收入的增长速度比穷人快。经济增长使得中国和巴西的贫困人口逐年减少，但是收入差距也在急剧增加，巴西的收入差距最近出现轻微的下降，如果两个国家继续以目前的状况向前发展，过不了几年，两国的基尼系数就会持平（目前中国的基尼系数低于巴西）。

在这里需要指出的是，我们对于中国成功抗击贫穷的表现，不仅要做出表扬，也要提出批评。生活状况改善的大部分是城市人口。但是53%的农村人口，这7亿多人还在与贫困做斗争。中国确切的收入分配状况还不清楚。中国的十分位所得分配比是4.3（国民总收入的15%被收入最高的10%人口拿走，收入最低的10%人口只获得了总收入的3.5%），基尼系数是0.480，他们必须从根本上提高全体公民的收入才行。这种状况很容易诱发冲突。毕竟中国还有1.8亿贫困人口，其中大多数是农民，本国经济虽然飞速增长，这些勤劳的人民却尚未享受到丰收的成果。

印度和印度尼西亚也是人口众多的国家，虽然在消除贫困方面取得的成果不如中国，但也是成绩斐然。印度贫困人口比例下降1%，就等于让1 200万人摆脱了贫困。这个数字和也门的贫困人口总数相近。也门有2 500多万人口，45%的人民生活在贫困线以下，这一地区的贫困必须完全消除。在遭受穷困煎熬的同时，该地区的情况还在持续恶化。中国（官方公布的贫困人口居民占人口总数的13.4%）、印度（30%）、印度尼西亚（只有12.5%）、巴西（21.4%）各国的人口总数超过30亿，发展水平已经不再像以前那样低下，属于稳定的国家。也门属于典型的不稳定国家，伊朗（贫困人口占25%）也属于这类国家，除此之外还有人口稠密的尼日利亚（贫困人口占75%）和巴基斯坦（贫困人口约占23%）。

如果一个国家的文化、体制和政治稳定，即便发展水平暂时落后于同类国家，也会慢慢赶上。经过一代人的努力，极端贫困即便存在也会变成特例，虽然未来还会出现相对贫困。可悲的是，世界上还有很多结构不稳定的脆弱国家。很多人深陷当地种族斗争或领土争端的泥潭，无心旁顾。世界局势处于动态发展中。之前马里也属于稳定的贫穷国家，2012—2013年变成了受冲突影响的脆弱国家。缅甸之前的局势也很不稳定，近几年状况好转。但是，世事无常，这些国家稳定或不稳定的现状将来可能还会出现变化。因此,预测未来的变化是最具挑战性的课题。

脆弱经济体的贫困人口数量从1990年至今一直没有发生变化,保持在5亿人的规模。如果我们将贫困的标准提高,按购买力平价计算定义在每天消费2美元,到2025年,脆弱国家的贫困人口数量会增加,虽然分布地点可能会发生变化。在10个非洲贫困国家中,贫困人口接近总人口的60%。贫困人口数量最多的是刚果民主共和国,现在有9 000万,占世界贫困人口总数的16%,从现在开始再过15年左右,这个国家挣扎在贫困线以下的人口数量比现在还要多。尼日利亚的贫困人口有6 000万,占全国总人口的27%。换句话说,可能用不了20年,这两个人口稠密的国家,贫困人口就能超过全世界贫困人口总数的1/4。从这一点来看,既算坏事也算好事。之所以说是坏事,因为集中的贫困和由此产生的痛苦,会导致社会崩溃,以及大规模的人口外迁,不光会对周边国家造成影响,还会对很多国家造成后续性的深远影响。之所以说这是好事,因为相较于贫困人口散落在全世界的状况,贫困人口集中在相对小的区域内,问题解决起来更容易。

虽然正确的发展方向很明确,发展经济专家和政治实践专家也付出了努力,脆弱的地区,比如苏丹的达尔富尔、马里的阿扎瓦德、埃及或巴基斯坦全国,面临的问题却日益严峻。这些地区面临的不再是单纯的社会(人民生活困难)和人道主义(人民挨饿、生病和死亡)问题,还有政治(政局不稳)问题以及安全(极端主义的滋生土壤,不断升级的地区冲突)问题。

到2013年,不稳定国家的贫困人口数量已经超越稳定国家的贫困人口数量。稳定国家的贫困人口数量正在逐年减少,其中经济发展起到的帮助作用最大,而不稳定国家的局势则恰恰相反。在不稳定的国家中,贫困人口数量正在增加,冲突、糟糕的政策和治理不善使得经济无法正常发展,进一步导致了贫困人口数量的增加。如果产出增加,获得的产值大部分却被权力集团占有,整个国家都会被腐败堕落搞得意志消沉。我们无法自欺欺人,一个由流氓领导的国家,怎么可能朝好的方向发展。

在这些国家中,虽然面临着全方位的考验,却很难找到出路。尽管如此,也不要心灰意冷,因为无论多么困难的问题,将来都会得到解决。稳定的社会应该可以自己解决。中国和波兰无须他人帮助,通过自己的努力就能消除贫穷。波兰还有1/6人口处在贫困之中,波兰人不应该再为此感到羞耻。我并不是说大家应该变得无耻，也不是说应该放任贫穷置之不理，只有新自由主义者才会这么想。通过调整贫困的定义和标准这种作假的方式的确能达到想要的效果，然而只有通过完善体制，借助公共资金为穷困人口提供专业的支持，帮助他们找到出路才能从根本上解决这个问题。从长远来看——之所以要从长远来看，是因为贫困不是短时间能解决的问题——要耗费很多精力，公共服务、就业指导、卫生保健等方面的帮助和支持都要跟上。将来只有针对市场需求提高贫困人口的就业能力，才能对抗贫困，除此之外没有捷径。所有国家都应该这么办。

稳定的社会和经济体想要消除贫困，就要依靠两方面的政策相互作用：不仅要尽可能地增加真实收入，还要调整分配制度，平衡贫富差距。有些国家收入分配已经相对均衡，比如瑞典。如果无法达到瑞典的标准，还可以进行二次分配，也就是通过税收、收入转移和预算支出进行再分配。

首先，我们要通过相关机构标准和法规提高储蓄和积累速率，资本市场和银行方面要通过对金融中介服务进行有效管理，保持经济的理性增长。这里的"保持"并非要限制对成果的渴望也不是要限制各种可能性。但是，当产出增长会进一步拉大收入差距时，我们更应该要倍加谨慎才行。

其次，我们必须要完善再分配政策，可以采取强制税收，适当分配人类资本和社会投资的开支。财政和社会政策的相互结合，能快速提升贫困家庭的收入和消费水平。将来，无论是刚果还是中国或美国，世界各地都应该推行这项措施。资本收入应该结合工作所得和通过再分配实现的积累，这是累进税制的基本原则。

亚当·斯密对累进税的态度是正确的，这是新自由主义者和自由意志主义者们想要极力遮掩的。亚当·斯密写道：富人们为了浮华和虚荣的生活花费大笔的金钱。他们的房子装饰华丽，为了满足自己对奢侈品的追求和虚荣心，他们会选择最昂贵的商品。因此，应该增加对富人的征税，这样也许能降低这种不合理的不平等状况。让富人多承担公共开支没有什么不合理的，不仅因为他们收入丰厚，而且按收入比例来看理应如此。[85]

有个美国亿万富翁一时心绪来潮，说了句大实话，他说国家对他征收的税率比他的秘书要交的税率还低。美国总统听到这句话马上抓住机会说，这正是现代经济的荒诞之处，他的竞选对手，在资本市场投机中获得了30倍的高利润，只支付了1/3的较低税率。所有这些国家（好在本就为数不多）选择退出所谓的平税陷阱。

一方面，因为平税制度会拉大收入不平等水平；另一方面，这种制度还会降低用来维持社会运作、保持经济持续增长的公共资金。

稳定的国家和富裕国家着手消除贫困时，靠自己的能力就能降低贫困人口数量。而受冲突影响的脆弱国家以及脆弱和衰败的中等收入国家，需要外力介入才能实现。对高度发达国家的援助至少要达到其国内生产总值的0.7%才能见效。包括最富有、最重要的美国在内的一些国家，由于社会态度扭曲、道德崩溃，让很多人坚持顽固的价值观一意孤行，使得局面越发艰难。如果找个美国人，问他最该消减的开销是什么，他一定会说"对外援助"。很多人这么说是因为无知，他们根本不知道美国在这个项目上的开支其实很低，只占国内生产总值的0.2%，即便削减掉所有相关开支，几乎对国家债务不会产生任何影响。大多数人都认为贫穷和饥饿是别人的事，不应该浪费本国的钱管闲事。他们居然不明白帮助别人就等于帮助自己的道理。由此可见，新自由资本主义的价值观与社会市场经济定向存在一定差异。

未来的援助必须要有针对性。失败的援助行为并不少见，不当的援助不仅达不到预期的效果，还会让富裕国家在帮助他人的时候持消极态度。经济合作组织召集了来自各个政府和非政府组织的多领域专家开展开发援助工作，受援国的官僚主义和领导人也是他们要面对的问题。有些人试图查明教育资金的去向，结果发现，如果给巴基斯坦学校1美元，他们真正能用于教育发展的资金原来只有17美分。发展援助变成了资助方和受助方发财的机会[86]。援助已经变成一项产业，所谓实施帮助的人比受助人获得的利益还要高。

如果我们认为非洲的刚果、埃塞俄比亚，或美洲的海地、巴拉圭等国，能靠自己的力量摆脱贫困，无疑是自欺欺人。他们怎么可能靠自己完成这么高难度的任务。必须有别人拉他们一把，在消除贫困方面多多努力，将来才可能找到出路。所谓的拉一把，包括投资当地的人力资本累积、基础设施建设，强化经济机构的能力。当然，当地必须调整政策接受外部的监测和审计，原因很简单，既然你在花别人的钱，这钱要怎么花，就不可能完全自己说了算。

消除贫困的大方针是很简单的——如果我们想要帮助自己，必须帮助别人；如果有人想要得到别人的帮助，首先要自救；如果有人对道德问题漠不关心，那是他的事；但是，任何先进国家和富裕国家聪明的消费者、企业家、投资人、政治家，在面对现实和塑造未来的问题上必须抱有务实的态度才行。有的人可能对肯尼亚贫民窟不堪的生活条件无动于衷，对秘鲁棚户区忍饥挨饿的儿童漠不关心，但是，这些人还是或多或少会关心世界的可持续发展吧。

　　世界的可持续发展，不仅关系到传统的国内经济，也关系到全球经济，极度的收入不平等会对经济增长产生负面影响。现在的状况主要是因为人们更多关注分配问题可能引发的冲突，但是对于经济扩张、增长和发展方面并没有采取相应的创造性措施。大学生不去听课，有工作的人不去工作，而是受一些知识分子或政客们的鼓动，举行集会，上街游行；不去为了未来的发展展开生产劳动，天天琢磨着开会讨论发生了什么以及如何在愤怒的潮流中保全自己。印度、匈牙利、菲律宾和俄罗斯到处都是这种情形。如果我们想在未来有所收获，就老老实实回家劳作去，经济增长我们才能获得巨大收益。我们也应该注意别的地方发生的变化，因为所谓的"别的地方"跟我们也是一体的。所有穷困的人，不管是身边的还是远方的，我们都是一体的。

　　我们面临的问题越来越严峻，但是如果能够解决，这些问题也会带来更大的意义，更多希望。虽然我们还没有掌握解决问题的公式，而且从本质上来讲，这也不是简单的数学运算能解决的问题，但是我们却能通过政治手段解决。在对抗贫穷的问题上，人们面临着无数挑战，政治经济学问题就是其中最典型的例子，我们解决贫困问题的时候无法绕过分配问题。哪里有冲突，哪里就有利益争夺，这时就要靠政策和政治来解决。面向未来，我们会发现，我们看得越远，牵涉的利益冲突反而越少。"放眼未来，我们都会死"，凯恩斯这句话说得真是千真万确。虽然早晚都会离开这个世界，但是稍微放眼未来，我们会发现，人类之间存在很多共同利益。

第九章
科技进步的救赎

如果我们不自救，谁也无法拯救我们。在我们尝试自救的过程中，科学和技术的发展可以起到助推作用。这是未来面临的第九大问题。有句老话说：需求是发明之母。不管已经出现了多少发明和革新，我们都不应该被科技决定未来的观点愚弄。我们可以期待科学和技术进步给人类带来很多方便，但是也不要将所有希望寄托在科技进步的身上。科技进步也要讲究适度。

有些人可能会被幻想冲昏头脑，以为将来的交通不会像现在一样拥堵，幻想着我们未来可以在家里或公园开心地工作，不用再去只有钢筋水泥的办公室。可惜，这种设想并不现实，顶多算是幻想、错觉，我们之所以对将来抱有这样的期待，主要因为回顾电脑刚出现时的情形，再看看现在的，确实发生了翻天覆地的变化，现在办公的时候可以完全不用纸，而且我们对这种办公形式的依赖程度越来越深。据专家估计，2020年纸张的消耗量应该会降低至2000年的50%。如果这是因为传统印制的优秀读物，开始大规模地转化成电子书，应该是令人高兴的事，可惜的是，事实并非如此。在很多国家中，包括"新兴市场"国家，读者的数量没有增加，反而是官僚主义风气在不断蔓延。如果这些社会能够进一步解放，也许会发生不一样的变化。

我们确实处在一个科技发展里程碑的节点上，我们可以通过移动电话直接听到对方的声音，还能看到电话另一方的景象，不仅能带上护目镜保护眼睛，还可以直接把隐形眼镜放在眼球上改善视力。开会的时候不用所有人都聚集在一个地点，只要在虚拟会议室点击一个人的头像，他就能加入讨论，如果事情进展不顺利，我们也可以发动誓师大会（我们可以在虚拟界面摇动横幅，掷下铮铮誓言，只是没有番茄或莫洛托夫鸡尾酒可以享用）。尽管如此，我觉得大学礼堂的讲座或集会

第九章 \ 科技进步的救赎

还是应该保留，示威游行之类的活动就算了。

将所有的集会都搬到网络上，从技术上来讲是可行的，虽然有可能变得很流行，但并非普遍适用。就像视频电话和会面一样，虽然都能及时回复对方的话，但是从心理和其他方面来讲，与直接会面还是有所差别的。人们需要彼此联络交流，但是电话会议或视频讲座无法满足人们的这一自然需求，人们需要在现实中聚在一起切实地感受彼此，而不是在虚拟世界中面对面。人们需要面对面的交流才能做出准确的判断，而且说长道短似乎也是人类的天性，这些都是面对面的交流无法被远程交流取代的原因。

科技进步和科技的应用引发的变化，不会影响到整个世界。我自己亲眼见证了中部欧洲这十来年发生的变化，但是中部非洲的学生们却对此一无所知。不只我们这代人会感受到这种差距，也许下一代的世界依然如此。人类在19世纪就发明了电力，但是至今全世界还有很大范围没有使用电力。计算机已经发展了半个多世纪，但是还有很多人不知道它的方便之处。1879年，英国纽卡斯尔的街道上亮起了第一盏路灯，但是索马里首都摩加迪沙直到2012年才出现第一盏路灯，内战使得这个国家的道路一直处在黑暗当中。虽然近年来科技的扩张速度很快，未来可能会更快，但是改变需要时间，即便是科技进步也是如此。

我们在进行概括或总结的时候，不要把话说得太过，很多研究未来的学者都会犯这个错误。他们常犯的错误是会采用美国中心论或欧洲中心论作为预设立场，想当然地把西方发达国家的模式套用到其他地区，他们之所以会这么做，主要是因为没有认识到世界的复杂现实——加利福尼亚州可能发生的情况，到萨赫勒地区（非洲南部和中部地区，横跨多个国家）就变成了不可能；巴伐利亚的成功案例放到安第斯地区注定会失败；在堪萨斯州能实现的目标放到瓦济里斯坦可能过很多年都实现不了。认识到这些，我们就可以看清一些所谓大师的口号是多么的荒诞，他们说，所有的一切在任何区域都能实现[87]，现在居然还有人情绪亢奋地引用这些无稽之谈。"征服世界"[88]就是一句无稽之谈，这些话让人难以接受，是没有经过全面思考的荒谬想法。所有的一切不仅现在不能在所有区域都实现，将来也是一样，不可能实现的事情到那时候还是不可能实现。

科技中蕴含的物理能力无法完全统治未来世界，最重要的还是人类的价值观和管理技巧。科技进步能帮助人们解决很多问题，但是科技也不是万能的。而且，将来科技进步还会引发很多问题，对自然环境造成的污染已经有目共睹，更严重的是，致命武器也是科技的产物。我还可以列举很多相关例子，但是没有必要，只要大家认识到科技进步的两面性就可以了。需要特别强调的是，科技进步对未来造成的影响可能比现在还要严重。

我们应该对遗传学和生物技术寄予重望，这才是明智的。这些领域取得进展能给人类带来新的机遇，但是同样不要忽略可能带来的威胁。在权威周刊上看到耸人听闻的标题，说人类已经制造出了人工生命体时，有人会站出来提醒我们警惕克隆技术，有些人认为这是对上帝的亵渎，他们真正应该做的是开始反思这些技术会对未来造成什么样的影响。很难想象人类在"创造"了生命之后，还会有哪些更不可思议的突破。这类的突破会产生什么样的实际后果，暂时还难以估计。但是，生物学和医学方面的进步，已经对自然创造的生物产生了巨大影响，基因工程的表现尤为突出。人类可以通过基因修改技术对抗很多可怕的疾病，比如癌症、阿兹海默症和帕金森症。还能用于对抗疟疾，只要我们能改变携带疟疾病毒的蚊子的遗传基因，就能消灭疟疾。随着时间的推移，这些技术能治愈的疾病将会越来越多。

但是，医疗技术的进步也会引发一系列的社会和伦理问题。其实，这些技术是需要花费大笔资金才能享受的，大部分人根本无力承担这些费用。几十年前，健康保健领域就能提供复杂的治疗和延长生命的服务。可悲的是，因为费用太过高昂，大多数人根本负担不起，无论将来会实施什么样的健康保险制度，在很大程度来讲这些特种服务都会是商业性的。由此，这些领域又带来了新的社会不平等，冲突还会继续。这种不平等和冲突并不是对将来的设想，而是已经发生的事实。

在未来的几十年，我们应该期待基因工程等有意义的研究能取得丰硕成果，不应该一心向往着新型电子产品。之前的五六十年，人类在电脑和互联网领域取得了突破性的进展，未来的一两代人在这些领域不会再产生质的飞跃。与此同时，我们却可以对遗传学和生物技术以及这些技术造成的深远影响抱有无限期待。这些领域的发展不仅会对经济活动产生影响，还会引发文化和社会的变革。这个时候我们还是不能忽视政治问题。我们举个已经发生的例子加以说明，尽管我们无法否认转基因食品能养活90亿人口，但是转基因种植生产的食品是否应该合法化的问题，已经引发了持续的争论。

第九章 \ 科技进步的救赎

暂时放下政治问题，我们来谈一谈革命。虽然可能再次发生社会革命，但是这里要说的革命指的并不是社会革命，而是正在进行的工业革命。我们的人生中经历了一次巨大的工业革命，第三次工业革命在前两次的基础上彻底改变了地球的面貌。蒸汽机的发明引发了第一次工业革命，以 18 世纪英国的纺织行业向机械化转变为标志。第二次工业革命以后，开始出现大规模的流水线生产作业，主要以 19 世纪、20 世纪的美国为代表。工业革命会带来各个领域的革新，电力、内燃机、化学工业等领域都有了突破性的发展，很多具有重要意义的设备也都是这个时期发明的，比如电话、电报、收音机、留声机、照相机。

目前，正处于第三次工业革命的浪潮中。有些人认为，第三次工业革命从第二次世界大战结束后就已经开始了，只是几十年后，发展速度才逐步提升。第三次工业革命带来的变化更加多样，这一时期能媲美火车和汽车的发明是电脑。这次革命会持续很长一段时间，知识经济的延伸和无法停止的科技进步，永远都不会停止。很难想象知识和科技进步会走向尽头。在遥远的未来，随着人类的认识和取得的成就不断积累，会出现重要的发明和观念，累计的成果发生质的改变，我们就会迎来第四次工业革命。接下来会发生巨大变革的是什么？是火车、汽车、飞机、计算机还是互联网？没人知道。可再生能源很有可能是下一个重要的转折点。可能会出现一种成本低廉无污染的自动充电电池。生物技术、遗传学和医学等领域可能会有新的发现，这些领域的技术创新和实践，可以改善人类的卫生条件，延长人类寿命。

我们现在正在感受第三次工业革命带来的巨大变化，社会变革目前正处于大爆炸时期[89]。这次变革有什么不同的特点？我们可以列举出很多，但是主要表现在以下五个方面：

（1）智能软件；
（2）大规模自动化；
（3）材料工程；
（4）3D 打印技术；
（5）在线服务。

计算机软件和其他电子设备的发展速度非常快，提高了产品和服务的质量，改变了人们的生活方式，引发了社会关系的变革。这是知识经济的时代，由于软件种类繁多，表面上看所有的雇员掌握的技能都差不多。无论是天体物理学家的实验室，还是正在破译古老符号的历史学家的办公室，或是法律顾问、建筑师、理财师、报社编辑的办公室，甚至是医生的工作间，每个人都对着电脑，只是电脑上安装的软件不同罢了（微软的 Windows 和 Facebook，大家都用）。大家掌握的知识都很丰富，只是侧重点各有不同。

有些领域在变化的过程中会相互重叠、渗透，产品和服务还会出现变革，彻底颠覆经济结构和我们的生活方式。发生变化的不只是经济领域，我们的社会和文化也在不断变化中。所谓的智能软件越来越普及，不仅可以实现人机"对话"，机器与机器之间也可以。机器之间互相"对话"，交换信息，不用人为介入，机器就可以决定接下来该如何操作。别忘了，天上已经有无人驾驶的飞机在翱翔了。

未来学家会让自己的思维完全松绑，随意展开想象。但是即便不依靠他们的想象，根据事实和现实的发展趋势，我们也可以谨慎地对未来做出部分预测，但是要注意只是部分可能发生的事情，因为很多发明和成就可能引发的后果我们都还没意识到。比如说汽车，没有司机也可以自动驾驶，有了司机他就可能会违规，更糟糕的话，可能会引发交通事故。有了视频通话设备，只要对方接起电话，你们在交谈中就能看到对方脸上的笑容。别忘了，之前的电话之所以会"丁零丁零"地响，因为电话刚被发明的时候，里面确实有个铃铛。

我们不能低估自动驾驶汽车大规模上路后，对经济和文化产生的影响。如果司机驾驶的形式被完全取代，一定会引发真正的革命。有人已经描绘了可能出现的景象。最引人关注的就是，车与车之间的距离会缩短，从而彻底解决交通拥堵问题。如果不是这样，则有可能变成更严重的噩梦，想象一下，以前只是高峰时段会拥堵，但是现在可能随时随地都会，因为汽车只要判断不会冲撞到其他车辆就会见缝插针地挤进来。大城市的高峰时段都会出现拥堵，但我们还是能往前走。自动驾驶的汽车在罗马老城区的街道泊车时，比经验丰富的意大利人还要熟练，在巴黎城区比巴黎人还会找停车位，这样一来，很多地方的车辆会一辆挨着一辆，我们周围的车可能比现在还多。如果一辆车能自己送孩子去学校，还能自己开回车库会怎么样呢？这是好事还是坏事？由于车与车之间的擦撞减少，保险理赔的数量也会因此降低，保险公司会因此没生意可做吗？保险公司的生存状况会越发艰难，软件公司的市场反而会迅速繁荣。也许这种变革最终会走向另一个方向，大家都不再用私家车，转向公共交通，貌似前景不错，但是真相还是会让人气馁，很多机场不就提供了这种公共交通服务吗？确实有部分相似，但是大家去机场主要还是开私家车。其实这些改变没有我们想的那么遥远。21世纪40年代，可能会普及无人驾驶技术。这几年内，无人驾驶的汽车会出现在日本和美国部分高速公路的专用车道。

在目前的工业革命中，汽车的无人驾驶技术是上面提到的五个领域蓬勃发展的产物，除此之外还有信息技术，信息技术在这项变革中占据的位置非常重要。眼光放得开阔点，我们会发现，信息技术是贯穿经济活动的重要组成部分。在发达国家，信息技术对生活的影响可以说无处不在。近年来，除了信息技术业，没有任何行业的就业率在增长。将来，这个行业会继续发展壮大，只是就业率的增速会下降，因为这个行业的市场会渐渐饱和。但是人们对智能软件的需求还会增加，因为智能软件能帮助人们解决与制造和销售技术以及管理相关的很多难题。

自动化将是第三次工业革命各个阶段的典型代表，我们的家里、大学、办公室、操作间、公共机构、大街、停车场、机场都会实现自动化。即便是到饭店吃午饭，也会出现一个面带微笑的机器人帮我们点菜，如果有选择不合理的地方，还会问我们，这样真的可以吗？他们之所以会这么贴心，因为这些机器人的程序设定和服务员的工作一致，他们的知识都来源于网上烹饪学校的教程或相同的在线课程。

自动化的话题已经在坊间流传很久了，以目前的状况来看，发展并不尽如人意。人们在几十年前就对自动化设备抱有无限期待，这些设想到现在也没有实现。汽车行业在这方面取得了比较大的进展，但是直到现在主妇们还得自己拿着吸尘器去打扫卫生。这些工作自动化设备都可以完成，但是以目前的形势来看，还没办法大规模普及。将来会如何呢？因为自动化设备可以在黑暗中准确操作，那么工厂是不是就不用开灯了呢？在这个问题上确实如此。工厂和医院的计算机程序很复杂，将来这种趋势还会强化，智能软件还会进一步发展。自动化设备小型化也很重要，这样小公司不用花太多钱就能实现自动化生产和运作。到目前为止，高性能的自动化设备都很昂贵，这也就是为什么主要是大企业在应用这些设备的原因。

材料工程领域的发展将会为世界带来巨大的变化。虽然代替钢和铝的玻璃纤维复合材料已经得到了广泛的应用，但是这一领域的革命性发展阶段尚未到来。

汽车和航空业经常会使用高科技材料。只有纳米技术的发展才会引发真正的革命。纳米是指十亿分之一米，非常小，我们可以应用这种只有依靠显微镜才能看到分子大小的设备，通过一定的程序，创造出具有特殊用途的新型材料，这种新型材料可以应用于制造业和医疗业。

虽然纳米技术仍然处于发展初期，但是已经在制药业取得了重大成果。纳米技术在其他行业也将会大展拳脚。考虑到纳米技术的魅力，很多产业都会围绕纳米技术发展，新型纳米材料研究中心所在地将会成为新的产业中心。技术和制造业的共生关系，会让技术和制造复合产业集群的数量变得越来越多。

从目前的形势来看，科技并不能消除纷争，有时候甚至会引起纷争。几十年前，自动化设备刚刚盛行，很多人都在谈论这个话题，还会描绘这项技术将会如何迅速地改变未来的世界，三维立体打印技术就被人们寄予厚望。这种打印技术打印的不是文字和图像，而是一件物体，因为这种技术可以根据数字存储模型逐层打印。3D 技术也被称之为 "增材制造" 技术。

虽然对于这项技术在未来的使用范围以及可能引发的后果存在很多争议，但是 3D 打印技术是当之无愧的重要技术成就。如今，我们可以用这项技术打印棋子，那么我们能用它来打印飞机吗？我们已经用这项技术打印过可拆换的部件，但是总的来说都是一些比较简单的东西。这种技术能制造出一个实际目标物体，但是其中也存在很多风险，这就意味着你能打印出武器。Stratasys 公司是一家生产 3D 打印机的美国企业，他们终止了对另一家公司 Defense Distributed 的服务，因为该公司想要对用户提供在线枪支打印技术（当时没有提供可动部件的打印服务）。Stratasys 撤销对 Defense Distributed 公司授权以及没收机器的理由很值得品味：不允许将该设备用于非法目的。即便在美国，也要取得授权才能合法地生产武器。

这个案例引出了一个问题：如果人人都能通过网络和家用 3D 打印机打印出武器，政府该如何应对呢？我们是不是应该逆向思考，认为这是自由的民主市场，应该放任这种可能呢？这不是发布在 YouTube 或相关网站上的奇闻逸事。如何管控有可能用于非法目的的现代科技？这是一个严肃的问题。所谓的非法目的不一定是会构成危险的，想象力丰富的人已经构想出这些技术如何被有组织的犯罪团伙和恐怖分子利用，即便不是这么严重的情形，用于复制受知识产权法保护的品牌物品也是犯罪行为。你看见一个漂亮的女孩，问她："好漂亮的衣服，你在哪儿买的？"结果她说："不是在哪儿买的，这是我自己打印的杜嘉班纳（总部位于意大利米兰的奢侈品品牌）。"记者看到受人爱戴的政客，提问时可能会问："您脖子上的领带是真的朗万（巴黎高级时装品牌）还是秘书打印的？"

我们将会进入一个全新的领域，在这里科技进步会重新定义版权、授权许可、专利、实用新型（实用新型是指对产品的形状、构造或者结合其所提出的适于实用的新的技术方案，又称小发明或小专利）等问题。这一次，出版业、唱片业和电影业将面临比以往更严峻的挑战。传统领域维权战争尚未结束，这边又燃起了新的战火。律师再次从中收获巨额利润。消费者也能有所收获。关键是政府应该尽快搞清自己的职责和任务，提前制定好相关法律。

生产超级机器的工作正在进行，将来人们可以利用这台机器制造包括可移动部件在内的复杂的物体（枪支也算在内）。我们可以通过很多不同方法"打印"出想要的东西，把各种各样的打印原料逐层放置，几台打印机同时工作就能完成。人类将来还会发明新的打印技术和其他技术，这将会扩大这种革命性生产手段的适用范围。3D打印技术会逐渐普及，而且没必要像DV录制或无线电话传输信号那样必须格式统一。

有些人对这项技术的描述非常浮夸，尤其是在报纸和电视上，他们不仅说"增材制造"的前景一片光明，还说这是不可多得的机会，所有的观点完全不以科学为依据，说得比小说还虚幻。这项技术给经济活动带来的影响，肯定比不上第一次工业革命时的蒸汽机，也比不上第二次工业革命时发明的电力。3D技术甚至不能超越计算机的地位，计算机技术在第三次工业革命中的王者地位毋庸置疑。

但是瞬间移动很可能会实现，从技术上来说基本上是可行的。复制器已经出现，复制器是指一台课桌大小的机器，能从一个地方将物体"转移"到另一个地方。扫描一个具体目标，比如一个茶杯，把密码传送到另一台机器上，然后就能瞬间"打印"出这个物体，在远距离重现完全一样的东西。你只能自己泡茶，但是如果你有专门泡茶的机器人就不一样了。这不再是小说中描述的情形，从科学层面已经可以实现，只是还没有商业化而已。泡茶的机器人很快就会出现，瞬间移动技术也已经开始实现商业化应用。

第五大变化对商业活动的影响正在不断增加，我要说的就是无所不在的在线服务。之前，大部分事情都要亲身前往才能办成；如今，从小商店到大学，再到大工厂，你想要去哪里办事，只要登录相应的网站，就能轻松完成，省时省力。而且，通常效果也不会比亲自去现场完成差，甚至更好。在世纪之交，由于在线服务的优点确实不少，人们有一小段时间甚至对此达到了痴迷的程度，还给它赋予了"新经济"领域的称号。无论是唱兴还是唱衰的人，都认为，贸易引力模型和供求关系传统法则将会在在线服务领域失效。电子商务的蓬勃发展并非偶然，20世纪90年代末期到21世纪初期经济的繁荣吹大了这个领域的泡沫，很多人从中获益，但是泡沫散去的时候赔钱的人更多。如果市场能从中吸取失败的经验，这段历史将来不会再重复。在线经济正在蓬勃发展，一方面能刺激整体经济向前发展，就像第一次工业革命的火车和第二次工业革命的汽车一样；另一方面，它会变成一个相对独立的经济分支，在实现动态增长的同时，增加人民的就业机会和收入水平。

工业革命的爆发主要集中在发达国家。但是，无所不在的全球化会让全世界都能感受到工业革命的影响。新技术的快速发展，以及商品快速蔓延，也是区别于前两次工业革命的典型特点。中国古人说"授人以鱼不如授人以渔"，科学技术就是"渔"，不发达国家的人民必须掌握这门技术，而货品和被动的经济援助就是谚语中的"鱼"，吃完就没了。

最近，在短短的时间里，我看到了两种完全不同的情景，这让我意识到，我们将会面临很多巨大的挑战，前面还有很多路要走。两种情景各有特色，画面都很美。第一个情景是，自动化设备在名古屋的丰田生产线上高效工作，车间完全无须灯光照射；第二个情景是，上百个来自各个部落的人，成群结伙地逛杰内（马里的一个城市）早市。有的人步行，有的人骑着驴，有的人坐着牛车，各个部落的人群就像一条条颜色鲜明的小溪，汇集到了这个早市，整个市场的画面一派和谐，让人不想移开自己的目光。我在几天的行程中，先后来到了这两个地方，但是两个地方的人完全不像生活在同一个时代，工业革命的影响还没有蔓延到马里。但是，即便没有走过富裕国家曾经走过的工业发展道路，现代革命也可以慢慢覆盖这些地区，让当地民众享受到工业革命带来的好处。无人驾驶的汽车直接替代牛车，自动化设备代替驴，变化真是够大的。如果促进发展的几个关键因素能在这些地区完美地发挥各自的作用，再过一两代人，这里就会变成现代化的城市，当然也可能会花费更长的时间。但是这一切并不像说得这么简单，实际上我们根本做不到，让所有的事发生在任何地方。

第三次工业革命的影响，远远超过了工业本身。第三次工业革命是一个激烈的动态转化过程，涉及生产、分配以及相关服务等多个领域。革命带来的变化会给生产技术、存储方法、运输、商品贸易和服务等环节带来非常大的影响。因此这里的工业代表的范围更广，实际上说的就是整体经济活动，包括所有盈利商业活动，比如医疗、保险、娱乐，甚至是与生产制造无关的犯罪活动。

由于很难明确定义如今的技术和组织结构到底发生了什么样的变革，在这种情况下，制造业要面临什么样的处境呢？前两次工业革命使得一些国家变成了富裕国家，科学和技术进步会让它们继续保持自己的富国地位吗？近些年来涌现出了这么多新技术、新模式、新专利，一路追赶的国家能够复制富国的成功之路吗？1950年的时候，纽约有100万制造业者，现在只有不到8万，这是否意味着，再过10年纽约的制造业就会彻底消失呢？1980年的时候，中国的深圳还只是一个小村庄，现在有1 200万人口（比纽约还多）居住在这里，主要从事高新技术行业，这是否意味着，再过10年这里的工厂数量会变得更多呢？

其实不会。美国成为世界工业中心的时间已经超过了100年。它现在依然占据统治地位，只是继续统治的时间不会太长。用不了多久，最晚不超过2016年，中国就会成为全球工业的领导者，中国制造业的产值占全球的20%，美国将会下降到20%以下。但是我们要强调一下，美国依然是经济巨人，因为即便中国的制造业产值和美国不相上下，但是中国在这一领域花费的人力是美国的10倍之多。换句话说，平均一个美国人用五周时间制造的产值，等于一个中国人一年制造的产值。

在七国集团国家中，日本、德国和英国的制造业也在下滑，所占比重已经低于中国。与此同时，作为世界工厂的印度，制造业正在缓慢发展，虽然每年只增长2%（印度制造业占全球制造业总产值的5.4%）左右。接下来会如何发展呢？延续过去的趋势？世界正在不断发生变化，如果还按照过去的趋势做出预测，可能会再次失败。

实际上，很多发达国家的制造业在国内生产总值中的占比可能会继续增加，而不像某些人以为的那样会下降。这些经济体会设法稳固自己的工业基础，因为工业对于经济的运作和发展尤为重要。很多脱离工业化的国家已经在歧路上走得太远,现在虽然逐渐开始意识到其中的问题,但也只能亡羊补牢了。美国的经济主要以服务业和后工业化经济为基础,制造业被边缘化。西欧国家,普遍认为它们不需要工业政策,这种说法使得民众倾向支持工业有害论,最终导致该地区失去了竞争优势。与此同时,这些国家大方地将这块大饼让给了日本、韩国、印尼、泰国、马来西亚、中国、越南、新加坡、中国台湾、印度等亚洲国家和地区,所有的大型制造业工厂都建立在这些国家和地区。而东欧国家由于当初过度鼓吹工业化,也使得很多行业破产。

造成这种现状的主观原因,主要源于错误的发展战略。之所以会制定出错误的发展战略,可能是因为参考的经济理论不够完善,或者是强国为了保护自己的利益强行施加给弱国的。不管怎么说,导致波兰造船业没落的因素,并没有使全球造船业的产值下降,只是船舶从南波罗的海造船厂开往世界各地的壮观场面再也看不见。不管怎么说,关闭一些匈牙利的机械加工厂不会因此使得以前在这里的加工工具生产线断裂,因为在别的地方会出现更容易赢利的工厂。土耳其纺织业的没落,不是因为人们不需要穿衣服,而是因为大规模生产对廉价的劳动力的依赖降低。我们可以列举出很多这样的"新兴市场"国家,这些国家的经济结构特点是:以低技术含量的传统制造业为基础,高失业率,高外国资本介入,以及巨额外债。

很大程度上来讲,形成这种现实的客观原因主要是:这些国家正处于现代工业革命的初始阶段,尤其是管理技术还不发达,主要是承接外包加工,输出原材料、或提供局部装配、零件加工和整件组装服务,都是大公司的外围业务。由于外国的劳动成本更加低廉,为了保证产品质量和供应秩序,很多国家经常会采取离岸外包,或者让其他国家为其生产产品,因为这样做能获取更多收益。还有一个原因是,产品供应量的扩充和分配链的延长,这也是将生产环节转移到其他国家的原因之一。

除了全世界最小的几个国家以及一些大型经济体,可以说制造业是经济发展不可或缺的基石,主要可以总结为以下四个原因:

(1)创造大量薪水优厚的就业机会(在高度发达国家中,制造业的平均工资比其他行业高 8%~10%)。

(2)制造业是很多新发明的根源所在(在美国,制造业产值只占国内生产总值的 11%，却吸收了 68% 的国家研发资金）。

（3）在平衡进出口的问题上，制造业的作用十分重要（也有少数国家例外，比如英国，英国金融部门在全球经济中拥有特殊地位）。

（4）制造业会决定新技术的发展方向，为技术研发提供最新的资讯，帮助科研人员研发出可循环利用、零污染的技术。制造业在很多发达国家扮演的正是这样的角色，在一些自主经济体中，制造业的作用也在逐渐向这个方向靠拢。

抛开社会科学和经济学问题不谈，将科学发明和仅靠理论构想出的技术产品变成可以实际应用的技术，不只是为了满足人类实践活动中的切实需要，主要还是为了发展。欧盟国家在研发项目上的开支平均约占国内生产总值的 1.9%，斯洛伐克研发经费占国内生产总值的 0.48%，希腊占 0.59%，瑞典占 3.62%，芬兰占 3.84%。经济合作和发展组织中，平均值也不低，约占国内生产总值的 2.33%，墨西哥的 0.37% 和智利的 0.39% 是最低的，以色列（4.25%）和芬兰最高。美国是 2.79%。不属于经济合作和发展组织的国家研发经费占比较低，但也不是低得离谱，中国和俄罗斯研发经费分别占国内生产总值的 1.7% 和 1.24%。

虽然研发经费和社会经济发展速度之间不存在直接关系，但是二者之间的关系肯定是成正比的。从长远来看，你在研发方面花费的资金越高，经济发展速度越快。有数据显示，根据现在的情况可以判断未来的产值增长情况，现在的情况是劳动生产率在提高或原材料逐步耗尽，在这种情况下，经济增长主要依靠的是剥削而不是人类掌握的知识。

北欧国家走在研发领域的前沿绝非偶然。挪威研发资金占国内生产总值的 1.76%，相对比较低，除此之外的其他国家在研发领域都投入了大量资金。除了刚才提到的芬兰和瑞典，丹麦的研发经费占国内生产总值的 3% 以上，冰岛占 2.64%，都很高。主要是政府在其中起到了重要作用。这些国家都没有展开烧钱的军事或空间项目，在经济和促进发展的投资项目上，政府的干预力度相对较大。可以肯定的是，由于从事研发的人员素质较高，再加上科技领域的领先地位，这些国家将来的生活水平一定会更高。

这里又出现了一个引人关注的问题。我们前面已经确定，私营企业的研发资金占比增加应该是一种健康的发展趋势。从经济角度来看，美国仍然是世界最重要的一员，在过去的 30 年，私营机构在研发项目上投入的资金翻了一倍，从国内生产总值的 1% 增加到了 2%。到 20 世纪 80 年代，政府在研发项目上的投资稳步增长到了 20%，到 90 年代一直停滞没有增长，直到 21 世纪才增加到了 0.7%，目前上升到了 0.9%。与此同时，亚洲地区的研发经费却出现了大规模的增长，尤其是日本和韩国，这两个国家的研发经费分别占国内生产总值的 3.33% 和 3.36%，比美国还高，中国更是望尘莫及。无论是哪个国家，尽管发展水平各不相同，经济形势千差万别，但是政府在这个问题上都发挥了重要作用，为研发项目提供了资金支持。问题是，哪种情况能发展得更好呢？政府主导还是其他形式？在动态的经济发展过程中，是否存在一种相对优越的模式？在未来的发展过程中，什么能带来更多的利益呢？

对公司行为进行对比研究，证明利益最大化是资本主义的本质，也就是说他们不会无缘无故地花钱做研发。大学经济系和商学院是这样教导学生的，但是事实并不完全是这样的。大公司会把目光放得比较远，支持研发项目，小公司一般没有这个意愿，但也不是完全如此，主要出于以下几个原因。

首先，在研发项目上的投资会对财政政策造成不利影响，公司要缴纳的税率摆在那儿，因此不愿意做这种存在风险的投资，尤其是如果要过很长时间，才能在账簿和银行账户中看到这项投资的后续效果，做决策时会更加谨慎。我们不应该责备企业家和经理人只顾追求利益，这本来就是社会和政客们该负责任的事情。如果财政政策中包含了一些抵扣的优惠政策，公司承担的研发费用降低，无论是企业家还是经理人都会愿意承担相应的风险。举个例子进行说明，如果鼓励政策中规定，通过降低企业所得税的方法能抵扣 25% 的研发资金，也就是 100 万美元的研发项目公司实际上只需付出 75 万。如果不进行研发投资，企业要多交约 25% 的税。1980 年以后，美国通过这种手段推动了研发领域的投资项目。这是里根经济政策中采取的一项明智之举。其他几个发达经济体也取得了类似的成果，在 1979—1997 年间，企业的直接研发投资成本降低了 10%，对研发项目的投资规模得到了相应的提升。

其次，主要是执行者的问题，企业拥有者和经理人的职能要分开，现在是"管理资本主义"的时代，尤其是大公司，股东不愿意花太多钱搞研发，因为花的每一分钱都是他们的股息。为新发明进行的投资将来有可能会收回，但也不是一定的，拿到手里的钱却是实打实的，而且比所谓的可能收益更稳定。

第三，兼并和收购会降低为科技进步提供的资金。所有的公司必须在商场上厮杀，有时商家为了提供独特的、先进的、高质量的商品，以占据市场领先地位，会不惜成本。研发投资确实会耗费很多资金，但是保住了竞争优势还是值得的。但是如果一家公司收购了自己的竞争对手，他们在研发方面的压力就会降低，投入的资金也会相对减少。

很多研究都佐证了这个观点。生物制药公司之间出现了多次并购，瑞典的阿斯特拉公司和英国的捷利康公司就是其中的典型代表。在并购之前的6年时间里，为了取得领先地位，两家公司在研发领域的投资以平均每年19%的速度增加。并购之后的6年时间里，研发投资只增长了1%，因为彼此之间已经不再是竞争关系了[90]。这些公司对研发的投入是为了提高自己的竞争力，并不是因为那些聪明人喜欢追求新奇事物，也不是出于人文关怀为自己的客户谋福利。

发明者的利益受专利法和其他形式的保护，各种发明和先进技术会迅速蔓延到多家公司。私人投资的研发项目能给投资该项目的公司带来经济利益，除此之外还有很多积极影响。新发明和新技术通过合法或非法的手段在经济活动中蔓延，很快也会蔓延到国外。从私营公司的个人角度出发，这并不是好现象。但是对包括经济增长在内的经济整体而言，则恰恰相反。与专利受到严密的保护相比，科学技术进步成果的扩散，对大多数生产者和消费者来说都能获得更大收益。

我们可以向自己提出这样一个问题：假设一家大型制药公司研发出了新药，这种药能拯救印度数百万因饮用脏水感染疾病的穷人，后来药品配方流出，印度当地的药厂能自行生产出这种药品，并以低于原厂百倍的价钱提供给需要的人，这么做到底是对还是错呢？如果只是瞬间的想法，大部分人都会觉得这么做是对的，但是不要忘了，这家医药公司研发新药可能要花费数十亿美元的资金。如何解决这种两难的问题呢？应该由政府介入，通过国际协定，在让制药公司有利可图的情况下，找到相应的途径向需要的人提供改善健康状况和生活质量所需的药品，只有这样才能实现双赢。这并不是一个简单的过程，但是只有这么做才有可能解决这个进退两难的问题。

值得注意的是，有些国家虽然穷，但是在科研方面却取得了很大的发展，这些国家不愿意仿制西方富裕国家的东西。有时这些国家还能出口一两项技术，比如根据自己的技术制造的诊断设备之类的东西，由于发展阶段不同，有些技术可

能是私下"借鉴"他国的。问题是,富裕国家不希望出现这种情况,虽然他们对不断上涨的医疗费用无计可施。这又形成了另一个悖论。为什么会这样?

政府和市场处理这个问题的能力都略显不足。我们就拿医疗设备举例,有些国家生产的设备虽然看起来没那么好看、耐用,但是用起来一点儿也不比西欧国家和北美国家生产的差。中国的迈瑞公司和印度的 TRS 公司为本国市场供应的扫描仪和心电图机等医疗设备,是竞争对手美国和欧盟产品价格的 10%。每一元钱,每一卢比都关乎着人的生死,这些东西和日用品不一样,医疗费用如果能降下来会挽救很多人的生命。医疗的成本能降低,西方资本主义国家很多东西的成本都能降下来,为什么他们不这么做呢?这意味着什么呢?

这就是市场经济,行业的信息不对称程度非常严重,这是一个不错的理由,富裕国家的潜在顾客、保健诊所和医院,不知道他们能用很低的价钱买到参数相近的设备。他们之所以没有意识到,是因为有人故意不让他们知道,这样客户才能花大价钱买本国的东西。虽然没有遵循市场规律,但是有人能从中获利。

政府对官僚主义的控制权极度热衷,美国比欧洲还严重。医疗设备市场必须接受监管,对于这一点大家都能理解,但是不能过度监管。有时会出现这样的情况,尤其是本地的政治说客,虽然自己也对监管制度心怀不满,还是会要求严格控制进口设备。政府妥协,有人从中获利。

新技术脱离原创者控制的趋势会逐渐增加。发现、发明和开创性技术的机密性会成为技术进步的牺牲品,大规模增长的数字存储使得信息保护变得越来越困难。还有一点就是,公司研发部门雇佣的员工越来越多,对人员实施全方位的监控和监督将会越来越难做到。

国际竞争控制着科技进步的方向和步伐,尤其是超级大国之间。半个世纪以前,精明的美国总统约翰·肯尼迪做出了重要决定,把火箭送上了月球,而不是发射到莫斯科,登月计划给接下来的两代人带来了和平理性的经济增长。

无论我们对科技进步抱有什么样的期待,无论我们希望从中得到多大的收益,我们都不应该受科技决定论的蒙蔽。科技进步能让我们使用平价能源,使用可再生资源(太阳、风、水)生产能源与使用传统的不可再生资源(煤、油、气)费用相当。最快到 2015—2016 年,通过太阳能电池板吸收处理太阳光,中国就能用上新的清洁能源。还是那句话,让所有事发生在任何地方是不可能的,因为其中还存在很多其他的巨大挑战。当然，科技的用途很广，但是在未来之战中，很多小规模的冲突，将会是社会管理的问题。

我们不应该抱有不切实际的幻想，认为随着研发领域的不断扩展，当代文明的主要缺陷会自动消失。科技发展能起到一定的帮助作用，但是调整个人和社会经济活动的指导价值观，才能解决主要问题。多亏了科技进步，以及新发明在实践中的应用，全世界生产出的物品物理质量将会越来越轻，但是市场越开越大，实用性越来越强。科技进步给人类带来了克服困难的希望，如今正在进行的科技革命和第三次革命必将推动社会进步，并给人类社会造成深远影响。只是这一次没有发生大规模的革命运动。

| 第十章 |

知识胜过一切,智慧的重要性,专业技术和技巧

有人说，奋力向前的时候，应该用技巧，不应该用蛮力。那么在探索未来的时候应该使用哪些技巧呢？我们应该借助智慧、知识和技能。因此我总结出了知识经济和知识社会面临的第十个问题。第十个问题是一个集合体，可以帮助我们克服很多障碍。将来，知识不再是创造金钱的手段，会变得和金钱同等重要。越来越多的人会变得想要获得更多的知识，而不再追求更多的金钱。这是社会富足带来的长期结果。国家变得富裕，人民的价值观就会发生变化。物质商品的重要性相对下降，同时，非物质价值观的声望上升，这是金钱换不来的。

遗憾的是，世界上很多地方的前景不明，我们还能看到很多对健康发展无益的摩擦。很多处于前社会主义转型期的国家，在社会大众和专业人群中都能观察到这个国家的文化很混沌。从表面上看，这些国家和西方世界没什么不同，但是深入就会发现，人民的生活状况比当初的社会主义时期还差。开放私人高等教育办学带来了真正的繁荣，尤其是一些商业学校需要的经济或相关投入水平并不高。但是，中等职业教育的退出，导致很多人在接受完小学或不完整的中学教育之后，就不再接受教育了。

总的来说，随着对商业化市场价值观的强调，很多时候对教育和文化遗产方面花费的时间和精力就会下降。政府不为这些领域提供支持的话，根本没办法填补这部分的缺失。全球的平均受教育水平比以前有所改善，但是当我们了解到经过25年的转型期，中欧、东欧和前苏联4亿民众的平均收入只上涨了50%，我们马上就会发现其实占据多数人口的社会阶层比以前过得还差，包括知识和文化观念。重新分配的巨大变化会形成文化深渊，人类要花费很长时间才能爬出这个深渊。社会持续增长的水平越高，花费的时间越短，这是显而易见的。

第十章 \ 知识胜过一切，智慧的重要性，专业技术和技巧

为什么智慧不一定能带来财富，这是一个值得思考的问题。财富一定不能带来智慧，这是可以肯定的。任何人都能马上指出一个愚蠢的有钱人，放眼四周，这样的人比比皆是。但是，知识在经济活动中变得越来越重要，这种改变正在发生。知识经济这个词听到的频率越来越高，很多时候其实与知识问题无关，只是一些研究和教育组织为了获得更多的资金，尤其是公共资金时，用来游说大家的噱头，或者只是想提高自己的威信。那些人只要对比各国"科研"经费（之所以加引号是因为很多研究根本和科学无关）的开支，或者指出哪些国家的科学家工资较高，就能坐地数钱。

大家都想挣更多的钱，研究人员和大学教授也是一样，但是他们的工资水平并不能决定知识的水平，也不能决定知识作为经济增长工具在经济活动中的应用程度。但是，需要指出的是，给技术人员支付优厚的工资以及公司在基础环境上的花费，是吸引人才的关键。如果不是文化人的素质，不是以能力和知识武装自己，还有什么算是以知识为基础呢？

为了保证足够的资金支持，不仅要靠政府支持，主要还是要靠企业。要想提高投资知识获得的收益，我们就要延长经济核算的时间。公司放眼未来的时间跨度越长，越愿意花钱投资能给他们带来利润的知识。花钱投资知识不能带来立竿见影的效果，市场地位不可能瞬间提升，但是知识是提高竞争优势的资源。这就是大公司为什么会为了实现未来扩张的目标，不惜花大价钱进行基础研究的原因，虽然这些研究的商业价值可能要到几年以后才能显现。

这是富足、强大、成熟的经济体的典型特点。在那些经济体中，2/3 的研发资金是由私人提供的，只有 1/3 左右需要公共资金支持。一些奉行国家资本主义的国家以及自主经济体，由于长久以来的习惯，还是指望政府，即便是私营机构为自己的公司搞科研，也希望从政府那里得到扶持资金，这种风气还很盛行。由于有效需求不足，导致知识领域的产品和服务供给速度增长相对缓慢，会带来深远的负面影响。如果存在较大的市场需求，大公司会去生产产品填补需求。就算没有人对他的困惑感兴趣，真正有学问的思考者还是会有创造性的见解。关于应用研究，和相应的实践发展，从事这些活动的人并不是单纯地为了满足自己的好奇心，真正的动力是源于买家的真正需求和供应商的物质利益。

最富裕的国家不是那些拥有丰富天然资源的国家，而是那些知道如何合理分

配资源的国家。极度富足的卡塔尔、阿拉伯联合酋长国、文莱、科威特除外，这些国家在教育方面的投资非常大方，还有一些国家却浪费了本国的丰富资源，让人民生活在贫困中。最明显的例子就是极其贫困的刚果、尼日利亚，不算太穷的博茨瓦纳，还有从数据上看，算富裕国家的赤道几内亚，毕竟出产石油，这里的上层阶级过得相当不错（他们不仅知道如何利用天然资源，也知道如何利用自己的人民），但是社会发展的不怎么样（因为他们不知道如何发展经济）。在很大程度上来讲，委内瑞拉之所以不能成为发达国家，是因为他们不依赖知识，俄国也是一样，俄罗斯地下虽然埋藏着丰富的天然资源，但是地上的发达程度与之并不匹配，落后于先进国家。美国、加拿大、挪威和澳大利亚为什么会那么富有，这些国家主要靠的不是自然恩赐的资源，而是以知识为基础的经济活动。瑞士、日本、新加坡和爱沙尼亚、以色列和新西兰发展势头良好，哥斯达黎加的发展比尼加拉瓜好，芬兰的发展比葡萄牙好，马来西亚的发展比菲律宾好，都是因为发展形势好的国家更注重知识经济。

评估国家富裕等级的时候，不能以当年的国内生产总值之类的短期数据为标准，应该计算累积财富或累积资本。抛开表面的统计数据，这才是真实的财政资本，地下蕴含的自然资源以及人力资本都与之存在密切关系。评估自然资源不是件容易事，评估人类资源更是难上加难，这些属于其他经济学问题。排在前三位的经济体分别是：美国最富有（财富总额118万亿美元，年均国内生产总值约15万亿美元）；日本次之，不到美国的一半；中国和德国排第三，不到美国的1/5。接下来是英国、法国、加拿大，巴西排第九，在印度前面，印度人口是巴西的6倍，排在第十位的是澳大利亚，资本价值是美国的1/20。俄罗斯没有排进前十，主要是因为对俄罗斯地下自然资本和人力资本评估不足造成的。

如果我们把评估结果和人口规模联系起来，日本就变成了世界上最富裕的国家（人均40万美元），接下来是美国、加拿大、挪威、澳大利亚、德国、英国、法国、沙特阿拉伯和委内瑞拉（总资本估计超过100万亿[91]）。后两个国家主要是自然资本（石油）占比较高，人力资本较高的主要是英国和美国。这些国家或者属于七国集团的大型经济体，或者拥有丰富的石油资源，挪威就是拥有丰富石油资源的国家。因此，最富裕国家的人民知识都很丰富，视野也很开阔。经济发展越来越重视知识基础。

第十章 \ 知识胜过一切，智慧的重要性，专业技术和技巧

人们常说，太阳底下无新事！经济学中也经常提到，是根据从古至今的知识经验总结出的一句真理。以前的人类要知道怎么播种，如何繁育，怎样挖掘，怎样提炼，更早以前的人类还要知道如何采集和狩猎。今天也是一样，知识采集和狩猎的目标不同罢了。但是，只要我们仔细研究一些公司和国家经济活动的案例，就会得出这样一个结论：有些经济活动根本是以无知为基础的。如果这种现象能够减少，公司破产和发生经济危机的几率都不会像现在这么高。有些人进一步提出了"智慧经济"，这是与缺乏知识支撑的经济活动和无知经济活动进行充分对比后形成的概念，无论是微观经济管理还是宏观经济政策都比较完善。因此，这种经济概念是真正的以知识为基础的概念，除了知识，还需要组织和政治层面的辅助，我们才能运用这种概念发挥创造力。

其实知识经济并不是新出现的概念。这个名字确实是新提出来的，但是知识经济活动本身早就已经在进行中了。虽然全球科技发展不存在核心的概念，中部和东部欧洲的社会主义时期，就经常提到"科技就是生产力"。从本质上来讲，这句话表达的并不是知识创造价值的意思，但是强调了经验技巧和运用知识的价值，强调了这两方面在狭义再生产过程和广义的文明发展过程中的作用越来越重大。半个世纪以前，捷克经济学家和社会学家拉多万·里奇塔就曾经提出了这个观点。顺便说一句，就是这个人发明了"人性的社会主义"这个词。说也奇怪，那时正处在文明的十字路口[92]，正是这一时期决定了哪些人会利用知识发展自己的社会，哪些人不会，这次的选择一直延续至今。

我们在做什么以及为什么这么做不是重点，当然了，了解这些也是应该的。但是，创造新的价值，生产产品以及提供服务，这些活动才是有价值的。进一步来讲，这些成果也不是最重要的，但是用来创造这些的思想才是最重要的。过去，黄金会带来巨大的商业机会，因此"黄金机会"变成了巨大机会的隐喻，一提到这个词，人们就会联想起大规模的活动和沉重的物理重量。如今的机会却是轻盈的，甚至是无重量的。如今的知识就是黄金，拥有使用知识的能力就能创造最高的价值。

毫无疑问，美国的人均国民收入从质量上看就比阿拉伯联合酋长国轻，虽然从价值上看水平相当，以购买力平价换算都是5万美元左右，但是很大程度上来讲，美国的商品是知识换来的。在市面上，一吨的石油和一千克的平板电脑价钱差不多。因为重量轻的平板电脑中承载了更多的知识。产品和服务中包含的知识越多，

价值越高。人类的知识和教育、信息和技术、智慧和技巧在经济活动中找到了用武之地,以知识为基础的经济活动,创造的国内生产总值从重量上讲会越来越轻,从市场价值上来讲却会增加。印度和日本创造的国内生产总值相当,以购买力平价推算都是4.5万亿美元左右,但是印度生产出的产品总重量一定更高,给环境造成的破坏更严重,日本则不然,通过知识的积累满足了人民的需求。

一些地方的经济是以对原材料进行半加工为基础的,另外一些地方依靠传统的农业和固有的服务业,这些地方对技术水平要求不高,还有一些地方则走在知识发展的前沿。发展阶段的进步需要一定的价值积累、制度和政策的支持。将来,人们会用更多的时间来享受生活,与此同时付出更低的环境成本,大家对这个问题的认识越来越深刻。拥有的知识虽然不能转化成直接的生产力,但是知识中蕴含着丰富的隐藏价值。但是,并不是过个十年、上百年,甚至上千年,我们就能把整个世界都变成瑞士、芬兰、新加坡或中国台湾的样子。虽然印度的班加罗尔地区以知识为基础发展得相当成功,但是世界的其他地方不可能再出现另一个硅谷。有些人认为他们能做到,因为他们那里也出产硅树脂,另外一些人也这么想,因为他们也生活在山谷中,但是创造硅谷神话的既不是"硅"也不是"谷",而是那里的文化因子。那里的制度鼓励产品和组织创新,激起了创业的热潮,管理能力和适当的政策也是让硅谷成为行业标志的原因。

对于改革和创新而言,体制环境的作用比企业的改革意愿还重要。也许这正是近几年美国的革新精神逊色于包括自主经济体在内的其他国家的原因。2009年,美国的专利公告中,美国公司只占3/10,剩下的七成都是其他国家的公司获得的[93]。知识经济要求社会与经济环境要互相融合,但是这并不是谁想到就能做到的事情,只有地缘政治才能刺激这种融合。不难想象,把斯洛文尼亚的知识经济模式搬到圭亚那,是不现实的。拉脱维亚未来可能实现的目标,放到几内亚几乎变成了天方夜谭。我们可以继续扩展这类的组合列表。让所有的经济活动都要围绕知识经济展开,并不是我们要追求的目标,不只是庞大的美国,即便是列支敦士登这种小国也是一样。那里的国内生产总值中,有一部分是由移居过来的家庭服务员创造的,虽然他们工作得一丝不苟,但是也很难说他们创造的价值属于知识经济中的一部分。

重要的是,一个国家或地区知识经济覆盖的领域越广,越能吸引人才。因为这些国家能为出色的人才提供更多自我实现的表现机会，更重要的是，还能进一步开发一个人的潜能。在科学、艺术领域都是如此，能激发一个人发明、革新和领导方面更大的才能。我们可以在学校学习数学，在大学学习经济学，天赋是无法习得的，但是一个人的天赋也不是一成不变的，它可以被挥霍，也可以进一步发展。大家应该像躲避瘟疫一样，防止自己的天赋被挥霍，还应该努力开发自己的天赋，因为它是一种非常有价值的资本。我们可以把这种经济活动定义为"天赋经济"。很多研发和制造业集群都属于这种经济类型。这是值得我们欣慰的地方。

我们应该担心的是，一个地区努力吸引人才，让他们来此发展、成长，但同时也会出现某些地区人才流失、经济发展受阻的现象。人才外流或者说有能力的人都搬到了更发达的国家，这种现象已经成为新兴市场的一种属性。如果一个地区的人才外流情况严重，该国的商品出口量就会降低，因为失去了竞争力。新兴经济体一定不能让这种状况常态化，这些国家更应该重视本国的人才，只有这样才能转变成自主经济体。韩国和智利在这方面就做得非常棒，巴基斯坦和南非则恰恰相反。捷克共和国或乌兹别克斯坦之类的前社会主义国家，在这方面的表现虽然不是很差，但仍然存在改善的空间。

我们不应该忽略这个现实：严重的收入不平衡及其引发的贫困，是造成人才浪费的重要原因。一个人的天赋在未被开发之前，是处于蛰伏状态的。因此，我们必须保证不能让那些处在蛰伏期的天才尚未觉醒就迷失了方向，因此一定要针对贫困群体进行必要的再分配工作，尤其是教育助学金，一定不能缺失。总的来说，各个国家的人才比例应该是不相上下的，但是有些国家在教育、儿童保育、科学、研发等领域的投入更多，这样一来，人才浪费的比例就会很低，每个人都能充分认识自己的潜能。如果社会没有出现严重的分层，人才不被美国和其他一些发达国家吸引，并不是一件难以办到的事。

扩展知识经济覆盖的范围并加以强化，是我们未来发展的目标。就国家经济而言，这并不是一个应该讨论的议题；相反，我们应该更加注意不同于国家的全球化经济结构带来的威胁和机遇。毕竟，不断扩张是全球化固有的特点，不断扩张的内容既包括新产品、新服务，也包括新方法和新科技，这一切都源于知识和技术。如果一个大型制药企业考虑在乌克兰投资建设一个高端制药厂，那里就成了知识经济覆盖的区域。如果一家跨国电子科技公司要在哥伦比亚建厂，或者电信公司进军埃及市场，这些地区也会被知识经济覆盖。如今，全球化变成了支持和促进知识经济发展的重要因素，将来还会不断延伸，成为知识促进发展的主要渠道。知识经济也会对当地的文化和包括家庭、国家、社会主题价值观在内的价值体系带来重大影响，促进当地的教育发展和知识传播。

如果我们把眼界放宽、放远，就会发现那些坚持贸易保护主义的人，其实是在通过这种手段对抗知识经济的浪潮。将来，我们还是要保护自己，我们要抵制盗版，保护知识产权，认证专利，对实用新型非法复制进行追责。这些都是应该去落实的事情，冠冕堂皇的相互沟通交流是没有用的，要依靠优秀的法律以及和全世界合作伙伴的良好关系，这样我们才能更大程度地发展真正的知识经济。

我们应该对此抱有多大的期待呢？让我们以一个理性的乐观者的角度来看待这个问题[94]。我们通过大型电子对撞机，只花了40多年就证明了理论上应该存在的希格斯粒子确实存在，比论证一个针尖上不只站了一个魔鬼（神学家论证的哲学问题之一）的时间还要短，可是我还是要说，人们对知识经济抱的期望太大了。首先，这种经济活动会受限于人类的智慧，用IQ测试当作标准的话，并不是所有人的智力水平都超过100。其次，由于经济结构和社会体制不同，加拿大将来能实现的目标，乍得就未必能实现；突尼斯能实现的苏里南不一定能实现。第三，不管有多少人在生产避孕药、昂贵的香水、iPad、无人驾驶汽车和全息电视，还是得有人挖矿、摘苹果、扛水泥、盖房子、装卸卡车。

我觉得我们应该稍微扩展一下知识经济的概念。我们都知道，如果没有好的经济政策，经济也不能朝积极的方向发展，因此知识经济的概念也可以扩展成知识政策，或者知识经济和知识政策相结合的改变。政策很多时候是根据意识形态、情感、执念、对反对者的敌意制定的，缺乏远见。与此同时，政策的制定常常会去迎合特定的利益集团。

政客们想知道如何在民主国家的选举中获胜，或者在独裁政权中使用谋略夺权，不管通过什么方法，只要掌握政权，就想保护手中的权力。因此，他们在制定规则的时候，只会考虑眼前的得失。丘吉尔曾经说过，从政治层面来看，一周已经是一段很长的时间。一周内会发生很多变化。虽然丘吉尔在印度的未来和英镑的金本位制的问题上判断失误，但是他有时会冒出一些很有远见的想法，其他人几乎不会有这种想法，比如前首相卡梅隆就很少提出有远见的观点。有些活跃的经济领域政治家,非常喜欢预测股票市场的走向,或者滔滔不绝地分析第二年的年度预算,但是他们不会去谈论下个十年的经济竞争力,也不会去讨论下一代人将面临的自然环境问题。不过,平心而论,现在关心这些问题的人越来越多。

当然,即便是民主国家,执政者也要知道如何握住手中的权力才行。如果有专门的学科,教导政治家应该达成哪些目标,如何做出正确的决定改善社会、经济状况,那当然再好不过了。虽然政治手段的功利性强于战略性,但是政治在历史舞台从不曾消失。其实政治也是一门艺术,并不是谁都有这种天赋。

处理各种复杂的国事,需要庞大的知识量,尤其是正在全球化洪流中的国家,更是如此。放眼世界,我们会发现,大家都想要在实践中掌握更多的知识,而不是在大学中学习。从别人的失误中学习既能降低自己的损失,还能学到更实际的东西,但是大家似乎都在自己的失误中学习(虽然没人承认,但是事实摆在那里)。在自己的错误中也能学到东西,但是缴纳的"学费"过于昂贵,这些失误一定会对自己的人民和经济造成影响。

因此,更应该教导那些搞政治、做决策的人,应该怎么做,他们的所作所为应该源于知识,而不是源于所谓的良好意图和宏伟目标。"技术治国"这个词已经出现很长时间,这种治国理念强调的是,要让包括宏观经济和各种琐事在内的公共管理职业化。但是在代议制民主(或者说这种所谓的民主其实是一种假象,一个无知的人无法真正代表自己选民的利益)的压力之下,技术治国的理念已经被边缘化,业余的政治表演、民粹主义、愚蠢平庸的治国理念占了上风。我们应该不断思考的问题是:在探讨知识经济、知识政治的时候,为什么有那么多人,通常会超过半数,愿意相信那些蠢人而不是聪明人。如果经济政策的制定不是以知识为基础,在这种情况下,发展知识经济就无从说起。

但是,提倡知识经济和知识政策并不像想象的那么简单。若是将所需的知识进行简单的汇总,似乎也没那么难。在一定程度上来讲确实如此,但是知识和胆固醇有些相似,有些胆固醇对健康有益,有些则对健康有害。有时候其实很难判断到底哪些知识是正确的,哪些是错误的。拿历史教科书来举例,很多时候不同国家的历史教科书讲述的是完全不同的"史实"。翻开俄罗斯和波兰、美国和墨西哥、以色列和巴勒斯坦、中国和日本、土耳其和亚美尼亚的历史教科书,就能充分证明我所言非虚。虽然很难接受,但是不难理解各个国家记述的"史实"以及对历史事件给出的系统解释为什么各不相同。教科书中划分了明确的边界，但是人体感受不到这种边界，可以轻松跨越，比如从印度到巴基斯坦，从摩洛哥到毛里塔尼亚，或者从玻利维亚到智利，国与国之间都存在有形或无形的国界线。除此之外，还有一些难以分辨的知识，好在不是太多，如果有人混淆了科学和宗教的概念，在生物教科书中可能会去探讨神造论而不是进化论。

那么经济学知识也这么难辨对错吗？总的来说争议不像上面提到的几个学科那么大，但是经济学知识的对与错并没有客观的评判标准。一些中学教科书或专科学校的经济学或经济政策教科书中存在很多荒谬的、过时的，以及没有理论依据的文章。这些文章，不是在传播客观的科学知识，而是在推广一种意识形态。奉行新自由资本主义理念的国家，通常会推广偏右翼的意识形态；奉行国家资本主义理念的国家，有些地区会推广偏右翼的意识形态，比如沙特阿拉伯，有些地区也会推广偏左翼的意识形态，比如白俄罗斯。一些经历过深刻政治变革的国家，比如前社会主义国家，自由市场的原教旨主义泛滥，教科书中充满了不成熟的、天真的意识形态。如果大学生们接受这样的教育，虽然学到了知识，但并不是对社会发展有益的知识。如果依靠这些知识发展经济，怎么可能实现经济繁荣？在思考未来的时候，我们一定要将这个重要问题牢记于心。只有掌握正确的知识，我们才能往好的方向发展。

知识不等于信念，但是这两点都是学生在接受学校教育和大学教育时应该成长和发展的方向。大家都知道：树枝向哪个方向弯曲，树就会向哪个方向生长。因此，一些志在全球的国家，当局也会注意其他国家的教科书，包括历史、地理、生态学、社会学、政治科学和经济学在内的所有社会科学都会关注，宗教书籍也会留心。美国教育部意识到，今天对学生们的教导会对未来人民的意识形态产生重要影响，今天坐在教室里学习的学生，将会是未来活动的实践者。当然，只要我们不是故意通过教育欺骗下一代就没什么可担心的，因为让孩子接受虚假的教育可能会适得其反，在多元化的世界中，将来的知识传播一定是更加开放、更加客观的。很多阿拉伯世界的国家都经历过这个阶段，只是其中一些国家并没有朝着既定方向发展，反而冒险推行伊斯兰原教旨主义。

从政治高度回到实际的微观经济活动，最重要的是管理。很多国家，管理方面的差距比技术差距大得多。不管是在商学院学习到的管理知识还是在生活实践

第十章 \ 知识胜过一切，智慧的重要性，专业技术和技巧

中学习到的，只要推行知识管理，在经济活动中的成功率都会提升[95]。一些管理专家经过比较分析，得出结论：提高管理质量，能让国民收入在短时间内明显增长。这种假设对于那些已经处于高度职业化管理之下的国家并不适用，比如德国的知识化管理已经推行很长时间，韩国也推行了十年之久。但是那些管理质量水平较低的国家，比如哈萨克斯坦、坦桑尼亚，知识化管理一经推行，就能迅速看到成果。有些人认为，如果提高管理水平，印度经济产值在短时间内就能翻倍[96]。毫无疑问，在未来的世界中，管理比政策更能有效刺激经济，使其发挥最大潜能。

无论是政策还是管理，都需要不断地改进，有些国家因此取得了丰硕成果，比如韩国；有些国家的发展却不尽如人意，比如乌克兰。如果我们能将韩国企业实施的管理标准搬到乌克兰，可能比实施经济政策转移更有效，乌克兰的状况有可能会出现明显改善。但是，根据这个推理进行简单地逆推，结论却并不完全相同。如果把乌克兰的宏观经济政策套用到韩国身上，对韩国造成的伤害，比把乌克兰的管理套到韩国身上要大得多。我们不会展开任何相关实验。但是，等到韩国的经济管理和政策逐渐在朝鲜推行（朝鲜不会采取类似"休克疗法"式的颠覆性改革）的时候，我们就能看到结果了。

包括文化在内的很多复杂因素决定着管理的质量，当然也包括知识在内，问题的关键是哪些知识是必要的，以及这些知识会发挥什么样的作用。我们之所以要掌握更多的知识，因为当今的经济活动中存在很多不确定性。即便眼下的危机退去，这种不确定性并不会随之消失，但是性质会发生变化，各种不确定性因素的作用力增加到一定程度，就会影响事件的切实进展，管理者不得不做出策略调整。适应这些变化的能力是需要不断学习才能掌握的。一些特定的知识要及时更新才能对现有的数据资料做出正确的解释，如果我们想做出合理的判断，得到的信息必须是正确的。将来会出现这种情况：我们采取的处事方法貌似合理，实际上当初的结论是错误的，因为我们把昨天的假设当成了明天的答案，因此引发很多冲突。

将来，变化管理方面的知识将会拥有特殊的价值。变化自身的特点和引发变化的动力，会导致有时变化速度很快，有时很慢，所有这一切我们都应该考虑到。出现问题时，要快速做出决定，紧急处理。这就要求你的头脑要转的足够快。很多错误都是因为不够沉着冷静，鲁莽行事造成的，你犯下的这些错误只能自己买单。有些问题需要你马上给出答案，有些问题在给出答案之前应该认真思考。关

于美国如何才能摆脱财政赤字的问题，如果是美国有线新闻网在做直播访谈，访谈对象必须马上给出答案，但是如果是在耶鲁大学的学期研讨会上，你就可以慢慢思考给出答案。接受电视访问的时候，没有时间慢慢思考，但是如果是在生活中，在给出或肯定或否定的答案之前，最好思考十秒再开口。只要你的思考方向是正确的，思考的时候以正确的经济理论为基础，前提合情合理，对事实的判断准确无误，无论是快速思考还是慢速思考，都会把未来朝好的方向指引。过程中的不断变化无疑会使一切都变得更加困难。虽然综合所有信息之后，我们能获得更多有价值的内容，但是在很多情况下，事情越复杂，我们越难以做出正确的判断。思考过程中会遇到很多值得回味的情况，同一件事，如果从知识分子的角度看，可能是很大的慰藉，但是从效率角度出发，几乎毫无帮助。

如果你愿意，可以把未来看作一个管理变化的问题展开讨论。因为越来越多的变化，一定会引发严重的问题。事实已经摆在眼前。将来要接受培训的不只是各个级别的管理人员和经济政策制定者，公共行政人员、地方政府官员和各行业的专业人员也要掌握在不稳定环境下理性行事、理性思考的能力，这是未来社会所需的必要技能。服务于非政府组织的工作人员也需要掌握上述能力。你必须能够想到未来实践中会遇到的问题，过去的经历可能无法为你提供有效的帮助。思考历史时，想一想"如果……会怎么样"（或者"如果当时的环境不同，已经发生的事情会变成什么样子"，也就是假设已经发生的情况发生了变化，重新进行推理），这样的设想很有用。重新假设一段历史，未来自然会发生变化，这个游戏既简单，还能锻炼创造力，"如果……现在会变成什么样"。"如果"后面要加的就是可能出现的各种变化。

在一个行动周期开始之前，进行一番这样的思考，不会有什么坏处。所谓的行动周期可能是一天、一周、一个月或者一年，甚至是十年、几十年都有可能，在这期间所有的事情都会发生变化，而我们所有的行动都要从思考"什么在发生变化、如何变化、为什么变化"开始。每一年都会经历昨天，过完一周又一周，一个月又一个月。虽然时间匆忙，但是值得花时间去思考。让变化自然发生，世界可能总会给我们带来惊喜，但是有系统的规划未来一定是有好处的。意识到变化的发生，鼓励自己思考将来会出现什么样的变化，如何发展，明天会遇到什么，下一周会发生什么，一个月、一年之后会变成什么样。思考未来并不是一件多么困难的事情，不仅如此，把未来摊在自己面前，根据自己和他人的利益塑造更美好的未来，也很容易做到。

将来的成功应该归功于那些管理者，政府和非政府组织的活动家、经理、战略家和政治家，他们不仅能对不断变化的经济环境（主要是组织的适应性、企业的市场竞争力或国家经济在全球市场的竞争力等方面）做出反应，还能把自己的发展战略付诸实践。作为企业领袖只需要做好一件事，那就是危机管理（有人认为危机是一直存在的），否则的话，公司永远会缺乏机遇、缺乏理念，永远不可能健康发展，能做好危机管理的人才配得上成功人士的封号。如果一位财政部长，只能做到短期内收支平衡，无法维持长期的动态平衡，他就不是一位出色的部长。如果你掌握的知识和信息比别人多，比别人优秀，你就能获得成功。

* * *

互联网革命及其引发的后果是我们未来要面对的第十一大问题。其中既存在风险，也充满机遇，机遇的主导地位还是比较明显的。互联网技术已经十分先进，2013年全世界约有12亿电子设备通过宽带接入网络，宽带用户有8亿（很多使用的不是家用宽带而是移动网络）。在几年前，这些都还只是不确定的可能，如今已经变成了事实。与此同时，网络社区在全球兴起，这些社区与品牌建立了新型连接，形成了信息交换的基础协定。之前的互联网活动除了时间，基本上不用花费任何成本，这也导致了网络的蓬勃发展。但是这种脆弱的关系只能短暂维系。

当 Facebook 的注册用户（注册用户和使用人数不是一码事）达到10亿，虽然这个数字没有实际意义，但网站还是在首页大肆庆祝，就像是为了匹配公司在纽约证交所明显被高估的股票市值。很多人在社交网站上炫耀自己的社交智慧，虽然大多数是在浪费时间，即便如此，却出现了很多方便大家继续浪费时间的交流工具，在不久以前，这些构想还只能在科幻小说中出现。如今人们能分享即时信息，随时随地感受"身临其境"的意义，但是向上推不了几代，乔治·斯蒂芬森那时候正在为第一次技术革命做准备，着手组建第一台蒸汽机呢。

现在，谁也阻止不了互联网的扩张，网络会给人类各个方面的活动带来翻天覆地的变化。互联网带来的很多变化比给经济活动带来的变化还要深远。互联网改变了人的心理,改变了社会文化。政治变革正在加速。如今,如果不能借助高超的技术手段在互联网上做手脚,几乎无法赢得选举。2012年举行美国总统大选时,每位候选人背后的支持者至少花了10亿美元,比两位候选人的竞选资金高出很多(巴拉克·奥巴马的竞选资金是5.67亿美元,米特·罗姆尼是3.61亿美元),背后的操作才是成败的关键。

将来,从技术上来讲,直接民主是可以推行的,政治动荡也会因此变得越来越危险。即便是现在,如果是互联网高度普及的国家,比如新加坡或爱沙尼亚,只要政府要求每位成年公民都要注册一个指定的在线论坛,马上就可以实现问政于民,并且能得到及时的回复。这种形式就是高度的民主化,和公民投票的性质是一样的,但是不需要进行专门的管理,能节省成千上万倍的选举成本。世界政坛一定会迅速刮起效仿的浪潮,向先锋国家学习如何问政于民,如何通过互联网听取更多民众的心声。如果政治家不向民众提问,民众自然会主动质问政治家们。网络会逼迫政治家与民众交流,更准确地说,人民会要求政治家们回答互联网用户提出的一系列问题。如今,即便是罗马教皇也要在推特上回答民众的问题,教皇的用户名是@pontifex,语言引导多达8种。

从技术角度来看,已经有能力让当权者凡事征求民众的意见,当权者当然应该站在民众的立场关心民众的利益,但是当权者决定的大部分问题,民众都觉得没有被征询过意见,这就是潜在冲突的根源。有时是因为,当权者害怕自己的特权被削弱;有时是因为他们认为当时的困境不应该通过投票解决,应该交给专业人士处理。有些议题应该民主表决,有些议题应该让技术人员应对。因为很多情况和可能出现的后果是无法向普通民众充分、全面地解释的。比如特定的经济议题、安全问题、科学研究或能源部门相关的运作,确实不应该通过大众投票做出决断。即便是议会成员也未必能理解各种税收和预算是怎么制定的,更不用说各种复杂的法律条文,但是他们还是要为这些决议投票。举个例子,如果波兰公共财政法案中没有对应的条款,提案再怎么合理,议会也不会提高政府的财政预算,因此总统在完成财政法案修订之前,不会把预算法案交到议会表决。

在一般性讨论或正式投票中,哪些因素是确定代表人选的标准,相关的争论会一直持续,很难达成一致。网络引领人类历史跨入了一个新时代,会有越来越多的人要求"在线投票",政治群体会发现,越来越难消除这些请求的影响力。关于英国是否要加入欧盟的问题,恐怕最终不得不通过全民公投得出结论。而苏格兰独立的问题,英国也是最终采取了全民公投决定了苏格兰的"去留"。我们可以想象,如果不是一年投一次票,从现在开始几天举行一次投票,一定会有很多精彩的理念浮出水面。

但是,现代社会不会出现古希腊时期的直接民主。官方或非官方的互联网势力将会变得越来越强大。很多人认为推特和Facebook在幕后推动"阿拉伯之春"运动,强调一下,这种想法实在有些夸张。电子通讯和社交工具在人们的生活中扮演着越来越重要的角色,尤其是在前不久开罗爆发的"二次革命"中,当然了,就算没有这些东西,该发生的迟早还是要发生。随着时间的推移,网络群体收集基层意见、发起签名请愿、提出请求的案例,将会变得越来越常见。代议民主制度中的行政人员和官员将不得不面对这个现实。很多受欢迎的博客已经能够影响公众意见,当权者必须要考虑他们的观点,这些博客比发行了好几年的报纸和收视率较高的电视节目还有影响力。

网络已经无处不在,经济和政治环境变得和以往完全不同,这些都是值得思考的问题,所有的言行都要更加谨慎才行。社会形态决定意识形态,这是永恒的真理,但是在电子社会和电子经济中,我们会觉得是网络在影响社会形态,网络和社会形态又合力重塑了人们的意识形态,确切地说是网络正在通过经济活动改变社会形态。马克思主义者认为,除了生产力和生产关系,上层结构中的文化、社会和政治特点也会对根基造成影响。

网络发展带来的挑战很有意思。能干的政治家在解决经济和社会问题时,很多时候不仅要做出正确的判断,还要符合大多数人的诉求,跟以往相比,工作难度大大增加。政治家们不只是面对议会而是整个社会,不只是在选举时,而是任何时候都要绷紧神经。很多时候,必要的结构改革和制度转型因为得不到半数票支持,代议制民主无法正常运转,虽然知道症结在哪儿,但对如何改变会让事情走上正轨,却无能为力。如果进行一次或者两次全民投票,就能走出这种困境还可以,但是如果经常进行全民投票,出现的问题可能就会越来越频繁。

这种现象说明,不管是什么形式的民主,如果不能让社会向好的方向发展都没用。政治立场正确才有可能实现最高程度的民主。实用主义一直坚持精简结构。民主应该是促进社会和谐发展的手段,而不是社会发展的目标。从长期来看,所有民主改革,都应该以满足人们的真正需求、提高社会满意度为出发点。讽刺的是,很多时候人们是为了民主而民主,把社会问题反倒扔到了一边,我们不应该只顾大多数人的眼前需求,应该放眼未来,看清他们真正的需求。

随着网络的发展,既有新的机遇也会产生新的威胁,政治形势也会出现两种变化。一方面,高速的信息交流以及教育水平的普遍提高,经济发展会变得更高效,我们所做的决定也会更理性、更专业。另一方面,也会出现更多的煽动性言论,愚昧的思想和极端思想也会迅速蔓延,带来巨大风险。无论是微观的地方级别的、宏观的国家级别的,还是庞大的全球活动,各级别管理过程中都会遇到荒谬的刁难。好在理性最终会占上风,其他领域的进步也会影响网络社会。

人们把互联网视作一个全新的领域,有人称之为虚拟空间,这个概念是与现实空间对应的。在这个全新的貌似无限的空间中,以盈利为目的的经济活动已经展开。网络经济正在不断增长,电子商务覆盖的领域不断扩张。目前的电子商务以服务业为主,从销售到设计,媒体机构到行政机关,教育到娱乐,全都提供了网络服务,制造业的其他分支也已经加入网络大军。军事领域当然不会落后,美国的遥控飞机、无人驾驶飞机,如果没有网络就不能自己飞到阿富汗扔下炸弹。如果没有网络,射杀奥萨马·本·拉登时,美国总统和他的幕僚、顾问,就不能在世界的另一端看到实时画面。

如果完全从经济学角度出发,估计英国是最支持互联网经济的国家,英国互联网经济取得的成果占国内生产总值的8%。排在后面的都不是欧洲国家,依次是:韩国、中国、日本、美国、印度、澳大利亚。预计到2016年,世界20大经济体的互联网部门将会增加一倍[97]。

大家普遍认为,互联网经济产值在总体经济产值中的占比会增加,虽然错过了这一轮的经济增长高峰期,但是这部分经济活动会为提高国内生产总值做出一定贡献,虽然与之前的20年相比,未来10年的经济增长水平会相对较低。并不是所有人都同意这个观点,这是可以理解的,也有一部分痴迷互联网的人把互联网的发展前景描述得过于美好。我们不要忘了,大部分研究都是根据需求制定的,公司开展互联网业务都是出于商业目的,为了扩大自己的利益,如果预测结果是互联网会走向没落或者一直不温不火,不要期待哪家公司会因为对互联网发展感兴趣进行投资。我这里引用的数据是电信运营商订购的。有趣的是,研究团队中

第十章 \ 知识胜过一切，智慧的重要性，专业技术和技巧

的首席专家在这份报告的第二句写的是："只有上帝才知道哪里是尽头！"真是可惜，写报告的专家居然都不知道答案。

实际情况到底如何呢？互联网经济扩张的极限在哪里？如果互联网经济不是转瞬即逝的潮流，拥有充分的发展动力，我们是不是该把它视作一种全新的经济类型呢？那些分析师和评论员怎么知道互联网经济在总产值中所占的份额？他们甚至不知道电力对总产值的贡献具体是多少。难道因为电力企业没有要求专家们进行研究？评估互联网对国民收入的贡献是否存在实际意义呢？

如果从表面来看，这种评估毫无意义。本质上和评估客运行业与邮递业务对国民收入的贡献一样，没有什么实际意义。即便不去评估这里两个行业的贡献，货物还是会送到收货人手上，乘客也会准确到达目的地。这两个行业贯穿整个经济活动，通过复杂的纵横交接，保持全球、每个国家、各个领域、各个环节、各个部门，以及各个公司的业务平稳运行。网络也是一样。从狭义上来讲，互联网企业为市场创造了附加价值。提供产品和服务的企业通过互联网运营管理自己的公司，建立彼此之间的连接，这才是互联网最大的价值所在。但是，互联网的这种间接贡献是很难进行评估的。

其实根本没必要进行整体评估，只要认识到互联网在公司运作中的价值就够了，我们只需针对各个企业做一点微观的分析就可以了。每家公司的老板都能差不多估算互联网对本公司的贡献，如果说有什么需要告诫这些老板的，那就是大家在这方面的投资已经不少甚至有点多了。其实，并不是任何事、任何人、任何时候都要借助网络才能展开工作的。如果上网时间太长，他根本不是在处理事务，不是在做设计、营销、计算成本，只不过在忙着闲聊罢了。很多大公司的信息技术系统禁止了对社交网络和大众门户网站的访问，这就是原因。有些人会开发相关软件（放在网上卖）获取利润。这就像有的健身房老板会在附近开一家蛋糕店一样。毕竟，经营得再怎么出色都不如直接刺激业务需求有效。

如果有人试图去估算互联网创造的价值，其实不太可能成功。进行评估的人依据的很多都是猜测、假设、近似值和推测，而且还要以自己的假设作为前提，总之最后能得出很多不一样的结论。一家公司的老板知道给信息技术部门员工支付多少工资，知道在电脑软件、外部互联网服务、硬件上分别花了多少钱，所有的花费都会按照一定比例转化成公司的商品在市场上的价格，但是对于互联网给

公司创造的价值,这个问题还是没有找到满意的答案。互联网创造的价值也取决于使用互联网的所有员工掌握的知识水平,因为他们在工作中应用的部分知识就是从互联网上获得的。

如果一名员工乘地铁上下班,途中用 iPad 阅读了一篇关于营销技术的文章,因此提高了自己的知识水平,提高了工作效能,但这并不算是互联网给公司创造的价值。因为网络不是增加了公司的产值,而是带给了公司一位有能力的员工。

其实这和电力的应用是一个道理,电力是另一种形式的网络。如果没有电,公司就无法运作,但是从来没有人绞尽脑汁去计算电力对产值所做的贡献。电力的贡献肯定不能用缴纳的电费进行换算,公共街道上的路灯是缴纳的增值税点亮的,你乘坐的电梯费用也包括在了房租之中,我们晚上看书提高自己的知识水平,还有网络,这些都与电力之间存在直接关系。

评估互联网对国内生产总值的贡献时,基本上只考虑了网络销售和互联网发展项目(通常未连接网络的硬件也包括在内)的支出。网络销售在美国大行其道,占据了电子商务的半壁江山,在欧元区约占电子商务的 1/3。这种统计方法并不能表现电子商务给加拿大带来的影响,因为很多加拿大人会在美国的在线商店购物,因此拉升了美国的网络销售市场。当加拿大人在亚马逊买我写的这本书时,他们不仅为美国的网络经济做出了贡献,也为美国的国内生产总值奉献了绵薄之力,尽管这本书的作者是波兰人。

更重要的是,在线销售业务的增加不会提升国民总收入。网络商店营业额虽然上升了,但是与此同时,实体书店中的纸质书的销售量就下降了,总的来说,图书产业还是在衰退,更糟糕的是,读者数量会因为图书产业的衰落而降低。以此类推,互联网经济的繁荣有时不仅不会刺激经济增长反而有可能使经济增长放缓。因此,我们不应该不加批判地大肆吹捧网络购物的热潮,应该看到这个发展进程中我们分析出的多个方面。香皂和洗发液的网络销售量增加,并不是因为人们更爱干净,洗澡更勤了,实际上是因为他们不像以前那样经常去传统商店买这些商品,甚至是想降低个人卫生方面的花费才选择网购的。

网络邮购业务之所以蓬勃发展,是因为消费者觉得这种购物方式更方便,供应商能获得更大利润空间(从逻辑上来讲,是降低了供应商的成本支出),还能提高所有人的效率,这就意味着这项经济活动对经济发展做出了贡献。但是,我们

第十章 \ 知识胜过一切，智慧的重要性，专业技术和技巧

不要忘了，售出一件商品的前提是生产一件商品，因此，不能说每一次网络交易都为经济发展做出了额外贡献。只有虚拟网络创造的额外需求，增加了现实世界中生产活动的供应，生产出更多商品，完成这一系列的过程，才算真正地为经济发展做出了额外贡献。如果只是单纯地把供需关系从"旧"的阵地转到"新"的阵地，总体收入并不会增加。

每个学生在写毕业论文的时候都离不开网络。即便是成绩最好的经济学专业学生，也无法描述网络对自己的论文做出了几成贡献，当然了，除非某人的论文有一半是直接从网上复制来的，那网络对他这篇论文的贡献就是50%……放到经济问题上，道理也是相通的。越来越多种类的生产和服务供应，需要借助网络才能顺利开展，但是说到网络对经济发展的实际贡献，从本质上来讲，只能进行粗略的估计，参考价值并不高。互联网覆盖的领域日益扩大，重要性正在增加，这是毫无疑问的。尽管如此，即便所有的物质和非物质交易100%都是在线上进行的，我们也不能说网络创造了全部的国内生产总值，不是吗？

为了增加这个观点的说服力，我们来发挥一下逆向思维，往最可怕的方向想象，如果没有网络会是什么情况。如果没有网络，美国的国内生产总值不一定会直接下降8%，因为大部分网络销售都会直接回归传统的分销渠道。考虑到网络覆盖的范围，整体经济发展无疑会因此陷入巨大的不安，个人生活和公众生活也会受到巨大影响，经济衰退和爆发大范围的经济危机在所难免。其实仔细想想，网络是最近才出现在我们的生活中的，之前没有网络的日子大家也过得挺好，但是大部分年轻人可能不会这么觉得，他们的世界一直有网络，如果没有网路，很多东西都要从头学起，很多活动可能会就此瘫痪。网络消失以后，给这些孩子带来的最大震撼应该是：如果我们什么都不知道，怎么做出决定，怎么会知道自己应该做什么？其实没那么严重。

有些网络流氓整天流连网络，随意发起攻击；恐怖分子也会策划网络攻击，给社会造成巨大损失。国家也认识到了网络的力量，比如以色列就曾经对伊朗核设施植入震网病毒，成功地使伊朗的核计划陷入瘫痪。类似的案例数不胜数，只是规模和性质各不相同。

不只是经济，大部分行政事务，以及公共服务、社会联系和人际交往，都无法正常运行。似乎和全球大停电造成的灾难不相上下。如果撤去网络，我们到底

会面临多大的危机？能进行评估吗？可以是可以，但只能粗略估计，而且误差很大，如果有人做出评估，一定会引来很多质疑。

如果把"没有网络"这个命题丢给艺术家。他们可能会说，如果我们的世界没有网络，我们的生活既不会变成恐怖片，也不会变成喜剧片，反而会觉得有点奇妙。我们会有更多时间，可以看小说，书上的文字也会让我们笑，让我们感到恐惧。实际上，从现在开始，我们的经济活动和社会活动都已经被网络牢牢困住了。但是也不能说这是多么残酷的刑罚，毕竟网络为我们开拓了很多新领域。

结论可能有点出乎你的意料，但是网络对未来经济活动主要起的是间接作用而不是直接作用。换句话说，网络音乐、网络电影、网络文学等网络商业并不是最重要的，网络给其他形式的经济活动提供的支持才是最重要的。互联网几乎覆盖了地球所有经济活动的全部流程，制造、物流（运输、交通、中转、存储）、交换和分配，甚至是消费环节，都是通过网络连接的。在所有领域中，信息的传播与流动都是最重要的。

我们可以把所有事情都分解成思考和决策这两个过程，我们要依据获取的信息进行思考做出决策，因此信息来源至关重要。网络对思考和决策的影响越来越大，在很多情况下其实已经掩盖了其他信息来源。因此，如果说我们已经进入知识经济时代，在很大程度上来说，是建立在网络基础之上的。如果真要切实地提高经济效益，主要看我们做出决定的速度和准确程度，网络提供给我们的信息、建议和灵感会影响我们的决定。

现在不看报纸（不看也不会有什么大损失）、不看电视（也是一样，不会有什么损失）、不读书（很大的损失）的人越来越多，他们所有的知识都来源于网络。我们会发现，网络生活对现实生活的影响越来越大，我们已经陷在网中。换句话说，现实世界发生的很多事会受虚拟世界的影响。有些人对网络的依赖已经成瘾，上瘾通常不是什么好事。很多人因此出现了认知障碍，就像一幅漫画中描绘的一样，一个男孩拉着女孩的手，深情地望着她梦幻般的眼睛，说："等不及想要在网络上见到你！"在他的认知世界中，网络会面居然比真实的会面还重要！

随着时间的推移，每个人的网络访问次数越来越高，网络的力量在短时间内就会变得越来越强。最重要的是要保证我们获得的信息能够指导我们做出理性的行为。如果信息不全面，无论是快速决定还是思考后的决定，我们最终做出的都不可能是最好的决定,甚至有可能是完全错误的决定。互联网上的知识不足以保证一个人能做出正确的决定,就像即便是馆藏再丰富的图书馆也不可能让文化只依靠它就繁荣发展一样。你一定要知道如何阅读和思考。网络和图书馆都为阅读和思考提供了便利,但是你的阅读和思考过程并不会因此变得更加容易。

只有理性的行为才能创造美好的未来,因此,为了让自己的行为更加合乎理性,你要在真实空间和虚拟空间找到一个平衡点。另一幅漫画描绘了虚拟和现实之间的耦合关系,一个人坐在酒吧,手里拿着啤酒对另一个人说:"我之所以更喜欢现实世界,是因为虚拟世界虽好却没有啤酒。"

网络经济存在一定的局限性。如果想让网络发挥它的经济作用,我们不仅需要宽带、高效的设备、电脑、智能手机,最终的是要具备从无线网络检索有效信息的能力,还要做出明智的分析和诠释,以此为基础进行决策。智能设备和智慧软件对人类智慧的要求更高,而不是更低。虽然我们还是会通过大学和终生的不断学习获得知识,但网络无疑是现代人知识的主要来源。我们应该时刻提高警惕,确保自己的大脑不被垃圾信息侵占,因为网络世界什么都有,有有用的知识,自然也有大量无用的垃圾。我们能够简单快速地获得大量资料,但这并不表示我们未来做出的决定会更合理。我可以在此举出大量反例。

很多大公司都设立信息总监的职位,这是一个高级管理职位,目的是为了梳理和企业相关的庞大信息流。担任信息总监的专业人士经常会抱怨,数据资料的质量和实用性太差。IBM进行的一项研究显示,半数经理人并不信任摆在自己眼前的信息,但是他们还是要根据这些信息做出决定。在这种情况下,很难做出合理的决定。网络本是用来改善信息流通的技术,结果却导致信息量的不断增加。不仅不能帮我们在干草堆里找到针,还加进了更多干草[98]。

未来将属于那些有能力通过网络有效发送以及巧妙接受必要信息的个人、公司和国家。很多时候,问题的关键不是信息发送者而是信息接收者。我们需要,却难以获得的信息,不是解决问题的关键,关键在于我们能否挖掘相关信息。为了保证我们不被海量的信息淹没,就要掌握在网络中畅游的正确方式。

互联网的发展,使网络经济、网络文化和网络政治的含义也发生了相应的变化。关于经济方面,我们可以通过网络给某人提个好点子,提出一个引人关注的商业计划,或者通知对方我们所提供的服务存在哪些优势。有些人也会用网络耍阴谋诡计，坑害他人，或者不是为了害人，只是为了耍着人玩。在文化上，我们可以免费发送最新的热门单曲（哦，天啊！我刚才不小心把s放到hit前面了①）或者真正的好书。但是，有些人也可以借助网络传播种族仇恨，煽动宗教战争。关于政治方面，大家可以通过网络展开全面的对话，讨论各种想法和政策观点。但是，我们也可以借助网络蛊惑人心，操纵公众舆论。我们要时刻提高警惕。

---

① 本来是热门单曲hits，作者说不小心打成了shit，即屎，想表达对所谓热门音乐的讽刺。——译者注

| 第十一章 |
摇摇欲坠的和平

冲突与防卫，战争与和平。我们可以从这个角度勾勒出一幅未来的全景图，但是最好还是放到最后再做这件事，关于未来的这些问题，马上就要说到第十二点了。

如果我们通过报纸和网络新闻看一看这个世界，今天的很多人都是这样看世界的，就会发现我们的世界简直一团糟，我们勇敢的政治家们一天24小时都要面对各种战争、冲突、危机、事故、攻击、暴戾。新闻中，偶尔会报道皇家婚礼或大型节日，其余时间都是接连不断的选举，以及某些地方的夺权运动。可惜，在如今的大众传媒中，好消息虽然供给充分，但是并不吃香。为了销售额，或者更准确地说，为了把新闻报道中的广告页面卖出好价钱，就要尽可能地提高发行量，这就要求新闻要足够轰动、惨烈、骇人，夸大其词、言过其实在所难免。如果没什么大事，世界一片和平宁静，新闻就会让人觉得无聊。如果天下大乱，和平不在，纷争不断，新闻看起来就有趣多了。现在的新闻看起来很有意思，因此在大家的印象中，我们生活在一个可怕的时代，不管是在家还是出门旅行，不管是定居还是迁移，从早上到晚上，从晚上再到第二天早上，造反、叛乱、武装冲突、恐怖袭击、绑架、侵略、内战，时刻会威胁我们的生活。

不用我说大家也知道，所有的产业和服务都以保护我们免于危险为目标，在现实和虚拟世界中发展壮大。这样一来，社会状况越糟糕，对于这些企业越有利。像保险公司这样的担保企业在此过程中不断扩张。不管我们多么坚信自己身上不会发生什么不好的事情，但是我们还是想买份保险以防万一，毕竟发生过那么多意外，我们也不敢保证自己一定不会遇到，万一发生意外，那损失可就大了。我们同样想保护自己不受潜在的恐怖袭击和犯罪伤害，这些项目的保险额度甚至比

第十一章 \ 摇摇欲坠的和平

伤病和自然灾害保险额度还高。

为了给社会和经济的正常运作创造必要的条件，就需要庞大的安保资金对抗恐怖主义。随着恐怖主义向全球蔓延，全球公众普遍具备了安全意识，这没什么不好。但是要保障所有人受保护的权利，需要大笔的资金支持，因此大部分税收都被用到相关领域了，情报、武器、警察，所有的安全服务都需要钱。不管是家庭还是国家，在这方面花的钱越多，其他方面的开销只能越少。安保领域吸收了大量预算，否则的话，这些钱可以用于环保或基础设施建设；至于家庭，可以增加教育、文化、运动等方面的开销。大量的企业也需要分担安保费用，因此只能限制其他方面的开支，或者把这部分费用添加到商品售价中。社会的安全系数越低，物价越高。

美国右翼人士呼吁减税，鼓吹枪支买卖，还编了个愚蠢的口号"枪支越多，犯罪越少"（实际上恰恰相反）。警界和其他领域的安保预算全世界几乎没有一个国家不是在上涨。如果想看看各个国家在削减哪方面的预算，仔细研究会发现，政府和议会动不动就提起学校和医院，图书和剧场行业的公共开支更是连讨论都不用讨论，说砍就砍，但是军队和警界想都别想。好吧，谁让我们生逢乱世呢，想要更安全，就得多花钱。

目前最紧迫的问题是社会动乱，动乱蔓延的范围越来越广，很多国家是经济危机引发的，总的来说是新自由资本主义引发的危机，很多地区冲突不断，也因此对国家资本主义的发展造成了困扰。罢工、抗议、游行活动的频率日益增加，有时能成功阻止当局做出的错误决策，但是更多时候会让局势变得更加不稳定。

大众传媒这时候就雀跃了。大家要是都在家或者去工作，媒体就没事可做了；人们到街上或政府机关门前抗议，媒体的情绪比谁都高，电视新闻节目最喜欢拍摄这种画面。每次都有人兴致勃勃地在摄像机面前挥动拳头，尤其是当他们发现在游行队伍中拳头握得再紧都没有用时，更愿意往镜头前面冲。从中东到西欧再到美国、墨西哥、中国、泰国，世界上挥动拳头的地方不在少数，每一次的挥拳都会让社会离和平越来越远。

军队抗敌（有时，是隐形的敌人），游行骚乱中警察介入，事态恶化，这些不知从什么时候起变成了每日新闻。这些当然都不是好事，但是并不像以灾难和轰动新闻为生的大众媒体描绘得那么糟糕。社会、政治和军事冲突确实不少，但是并没有达到几乎颠覆人类社会的程度,大家之所以会有这种感觉,都是新闻报道和那些狂热的评论员造成的。有时他们会做得很过分,把一个孤立的恐怖事件描绘成大规模的运动,还会像个无政府主义者一样,说上街抗议的人们受到了失败体制和糟糕政策的伤害。那么,真实情况到底是什么?后续会如何发展?我们确实生活在恐怖主义和无政府主义的威胁之下吗?我们还能不能睡个安稳觉了?

其实我们很幸运,相对而言,这个时代是有史以来最和平的时期。相对指的是,综合参考军事对抗的强度和次数,以及伤亡人数占总人口的比例。从这个角度来看,这个时期因为战争和冲突死亡的人数其实是很低的。但是内乱和地区冲突确实不少,经过新闻的持续报道,你会觉得,世界已经血流成河。流血冲突确实很多,但是比以往的任何时候都少。

第二次世界大战结束后,地区冲突和内乱时有发生,到20世纪70年代到达了顶峰,不过从那以后一直呈稳定缓慢的下降趋势。国际、国内的武装冲突的数量从20世纪90年代的50起,到2005年已经下降到了30起,90年代之前,内战数量一直呈上升趋势,到90年代以后开始大幅下降。20世纪80年代中期,战争引发的死亡人数是20万,到上个10年的中段,已经下降到了两万人,下降了整整90%。可惜本世纪初,情况有所恶化,主要是因为阿拉伯国家的冲突不断升级。叙利亚一个国家在2012—2013年冲突中被杀害的人数,就比2005年全世界因各种冲突死亡的人数总量还多。这说明,安全和平的局势可以在短时间内被彻底扭转。

这个世界并不安全。尤其是西北部非洲一直到中东再到南亚,这片区域最危险。幸运的是,东南亚局势基本稳定了下来,虽然不能说完全稳定,而且也不是定论,但是印度支那地区(越南、老挝、柬埔寨)的经济已经开始在和平中繁荣发展,缅甸局势从2011年开始回到正轨,虽然种族纷争和冲突并没有消失。经过多年艰苦的努力,菲律宾南部的邦萨摩洛地区也迎来了回归正常生活的机会,这一地区位于棉兰老岛南部,一直向东延伸到婆罗洲。可惜的是,在泰国南部,穆斯林聚集区的暴乱一直在持续。

萨赫勒地区局势更糟,从撒哈拉到马里、尼日尔到乍得、苏丹和北非境内的阿拉伯国家,尤其是阿尔及利亚、突尼斯、利比亚、埃及,还有很多中东国家,爆发严重冲突的伊拉克、叙利亚、也门,再加上巴以冲突,这一路走来可以说是战火不断。黎巴嫩的局势再次陷入不稳定,约旦的和平也不复存在。再往东,局

第十一章 \ 摇摇欲坠的和平

势也不稳定,有些地区甚至更危险:伊朗、阿富汗、巴基斯坦、苏联高加索地区、克什米尔、尼泊尔、印度东北部的阿萨姆邦,再往南是斯里兰卡,到目前为止一直受动乱困扰。如果我们再把范围扩大到中国东海地区的争议岛屿、越南、中国台湾、韩国,朝鲜半岛长达 60 年的分裂,整个地区的局势都很紧张。如果哪里擦枪走火,肯定是在这条冲突正在逐渐升级的带状区域。那么这种一触即发的冲突可以避免吗?

很多潜在的因素使得危险笼罩着这片土地。政治和意识形态的冲突、宗派战争的遗留问题、边界纷争余火未尽、民族对抗、地位之争,一直存在。很多地区因为缺少干净的水源导致瘟疫蔓延,对森林的乱砍滥伐使得环境遭到严重破坏,地表呈现荒漠化,事态只能往不好的方向发展。整个地区的社会和经济现实是局势不稳定的主要诱因。巴以冲突在动态发展,朝鲜和韩国处于休战期,经济因素在其中发挥了巨大作用。如果你有足够的想象力,可以想象加沙和西岸也能像以色列的非阿拉伯人口一样享受相对高水平的生活,整个朝鲜半岛的收入都能达到韩国的高度,那么也不难想象出那些地区呈现出一派祥和的状态。不管怎么说,长期持续的高速经济增长,是缓解地区紧张局势、防止冲突爆发最有效的方法。

虽然说目前是有史以来最和平的时代,但是和平被打破的风险越来越高。从表面上来看,两个最大的威胁清楚地摆在了世人的面前:恐怖主义的传播和大规模杀伤性武器的扩散。如果不看表面,进行深入分析,就会发现,无论是恐怖主义还是无处不在的大规模杀伤性武器,都不是形成威胁的真正原因。很多时候,真正起到作用的是经济因素,获取生产材料受限、人口过剩、贫困,这些现实情况才是形成威胁的根本原因。在科幻小说《最后通牒》中,粗放型的经济增长导致毁灭性的全球变暖,由此引发了冲突,中美双方互相对对方实施核打击。书中描述的战争发生在 2033 年,美国还要进行五轮大选,中国的领导层也要更换两次,我们还可以用这 20 年的时间,让小说中的描述不会变成现实。小说中描述的情景并非完全不可能化作现实,虽然未必会造成那种形式的冲突,但是无论什么样都是我们不愿意见到的,未来既然存在这种可能,我们就应该倍加小心。

大规模杀伤性武器的扩散绝对不是什么好事。所有国家手中都握有这样的财产,大家都说,是为了和平。以前的"作战部门"现在都改成"防卫部门"了。现在的防御居然都能猛烈到遍地瓦砾的程度……

美国、俄罗斯、中国、英国和法国，是联合国的常任理事国，核武器不再是这几个超级大国的专利。克什米尔地区不断爆发冲突的印度和巴基斯坦，也变成了拥核国家；为了对抗韩国，朝鲜也在发展核武器；为了与周围的邻国对抗，以色列也加入了这一行列。估计用不了多久，伊朗也会成为其中一员。多个国家有能力制造原子弹。这里指的多个国家分别是：土耳其、埃及、巴西、南非，有些国家经过打击之后，现在应该已经失去了这种能力，比如伊拉克和叙利亚。这些国家都是国内冲突不断，最近巴西迅速发展，我们可以期待将来那里会传来更多的好消息，令人忧心的是被冲突撕裂的埃及；土耳其在未来的发展似乎比南非更有前途。

我们最应该担心的，并不是这些国家对其他国家使用大规模杀伤性武器，虽然不排除有可能爆发这种灾难，但是更应该担心的是，武器库看管不严，导致大规模杀伤性武器落入恐怖分子之手。听起来似乎略显荒谬，但是发生这种情况的可能性其实正在增加。大部分人可能都认为，以武器库目前的监督监测技术，应该能保证武器不会外流，但是实际情况并非如此。如果是法国和英国，把武器库锁起来，基本上可以保证大规模杀伤性武器不会外流，但是印度和巴基斯坦就不一定了。一旦大规模杀伤性武器落入恐怖分子手中，他们一定会使用。我们一定要保持百分之百的警惕。如果有人对拥核国家使用这些武器，拥核国家通过核打击进行报复，在一天之内就可能使3亿人从地球上消失，恐怖分子才不会在乎这些；即便只是在孤立的恐怖行动中使用了大规模杀伤性武器，也会造成灾难性的后果。

考虑到背后支持者制定的任务，可以证明国际恐怖主义在一定程度上实现了他们的目的。实现目的的不是暗杀小组的成员，也不是自杀式炸弹袭击者，而是那些见利忘义的幕后黑手，他们为了进一步扩大自己的政治利益，无情地利用了很多人顽固的思想。恐怖主义真正的目标不是杀死多少人，造成多少财产损失，而是传播恐惧，让民众感觉自己时刻生活在危险之中，这样会对社会造成最大程度的长期损害。除此之外，还有一种观点认为，美国庞大的公共债务和金融危机不只是新自由主义经济政策引发的，美国在伊拉克和阿富汗的巨大开销也是促成这一结果的重要因素。在伊拉克战争打响后，仅前两年就从美国纳税人的腰包中掏走了3万亿美元[99]（约合当时国内生产总值的20%），这场战争总共得花多少钱？反恐战争带来的经济负担是美国国际地位变弱的原因之一。如果把钱划到其他地

第十一章 \ 摇摇欲坠的和平

方，专业人士就无法得到足够的资金；当一个国家花大钱执行特殊任务时，用于提高各行业工作效率的研发资金就会出现短缺；如果花上万亿美元去打仗，与此同时，就不可能再期待和平。

在波兰这样的和平国家中，我曾经开着敞篷车亲眼见过伊朗最后一位封建君主礼萨·巴列维、法国总统夏尔·戴高乐、苏共中央总书记列昂尼德·勃列日涅夫，还有教皇约翰·保罗二世，而如今就连地铁上都有紧急按钮。我的学生们已经不能随意向弗朗索瓦·奥朗德挥手，也不能向豪华汽车里的弗朗西斯教皇打招呼。在希腊，人们不能向安格拉·默克尔近距离的表示欢迎，不能对她提供的经济援助表示真挚的感谢，因为当德国总理乘坐全副武装的车辆上路时，警察会设立警戒线，禁止车队100米范围内有人靠近。在雅典市中心的一次任务中就投入了7 000警力。这都是要花钱的，我们都知道，希腊在接受外国援助……

我们真的生活在恐惧之中，在机场接受安全检查时感受最明显，即便去听交响乐，如果有总统驾临，所有人在入场前都要接受金属探测仪的扫描。乘坐公共汽车时，我们会用狐疑的目光审视那些从外表看来来自不同文化地区的乘客，其实他不过是个背包客，也和我们一样在赶路而已。我们活得胆战心惊。

在花费数十亿美元预防和保护社会免受潜在的恐怖袭击的同时，却从来没有人计算过恐怖主义带来的压力给全球经济造成了多大损失。所有的一切都是可能和假设，到底是可能，哪怕是概率很低的可能，还是只是想象，谁也不敢肯定。后知后觉一点儿用也没有，毕竟人死不能复生。

我们当然应该坚持打击恐怖主义。但是，最近几十年的方法是行不通的，我们只能看到征兆和结果，据此实施打击，却不去寻找引发恐怖主义蔓延的根源和恐怖主义的源头。杀死个别恐怖分子是不可能将恐怖主义彻底消除的。

在不同的社会背景之下，恐怖主义的形式也各不相同。在一定程度上来讲，恐怖主义确实源自原教旨主义的意识形态，但是贫困刺激了恐怖主义的产生和扩大，这是不能忽略的事实。不管有多少富裕国家的人自欺欺人——当然也欺骗他人地说，恐怖主义，尤其是以这些富裕国家为目标的恐怖主义，主要源于对西方世界病态的敌视，价值观和生活方式的互不相容，但是我们都不要忘了，如果不是因为生活在贫困之中，恐怖主义根本不可能招来追随者，至少很难。也许有些恐怖主义国家或地区本身并不贫困，无法从本土招募恐怖分子，但是可以在邻近的部落和国家招兵买马。2011年的9月11日是个转折点,在那之后,很多恐怖分子被消灭,但是更多的人加入了恐怖分子的行列,如果我们不能同时从根本上消灭恐怖主义,还会不断有年轻甚至年幼的孩子变成新的恐怖分子。

下定决心消除极端贫困和严重的不平等,是消灭恐怖主义最简单的方法。有人可能会说,爱尔兰地区的恐怖分子爱尔兰共和军或西班牙巴斯克地区的埃塔组织存在的背景,和贫困没有关系。确实,促使他们发起恐怖行动的不是贫困,而是其他原因。但是,如今全球范围内,对全球秩序和未来和平造成威胁的恐怖分子,主要来自北非、中东和南亚等贫穷国家。这些地区的意识形态和极端主义政治思想与贫困和收入分配不均等因素互相叠加,为恐怖主义提供源源不断的补给。我还是要强调,如今的情况是很多因素(恶劣因素)共同作用的结果。如果恐怖主义泛滥,人类就无暇应对经济和社会发展过程中的挑战。

这些年来,国际恐怖主义的声势越来越大,我们前进的道路因此变得越发崎岖。为了逐渐消灭恐怖主义,并在非常遥远的未来,将恐怖主义彻底清除,最好的办法就是让盛产恐怖分子的国家走上社会和经济发展的正轨,让这些国家和地区变得更加稳定。这是当务之急。如果把花费在反恐战争中的上万亿美元,用在辅助贫困地区调整意识形态和政策方面,而不是去强硬地施加武力,世界局势可能已经日趋平定。先发制人确实是最好的解决方案,但是应该用来缓解落后地区的紧张局势和经济压力。

还会爆发新的战争吗?如果说是像一战、二战这种全球范围内的大灾难,那么答案是否定的。不会再爆发世界大战了。人们已经在过去的悲剧中吸取了教训,这只是一方面的原因。理论上来讲,是有可能爆发全面战争的,但是有足够的政治机制可以预防并阻止这种情况发生。最重要的是经济利益,从这方面来讲,如今的世界已经和过去大不相同。尽管意识形态的差异、政治犬儒主义、伪善的行为会一直存在,但是代表和平的实用主义态度一定会占上风。简单来说,跟战争相比,和平能带来更多好处。

更准确地说,与战争相比,和平对全人类的发展更有益,但是并不一定对每个特殊利益集团都有好处。很多地方冲突都是军方和军事工业的说客挑起的,换句话说,有影响力的大型军火商以别人的苦难(他们才不会在乎别人的死活)作为自己发财的工具。很多冲突源于个人过度的政治野心或信仰,他们试图通过在

第十一章 \ 摇摇欲坠的和平

战争中击败敌人让自己的国家获取更多利益。有时能够如他所愿，有时恰恰相反。历史上有很多伟大的国家，因为一次失算，走向了末路。

从经济角度来看，维持某个组织或国家战争所需的武器、弹药、硬件、软件以及专业人士全都离不开钱，这些钱当然来源于某个组织或国家的收入。难怪即便是爱好和平的瑞士、瑞典，也从来不会指责俄罗斯和美国的战争行为，因为这两个国家中也有发战争财的特殊利益集团。因此，如果从整体来看，我们必须说战争是魔鬼，但是对于某些特殊利益集团而言，战争中蕴藏着极大的"商业机会"。某些国家几乎以出口武器和其他军事设备为生，对于他们而言，当然是动荡比和平更有利。对于武器制造商而言，如果世界一派祥和，简直就是他们的噩梦。当然没有人会公开承认这种现实，我们也不用对此抱有期待，但是随着人类的更新换代，历史教科书中会描绘出 21 世纪早期的真实情况，就像数百年前的战争内幕虽然不被当时的人所知，却被完整地呈现在我们的面前一样。

同样是为了防患于未然，如果能把军备开支即所谓的国防预算，投放到环保领域，对经济发展更有价值。提高军费开支有时与安保活动无关，只是为了刺激经济，比如提高这一行业的就业率，这是资本主义市场经济的一个重要环节。但是，通过把公共资金用于污水处理，也可以达到这个目的，没必要非得拿钱去买坦克；应该建设一家废品处理厂，而不应该建造巡洋舰；应该把钱放到如何有效避免污染的相关研发项目上，而不是去研究如何能更高效地杀人。当然，对立双方的政治指导价值观和经济结构都要做出改变才行。

冷战结束后，局势逐渐往正确的方向发展，各方开始大规模削减军费开支。这项举措给东、西方世界都带来了好处，但是也有很多企业因此倒闭，很多以军工业为支柱产业的地区，至今仍然没能走出产业结构崩溃的阴影。如果削减军费开支的政策继续推行，对未来的发展更有帮助，但是中国的军费开支显著增加，如果美国和其他国家因此决定提高军费预算，也在意料之内。如果出现这种情况，不得不说这是社会发展的倒退。

为了确保和平稳定是未来的主色调，全球活动的各个参与者必须完善各自的机制，避免纠纷，阻止潜在的冲突逐步升级化为现实。风险日渐成为冲突甚至战争的例子并不少见，对不可再生资源的开发比比皆是，但是我们还有时间，可以努力改变世界经济的发展轨迹，躲避灾难的降临。很多时候，地区人口增长会引发尖锐的人口问题,甚至发展到不得不动用武力阻止大规模的人口出逃,但是紧张局势在变得一发不可收拾之前,是可以被化解的。待遇不平等和收入分配不均引发的国内问题,有时会转化成国际问题。国内社会的暴力冲突,甚至会引发区域和全球性的武装对抗,但是我们可以通过协调多国的国内政策,有效阻止惨剧的发生。

未来会和过去一样,国内和区域冲突不会停止。向前看得越远,发生的频率越低,可惜的是,冲突并不会彻底消失。从尼泊尔到安哥拉、尼加拉瓜、柬埔寨,很多地区的局势都有所和缓,但是索马里、苏丹和马里的局势越来越复杂。东南亚和中美洲的局势渐渐平定,但是叙利亚和土耳其的地缘矛盾以及其他地区的冲突并没有明显的改善。还有很多地区的问题会在未来凸显出来。我们不知道接下来会是哪儿,但是我们知道一定会爆发新的危机,而且我们也知道原因。因此,我们应该有所作为,将爆发危机的可能性降到最低。促进地区经济、社会和环境的可持续发展,是实现这一目标的最佳手段。如果即将走到战争与和平边缘,我们不要对任何原教旨主义的意识形态抱有一丝希望,原教旨主义无法帮你摆脱这种困境。

和平是全球化发展不断追求的目标。不管事实如何,至少应该如此。有些人半推半就地跟随列宁的脚步,走上了帝国主义的老路,这说明你走错了方向。100年前,帝国主义被利益争斗的战场掩埋,在战争结束之际退出了历史舞台。当代的环境颇为不同,全球化也遭到了很多反对,但是全球化确实是经济增长的驱动力,给每个人几乎都带来了好处。不仅建筑业在废墟重建中获得了繁荣,比如现在的伊拉克,比如沙特阿拉伯,和平地区的城市建筑和道路扩张给建筑行业带来了更大的发展空间。同样,整体经济也可以在扩张中成长发展,扩张已经创造了价值,但是,要是永远不需要废墟重建那就再好不过了。

将来,会出现越来越多的经济冲突,但是大家都不会选择通过武力解决争端,而是靠自己的外交软实力。政治实力,尤其是经济实力才是双方较量的基础。有可能爆发小范围甚至全方面的经济战争,贸易、货币、法律都会牵扯其中,但是和军事冲突无关。

在冷战时期,真正意义上的战争会带来很大风险,这种紧张的局面和军工复合产业的强大不无关系。但是,如今复杂的金融关系会影响政策的制定,将来更是如此。因此，和过去恰恰相反，大家都没兴趣展开武力对抗。无论是现在还是将来，贸易都会是最赚钱的行业，但是战争除了对军火贸易有益，对其他形式的贸易都是有害的。国家、一体化集团、企业，不管是国有企业还是跨国公司，彼此之间的竞争都将会变得异常激烈，但是从本质上来讲，它们都想获得强大的政治地位，变得更加有影响力，在市场上消灭自己的竞争对手。当然并不是消灭国家或公司实体，而是从经济层面打垮对手。

将来的组织或国家为了获取优势，不会再向对手派出炮艇或军队，会用特种部队和经济顾问取而代之。美国早在30年前就已经认识到，根本无须武力侵占某个地区，通过向各个区域派驻自己的专家，说服各个政府按照华盛顿的指示行事，就能轻松扩大自己的利益。这种方法行之有效。日本和美国很久之前就已经明白，如今这个时代，通过贸易和对外投资等手段进行经济扩张比通过军队进行军事扩张更有效。俄罗斯也选择了对东部和南部邻邦进行投资，创建区域一体化集团——独立国家联合体，放弃了武力侵占的构想。韩国和荷兰早期抓住经济发展的机会，收获了巨大利益，改变了自己的历史定位。

避免军事冲突，依靠经济竞争才能走向更美好的未来。全人类对这个问题的看法也不会完全一致，意识形态之争还会继续，认识到这一点也很重要。只要人类存在，意识形态之争就不会结束。但是大家都已经明白，如果想化解彼此之间价值观的冲突，有比暴力更好的办法，最起码争辩就比暴力强。

继续推进全球化是实现未来和平发展的大好机会。只要我们能跟随社会的发展脚步，就能取得成功，换句话说就是要更多地展现人性化的一面。历史的这一次轮回说明，竞争不一定非要变成对抗。人们也可以选择创造性的合作之路，理性竞争。对于未来而言，人们要选择的道路同样潜藏着无尽的挑战和机遇。

尽管人类在智慧、科技、经济等方面都取得了重大突破，但是世界却变得越来越危险。这是有史以来最和平的时代，但是所有潜藏的威胁都在跃跃欲试，这些威胁中既包括传统的国与国之间的紧张对立，也包括各种以自我为中心的原教旨主义的发展壮大。经济、社会和环境的不平衡发展，是我们面临的最大威胁。对多元文化缺乏耐心和包容也是其中一个因素，在实现经济全球化的过程中，文化冲突在所难免。魔鬼从不沉睡，因此我们应该知道它的样子，还要知道它会从何处来。

未来的世界总体来说是和平的,但是小规模冲突不会消失。那将是一个在冲突中不断重建的世界。尽管我们有丰富的经验和知识,但是我们并非次次都能消除形成紧张对立的原因,因此我们会见证甚至参与一些冲突,不仅包括文化冲突、外交冲突、经济冲突,也包括军事冲突。

我们在思索如何用常识和理性解决问题时,会在不知不觉间被轻率和愚蠢控制,而且这种状况不会只发生一次。

| 第十二章 |
以欧洲–大西洋文明为背景的亚洲时代？

和平的时代也会有战争。幸运的是，各大巨头之间的争斗并不是真刀真枪的喊打喊杀。不幸的是，贸易冷战日趋白热化，谨慎的低声争论逐渐变成了公开的高声争吵。主要是因为西方惧怕逐渐成长的东方所带来的竞争压力，如果双方公平竞争，可能会越来越跟不上对方的发展速度[100]。因此，虚伪之风日渐盛行，"按照我说的做，不要看我怎么做你就怎么做"，这句话是对美国最形象的描述。完全一派真小人假君子的作风。口头上不断强调自由贸易、自由经济，把技术转让和投资挂在嘴边，转过头来就开始推行贸易保护主义，冠冕堂皇的说辞不过是政治言论，每个人背后都打着自己的小算盘。

所有人一直在讲支持科技进步，投资发展可再生资源，但是当三一重工真的付诸行动时，美国总统却对该公司在西海岸俄勒冈州的风力电厂项目横加阻挠。三一重工是一家中国私营公司，拥有尖端的技术，能提供比美国其他电力企业价格更低廉的电力供应服务。据说，因为三一重工的发电厂离海军舰艇停泊的港口太近。上一次发生类似的事件还是20年前，当时出手实施贸易保护的人是老布什。奥巴马总统在选举之前感受到了来自共和党竞选人的巨大压力，为了入主白宫，居然公开表示要对其他国家发起经济战争，向以中国为代表的出产廉价商品的国家宣战。奥巴马阻挠电厂建设分明是搬起石头砸自己的脚，因为电厂中的风车是美国的拉尔斯控股公司生产的，而且电厂的运作也由美国另一家公司负责。

如果推行更多的保护主义一定会形成巨大的威胁，使经济冷战白热化。撇开来自政治圈的压力（在选举之前，候选人必须表现出强硬的姿态，不让别国侵占本国市场）不谈，媒体总是会对东方世界肆无忌惮地发起病态的攻击，这也是一个重要原因。中国威胁论是最典型的例子，要求中国遵守秩序的声音在美国媒体

第十二章 \ 以欧洲-大西洋文明为背景的亚洲时代?

此起彼伏,有时简直不合常理。这些言论通常是情绪主导,缺乏理性判断的。

美国国会的情报委员会受极力鼓吹自由市场的共和党控制,他们提议,要全面阻止中国的两家大型电信公司——华为技术有限公司和中兴通讯股份有限公司,进入美国市场。原因是什么?又是安全问题,他们认为,即便两家公司都是私营企业,但是中国的公司都和政府、军队之间存在说不清道不明的关系。情报委员会在报告中提到,"中国有意图、有机会、有动机,出于不良企图操控电信公司"。这就是委员会建议所有美国政府和公共机构禁用华为和中兴电子元件的原因,不仅如此,委员会还提出,任何与这两家公司相关的并购和收购项目都应该被禁止。加拿大也受到美国的压力,不得不采取措施限制华为在本国发展。但是前不久爆发监听丑闻的国家正是美国,美国国家安全局通过实施大规模电话监听从事间谍活动,他们甚至会偷听盟国领导人的手机通话。因此,美国和其他西方超级大国也"有意图、有机会、有动机,出于不良企图操控电信公司",难道我们应该因此抵制戴尔、苹果和摩托罗拉吗?

究竟是怎么一回事?中国公司真的威胁到了美国的利益,甚至威胁了美国所"关心"的世界和平吗?也许我应该拔掉电脑连接的华为设备,中国人是不是已经偷走我这本书的草稿了呀?密西西比河岸还没见到我的新书,长江沿岸是不是就开始传诵我的金句了呀?还是别胡思乱想了!即便我们有必要对任何威胁保持警惕,也要做出公正客观的判断。

上面提到的两家大公司,实力已经领先全球,包括美国在内的其他公司都在竞争中败下阵来。华为是全球第二大电信设备供应商,业务范围覆盖了将近150个国家;中兴是世界第五大路由器、减缓器和其他电信设备制造商。在全球无线电话公司排行榜中,中兴排第四,华为排第六。西方国家都不太愿意看到这样的现实,不希望两家公司继续发展。但是如果全球经济仍然遵守自由化发展的规则,两家公司一定会继续发展壮大。

有些人高调提倡经济自由化,结果中国电脑公司联想在2012年秋天,一跃成为世界最大的个人电脑制造商,销量超过美国本土品牌惠普,这是那些唱高调的人不愿意看到的。但是如果我们诚实地遵循经济发展规则,必须谦卑地接受这个事实,与之公平竞争。否则的话,所谓的自由经济就只是一句为权贵服务的漂亮口号,如果是那样的话,自由经济就是烟幕弹,只是为了掩盖某些人牺牲他人利益让自己发财的卑鄙事实。当经济自由的口号无法帮助富裕国家、投资客和企业扩大经营规模，反而让它们陷入困境，什么基本原则，什么最高价值观，都会变成空话。

大多数先进国家都制定了相对完善的法律，它们的法律虽然不能说足够完美、全面，但是在经济方面设想的还是比较周全的，只是目的并不是去约束特殊利益集团。不要低估利益集团对司法的影响，美国法院曾经裁定韩国电子巨鳄三星公司生产的智能手机 Galaxy Nexus 禁止在美国销售。

自由经济、开放市场、自由贸易、公平竞争，这才是大家追求的目标。如果政府支持中国公司的扩张（中国政府会提供很多扶持资金，在这方面与欧盟确实有些不同），我们也可以通过其他方式与之竞争，而不是也要依靠政府，像其他国家那样出台限制政策。很多双边谈判就是为了解开这个问题，即便谈判失败，还可以诉诸世界贸易组织的仲裁机制。产品质量才是最重要的竞争力。踏踏实实地提高自己的竞争力，比单边制裁更有效，单边制裁其实对发展无益，只不过是惩罚贸易保护主义的报复行动。我们现在只能期待美国方面能重新考虑这些问题，中国方面不要失了自己的风度，不要被激怒。美国在和苏联的冷战中获胜，但是对中国发动经济冷战也会取得成功吗？中国跨国公司的数量越来越多，这些公司的技术和管理水平都很高，而且背后有 13.5 亿中国人民在背后支持，现金储备超过 30 亿美元。美国真的应该好好考虑考虑。

大家最好都不要自欺欺人了。在全球化的过程中，影响力与地位之争在所难免，没有一项政策和策略是真正清白无辜、光明正大的，无非是给自己的行为找个合适的理由。中国会通过间谍活动获取产业情报。但是他们开展这方面的工作更加困难，因为所有的眼睛都在盯着他们。美国、俄罗斯、英国、德国、法国、日本还有其他国家也会做这种事。虽然我们无法认同这种做法，但是我们必须承认这就是现实。

中国并不是亚洲唯一的新兴力量。整个大陆的产值和人口规模都在急速增长，亚洲人口占全球人口的 62%，其中 57.5% 在中东以外地区，地缘政治是亚洲国家难以避免的问题。这里的人民创造的价值占全球生产总值的 46%，比美国和欧盟加起来还多。如果不包括中东，大约占国际生产总值的 38%。由于现在亚洲的人口和经济仍然呈上涨趋势，因此未来这一地区的人口规模和产值在全球中的比例还会上升。大家应该知道，早在1 000年前，亚洲的产值就占全球总产值的60%，直到1820年，西方世界爆发第一次工业革命，这种领先优势最终不复存在。1950年的时候，亚洲生产总值只占世界的20%，但是只用了两代人的时间就翻了一倍多，也许到2030年，亚洲生产总值又能超过世界生产总值的一半。

关于这方面的预测很多，但是争辩到底哪种预测最有可能变成现实其实毫无意义。所有的预测都表明，亚洲在全球经济中的重要性日益增加，而西方国家的相对地位正在下降。安格斯·麦迪逊致力于研究全球经济在近2 000年内的增长轨迹，据他估计，到2030年，中国的产值将占世界生产总值的23.8%，印度占10.4%，日本占3.6%，其他亚洲国家占15.4%。据此推测，美国产值将占世界生产总值的17.3%，全亚洲产值约占世界生产总值的53%。我觉得非洲的实力被低估了，2003年非洲产值占世界生产总值3.2%，根据这些预测到2030年反而下降到了3%，苏联地区和中欧、东欧也是一样，这些地区产值占比从6.1%下降到了4.7%[101]。毫无疑问，亚洲是在总量上占优势，但是考虑到这一地区的人口规模，人均产值仍然不尽如人意。从这一点来看，西方国家的主导地位还会持续很长时间。

有位名叫安杰的网友在我的博客www.volatileworld.net上提问："我和我的朋友都很不理解，美国的负债比国内生产总值还高，为什么美元的价值还这么高，为什么美元会是国际货币？"我回答说："安杰和他的朋友们每人想要1 000美元的现金吗？或者给每人的账户存100万美金，如何？虽然美国的财政状况很差，但是很多人手里都握着美元，而且想要更多，国际交易和支付以及货币储蓄需要美元一直维持在高位。大家都清楚地知道'美国的负债比国内生产总值还高'，但是美国依然是全世界最强大的经济体，在自然资源、人力、物力、财力方面蕴含着巨大潜力。美国的财富是高于负债的。我们不要忘了，所有的债务都有两面性。虽然美国的负债超过了国内生产总值，但是大部分债务是美国银行、其他金融组织和美国人民持有的。只有美国国库无力偿还这些债务时，大家才会丧失对美元的信心。这种情况几乎是不可能发生的，而且有很多容易变现的投资储蓄方法，为了以防万一，可以多选几种方法，不要全部购买美元，多持几种货币。像巴菲特所说的那样，不要把鸡蛋放在同一个篮子里。"

太阳东升西落，但是这并不表示东方崛起，西方就会陷入黑暗的深渊。东西方的关系出现了戏剧性的变化，但是希望并不会被东方边缘化，只是相对地位会降低。我们可以拍个电影,描述一个恐慌的世界,美元崩溃,大家纷纷转投中国人民币和韩元,但是不会去选择印度卢比和泰国的泰铢,但是对于我们来说,这顶多算是一部科幻电影,跟真正的未来世界没什么关系。

文化、政治、经济,无论从哪个角度出发,亚洲都是一个多元化的大陆。从地理学的角度也是如此,亚洲的边界西边从土耳其、以色列开始,到远东地区的日本、俄罗斯西伯利亚、堪察加半岛、楚科奇半岛。俄罗斯有一部分属于亚洲,亚洲事务通常不太考虑这一地区。亚洲主要有4个组成部分:除了中国、日本这两个国家,还有两个一体化集团,东南亚地区的东南亚国家联盟,这个集团的经济优势不是很明显,还有南亚地区的南亚区域合作联盟,主要成员国是印度,印度是这个地区的超级大国,无论是人口规模还是经济、军事实力,都很强。亚洲有7个人口过亿的国家,分别是:中国、印度、印度尼西亚、巴基斯坦、孟加拉共和国、日本、菲律宾。用不了多久越南和土耳其也会加入这个行列。世界范围内,国内产值超过全球总产值1%的经济体有20个,亚洲有8个,分别是:中国、印度、日本、韩国、印度尼西亚、土耳其、伊朗和中国台湾地区。因此在思考亚洲的未来定位时,我们应该记住,亚洲是全世界最大的大洲,人口、文化、政治尤其是经济影响,几乎各个方面都是。

西方真的已经这么糟糕,东方真的发展得那么好,以至于美国不得不采取不公平的贸易保护措施保住自己的地位吗?中国正在密谋借助全球化这个机会控制世界吗?亚洲统治地球的时代真的来临了吗?欧洲和大西洋文明注定要沦为曾经的辉煌了吗?我们以后是不是应该优先选择学习中文?我在中国的社交网站上开通了自己的微博www.weibo.com/kolodko,还在《中国经济周刊》上发表题为《科勒德克观察》的专栏,这样看来,我是不是一个懂得抓住时机的人呢?

毫无疑问,中国的绝对地位,以及对全球事务的影响力正在提升,在可预见的未来还会继续提升。这里的绝对地位主要指的是经济地位,中国一直是个大国,因此政治和军事地位也不容忽视。中国的发展不会停止,通过和平的手段无法阻止这种发展趋势,而其他的手段更是完全不可能。大家不应该过分纠结于自己的喜好以及彼此之间的关系,应该承认这个现实。我们应该继续向前,努力站上发展的跳板,在未来变化莫测的世界中找到自己的位置。

我们可以清楚地看到,大概从十年前开始,中国的地位已经开始逆转。中国不再积极发展制造业,也开始在海外布棋,投资范围从富裕国家到劳动力廉价的经济体都有覆盖。受益的国家包括印度、巴基斯坦、孟加拉国、越南、柬埔寨、缅甸。中国的海外投资和人民币升值的作用相互叠加,现在的月薪3 000元约等于480美元。几年前,1美元能兑换8.2元人民币,183美元就能支付1 500元的月薪。换句话说,那时候的3 000元只值366美元,现在值480美元。制造业劳动力成本增加,以每年20%的速度上涨,再加上货币升值,中国的竞争力已经不可同日而语。日本、韩国、中国台湾也曾经历过相似的发展过程。

此外,通过观察我们会发现,即便是美国和其他西方高度发达经济体,他们的外包和离岸业务活动也呈现下降的趋势。外包和离岸业务活动通常会选择人工成本低的地区,这样一来商品的生产和销售总成本就能相对较低。苹果16GB的平板电脑,2010年在美国的市场售价是499美元,中国劳工成本只有8美元,约占定价的1.6%[102]。在这种情况下,美国政府施放政治压力,禁止"向社会主义中国输出就业",在制造商看来,无非就是这部分成本上涨5倍,只要有人付钱,没什么不可以的。这部分劳动成本会完全转嫁到消费者身上,一台完全在美国生产的平板电脑价格现在是531美元,制造商也不用再为外包和离岸业务操心了,因为产品是在圣弗兰西斯科海湾装箱的,而不是黄海。

这一次,中国发起挑战的目标既不是核武器,也不是走向衰退的(幸好如此)出口贸易,而是成功的商品输出,商品输出对于积累资本非常重要。中国通过开展对销贸易,提高了全世界对自己的关注度。不仅在数据统计中有所展现,在重要的国际贸易展中也会看到中国的成果,还有到不同的国家旅游你也会发现中国的国际地位与日俱增。有些项目不能马上见到成果,但是,未来才是最终的,投资影响深远的重大基础设施项目融资,对方会以长期原料供应合同作为回报。特别是在非洲和拉美,拉美规模较小,还有俄罗斯的西伯利亚。俄国和中国对这一地区进行的投资和采矿项目,会使这一地区发生巨大变化。

中国在国外花了很多钱,投资基础设施建设,提高当地的人力资本水平,比如修建学校和大学,诊所和医院。这些项目资金来自软贷款(所谓软贷款,就是国家开发银行作为政策性银行,可以通过政府或国有公司的融资平台进行贷款,其贷款允许用于国家确定的重点建设项目的资本金或股本投入),很多时候会部分减免,变成了补贴。政府雇佣中国大型建筑公司进行基础设施建设,难怪中国会变成全球事务最重要的一员。如果我们找一张地图来看，就会发现，中国在西方力所不及的地方表现得尤其活跃。在殖民时期，殖民国家开发当地资源为己所用，却从来不帮助当地发展，到了新殖民主义时期，殖民者用欺骗代替合作，如今到了全球化的时代，西方国家会去边缘化这些国家，从不寻求积极合作。如果这些记忆没有烙印在那些想要获得自主经济的人民的脑海中，也许他们还想不到要与那些愿意给他们提供宝贵支持的人多多接触，多多合作。

这种形式的合作有助于消除贫困，推动社会和经济发展，中国这么做当然也是出于这些原因，但是有人怀疑甚至直接指责中国有不良企图，想要借此传播自己的意识形态，是在搞政治贿赂。甚至有人指责中国正在发展21世纪的帝国主义。即便中国真的有一部分这样的目的，也无法改变他们帮助不发达经济体努力发展的事实。如果有谁觉得中国在这些地区的影响力会变成威胁，与其浪费时间批评中国的扩张，富裕的西方国家最好增加自己提供的援助，重新赢回自己的影响力。而且西方富裕国家可以对国际组织的操作方法、政策方向施加很大程度的影响。

西方指责中国实施新殖民主义，其实很荒谬。同时也表现出了自己对历史的无知，中国和西方国家不一样，永远不会表现出帝国主义倾向。只有17世纪中叶，那时中国在清朝的统治之下，向西部扩张，使中国的领土增加了一倍。中国历代还出现过几次这样的扩张，只是象征意义不大。西方的欧洲水手和西班牙征服者，几百年来一直在侵占他们发现的领土，破坏当地的文明，但是中国人和他们不一样。在600多年前，1405—1433年期间，中国就进行了七次航海，郑和（1371—1433）最远到达了东非，但是他们并没有侵占发现的领土，也没有进行掠夺。中国人航海不是为了炫耀自己的武力，也不是为了控制别人，是为了弘扬自己的文化，一个中世纪国家居然能有这样的经济实力。15世纪的时候，中国本可以殖民侵占东南亚，但是他们并没有那么做。那些留下来的人，会被看作放弃高度文明的人，根本不配得到统治者的支持[103]。但是西方恰恰相反，他们会选择殖民侵占，粗暴地将自己的价值观和经济体制强加给当地居民。从教育普及的角度来讲，并不是太坏，但是却亵渎了当地的宗教，有时行为极其恶劣。

如今，在中国，孔子（公元前551—前479）比郑和更受欢迎，思想家老子（约公元前6世纪）比君主刘备（161—223）更受爱戴，这是一种巧合吗？在欧洲和美国，哥伦布比柏拉图声望更高，科尔特斯（航海探险家）在人们心中的地位比伊壁鸠鲁（古希腊哲学家）高。这种差异是思想和价值体系不同造成的，但是除此之外还有一个重要原因：中国人是内向型的，而不是外向型的。事实证明确实如此。美国总统布什和中国主席会面时，布什说自己担心美国本土会再次受到恐怖主义的袭击，胡锦涛说自己关心的是每年要创造2500万新的就业岗位。

如果中国这次的所谓扩张还和以往一样，就说明这个国家在通过它悠久的历史向我们讲述一个值得学习的道理：想要维持一个庞大而复杂的国家，就要更多地关注自己的内部事务。中国虽然有足够的经济和政治实力，但是基本上只关注如何解决国内的问题，这是有历史踪迹可循的。对于这个国家而言，最重要的是维护国内和平、国家的统一和团结，这就是中国领导人提到"和谐社会"时代表的真正含义。

在这种情况下，我们还要觉得中国给密西西比河（美国母亲河）流域、亚马逊河（南美洲北部）流域、多瑙河（欧洲第二大河，流经欧洲多个国家）流域、尼罗河（埃及母亲河）流域、维斯瓦河（波兰，同时也是中欧和波罗的海水系第一大河流）流域、林波波河（非洲东南部河流）流域，特别是恒河（印度）、叶尼塞河（俄罗斯）流域的国家带来压力了吗？这个悠悠古国一定会给我们带来压力，而且从很早以前就开始了。不只是因为当今的贸易、金融和投资相关活动让我们感受到了压力，很多地区，尤其是东南亚一直以来都和中国之间存在着千丝万缕的联系。需要指出的是，中国虽然不像西方和阿拉伯地区那样通过移民征服别国，却要求弱国向自己朝贡。两千年来，中国通过贸易和特别的外交手段，向自己的邻国甚至远邦施加影响，几乎覆盖了如今的整个东盟地区。曾经，中国真的是世界的"中心"，但是它没有进行武力侵占或政治奴役，中国与其他国家的关系和同一时期其他文明的扩张方式是完全不同的。中国在那一时期发展了自己的外交，而西方世界的殖民侵略完全和外交不沾边。很多国家愿意和中国开展贸易，当时很多国家确实和中国开展了贸易，中国的市场一直很有吸引力，外交使团带着谄媚的礼物到京城去巴结当权者，当时没有保护主义，所有人都可以自由到市场进行买卖[104]。16世纪，欧洲人来到这片大陆时也入乡随俗，这使得中国人更加相信自己是独特的、优越的。

这种朝贡体制持续了数个世纪，在社会意识和精神层面都留下了印记。以至于让他们觉得即便是现在，一个新的时代中，也是如此。很多政治家、外交官、投资客、投机客、企业家、商人、记者比以往更愿意向中国的当权者卑躬屈膝，曾经的世界已经改变，如今的全球化覆盖了整个世界，到处都是商机。在展望未来的时候，我们要记得，如今的这个时代已经没有贡品和弓箭，也没有西方的殖民主义野心。以后的中国也要面对越来越多的框架谈判，签订合同，做出决策。由于经济实力和政治影响力的不断成长，中国在国际事务中的影响力也在增加，尽管如此，中国还是对自己的内部事务更感兴趣，不会去想侵占外面的世界。中国也需要树立国际威信，目的是让国内的政治、经济稳定发展，绝对不是为了征服世界。

中国人的心理和文化与西方世界、日本和拉丁地区、伊斯兰地区都不相同。中国人深深地为自己辉煌的历史和如今自己国家的伟大进步感到骄傲，但是他们内心的骄傲并没有转化成追求扩张的野心，不管是和平的还是军事的扩张，中国人都不感兴趣。中国肯定是想要超越美国，不仅在北京奥运会上想超过美国，在接下来的每一届比赛中都会抱着这样的期待，他们认为在伦敦奥运会没能超越美国也只是失误。但是中国绝对没有想过要入侵美国。中国改造自己唯一的航空母舰不是为了跟美国打仗，只是因为他们觉得作为泱泱大国没有航空母舰有点说不过去。

我还要提到的一点是，中国的时间概念也和一般人不同。他们想事情不是根据小时、天、月做计划，而是一想就是几年甚至几代人、几个世纪开外的事情。40年前，亨利·基辛格访华，当时他问中国的总理周恩来，对法国大革命有什么看法，结果周恩来居然说，现在谈结论为时尚早。18年前，我问基辛格，1989年的事件对中国经济未来发展会产生什么影响，他的回答和周恩来差不多。虽然如今的时间走得飞快，但是中国人比别人都有耐心，中国人的时间感和别人不同。中国的100年和其他地方的100年似乎是不一样的。即便中国有征服世界的野心，他们可能会耐心等待好几个世纪。但是他们不会，因为以中国现在的地位完全配得上这样的野心。

我们无须担心中国文化霸权。中国菜风靡全球，但是中国的戏剧却不像中国菜这样流行。就像意大利的歌剧随着殖民流传到了厄立特里亚的首都阿斯马拉，虽然歌剧院建了很长时间，但是一直没有任何演出。我们愿意去听威尔第、瓦格纳、穆索尔斯基的音乐，有些人愿意去以孔子命名的大批艺术中心听中国戏曲，这些艺术中心花的都是中国纳税人的钱。莫言能获得2012年的诺贝尔文学奖（中国人几乎不曾听说另一位诺奖华裔作家高行健的名字，他现在定居巴黎，获得了2000年的诺贝尔文学奖）实在是件大好事，为多元文化发展做出了贡献，但是西方文学的主导地位并未受到丝毫威胁。有趣的是，韩国的Psy跳着江南风的舞蹈（在短短半年内，YouTube点击率就超过了10亿）变成了国际明星，但他只是仿照西方模式制造出的一个意外，这种流行来得快也去得快。他又不是迈克尔·杰克逊……

这些文化中心都是外交攻势中的一部分。如今中华人民共和国大使馆(163个)数量几乎和美国（169个）相当。

对于78个国家而言，中国是他们的第一或第二大贸易伙伴。难怪这里发生一切都会对全球经济造成影响。但是，我绝对不会说中国的模式可以随意复制。中国2013年出口额达到了2万亿美元，第一大市场是美国（占17.2%），然后是日本（7.4%）、韩国（4.3%）和德国（4%）。中国的进口额只有区区3亿美元，对中国出口排在第一的是日本（9.8%），接下来依次是韩国（9.2%）、美国（7.1%）、德国（5.1%）和澳大利亚（4.3%）。

有些人不希望中国好好发展，原因简直莫名其妙：因为中国是"社会主义国家"，其实不过是嫉妒和愚蠢作祟罢了。如果中国经济增长势头退去或者完全溃败，会出现什么情况，我们应该花点时间思考一下这个问题。与之前的30年比，中国的产值增速最近已经明显放缓，一方面是受西方的经济危机和经济衰退影响，另一方面是中国内部的原因。中国2010年国内生产总值增长了10.8%，2011年增长了9.4%，2012年增长了7.8%，2013年徘徊在7.5%上下。虽然增速比之前低，但是仍然领先全球，是全球产值增长的主要驱动力。全球经济主要靠中国和印度在拉动，印度最近四年国内生产总值增长比例分别是10.1%、6.8%、4.9%、6.0%，其他自主经济体在危机发生的这几年产值增长分别是5.1%、3.8%、3.3%、3.6%。

以目前的经济形势来看，中国的出口远大于进口，相关文章甚至创建"中国依赖指数"。在标准普尔500股票指数列表中，有135家上市公司收入主要来自中国。如果中国经济持续走高，证券市场的行情就会比较好，反之亦然。从2009年到2012年这四年间，中国依赖指数上涨了130%，标准普尔500中所有的公司中国依赖指数上涨都超过了50%。换句话说，如果不是因为中国在持续发展，经济情况可能更糟，糟糕的经济形势会影响其他国家的股票市场，即便是最发达的国家也不能幸免。因此，无论是谁，诅咒中国就等于诅咒自己。

在发展经济学中，有个流行术语"硬着陆"，这是和"软着陆"相对应的一个词。软着陆指的是经济经过一段高增长之后，平稳回落到适度的增长空间，特别是经济增长过热之后最需要软着陆。硬着陆是指遇到不寻常的现实问题，导致经济急剧下滑，就像飞机大角度倾斜降落一样。经济增长不一定要下降到最低或者变成零增长，指的是跟以前的高速增长相比，增长趋势要大幅下降。在这一次经济危机中，很多西方国家都经历了硬着陆，导致经济受创。受这场灾难影响最大的国家，首先是美国，然后是西班牙、希腊、爱尔兰、葡萄牙、斯洛文尼亚，最近蔓延到了整个欧元区，这一地区的生产总值，从2010年2%的增长水平，到2012年只增长了区区0.5%，到2013年，变成了0.3%的负增长。

十多年来，我们一直听到中国经济要出现"硬着陆"的声音。这些声音一直到现在也没有变成现实，这些谎言不过是恶毒的胡乱猜测罢了。2001年到2010年这十年间，中国国内生产总值增长超过了国际货币基金组织在春季首脑会议上的预测。在他们的预测中还存在其他错误。巴西、俄罗斯、印度、中国这四大发展中国家2008年的国内生产总值，比美国著名的投行高盛公司五年前的预测，高出了75%。高盛公司在做预测时第一次使用了"BRIC 金砖四国"[105]这个代号，BRIC是这四个国家名称的首字母缩写，如今已经变成了被频繁使用的单词。这些错误的判断不仅低估了中国的动态增长势头，也低估了另一个亚洲大国印度的潜力。

软着陆和硬着陆中的"软""硬"不是根据数学运算和物理定义而定的，而是一种惯用的方法论。波兰的经济经历了硬着陆，在两年之内急剧下滑，2007年一季度的时候还保持7.4%的高增长，到了2009年一季度，增长速度瞬间跌落到了0.8%。产出增长在短时间内下降了6.6个百分点，如果这不叫硬着陆，什么样的情况才算硬着陆呢？

国际货币基金组织的专家进行了模拟，假定中国的投资增长率下降2%代表软着陆，如果下降3.9%就算硬着陆。如果这种假设在2012年真的发生了，所有的主要贸易伙伴中，韩国受到的影响最大。如果中国出现国际货币基金组织预测的软着陆，韩国的国内生产总值3.6%的增长，会变成2.3%，如果出现硬着陆，会下降至原来的1/3，变成1.2%。另外两大区域合作伙伴日本和澳大利亚，受到的影响比韩国低，对巴西（实际增长3%，如果中国软着陆下降至2.8%，硬着陆下降至2.6%)和德国(实际增长0.6%,如果中国软着陆下降至0.4%,硬着陆下降至0.2%)的影响更低[106],但是还是会造成非常严重的后果。这一切只是因为中国投资水平下降了2%或4%而已。储蓄和投资对经济增长起伏、国内生产总值变化的影响最显著,因为储蓄和投资通常被视作防止激烈消费变化的缓冲器。

大家不禁要问:中国经济真的正在"硬着陆"吗?这会带来什么后果?其他国家,尤其是亚洲、欧洲、美洲的富裕国家应该期待中国硬着陆吗?中国继续繁荣,同时带动其他国家,这难道不是好事吗?还是说,中国经济占尽优势地位,因此让经济发展失去平衡,应该放慢脚步?

答案很明确:中国经济维持几年甚至十几年的高速增长,对中国和全世界都有益。但是这个结论,是有前提条件的,中国必须更加爱护环境,调整收入分配不均的状况。只有这样才能改善数以亿计的中国人民的生活条件,推动世界其他地区经济增长。中国提高对中部和东部欧洲10亿美元进口额度,就能明显提升波兰的就业率,增加乌克兰的收入,提高捷克共和国的利润;在目前这种情况下,中国游客在希腊、意大利、西班牙、葡萄牙多花费10亿美元,对当地经济复苏的作用一点不比"对外援助"差。

但是中国经济出现硬着陆的可能性并不能被完全排除掉,中国面前有很多难题,也有很多机会。放眼未来,人口老龄化及其引发的经济后果是最严重的问题。半个世纪以前,退休金系统中,五个正在工作的人供养一位退休人员,如今是三个供一个。如今工作的人和不适合工作赚钱的老年人的比例是5:1,到了2035年,这个比例就会变成2:1。

国有企业效率低下的问题越来越显著;供需结构的不匹配变得越来越明显;很多企业因为高额负债、缺乏流动资金濒临破产;腐败猖獗,私营企业和政府之间相互勾结的问题尤其严重。目前的状况,与我们期望的公共与私营之间的伙伴关系完全不符。公共采购体系是腐败最大的可乘之机,所有的现代化道路建设和高速列车项目中,都会出现官员贪污受贿的现象,数额之巨大,情况之复杂,简直就像是贪官之间在举办竞赛,互相攀比看谁贪得多。尽管中国的环保事业取得了不容置疑的成就,比如造林、城市废物处理,以及太阳能的应用,但是眼前的景象还是会让人觉得惆怅。

正如大家所料,中国试图通过调整经济政策解决日益严峻的各种问题,比如进一步下放权力，调整财政系统，继续放松劳动力市场管制[107]。然而，需要做得还很多，要确保经济政策发挥更大的作用，这些都是陈词滥调。但是在西方国家，这样的声音太少了，没有人适时地发出这样的提醒，我们的发展就要失去动力，虽然现在还没那么严重。

中国的快速增长至少还要持续两年，很有可能超过 10 年（有人认为能坚持几十年，但这种观点是错误的），中国的增长率是全球平均增长率的两倍，富裕国家的 3 倍。如无特殊情况，中国已经无法回到之前那种两位数的增长水平，但是国民收入还是会迅速提升。那么，会维持多久，提升多少呢？

这个问题的对象可以更广泛一点，中国不是唯一正在经历高速发展的国家。这一年来，大家一直在谈论"亚洲经济奇迹"的话题，中国香港、中国台湾、新加坡这些小而精的地区，以及印度尼西亚、韩国、泰国、马来西亚和最近崛起的越南这类相对较大的国家，都创造了奇迹。印度也是亚洲特别重要的组成部分，人口众多的印度，经济增长率也很高。假设这些国家都不会犯低水准的战略错误，在这种情况下，亚洲的经济增长将会持续到什么时候，会远远超过其他国家和地区吗？

我们需要知道的，不只是亚洲范围内的增长预测和相应的政策，应该放眼全球，增长维持"多长时间""多少年"并不是重点，重点是会达到什么水平。换句话说，收入达到什么水平，产出增长开始失去动力？如果我们知道这个问题的答案，我们就可以冒昧预测一下，各个国家用多长时间能让收入达到那个水平。

根据过去经验做出的比较分析显示，增长速度放缓的临界值，是以购买力平价计算人均国内生产总值 16 740 美元上下[108]。为了表达更准确，按理说我们应该添加一份 2005 年的综合价格表做对比参考。事态在变化，为了方便起见，我们大致推算一下，应该约合现在的 2 万美元左右。撇开人均国内生产总值低于 1 万美元的贫困经济体不说，我们把研究的重点放在那些自 1957 年以来，7 年增长率不低于 3.5% 然后急剧下降的国家。这些国家，人均国内生产总值在达到 16 740 美元之前，7 年期人均国内生产总值增长率最不富裕的国家是 5.6%。超过这点之后，增长率开始下降到平均水平，到下个 7 年就变成了 2.1%。前后的差异非常大。增速在 5.6% 的时候，收入翻番需要 13 年，增速变成 2.1% 以后，收入翻番需要 33 年。此外，前一种环境下，收入翻 4 倍只需要一代人的时间，后一种情况收入翻 4 倍则需要三代人。

韩国1997年的时候，就达到了16 740美元的临界值。在此之前的7年间，人均国内生产总值增长平均是5.8%，在此之后的7年，下降到了2.5%。澳大利亚比韩国提前了一代人的时间，1969年就到了分水岭，平均国内生产总值增幅从3.9%下降到了1.6%。日本更早一点，是1968年，7年间国内生产总值增幅从8.7%下降到了5%。西班牙是1990年，从3.8%下降到了1.6%。奥地利是1974年，从4.9%缓慢下降了一半至2.2%。

虽然举了这么多例子，其实也有例外，这个例外是要进一步确认还是质疑这个规律呢？美国的高速增长一直持续到人均国内生产总值达到1.7万美元之后。因为美国的强大经济是以创新和科技进步为支撑的，这正是强大经济体还能继续扩张的重要因素。另外，那一时期正好不断有移民涌入美国境内，提供了丰富的劳动力资源。英国到达那个临界点的时候，向上的经济趋势正好赶上开明的结构改革，互相搭了便车。日本的繁荣也持续了很长一段时间，快速增长一直维持到20世纪90年代初，主要是技术进步和出口扩张的互相结合，推动了经济发展。中国香港和新加坡的快速增长轨迹也延伸得很远，主要与开放的国际经济往来有关。

目前，按照购买力平价计算，很多国家的人均收入都超过了2万美元。不算附属领地在内的话，约有50个国家，包括波兰，以及一些前社会主义经济体：捷克共和国、爱沙尼亚、斯洛伐克、斯洛文尼亚和匈牙利。根据前面的假设，到达这个临界点之后，国内生产总值增速会不足2%，对于一些无力提高本国国内生产总值的政客而言，这是一个不错的借口，但是事实果真如预测的那样吗？一定会那样发展吗？其实不是。美国、日本、英国等大国，以及各个中小型经济体的经验，都推翻了之前的假设。还是那句话，全世界不可能套用同一个模式。这些国家的经济政策都是刺激额外产出增长的关键因素，为实现高储蓄和高资本累积以及资源的有效配置做出了贡献。有利环境和好运气可能会起到帮助作用，但是最重要的还是发展战略和政策。

为什么国民收入达到1.7万~2万美元左右，经济发展势头会停下来？什么样的机制能带领一个国家走出2%增长率的尴尬局面，恢复到之前的活力？这上上下下几个百分点对现实的影响可不小。很多国家，相当于经济增长率下降了50%。重要的是，心理学认为，收入每年增长2%，人的意识是感觉不到的，除非同时伴随有益的、显著的结构变化。从收入情况来看，这种水平的国家绝对算不上富裕社会。

如果经济结构调整，造成城乡差距，于技术引进无益，对境外技术型廉价劳动力的吸引力变弱，经济增长速度就会下降。

在发展水平较低的地区，从农业涌入工业以及近年来涌入高科技领域的劳动力，是推动劳动效率的主要动力。以中央计划经济为主的社会主义国家以及一些"第三世界"国家，经济快速增长，很大程度上，来源于高速发展的工业化和城市化进程。当一位乌克兰农民变成铸造厂工人时，乌克兰的经济增长率就会相应提升。当一位来自农村的孟加拉女孩变成缝纫工时，孟加拉的经济增长就会加速。但是劳动力的转移和经济增长并不是没有极限的，一旦达到饱和，劳动力转移和经济增长都会放缓甚至停滞。匈牙利、韩国等国劳动力转移的过程已经完成，巴西、巴基斯坦等国还在进行中。不考虑其他原因，这就是为什么我们可以期待巴西、巴基斯坦等国经济增长率高于匈牙利、韩国等国。

从国外获取技术是提高本国经济增长的另一个途径。俗话说，很多时候，你不需要重新发明轮子。只要你注意到别人正在用，然后学习、引进、应用，就够了。现代社会我们要学习和引进的不再是轮子，而是机械工程、电子、数字化、纳米技术、电信、生物技术以及其他生产活动中的高新技术。经济体的发展水平越高，引进境外技术能起的作用越低。换句话说，如果A国和B国互联网发展水平相当，经济结构相似，通过双方互相引入技术，自己得不到明显的提升。但是，对于相对落后的C国而言，引进技术能提高本国的经济增长速度，等到C国发展到一定水平，技术引进就无法转化成强劲的动力了。当C国与A、B两国发展水平相当时，他们的增长机会会逐渐趋同，因为之前推动增长的因素会自动消失。一些最近才开始迅速发展的国家，通过技术引进弥补技术差距，在这些国家中这种机制表现得最充分。但是，有时技术引进并不是实现高速增长的通路。欧洲的斯洛文尼亚和意大利，通过技术引进也无法实现高速增长，但是爱沙尼亚和芬兰就有可能。亚洲的中国台湾和新加坡通过技术引进就无法实现高速增长，但是中国和日本就可以。

第三个因素是，来自欠发达地区的技术型廉价劳动力供应缩减。如果国与国之间的收入差距悬殊，技术工人会往工资更高的地区迁移。劳动力的流入能实现高速增长,但是后进的国家收入达到一定水平以后,这个刺激增长的因素也会消失。原理和国内经济中劳动力从农村到城市的迁移相似。

我认为,使发展中国家经济增速放缓的第四个因素正在形成。对于很多国家而言,虽然收入在增加,但是原材料价格增长速度更快,在这种情况下,经济增速也会下降。增长速度急剧下降的现象越来越常见,说来也很讽刺,那些最近累计财富较多的国家,由于维持经济发展所需的原材料越来越多,原材料的价格又在不断上涨,使得这些国家越来越负担不起。如果我们把人均收入想象成高高低低的山峰,攀登 2 万美元小山的人数不多,那么他们很快就能登顶。如果攀登 4 万美元山峰的人有很多,等所有人都登上山顶一定是一个缓慢的过程。如果其中大部分人还想攀登 6 万美元的高峰,会发现这是一个非常困难的过程。攀登阿尔卑斯山和喜马拉雅山的只可能是极其出色的少数人,并不是所有人都能登上那么高的山峰。

对于一些经济高速增长的亚洲国家,最近出现的民主化进程,会对他们的产值产生什么样的影响,还不得而知。从政治正确性的角度出发,我们应该认同民主化进程对长时期的高速增长是有好处的。但是,经验数据显示事实并非如此,韩国、印度尼西亚、新加坡、中国台湾、马来西亚和中国香港等经济体表现得尤为突出。有可能是因为非民主政权瓦解时,会伴随政府效率低下,以及宏观经济政策缺失等问题,这些情况都会使经济发展受阻。即便如此,我们也要记住,经济增长并不是我们的最高追求,实现真正的民主更有价值。

以购买力平价计算,中国现在的人均国内生产总值已接近 1 万美元。如果中国经济保持目前的增长幅度,国内生产总值将在 10 年内翻一番,2023 年达到 2 万美元。大家应该还记得复利的力量:每年增长 7.2%,10 年就能翻一番。中国在过去的 4 年中,年均增长 8.9%。如果继续维持这样的增长动力,8 年就能翻一番,如果保持这样的增长速度,中国到 2020—2021 年前后就会达到增长开始放缓的临界值。虽然不能肯定这个推测一定会和事实相符,但是可能性极高,未来很有可能沿着这个轨迹发展。

接下来会发生什么?中国人均收入达到如今全球平均发展水平的两倍之后,还能继续快速前进吗?我们不能自欺欺人,中国的人均收入达到两万美元(还是按购买力平价计算)后,经济增长速度会急剧下滑。最近的 10 年内就存在发生这种情况的可能性。中国的经济不会"硬着陆",因为中国人有能力"软着陆"。为了实现软着陆,有必要通过宏观调控控制再生产过程。中国的经济学家和政治家们已经意识到这一点,正在开展相关工作。重点在于抑制投资热潮,避免经济过热;把拉动外需调整为拉动内需,通过迅速提高国内消费力取代对出口贸易的依赖。重新制定的增长战略正在缓慢但是很稳定的发挥作用。这就是我们无须担心中国2012—2013年国内生产总值增幅比2010—2011年低的原因,因为这是好事。

在这种背景下,之前提到过,由于过度耗费不可再生资源,需要限制经济增长以及限制经济增长动力,对于富起来的国家而言,经济增长率下降对未来是好事。高速经济增长趋势被打断,为环境保护提供了一定的空间,要知道,几乎所有亚洲国家都存在环境问题。

日本很早以前就变成了自主经济体。那么日本如今的位置在哪儿?这里所说的位置并不是地图上的位置,而是现实中所属的阵营。日本一直是典型的东方国家,现在依然属于东方阵营吗?或许已经加入西方世界,最开始是因为被美国占领,被迫投靠西方世界,后来自己主动选择,是这样吗?还是说并没有明确的要投靠哪一方的意思,但是作为合作伙伴而言,现在的东方比西方更有吸引力?日本既属于东方阵营也属于西方阵营,改变不了的事实是,它是亚洲国家。当这片大陆的经济体纷纷解放,亚洲的力量会变得更加强大。就像波兰与邻国白俄罗斯之间争执不断,但它们都是欧洲国家,这个事实永远不会改变。中国和日本因为几个岛屿(更准确地说,是对水下天然资源、渔业水域和附近航运路线的争夺)经常发生摩擦。2012年,东京举办了国际货币基金组织和世界银行首脑峰会,中国中央银行行长和财政部长予以抵制拒不出席,但是这同样改变不了它们同属亚洲的事实。

同属西方世界的欧洲和大西洋地区——不包括日本和澳大利亚、新西兰,向来骄傲自大、优越感十足。这让我想起了一句格言:两条狗为一根骨头打架,第三条狗无声无息地叼着骨头跑了。亚洲的内部冲突也是这个道理,只有不让矛盾升级,才能发挥自己的优势。你要知道,亚洲大陆上有很多分界线。殖民时期给这片陆地留下了很多至今尚未愈合的伤口,两次世界大战和多次的区域冲突影响着亚洲的双边和多边政治关系、外交关系以及文化交流。旅游行业可以显示这种微妙的关系,中国的旅游大巴在不是很太平的埃及,比韩国还多;日本人喜欢远赴中东旅行，对自己的近邻中国反倒没有显示出那么大的热情。

西方国家张开双臂，用自己发达的商业吸引游客，大批中国游客受导游的指引来此购物，对于自己所在的东方似乎意兴阑珊。世界各地都有美景和有趣的人文风光，东西南北都有值得欣赏的地方。向西方扩张的旅游事业不一定非要损害东方周边地区旅游行业的利益。去西方旅游的中国人数量飞速增长，在中国人眼里中东也属于西方，因为从地理位置来讲确实在中国西方，而且那里都是资本主义国家。2012年上半年，中国出境游人口比2011年同期增长了18%，超过了3 800万，相当于波兰的总人口数。2011年，中国游客境外旅游消费高达730亿美元，紧随美国和德国之后。赴美旅游的中国人，人均消费6 000美元。大西洋彼岸的其他国家，马上意识到这是块大蛋糕，也开始争相吸引来自东方的贵客。2011年，14万7 000名中国游客拉动了英国经济。法国在2011年接待了120万中国游客。

需要特别注意的是，领土纷争和政治积怨也会殃及经济。情绪引发的零星冲突，日积月累，会变得一发不可收拾。2012年夏天，中国境内爆发了一系列针对日本公司的示威活动，导致多家日本在华汽车组装工厂临时关停。仅当年9月份，丰田车的销量就下滑了49%，本田下滑40%，东风日产下滑了35%。欧美汽车公司销量因此提升，对于他们来说这次示威活动似乎是值得庆祝的好事，但是他们的快乐也只是短暂的。亚洲和平、稳定，才符合欧洲－大西洋体系的利益，制造业、海陆边界、军备方面出现任何摩擦都有可能打破现在的平衡。西方国家不应该直接插手亚洲事务，应该努力尝试找到化解冲突的理性解决方案，这才符合双方的利益。

接下来我们要讲述的不是文化冲突，而是更为激烈的市场竞争和经济战。从表面上来看，中美之间存在贸易和货币争端，放大来讲，是西方世界欧洲－大西洋地区和东方世界亚洲地区之间。除了贸易和货币争端，其实还存在很多潜在的不和谐因素。实际上，其实就是华为威胁到了摩托罗拉，中兴威胁到了苹果，三星威胁到了诺基亚，印度的竞争力越来越大，开始担心某些领域被关系密切的阿拉伯国家渗入，迪拜公司投资美国港口建设也会引发类似的担忧。与国家资本主义相比，自由资本主义国家受新自由主义的连累，引发经济危机，潜在的冲突日益加深，最后引发全球范围内市场和政府的又一次对抗。

美国打击中国公司，是因为政府从属于市场，或者说资本家利益高于公众利益。

而中国则相反，提倡公众利益应该在资本家利益之上。世界舞台上的演员穿着各色服饰，表演着纽约的音乐、巴黎的杂耍、京剧、宝莱坞音乐剧，每个种族都有自己的特色。这种冲突对未来的影响，一定比基督教、伊斯兰教之间的文化冲突还要大。

自由资本主义有多种表现形式，国家资本主义也是一样。欧洲形式的国家资本主义，以法国为主要栖息地，政府通过财政再分配对经济的干预程度高达57%，不过这都是过去的事了。当时欧洲的国家资本主义既没有造成严重的威胁，也没有让大家对美好的明天抱有更大的希望。相反的是，亚洲的国家资本主义对未来产生了一定影响，在国家资本主义发展的过程中使得多个经济体获得了独立，让这些经济体在全球化时代经济实现了增长，在面对各种挑战时比其他地区表现得更出色。苏联地区的国家资本主义，到现在方向都不是很明确，温和的拉丁地区还在两者之间寻找合适的定位。中国国有企业的价值占市场的80%，俄罗斯国有企业占市场62%，巴西是38%。在亚洲与欧洲－大西洋地区的对峙中，其他地区的自主经济体会选择哪个阵营，对于未来世界的发展非常重要，他们的选择会决定未来的政治和经济形态。

在占据主导地位的西方价值观中，阿拉伯半岛的国家资本主义是"优秀"的，因为这一地区是亲西方的；而俄罗斯、伊朗以及其他几个亚洲国家，还有委内瑞拉，这些国家的国家资本主义是"低劣"的，因为这些国家与西方是对立的。采用这种区分方式，分明就是双重道德标准。如果我们在经济活动中遵循诚信原则，不应该根据有失偏颇的意识形态或经济利益做出判断，应该考虑双方对一个国家可持续发展产生的作用，以及对外币系统，即本国以外的经济体，产生的影响，进行切实的评估。

如果我们放开视野，会发现，国家资本主义在意识形态和政治层面正在变得更强大，自由资本主义正在减弱，尤其是新自由主义。很多自主经济体蓬勃发展，一方面，美国和欧盟国家危机不断，另一方面，从七国集团到二十国集团，全球政策结构比例正在发生变化。无论是"自主"还是"新兴"都不是由市场决定的，是可以人为控制的。一个全新的世界正在冉冉升起。在这个世界中，不是非要选择一方，放弃一方。既不是新自由主义胜出，也不是国家资本主义会笑到最后。所有这些都要学会共生共存。

第十二章 \ 以欧洲–大西洋文明为背景的亚洲时代？

中国在世界面前变得越来越有吸引力，西方的某些方面正在失去自己的魅力。事实证明，越来越多国家的货币政策开始从美元向人民币倾斜。美元对瑞士法郎的汇率调整了1%，西亚国家的货币也顺势调整了0.38%。但是，当人民币汇率调整1%时，跟随的国家会做0.53%的调整。据估计，在52个"新兴市场"中，有32个市场的美元地位下降，人民币优势凸显。以这种趋势发展，特别是对中国经济增长及中国经济在全球贸易中所占比例的预期持续走高，我们看到，有人做出预测，最快到2035年，人民币就能主宰世界[109]。这也是错误的。人民币的国际地位会越来越高，但是不会主宰世界。人民币能否将美元赶下国际舞台还说不准，说得准的是，不可能发生在2035年，毕竟距离现在只有20多年，时间太短了。美元占世界货币保有量的62%，如果说有任何货币能撼动美元的地位，一定不是人民币，但有可能是欧元，目前欧元占世界货币保有量的25%，前提是欧元能平安渡过这次危机。

中国变成了引领潮流的国家。不仅在经济领域，其他领域也是一样，但是我们会发现，很多意见不是根据可靠的科学研究而是追随一种潮流。从艺术到政治领域都是这种情况。毫无疑问，中国艺术品的价值被人为放大了，而且市场已经出现泡沫。2011年全球最昂贵的10件艺术作品中，有3件来自中国，包括齐白石（1864—1957）的《鹰与松》，卖出了6 500万美元的高价。这幅画确实很美，这位匿名的买家在这笔交易中会损失多少钱财，都是他自己的事。我们应该关心的是，中国的经济政策使得中国的一切在全球变得越来越流行。另一个词组"北京共识"最近几年变成了流行语[110]。很明显，这个词对应的是"华盛顿共识"，现在这个词已经被经济学逐渐淘汰，被推到了政治经济学这边。不管怎么说，真的存在"北京共识"吗？还是说，这个词也是西方政治科学研究领域的一个新发明？这两个词组都是美国提出的，中国应该没有在使用这个词组吧？确实如此，中国从来不这么说。

顺便说一句，"华盛顿共识"这个词出现在25年前[111]，华盛顿的政治圈和技术官僚圈在如何处理外部事物的问题上并没有形成一致意见，所谓的外部事物，更准确地说是"新兴市场"带来的麻烦，首当其冲的是拉美，然后是东欧和前社会主义国家。新自由主义市场解除管制，财产私有化和政府权力弱化日趋流行，渐渐形成了一种共识，要以一个城市的名称命名，当然要选全世界最有影响力的，于是"华盛顿共识"这个词就出现了。通过大众传媒和经济界应声学舌的人加以传播，这个朗朗上口的词组虽然不够准确，不是很恰当，甚至有点荒谬，但还是流传开了。后来，大家试图为这个含糊的定义添加制度分层和与社会相关的内容，结果就形成了"后华盛顿共识"[112]。我们继续回到原来的话题，没有迹象表明"北京共识"即将取代"华盛顿共识"，或者中国即将取代美国。

"北京共识"情况和"华盛顿共识"类似，并不是在政治或基础官僚层面达成一致后形成的。但是，由于中国某种形式的扩张，中国价值体系和西方不同，很明显，"北京共识"确实有迹可循，这个词大致上解释了，政府参与和干涉主义在经济管理中的重要作用，以及政治中央集权制及相应的经济特征。媒体和喜欢学舌的人还是想大肆炒作一番，但是这一次这个词并没有变得像"华盛顿共识"那么流行。

实际上，无论是中国的学术界还是高层政治圈，并没有达成一致意见，所谓的共识比以往更难达成。他们内部的分歧比西方注意到的大得多，"左翼人士"呼吁加强国有化，加大政府对经济的监管力度，"右翼人士"提出要进一步去国有化，放松管制。有趣的是，之前担任世界银行首席经济师的中国顶尖经济学家林毅夫，出了一本书探讨经济政策，书名为《反思共识》[113]。

世界尝试西方化，尤其是美国化，以失败告终，那么如果尝试中国化就一定能成功吗？结果也是一样。中国的经济现实被过分夸大了，被简单地归纳成了"专制资本主义"[114]，所以才有人莫名其妙地猜测中国有帝国主义野心。并未成型的"北京共识"没有抢走"华盛顿共识"的风光，后者之所以退出历史舞台，是自己的错误导致的。我们需要的是更优越、更有前瞻性的东西。

新自由资本主义会带来更多麻烦，简直可以说是智慧和道德的耻辱，这种制度不会带来任何创新和有创意的想法，会形成无法弥补的缺失[115]。中国还在寻找自己的价值定位（中国虽然有伟大的孔子，但是无法作为未来的发展基石），亚洲的任何国家或者亚洲以外的国家，对于"接下来会怎么样"都没有现成的答案。我们需要付出更大的努力，保护西方的普世价值观。政治新自由主义践踏着真正的民主，经济新自由主义简直是要把经济转变成私有农场制，但是这并不意味着我们不珍视自由主义价值观。自由是要进行真正的选择，公平竞争，企业市场和社会经济都要自由化。亚洲也可以广泛地推广自由主义价值观。

一个拥有多个经济和政治中心的世界正在诞生，多元文化日益繁荣，没有谁会成为主导,所有曾经的主导都会渐渐退下,融入大背景。任何人在未来都有足够的空间[116]。不要把话说死,还是加上几乎吧,几乎人人都有足够的空间。未来的世界将会多极发展,多彩的世界蕴含更加丰富的文化。如果我们要适当地加以引导并使之保持稳定,就要永远敞开对话,对话中可能会产生无害的文化碰撞,同样会创造新的和谐取代摩擦。

对于亚洲和欧洲-大西洋地区的竞争而言,直接的经济产出并不是决定21世纪世界形态的主要因素,而是二者价值体系、制度和政策之间的融会贯通,以及互相渗透、互相补足的方式。对于未来而言,正在进行并日益加剧的对抗,带来的机会比威胁更多。但是,我们应该认识到,正在兴起的不只是新的市场,还有新自由资本主义,以及另类的意识。知识领袖、世界政治经济中心领导人,越早承认这个现实越好。

西方富裕国家,以及一些盲目追随西方的自主经济体,面临的最大威胁,不是来自中国,而是市场完美主义的童话。市场经济也不是完美的。世界正在走向多元化,经济也会朝多元化发展。世界不会扁平发展,而是会360度全方位发展。未来的世界不是亚洲的时代,因为大家都会变成大时代的背景。

第十三章
新实用主义和中庸经济学

如果经济实践和坚守的原则之间发生冲突，我们要如何调节呢？在经济活动中，是否能够做到既务实又坚守原则呢？值得为此花费精力吗？我要说，务实和坚守原则这两种品质可以同时兼具，而且值得坚守。如果我们希望未来的世界是和平的，能够有秩序地和谐发展，我想这确实是大家共同渴望的目标，我们就要在经济再生产过程中注入新的价值观。与此同时，我们还要时刻谨记实用主义，因为实用主义是开展理性经济活动的重要基础。我们需要一种能照顾多元文化的实用主义，因为这种具有包容性的价值体系能促进全球化、提高社会凝聚力，最终实现可持续发展。

二者之间并不矛盾，因为至高无上的价值观目标明确，并指导着经济发展的过程。两种理念都以实现社会、经济可持续发展为长远目标，存在三个相互呼应的重要部分。这三个重要部分是指：

（1）经济可持续发展，与商品和资本市场、投资、金融，以及劳工问题有关；

（2）社会可持续发展，与被社会认可的公平收入分配以及各个群体在公共服务方面的适当参与有关；

（3）环境可持续发展，与人类维持适当经济活动和自然之间的关系有关。

因此，我们无须为了短期的经济或战略目标牺牲重要的原则。我们要用这些原则指导重要的实践活动。这才是决定未来政治经济发展路径的规则。

国民收入对长期经济增长而言具有重要意义。公平公正的分配是刺激经济长期增长的有利因素。这一结论是经过长期的对比研究得出的，铁证如山。那些收入差距不大的国家，经济增长持续的时间更长久。此外，国民收入对动态经济增长的影响比自由贸易政策的影响还要大[117]。这段材料揭示了未来应该强调什么样的发展政策。

实现可持续性的收入分配，意味着实现经济持续增长，二者同等重要，并且能同时实现。新自由主义经济思想和以此为基础的经济政策没能理解其中的关系，这正是引发毁灭性经济危机的原因，也是各种各样的国家资本主义经济思想无法引领人民步向光明未来的症结所在。现在应该采取的是新实用主义政策。

不要轻视新自由主义与国家资本主义之间的对抗，但是二者之间并非完全对立，认识到这一点会对将来的发展产生重大影响。当代资本主义和新实用主义社会市场经济冲突碰撞后的结果决定了未来的经济形态。在这片战场中，新自由主义想通过自己的长处占据主导地位，但是国家资本主义对新自由主义抱持着仇视的态度，将要与社会和经济进步理念展开殊死搏斗。普罗大众都能从这种冲突中获益，而不是像以往那样，只有少数利益集团和他们雇佣的那些政治、媒体、"科学"领域的高收入说客能从中受益。很多排他性较强的社会尚未形成固定的经济体系，这些就是所谓的"边缘"国家，它们在未来会有很大的发展；与此同时，聚拢了无数财富的"精英"国家，利润空间却越来越窄。

国际货币基金组织指出，许多年来，经济政策主要是在应对包括美国和欧盟在内的高度发达国家的经济危机，在实施政策时应该将侧重点放在增加税收（主要来自相对富裕的人群），而不是削减预算方面（主要用于解决不太富裕阶层的问题）。

我必须要补充一点，增加财政收入并不等同于提高税收。彻底放弃应该免除的税收，同时增加有效税收，也能达到增加财政收入的目标。采取这种政策有利于实现经济增长，调整收入结构，缩小收入差距，能限制引发危机的诱因，从而对彻底消灭危机起到积极作用。这种政策能帮助自主经济体实现收入再分配，缩短收入不平等人群之间的差距，对实现长期的经济增长起到积极作用。

国民收入大幅增加能提高社会满意度。与提高收入相比，平均分配更能提高社会满意度。这也是制定经济政策应该考虑的关键问题之一。其实不止是政策制定，对于教育体制也有警示意义。人民如果对制定的政策表示理解，就愿意接受政策的指引。与此同时，民粹主义压倒实用主义也潜藏着风险。因为保证产出增长并非难事，所谓的社会满意度很容易被人为操控。

基尼系数数值较低说明社会满意度较高，提高国民生长总值的增长比例则无法提高社会满意度。未来的经济政策会根据这一客观事实采取一连串的动作。得出这一结论并不困难，因为：一方面，产出水平和消费水平在持续增长；另一方面，收入不均的状况比以往更加严重。换句话说，降低收入差距才是当务之急。贫穷国家的经济在未来很长一段时间还会保持增长，借此提高社会满意度。但是富裕国家则不同，最重要的是制定正确的政策导向调整收入比例。虽然同属富裕国家，但是高度不平等的社会主义经济体不在此列。

我们应该果断采取有力措施消除社会中的不平等现象，尤其是由不健康的分配制度导致的。这种不平等会削弱人与人之间的相互信任关系，对社会资本造成负面影响。社会发展需要人与人之间能够建立相互信任的关系。如果各个专家之间、各个组织群体之间失去了相互信任，如果人民不再信任政府，政府也不再信任自己的人民，如果企业家之间无法相互信任，社会资本无法增长，只会被不断蚕食。经济活动和家庭之间是存在一定相似之处的：即便有足够的钱财，但是如果成员之间互不信任，事情也无法顺利展开。

我们来说说资本积累如何？资本积累无疑是经济活动正常运行的必要因素。积累的资本大部分用于投资现有的产业，并创造新的产业。降低民众的储蓄欲望，将资本用于资本复制，通过投资创造一个更好的未来，确实更有利吗？其实不然。如果事情是这样的，我们就无须担心收入差异的问题了。但是抛开一些特殊情况不说，事情并不是这样的。在经济活动中，貌似收入结构单一的人群与投资相比更喜欢存款，这样的结论是得不到经验和理论支持的。通过研究奥地利、法国和北欧国家以及其他类似国家的资本积累过程会发现，主张公平的社会，储蓄的财富并不低于那些少数精英掌握大部分财富的国家。

通过对比"大政府"经济活动和"小政府"经济活动，得出的结论同样符合上述结论。之前的几十年（1960—1995），政府对国民收入分配的参与程度很低，比例约占30%左右（因此，当时分配不均的状况十分严重），国内生产总值用于投资的比例平均约占20.7%。在那些再分配水平较高的国家中，政府在国内生产总值中占股50%（收入分配相对而言比较均等），平均投资比例20.5%。二者之间的差距几乎可以忽略不计。生成资本的能力，决定着未来的经济增长方向，再加上公平的收入分配制度，二者共同影响着现代经济状态的健康状况。这是新实用主义经济政策的重要指导方针。我们的未来应该朝着这个方向发展。

人类持续增长的需求得到满足，人们难以抗拒的诸多渴望得以实现，这种愿景无疑是美好的，同时也是一把双刃剑。人的欲望能持续刺激经济发展，为了满足持续增长的需求，我们克服重重障碍，这种精神是扩大再生产或经济增长过程中不可或缺的因素。但是这把利剑也能带来毁灭性的后果，得到满足的人思想会变得迟钝、表现变差、形成恶习，产生对经济活动不利的因素。

不断增长的消费欲望中潜藏着很大的问题。巨大的危机并未解决，只是稍加缓解，拖后了爆发的时间而已。这种欲望是特定价值体系的产物。这些欲望很难终止，人类用几百年的时间打破了从前过于简单的再生产过程，产量、生产条件、消费都实现了突破性的发展，跨入了快速增长的时期。以前的人们只要保证现在的生活水平和一年前相当即可。现在的人们想要得更多。但是人们的满足感真的比以前更强吗？不管我们生产出多少东西，不管我们享受了多少，我们都很难觉得满足，因为我们想要得更多。人常说，吃得越多，胃口越大。对经济发展的不断渴求，使得人类的经济活动也出现了过度肥胖的问题，最终导致了社会陷入病态的发展困境。为了让人体机能保持健康，需要进行健康的饮食控制，经济活动也是如此。未来展开经济活动的时候要懂得节制。

社会的发展使得人类获得了越来越多的满足感，但是依然赶不上人类需求的增长速度。结果，虽然经济在持续增长，但是人的需求与获得满足之间的差距反而越来越大。从本质上来讲这是社会心理学范畴的问题，却会对经济产生实实在在的影响。我曾经提出过一则阐释关于高需求与满足感匮乏的悖论[118]。这个问题该如何解决呢？首先要明确这个问题是无法逃避的，人类一定会不断地追求更多的产出，在消费这些产出的过程中获得满足感。如果环境因此受到破坏，社会问题丛生，那么这些行为的意义何在？

目前，整个社会再生产的过程是按照下面的逻辑发展的，人类自然形成占有和消耗各种商品的需求，需求的增长进一步刺激了人类的生产活动。与此同时，用于购买商品和服务的收入也在不断增加。在消费主义横行的年代，人的需求也是与日俱增，而且人类的需求水平永远凌驾于获得的满足感之上。二者之间难以平衡的紧张状态，变成了经济增长以及人类不安于现状的驱动力。如果需求增长的速度高于经济发展带来的满足感的提升速度，个人以及社会整体就会被挫败感环绕。只有一个办法可以解决这个问题：放缓需求增长的速度。

从理论上来讲，貌似要求增加生产增长速率也可以解决这个问题，但是，其实我们已经知道，这种想法是行不通的，而且从伦理学的角度出发也是不应该提倡的。此外，目前再生产机制的本质是经济增长加速刺激消费欲望快速增长，又回到了刚才的问题上来，一切事物都在增加，问题必然也会越来越多。

从经济角度出发，不可能要求经济零增长；从社会角度出发，让消费与需求的问题自然发展也是毫无意义的空话。经济学家通常认为人的需求是无限的，而且经济学从来就没把这个问题视作应该研究的范畴。对驱动有效需求的因素进行研究，就会发现只有拥有实际购买力的人群才能获得满足。如果你想要最新的iPad，这算是一种需求。如果打算购买，才能形成有效需求。如果你想要，但是没打算购买，狭义的经济活动研究对你这种人完全不感兴趣，但是当你有钱实施购买行为以后，你会立刻变成经济活动研究的对象。

我们可以窄化消费途径，切断创造需求的资源，人为地让生产和销售达到平衡。但是人人都知道这种做法是不理性的，我们应该拓展思维寻找答案，我们应该鼓励人们接受培训提高工作效率，创造更高的收入满足自己的高需求。现代经济活动只有一条路可走，那就是朝着不断满足需求的方向前进。行为经济学和现在的社会导向经济思想研究的正是这个问题。

要想掌控现实中的经济发展方向，对人类需求的研究是必不可少的，包括需求的本质和结构、优先次序及偏好。随着时间的推移，人的大部分需要都会变成有效需求。很多个体经济销售人员以及实验经济学研究员会努力尝试辨别消费者的大部分需要，考虑这些需求是否是潜在的有效需求。虽然有些需求无法转化成实际的买卖行为（有时你走过商场的时候会"随便看看"，也就是所谓的橱窗购物，一边看一边梦想着哪一天有钱了再来买），但是说不准哪天你会真的走进商场掏出钱包。其实，有朝一日并非那么遥不可及，如果消费者收入增加，或者改变了自己的消费观念，都有可能发生真正的购买行为。因此，一些潜在需求会转变成真正的有效需求，你要做的是，事前全面考量会对自己提供的产品或服务产生影响的诸多因素。如果是新款智能手机，只要简单地交给市场即可。如果是卫生保健或者汽车产业，在展开预算和投资行为的时候，应该考虑政策可能产生的影响。

随着时间的改变，我们会有新的需求，过程中也会不断得到满足。我们的认知也会产生变化。需求与满足之间的距离会一直存在，为了改善自己的生活，我们会主动寻求更高的收入。今天无法获得的更多更好的事物，我们会为了将来能拥有而努力争取。因此未来的经济活动不会一成不变，会不断变换。因此，与其直接预测未来会变成什么样子，明确告知大家应该怎么办，不如说一说事情会如何发展，有可能取决于哪些决定因素。

这个问题十分复杂，涉及伦理学、心理学、社会学、经济学、法学、政治角度诸多领域。我们不可能禁止人类产生欲望，也不可能用命令引导人对某件具体事物产生欲望。只有乔治·奥威尔笔下才会出现那样的世界。话虽如此，也有例外，面对毒品、枪支或非法赌博之类的会带来负面影响的消费品时，必须采取人为的控制措施。这些需求会损害公众利益，我们必须采取有效的措施，防止其扩散。有些欲望是难以抗拒的。

那么，哪些东西应该被管控，由谁来决定呢？问题的答案并没有形成普遍的共识。美国20世纪20年代的禁令没有达到预期的效果。放开软性毒品市场还是会出现混乱吗？如果放松对色情行业的管控，会引发什么样的后果？毫无疑问，一定会泛滥。立法人员对各个领域施加的限制确实在一定程度上放缓了这方面需求的增速（如果不是因为官方限制，一定会形成很大的市场），但是与此同时，黑市在运作中创造需求，对社会秩序造成了不利影响。但是，适当的松绑也会带来很大好处，荷兰对软性毒品的宽容，降低了对硬性毒品的需求。丹麦的经验表明，对情色行业实施的宽松政策，有效降低了犯罪率。从文化和教育的角度来看，如果只是一味地严格限制，未必能达到预期的目标，有时还会造成负面影响。单纯的限制不能从根本上解决问题。

如果不能一味地限制，应该怎么办？市场还没有发展到能够承担挑战的高度，这时就需要相关社会组织、政策部门制定法规，投入一定的人力进行积极地引导。社会大众的觉悟变得越高，就越能主动控制自己的欲望。需要强调的是，教育能从根本上影响一个人的需求。受教育水平的提高，人的需求就会往文化产品和服务方向发展。如果收入增加但是受教育水平没有相应提高，那个人也不会想到把钱花在和文化相关的产品和服务上。从经济活动的角度来看，调整供给结构会最终改变有效需求的结构，这种因果关系十分明确。我给大家举一个最简单的例子：少买伏特加，多买书。也就是通过财政手段限制大众对伏特加的需求，鼓励大家多买书，除此之外还应该对很多商品的生产销售进行干预。

如果我们对教育家提出，如何才能引导人的消费欲望，他可能会说，通过教育。牧师一定会说，塑造良好习惯和行为的根本是一个人的内心。心理学家可能会建议我们应该适当锻炼自己的个性。社会学家可能会建议我们建立积极的社会关系，通过人与人之间的相互影响改变错误的消费观念。

经济学家会怎么说呢？新自由主义经济学家都懂得如何将各种毫无代表意义的例子为己所用，嘴里一直挂着如何让擦鞋匠变百万富翁，如何从商学院毕业投身股票市场赚得盆满钵满的传奇故事（当然啦，只要他们真的那么认为，就不会有良心不安的感觉）。与此同时，那些脚踏实地的科学家会采取务实的态度，从多个学科的角度考虑问题。他会先尽量掌握上面提到的各学科的知识，根据价值观、政策和规定提出一套全面的发展理论。而且，他们肯定会时刻记得人们想要的东西在很大程度上取决于自身掌握的知识。

需求的增速大于满足能力的增速，也就是说，主体需要与客体满足能力之间的差距是难以弥合的，除非我们能从个体和社会两个方面改变人类，改变人类的欲望。为了尽量降低这种差距带来的危害，我们应该制定相应的规章制度，限制"有害"需求，尽量满足"有益"需求，比如鼓励体育活动或阅读等方面的消费。在一些地区还应该制定特殊政策发展多种经营，增加收入。

如果邻居们都开菲亚特上班，毗邻的住户就不需要奔驰。当他看到另一对夫妇换了好车，他也会觉得自己的车该换了。这种心理是示范效应引发的。在某种情况下，这件事会成为刺激个人提高工作能力和工作效率的动机，希望获得更多的薪水，满足自己的愿望。但是从宏观的角度来看，这种现象可能会引发社会的积怨，尽管十年内民众的收入已经翻了两番，尽管以前一直是挤公交车上班的。

再强调一次：我并不是在呼吁平均主义，因为平均主义很容易让人失去前进的动力。但是，公平且可持续的收益分配制度对于维持一个健康的社会来讲意义重大。分配制度的制定要顾及到多个方面，从多劳多得的角度出发，要着重考虑个人或团体对国民收入的贡献，如果换个角度，民营企业家的能力和社会凝聚力也不能忽略。

去的地方越多，见识越广，思想越开阔。我们来看看这句话蕴含着什么深刻的含义吧。应该让尽可能多的人拥有个人平板电脑，大家应该都会赞成这个观点。美国人的平板电脑持有率很高，波兰没有美国那么高，俄罗斯次之，中国更少，古巴几乎没有。如果大家去过这几个国家,就会知道我所言非虚。仔细研究各个国家的社会氛围,你会发现,在波兰,如果谁没有平板电脑,就会觉得非常不满,但是到了古巴,这根本不是问题,没有人会因此不满。因为古巴当地没有形成对平板电脑的需求,不只是因为当地的网络十分不健全,更主要的是因为示范效应没有在那里发挥作用。那里也会出现这种需求,但是那里的现实情况会浇灭人们想要满足这个需求的愿望,或者经过一段时间才有可能转化为有效需求。当人们买得起平板电脑时,他们会生产自己的产品售往海外通过出口赚取利润,这种需求会自动增加,电视广告、报纸全版广告,疯狂刺激人的情绪神经,而不会考虑怎样做才能让行业健康的发展。

毫无疑问,无论是对于个人还是国家而言,都要有野心、有抱负。但是理想与抱负应该是可以实现的,不应该设定在自己无力达到的高度。如果没有制定合理的目标,就走不远爬不高。话又说回来,过度的野心会因为最终无力实现而让你感到失望、沮丧。因此,过度的野心不是前进的动力而是阻力。尤其是各级领导,要有远大的理想,但是不能满脑子不现实的幻想。需要注意的是,领袖给民众展现的蓝图应该是植根于文化,充分考虑了经济发展潜力之后做出的现实构想,不能为了获得民众的支持随意承诺。

即便不能马上赶超最富有的国家,至少能赶上相对富有的邻邦,作为一个不太富裕的国家产生这种想法是很自然的事情。墨西哥人民梦想着有朝一日能赶上美国,斯洛伐克国民希望自己的家也能像奥地利家庭那样,爱沙尼亚人总拿自己的国家和芬兰比,越南一直在计划着超越泰国。

在莫尔兹比港的新几内亚大学,有人问我,如果巴布亚新几内亚加入澳元区会怎么样(在可预见的未来,没有这种可能)。最近,还有一位开罗记者站的记者提到,埃及政客声称他们会在七年内赶超土耳其,问我对于这个问题有什么看法。我认为这纯粹是无稽之谈,如果埃及想在七年内超过土耳其,埃及的人均国内生产总值要在这段时间内翻一倍(基本上是不可能实现的),土耳其的经济完全停滞(鉴于土耳其目前的发展状态,这也是不可能的),才有可能实现。

可以达成的美好愿望是消除差距的动力,但是如果我们制订的计划无法在预期的时间内实现,人民会因此丧失信心。我们需要务实的想法、可以实现的雄心壮志。有朝一日,波兰的人均国内生产总值能赶上德国,爱尔兰也在设法朝着英国的方向迈进，但是这种愿望通过一代人的努力是不可能实现的，考虑到近几十年不太成功的发展政策，再过两代人也未必能实现。到底需要多长时间谁也说不准。西班牙的国内生产总值力图赶上法国的水平（2013年前后，平均购买力36 000美元），葡萄牙（平均购买力约23 500美元）与西班牙（平均购买力约31 000美元）之间还存在一定差距。经济发展政策应该是以发展壮大为目标，只有自身足够强大才能实现预定的目标。无论是谁都应该增强自己的力量，但是制定目标不能超出自己的能力范围，否则的话就说明你的目标和自己的实力是不对称的，也就意味着你几乎不可能实现预定的目标。到时候等待你的就不是满足感和成就感，而是失败感和满腹怨气。

我想要表达的并不是要限制人的需求，而是要努力保持已有需求以及新产生的需求与实际满足能力之间的平衡。与未来的经济增长状况类似，自主经济体在需求增长方面也有很大发展空间，而富裕国家的需求增长率反而较低。在一定程度上说，需求的增长也出现了和经济增长类似的情况，出现过极度繁荣的国家就像暴饮暴食的人一样，吃得太多已经吃不下了。

说得再宽泛一点，应该从长远的角度出发将经济活动带来的社会满意度最大化，我们要从社会和发展的角度审视新实用主义的精髓和举措。

满足人们的需求就是为了让人们获得满足感，这是新实用主义的指导价值观和发展目标。提升国内生产总值应该是一种手段，而不是目标。发达国家早就不应该再强调提高经济收益，尤其是不应该再竭尽全力提高国内生产总值。富裕的美国这半个世纪的经济收益不断增长，如果美国人民的满足感却没有相应的提高[119]，为什么还要为此花费那么多精力，付出那么大代价，甚至不惜延长工作时间、破坏自然环境？

顺便说一下，2012年美国总统竞选期间，出现了比较有趣的现象。候选人在阐述自己的政策观点时，很少提到和数量相关的内容，而是更多地提到了质量，很少提到出口增长，而是着重强调理性的经济活动，比如金融和贸易平衡、公共服务的范围和质量、就业水平，但是环境和文化方面的议题还是不够。在很大程度上来讲，是因为这次竞选正处在经济危机时期，但是还有一部分原因是人民意识形态的转变，这一点也不能忽略。我们正处在重新定义社会和经济发展目标的重要过渡时期，这也算是一种幸运。将来的目标不会是单纯的扩大经济收入，而

第十三章 \ 新实用主义和中庸经济学

是合理分配经济增长成果,提高个人和集体的满意度。未来需要统计的不再是单纯的物质价值,非物质价值也会变成重要指标。

据说,如果美国的平均收入达到斯堪的纳维亚地区诸国的水平(考虑到美国的价值观,几乎是不可能的),人与人之间的信任感(危机期间和上次总统竞选期间的紧张情绪都是不信任感引发的)会增加75%,受精神疾病和肥胖困扰的人口数量会降低2/3,未成年妈妈的数量也会降低一半,犯罪率会降低3/4,总的来说,工作时间降低1/6,或者每年能多放两个月的假[120],人们不仅会更加长寿,还能生活得更加开心。如果说这种说法是根据特定指标推算的,存在夸大之嫌——不用说,肯定是有些夸张——但是还是存在一定参考价值的。

冷战之后,美国用手中的权力将自己的价值观强加于其他国家,但是美国并不是世界的中心,它已经没有再这么做了。不只是美国,整个世界都在发生变化,但还是有一些地区以美国为榜样。毕竟,大量经济学、社会科学等学科的书籍都是美国出版的英语作品,这些书籍能起到强大的舆论导向作用。

大部分书中的传统观点都认为,一旦人均国内生产总值超过20 000美元,膨胀性的增长就会开始放缓,这也许并不是坏事。尽管事实是,目前的科学技术革命使得经济活力在人均国内生产总值高于那个数值的时候才会出现降低的迹象,以目前的物价水平来看,大约在30 000美元左右,这就意味着自然环境和科技发展还有时间和机会改善,在改善的过程中应该尽量降低不可再生资源的消耗。经济学家和政治家在做决策的时候,会更加注重民众的生活质量以及随之而来的生活满意度,我们是不是应该觉得增长放缓是件值得庆幸的事呢?

我曾经提出过一套名为"综合成功指数"的经济进步衡量指标[121]。除了参考国内生产总值之外,这份综合指标还涉及了很多因素。综合成功指数包括:

(1)国内生产总值——40%;

(2)与个体幸福感相关的总体生活满意度,博爱或社会服务水平及对未来的期许——20%;

(3)自然环境状况的评估——20%;

(4)对休闲时间及填充休闲时间文化价值的评估——20%。

这个指数不是很严谨,不够细致,但是基本指出了评估的方向。不管我们是否在现在一团糟的情况中受到了伤害,都应该重新定义经济发展目标。不要求大家把综合成功指标当成真理，因为这个指标毕竟只是个笼统的概念，并不包括实施细则。但是可以参照涵盖内容更广泛、用途更全面的"人类纠正不平等状况发展指数"。是时候要求政治家们重视这个问题了。

我们期待的情形在可预见的未来是可能出现的：在美国众议院、英国议会、德国联邦议院、西班牙国会、巴西议会，甚至是中国的全国人民代表大会，会场中的议员、代表们正在讨论提高人力资本的价值，研究通过抑制收入不平等的手段改善社会机制的议题。我们也可以想象，2020年参与大选的双方各自陈述"如何提高'人类纠正不平等状况发展指数'"的观点，2022年中国共产党政治局协商会议上也开始谈论这个议题。我们想象一下，各位代表在波兰国会和俄罗斯杜马不是在争吵历史问题，也不是在商讨如何限制少数族裔的权利，而是在讨论提高"人类纠正不平等状况发展指数"的解决方案和宏观经济政策。这些国家权力机构之所以将来会致力于此，是因为他们知道这个指数是决定他们未来政治命运的关键。上面的情形很难想象吗？那种政治经济发展状况，仍然只是存在于科幻作品中的情形吗？

为了实现这个目标，特别是要将经济学概念和学术建议转化为应用于实践的标准法规和经济政策，就一定要了解真实的经济状况，认识到怎样才算适度。适度的经济活动指的是符合大多数人的利益，且自然环境、金融和物质的流动能保持动态的平衡。近几十年来，各个领域都出现了十分严重的发展不平衡，结果导致社会局势如同乱流一般动荡。我们一直处在不平衡的经济环境中，始终是有的方面过剩，有的方面不足。在有些东西持续短缺的同时，另外一些东西已经产出过剩，良好的经济状态能调节这种矛盾。因此，经济活动一定要适度，有了这种不可或缺的经济理念才能达到理想的状态。

未来，我们的经济要适度发展，远离无节制的、不平衡的、容易产生危机的发展模式。我们可能无法完全摆脱那种病态的发展模式，但是这种不健康的状态只能偶尔发生，而不应该常态化。我们应该知道什么时候停止，抓住真正的机会。适度的收入差距是可以接受的，但是极端的贫富差距会破坏人民之间的团结，引发新一轮的革命。现在的很多营销活动完全脱离了现实的有效需求，这种愚蠢的行为应该尽量减少。任何行为都不应该过度，生产商们不停地将地球母亲无私的奉献转化成商品，为自己牟利，虽然拥有和使用这些商品已经无法提升消费者的满足感，但是大家依然贪婪地陷在这种循环中不肯自拔。

小至家庭式的作坊，大至公司或者国家，多余的产出只能变成垃圾，再加上各种各样的支出，不仅会造成原材料短缺，收益也很难达到预期的目标。大规模杀伤性武器方面的技术蓬勃发展，无污染的生产技术和可再生能源的研究和开发却十分欠缺。很多银行都愿意提供消费信贷服务，却不愿意为小企业提供贷款支持，原因是为小企业提供的贷款服务需要更多的监控成本。很多国家和地区，人口过剩的状况非常严重，而且还在持续地病态增长中，而另一些地区却因为人口流失，失去了曾经的繁荣，变得日渐萧条。一阵投机性的繁荣过后，很多地区的房地产市场出现了泡沫。很多房屋没有售出，一直空置，甚至渐渐荒废，在这种情况下，还有一些人却因为没有住处露宿街头。一些行业出现了用工荒的状况，另一些行业却人才过剩。有些人食物充足，终日浪费，另一些人却食不果腹，忍饥挨饿。有些医护人员整天闲得无所事事，有些病人却因为负担不起昂贵的医疗费，得不到医治命丧黄泉。

总的来说，发达国家市场上的生活消费品供应过剩，但是人口数量是固定的，因此无法消化掉市场上供应的全部商品。在消费主义横行的社会中，一方面人们的需求过剩，另一方面市场却没有能力满足人们的需求。大部分人都觉得自己没钱购买确实需要的商品，很多企业家又因为产出过剩苦恼不已，产品卖不出去，就意味着成本已经投入，却无法获得收益。有人可能会幸灾乐祸地说："世间的东西不是太多就是太少。"其实，你从哪个角度看问题才是关键。换句话说，几乎没有什么东西的数量是正好合适的。就连经济学家也是一样，有时候你会觉得没有足够的经济学家给我们提供有效的支持，有时候你又会觉得经济学家太多了，各种无用的言论打扰我们的判断。

有些国家曾经想要通过计划经济改变这种不平衡的状态，将生产工具国有化，经济体制官僚化。需要指出的是，计划经济通常会出现在开化程度和发展水平相对较低的社会。理论上来讲，计划经济的目的是消除生产过剩引发的危机。产能过剩是资本主义经济的典型特点，但是在实践中，计划经济存在结构性的缺陷，会出现很多社会主义经济体制带来的问题。杰出的匈牙利经济学家亚诺什·科尔内指出了这种体制的主要缺陷，并将自己的理论命名为"短缺经济学"[122]。除了朝鲜和古巴，几乎所有的国家都曾经竭尽全力摆脱这种低效率的经济体制，但是很多人都想再次通过计划经济的手段平衡现在的经济发展状况。

话虽如此，想要通过前社会主义的中央调控手段克服目前这种捉襟见肘的状况，其实无法解决发展不平衡的问题。很多没有真正感受过社会主义体制的缺陷的国家，目前正面临着严重的财政赤字。计划经济会带来一系列的问题：贸易逆差，财政预算短缺，一些特定的领域缺乏专业人士的指导，贵金属储备不足。大家都知道，在这种体制下，整个社会的生产效率都会降低，对于每一个独立的个体而言也是如此。而且即便在这种情况下，还是会存在资源浪费的问题。这世间没有什么是永恒不变的，经济发展的不平衡状态也是一样。

未来的经济发展也会在相对平衡与不平衡之间徘徊，之所以敢下这样的断言，因为这就是经济的本质。在变化的供求关系中，不管是什么样的平衡机制都会尽量向满足特定需求的方向靠拢，达到暂时的平衡。供给和需求、产出和销售、收入和支出、储蓄和投资，永远都不可能完全对等，经济活动本来就是这样展开的，只是在上下浮动的时候，偶尔会碰到对等的那条线而已。

市场经济中并不存在我们不能插手干预的领域，虽然经济活动固有的特性无法改变，但是市场经济也有纠错机制，虽然这种机制不是很完善。当失衡程度过于严重时，这种机制就会被激活，将一切导向正轨。问题是这种机制总是启动得太晚，或者力道不够，要不然就是用力过度，使原本匮乏的东西变得过剩，造成另一种形式的失衡。很明显，这种机制会提高经济活动成本，降低效率，因此必须有人适时地触发市场的纠错机制，或者提前机制发挥作用的时间，或者帮助加强力度，或者抑制机制的部分作用。如果不是政府，这个动作该由谁来完成呢？

当平衡趋于紧张（收入和支出、供给和需求、供应量和交易量），储备（资产、储蓄和财富）需要做出调整时，政府有必要介入，帮助市场回到正轨。应该停止关于这个问题的意识形态之争，将精力集中在技术手段介入的问题上。如果人为介入做得不够好，对经济的影响就会弊大于利，因为干涉的行为存在很大风险。为了避免人为干涉引发的后续问题，新自由主义认为应该把孩子和洗澡水一起泼出去（精华糟粕统统不要）：完全不要干预市场过程，因为市场有能力自己做出调整，可以自动恢复平衡。国家资本主义通常是孩子不扔，脏水也留着，这就是过度干预，通常会带来效率低下的后果。

新实用主义要求中央政府和地方经济政策互相配合，纠正市场的失衡状况，如果有必要的话，还可以刺激市场经济的发展。新实用主义强调的是：洗好孩子，倒掉脏水，等到孩子能自己洗澡的时候，一切问题都解决了，我们连洗澡的事都不用管了。因此，我们要明确政府干预的范围和干预手段，时刻铭记于心，从头到尾不要忘记经济政策的真正目的。全方位的呵护十分重要，但是不要忘了，制定政策是为了社会发展。平衡经济目的是为了发展经济而不是遏制经济。

  市场对每一次行动都会做出反应。只有大公司才负担得起的专家团队——大部分是律师团队，会绞尽脑汁如何才能保持公司始终合法运行，因为相关条例总是会调整。有利可图、合法经营、不违背道德，是新实用主义的三大原则。国家资本主义的特色是：经营必须不违背道德，可以无利可图，必须守法——因为法律是国家制定的。新自由主义的标准是：必须有利可图，必须合法经营，可以不严格遵守道德规范。新自由主义对利益的追求过于热切，效率更高，在任何情况下都能为特殊利益集团牟利，尤其是金融领域。有些人想要通过制定法律修正案应对美国 2008—2011 年的金融危机[123]。结果，本来是从公众利益出发想要改善法律条款，最终却带来了负面效果。

  这已经是陈词滥调，但我还是要提醒大家注意，政府不应该为了改善市场环境随意插手，这些做法很有可能导致市场环境的进一步恶化。政府干预破坏了很多好机会，这样的例子不胜枚举。总而言之，不仅市场会出错，政府和中央银行也会犯错，而且它们犯错的频率相当高。政府制定的规章制度通常都是参考曾经面对过的挑战，由于不可逆的全球化过程正在迅速发展，因此这些规章制度通常都是政府间协定覆盖全球的。同时，应该是面向未来的。制定这些规章制度的目的应该是为了避免将来可能发生的失误、错误、疏漏、欺诈，而不应该着眼于曾经发生的事情。出现问题的时候，应该先道歉，再谴责，做出解雇或惩罚的处理，如果情节严重就要将责任人送进监狱。就像发生事故或灾难之后，技术检查会更加严谨，但是这些事情本来应该在事前完成，降低惨剧的发生几率。发生一次坠机事故之后，相关部门会严格检查所有飞机，但是按照道理来说，在坠机事故之前就应该这么做。大洪水冲破了被忽视多年的堤坝，在那之后，所有的堤坝都会接受严格的排查，但是洪水发生之前就应该认真排查所有堤坝，这样才有可能避免灾难。

  人们希望系统的政府干预能找出市场存在的根本缺陷，及时补救收入分配极度不均等问题，而不是去接管市场的资源配置功能。干涉行为一定不能损害私人利益。未来的市场过程会变得越来越复杂，为一己私利采取不当干涉的行为可能更容易出现。讽刺的是，如今将投资失败转嫁到纳税人头上的方法不减反增。这是硬币的一面。

硬币有正反两面。所有类型的市场经济都存在裙带关系，国家资本主义市场的状况比新自由主义市场更严重。政府制定法规、政策很多时候是出于政治目的，为观赏集团服务，而不是为了弥补市场的缺陷。这些冠冕堂皇的干涉手段和新自由主义市场中的所谓诚信交易一样虚伪。

如果一个社会的制度、法规健全，各个机构的执行力都很强，整个社会井然有序，就可以对抗这种不正当的干涉。这就是新自由主义想要"小"政府或者说"廉价"政府的原因，因为所谓的小或廉价，就表示政府没有资产、能力弱，可以任意摆布。政府的调控功能足够强大，同时机构又很精简，这才是我们想要的政府。如果这种政府不可能存在，那宁可要"大"政府、"贵"政府，因为我们宁可要物美价高的公共服务，宁可让政府多花些钱维护法律和秩序，也不要低价劣质的东西。

因此，如果有人想破坏市场经济，他一定希望拥有完全不受约束的自由，但是这样一来，未来的市场一定会变得异常不稳定。那些期待美好明天的人，一定会拥护适当的管理，期待政府和市场相互协作。从长期的宏观的角度出发，想要将这种期待变成现实，就要制定好战略规划，贯彻实施连续的计划。随着时间的推移，计划按阶段一步一步发展，眼前会出现更多的设想，等着我们去实现。在未来的世界，国家和区域一体化集团会更好地利用法律达到自己的目的。私营企业经常对自己的战略规划保密（每家像样的公司都会做战略规划），无论如何正式场合的计划书中冗长的知识介绍也不会削弱竞争力。规划能调动全员的积极性，也能激起竞争对手的斗志，这对发展是有利的。

值得注意的是，如果没有制定适当的战略规划，美国一定没办法改善窘迫的公共财政状况；需要筹措资金的时候，欧盟也没办法照看自己的后院。中国通过其他方法解决了这一难题。他们还在依赖宏观调控政策下制订的五年计划，但是如今已经不再是命令式的调控，而是战略引导式的调控。随着五年计划的逐步推进（2011—2015年的十二五计划已经落实），中国的计划经济模式正在逐渐弱化，市场经济渐渐变成主导。印度采取的也是指导性的规划，虽然没有完全放弃经济管制政策，但是管制力度逐渐放松，经过了十年的发展，如今的印度市场是冷静的、理智的，并没有出现新自由主义思想带来的任何过激表现。

前面提到过，当全球化处于较先进的阶段时，"大"政府会提升国民生产总值中公共开支的比例，干预主要是为了弥补市场机制的缺失。在这种背景之下不难发现，新实用主义更符合这种期待。当然了，放眼全球的话，就是公共事业支出比例占全球总产值，或者说占所有国家的国内生产总值之和的比例要提升。有人可能认为为了可持续发展，应该适当削减开支（这种假说是指要最大化支出产生的价值），但是也有人认为应该提高财政分配的规模。

提出这些方法，是为了进行深入的鉴别，而不是简单的预测。我们要弄明白哪种机制更有利，会对经济发展造成什么样的影响，把未来导向什么方向。这么做可以动态地展现未来的状况以及未来想要达成的目标，而不是描述一个静态的画面。变量预测、替代方案、预见式思考以及微观经济实验，都是反映未来经济状况的好方法，只要根据具体情况选定适合的方法，我们就能做出正确的判断和决定。

这些方法不能完全消除犯错误的风险，但是能限制错误行为造成的负面影响的规模。因为很多事情是无法预见的，尤其是从长远来看，一定更是如此。持续性的事件都是从过去开始的。虽然进一步的结果还没有成形，而且有一些预测不会真的发生，但是很多未来会发生的改变早就已经在进行中了。由于我们对已经出现的端倪知之甚少，所以无法进行充分的研究，也许其实很简单，我们根本就没注意到那些蛛丝马迹。

新实用主义表现的是面向未来的战略方针，全球化和预警式预测关注的也是这个问题，但是新实用主义面向未来提出了积极的实践方法。正确的经济活动不只是帮人们勾勒出一个新世界，还能切实地改善现实情况。考虑到长期的发展趋势，我们应该制定出战略方针，指引大家朝着期望的方向前进，这样做不仅能轻松解决很多问题，还能避免很多经济灾难。

新实用主义强调，要指出影响发展的决定性因素。所谓的决定性因素一定是存在的，但是会随着时间和空间的变化而变化。"之所以会发生这样的事情，是很多因素同时作用的结果"这句话表述的就是这个意思。这个道理放到未来同样适用。第一步是描述、分析、解释过去和现在发生的事情，然后我们会开始做出评估和假设，继而引发特定的事件和过程，社会和经济形势会因此朝着我们期待的方向发展。所有决定性因素一定要同时起作用，互相叠加融合，这些因素集合成一个类似"点金石"的东西，貌似轻轻一点就能影响我们未来的行动，实则其中包含着多层次的复杂结构，任何一点发生变化都会影响未来的结果。

注释

1. John Maynard Keynes, *Economic Possibilities for our Grandchildren,* in: John Maynard Keynes, *Essays in Persuasion* (New York: W.W. Norton and Co, 1963), p. 358–373.

2. *Star Wars,* directed by George Lucas, Lucasfilm & 20th Century Fox, San Francisco–Los Angeles 1977.

3. Matthew Glass, *Ultimatum* (New York: Atlantic Monthly Press, 2009).

4. Oscar Wilde, *Lord Arthur Savile's Crime and Other Stories* (New York: Penguin Books, 1994).

5. Adair Turner, "Securitisation, Shadow Banking, and the Value of Financial Innovation", "The Rostov Lecture on International Affairs", School of Advanced International Studies (SAIS), John Hopkins University, Washington, DC, 19th April 2012.

6. John Cassidy, "What Good Is Wall Street?", *The New Yorker,* November 29th, 2010. See also by this author: *How Markets Fail: The Logic of Economic Calamities* (New York: Farrar, Straus and Giroux, 2009).

7. Francis Fukuyama, *The End of History and the Last Man* (New York: Free Press, 1992).

8. Christopher M. Andrew and Vasili Mitrokhin, *The World Was Going Our Way. The KGB and the Battle for the Third World* (New York: Basic Books, 2005).

9. Pankaj Ghemawat, *World 3.0: Global Prosperity and How to Achieve It* (Cambridge, Mass.: Harvard Business Review Press, 2011).

10. The process of financial crisis circumstances growing in the US is beautifully presented in *Inside Job,* directed by Charles Ferguson, Sony Pictures Classics 2010. This motion picture won the Oscar for the best documentary film in 2011.

11. Joseph E. Stiglitz, *Freefall. America, Free Markets, and the Sinking of the World Economy* (New York: Farrar, Straus and Giroux, 2010).

12. Gerald A. Epstein, ed., *Financialization and the World Economy* (Cheltenham, UK: Edward Elgar Publishing, 2007).

13. Hereinafter, unless I specify that I mean the Republic of the Congo with a capital in Brazzaville, the Democratic Republic of the Congo shall be referred to in short as the Congo.

14. Eui–Gak Hwang, *The Korean economies: A comparison of North and South* (Oxford: Clarendon Press, 1993).

15. "Parallel economies What the North and South Koreans can learn from the reunification of Germany", *The Economist*, December 29th, 2010.

16. Vladimir Ilyich Lenin, *Imperialism, the Highest Stage of Capitalism* (New York: Penguin Books, 2010).

17. "Bombing Iran", *The Economist*, February 25th, 2012.

18. Dani Rodrik, *The Globalization Paradox: Democracy and the Future of the World Economy* (New York and London: W. W. Norton, 2011).

19. Opinion of an expert from research and advisory company Gartner cited in "The world is what you make of it", special report "Technology and Geography", *The Economist,* October 27th, 2012.

20. Extensive information about the millennium development goals, about the progress achieved and factors underlying lack thereof, as well as about preparations for further measures in that respect is provided on the special UN online portal, available at www.un.org/millenniumgoals. See also *The Millennium Development Goals Report 2011* (New York: United Nations, 2011).

21. See Dani Rodrik, *The Globalization Paradox*…, op. cit., p. 200 and next.

22. I exclude from this ranking the ministates, such as Liechtenstein, Andorra and San Marino as well as territories without formal independent country status, officially recognized under international law, such as Hong Kong, Macao and Taiwan, and some enclaves, mainly insular ones, from the Cayman Islands in the Caribbean to Jersey in the English Channel.

23. Detailed data are available for 187 countries. See the UN report: *Human Development Report 2011. Sustainability and Equity – A Better Future for All* (New York: United Nations Development Programme (UNDP), 2011).

24. Grzegorz W. Kolodko, *Globalization and Catching-up In Transition Economies* (Rochester, NY, and Woodbridge, Suffolk, UK: University of Rochester Press, 2002).

25. Adam Smith, *The Wealth of Nations* (Amherst, NY: Prometheus Books, 1991).

26. Adam Smith, *The Theory of Moral Sentiments* (Calgary: Theophania Publisher, 2012).

27. Nicholas Phillipson, *Adam Smith: An Enlightened Life* (New Haven & New York: Yale University Press, 2010).

28. Emma Rothschild, *Economic Sentiments: Adam Smith, Condorcet and the Enlightenment* (Cambridge, Mass.: Harvard University Press, 2001).

29. Michał Kalecki's contribution to macroeconomics is described at length by Mario D. Nuti in "Kalecki and Keynes revisited: Two original approaches to demand-determined income – and much more besides", in: Zdzisław L. Sadowski and Adam Szeworski, eds., *Kalecki's Economics Today* (London: Routledge, 2004).

30. Vito Tanzi, *Government versus Markets*…, *op. cit.,* p. 48.

31. Robert Skidelsky, *Keynes: The Return*

of the Master (New York: Perseus Books, 2009).

32. Daniel Stedman Jones, *Masters of the Universe: Hayek, Friedman, and the Birth of Neoliberal Politics* (Princeton, NJ: Princeton University Press, 2012).

33. See: *DHL Global Connectedness Index 2012*, (http://www.dhl.com/en/about_us/logistics_insights/global_connectedness_index_2012/gci_results.html).

34. Geoffrey Garrett, *Partisan Politics in the Global Economy* (Cambridge, UK: Cambridge University Press, 1998), and "Globalization and Government Spending Around the World", *Estudio/Working Paper* 2000/155, October 2000.

35. Dani Rodrik, "Why Do More Open Economies Have Bigger Government?", *Journal of Political Economy*, Vol. 106, No. 5, October 1998.

36. Therefore, I am inclined to agree with the distinguished Chinese economist and former World Bank Chief Economist and Senior Vice President for Development Economics who also is not in favor of a new consensus. See Yifu Justin Lin, "Against the Consensus. Reflections on the Great Recession" (New York: Cambridge University Press, 2013).

37. Ian Bremmer, *The End of the Free Market: Who Wins the War Between States and Corporations?* (New York: Portfolio, 2010).

38. Dave Eggers, "The Circle" (New York and Toronto: Knopf 2013).

39. Hermann Simon, "Hidden Champions of the Twenty-First Century: The Success Strategies of Unknown World Market Leaders" (Dordrecht- Heilderbereg-London-New York: Springer 2009).

40. Respective sources provide slightly different data. The indices quoted here are estimates for 2012, for France, based on the statistics from Eurostat, a statistical agency of the European Commission and for the United States, based on "US Government Spending".

41. Alberto Alesina, Edward L. Glaeser, Bruce Sacerdote and Eliana La Ferrera, "Ethnic Diversity and Economic Performance", *Journal of Economic Literature*, Vol. 43, No. 3, 2005.

42. I first wrote about the Twelve Great Issues for the Future in *Truth, Errors, and Lies*···, *op. cit*., pp. 338–420.

43. John Cassidy, "Prophet Motive. The economies of the Arab world lag behind the West. Is Islam to blame?", *The New Yorker*, February 28th, 2011.

44. Humphrey Hawksley, *Democracy Kills: What's So Good About the Vote?* (London: Macmillan, 2009).

45. *Freedom in the World 2010: Global Erosion of Freedom* (Washington, DC: Freedom House, 2010).

46. Morton H. Helperin, Jospeh T. Siegle and Michael M. Weinstein, *The Democracy Advantage: How Democracies Promote Prosperity and Peace* (New York: Routledge, 2005).

47. See, inter alia, Stuart P. Green, *Lying, Cheating, and Stealing: A Moral Theory of White-Collar Crime* (Oxford: Oxford University Press, 2006), and Clyde Prestowitz, *The*

Betrayal of American Prosperity: Free Market Delusions, America's Decline, and How We Must Compete in the Post-Dollar Era (New York: Free Press, 2010).

48. Frederick Engels, *Anti-Dühring. Herr Eugen Dühring's Revolution in Science* (Moscow: Progress Publishers, 1947).

49. David Rothkopf, *Superclass. The Global Power Elite and the World They Are Making* (New York: Farrar, Straus and Giroux, 2008).

50. "The visible hand", *The Economist*, January 21st, 2012.

51. Grzegorz W. Kolodko, "The Warsaw Initiative", *Roubini Global Economics*, May 9th, 2011 (http://www.economonitor.com/blog/2011/05/the-warsaw-initiative/), and "The Warsaw Initiative", *Let's Talk Development*. A blog hosted by the World Bank Chief Economist, May 11th, 2011 (http://blogs.worldbank.org/developmenttalk/the-warsaw-initiative).

52. "Small change", *The New Yorker*, October 4th, 2010, p. 46.

53. Richard Heinberg, *The End of Growth: Adapting to Our New Economic Reality* (Gabriola Island, BC, Canada: New Society Publishers, 2011).

54. Donella H. Meadows, Dennis L. Meadows, Jørgen Randers and William W. Behrens III, *The Limits to Growth* (Washington, DC: Potomac Associates Book, 1972).

55. Donella H. Meadows, Jørgen Randers, Dennis L. Meadows, *Limits to Growth: The 30-Year Update* (White River Junction, VT: Chelsea Green Publishing, 2004).

56. Diane Coyle, *The Weightless World. Strategies for Managing the Digital Economy* (Oxford: Capstone, 1997).

57. The relationships between income and life satisfaction are discussed by Carol Graham, *Happiness Around the World: The Paradox of Happy Peasants and Miserable Millionaires* (Oxford: Oxford University Press, 2009).

58. Angus Maddison, *The World Economy: A Millennial Perspective* (Paris: Development Center of the Organisation for Economic Co-operation and Development, 2001).

59. Angus Maddison, "The West and the Rest in the World Economy: Maddisonian and Malthusian interpretations", *World Economics*, Vol. 9, No. 4, October–December 2008.

60. Tim Jackson, *Prosperity without Growth: Economics for a Finite Planet* (New York: Earthscan, 2009).

61. Jørgen Randers, *2052: A Global Forecast for the Next Forty Years* (White River Junction, Vermont: Chelsea Green Publishing, 2012).

62. David H. Bromwich, Julien P. Nicolas, Andrew J. Monaghan et. al., "Central West Antarctica among the most rapidly warming regions on Earth", *Nature Geoscience*, December 2012.

63. Jørgen Randers, *2052: A Global Forecast…, op. cit.*, pp. 118-120.

64. *Turn Down the Heat. Why a 4℃ Warmer World Must Be Avoided*, A Report

of the World Bank by the Potsdam Institute for Climate Impact Research and Climate Analytics, Washington, DC, 2012.

65. Naomi Oreskes and Erik M. Conway, *Merchants of Doubt: How a Handful of Scientists Obscured the Truth on Issues from Tobacco Smoke to Global Warming* (London: Bloomsbury, 2010).

66. Press release: "Melting Arctic sea ice: how much is down to us?", Reading University, July 26th, 2012.

67. Jørgen Randers, *2052: A Global Forecast*…*op. cit.*, pp. 70–89.

68. *Ibidem*, p. 210.

69. *World Population to 2300* (New York: United Nations, 2004).

70. Francis Fukuyama, *The End of History*…. *op. cit.*

71. Samuel P. Huntington, *The Clash of Civilizations and the Remaking of World Order* (New York: Touchstone, 1996).

72. Oded Galor and Omer Moav, "Natural Selection and the Origins of Economic Growth", *Quarterly Journal of Economics,* 2002, Vol. 117, No. 4, and Oded Galor, *The Demographic Transition: Causes and Consequences,* Brown University, December 2010.

73. *World Population Prospects: The 2010 Revision* (New York: United Nations, 2010).

74. "The attraction of solitude", *The Economist,* August 25th, 2012.

75. On population ageing in the perspective of 2050 see more the UN report: *Ageing in the 21st Century: A Celebration and a Challenge* (New York: United Nations, 2012).

76. Branko Milanovic, *The Haves and the Have-Nots: A Brief and Idiosyncratic History of Global Inequality* (New York: Basic Books, 2011).

77. Many interesting comparative data can be found on CIA's dedicated web portal "The World Factbook" (https://www.cia.gov/library/publications/the-world-factbook/).

78. Joseph A. Schumpeter, *Capitalism, Socialism and Democracy* (New York: Harper and Brothers, 1942).

79. *Detropia,* directed by Rachel Grady and Heidi Ewing, Loki Films, USA 2012.

80. *Measuring America - People, Places, and Our Economy. Povert* (Washington, DC: United States Census Bureau, 2012).

81. *Poverty in Poland in 2011 (based on household budget surveys* (Warsaw: Central Statistical Office, 2012).

82. *The State of Food Insecurity in the World. Economic growth is necessary but not sufficient to accelerate reduction of hunger and malnutrition,* Food and Agriculture Organization of the United Nations, Rome 2012.

83. Andrew Sumner, "Where the World's Poor Live? A New Update", *IDS Working Paper,* Volume 2012, No. 303, Institute of Development Studies, Brighton, June 2012.

84. Homi Kharas and Andrew Rogerson, *Horizon 2025. Creative destruction in the aid industry* (London: Overseas Development Institute, July 2012.

85. See: Adam Smith, *The Wealth of Nations, op.cit.*, p. 513.

86. Graham Hancock, *Lords of Poverty* (Nairobi: Camerapix Publishers International, 2004).

87. Lester Thurow, *The Future of Capitalism: How Today's Economic Forces Shape Tomorrow's World* (New York: Penguin Books, 1996).

88. Francis Wheen, *How Mumbo Jumbo Conquered the World. A Short History of Modern Delusions* (New York: Public Affairs, 2004).

89. An interesing supplement on innovation and industry changes is provided by *The Economist* weekly: "Special Report: Manufacturing and Innovation. A third industrial revolution", April 21st, 2012.

90. Nicholas Bloom, Mark Schankerman and John Van Reenen, "Identifying Technology Spillover and Product Market Rivalry", *CEP Discussion Paper*, No. 675, Centre for Economic Performance, London School of Economics, September 2010.

91. See the calculations presented in *Inclusive Wealth Report 2012. Measuring progress toward sustainability* (New York: UNU IHDP and UNEP, Cambridge University Press, 2012).

92. Radovan Richta, *Civilization at the Crossroads: Social and Human Implications of the Scientific and Technological Revolution* (White Plains, N.Y.: International Arts and Sciences Press, 1968).

93. Robert D. Atkinson and Stephen J. Ezell, *Innovation Economics: The Race for Global Advantage* (New Haven, CT: Yale University Press, 2012).

94. How you can be an optimist while keeping common sense is discussed by Matt Ridley, *The Rational Optimist. How Prosperity Evolves* (New York: Harper, 2010).

95. On the meaning of synergy of micro-economic management and macroeconomic policy for economic growth and social development see Grzegorz W. Kolodko, "Management and Economic Policy for Development" (Nova Science Publishers: New York, 2014) (forthcoming).

96. See comment by Nicholas Bloom in: Ali Wyne, "Empirics and Psychology: Eight of the World's Top Young Economists Discuss Where Their Field Is Going", *BigThink,* July 25th, 2012.

97. *The Connected World. The Internet Economy In the G-20. The 4.2 Trillion Growth Opportunity,* Boston Consulting Group, Boston, March 2012.

98. "A special Report on managing information", *The Economist,* March 27th, 2010.

99. Joesph E. Stiglitz and Linda J. Bilmes, *The Three Trillion Dollar War: The True Cost of the Iraq Conflict* (New York: W.W. Norton & Company, 2008).

100. Michael Spence, *The Next Convergence. The Future of Economic Growth in a Multispeed World* (New York: Farrar, Straus and Giroux, 2011).

101. See Angus Maddison, *The West and*

the Rest…, op. cit.

102. According to the estimates of Kenneth L. Kraemer of the University of California, Irvine, cited in: "The boomerang effect, in: Special Report: Manufacturing and Innovation. A third industrial revolution", *The Economist*, April 21st, 2012.

103. Martin Jacques, *When China Rules The World: The End of the Western World and the Birth of a New Global Order* (London: Penguin Books, 2012).

104. Ranbir Vohra, *China's Path to Modernization: A Historical Review from 1800 to the Present* (Upper Saddle River, NJ: Prentice Hall, 1999).

105. Jim O'Neill, *The Growth Map. Economic Opportunity in the BRICs and Beyond* (London: Portfolio/Penguin, 2012).

106. "Teenage angst", *The Economist*, August 25th, 2012.

107. Justin Yifu Lin, *Demystifying the Chinese Economy* (Cambridge: Cambridge University Press, 2012).

108. Barry Eichengreen, Donghuyn Park and Kwanho Shin, "When Fast Growing Economies Slow Down: International Evidence and Implications for China", *NBER Working Paper Series*, Working Paper 16919, National Bureau of Economic Research, Washington, DC, March 2011.

109. Arvind Subramanian and Martin Kessler, "The Renminbi Bloc Is Here: Asia Down, Rest of the World to Go?", *Working Paper*, 12-19, Peterson Institute for International Economics, Washington, DC, October 2012.

110. Stefan Halper, *The Beijing Consensus: How China's Authoritarian Model Will Dominate the Twenty-First Century* (New York: Basic Books, 2010).

111. John Williamson, *What Washington Means by Policy Reform*, in: John Williamson, ed., *Latin American Adjustment: How Much has Happened?* (Washington, DC: Institute for International Economics, 1990).

112. Joseph E. Stiglitz, "More Instruments and Broader Goals: Moving Toward the Post-Washington Consensus", *WIDER Annual Lecture*, 2, UNU-WIDER, Helsinki 1998 (March), and Grzegorz W. Kolodko, "Transition to a market economy and sustained growth. Implications for the post-Washington consensus", *Communist and Post-Communist Studies*, 1999, Vol. 32, No. 3.

113. Yifu Justin Lin, "Against the Consensus…op. cit..

114. James McGregor, *No Ancient Wisdom, No Followers: The Challenges of Chinese Authoritarian Capitalism* (Westport, CT: Prospecta Press, 2012).

115. Mishra Pankaj, *From the Ruins of Empire: The Revolt Against the West and the Remaking of Asia* (New York: Farrar, Straus and Giroux, 2012).

116. Charles A. Kupchan, *No One's World. The West, the Rising Rest, and the Coming Global Turn* (New York: Oxford University Press, 2012).

117. Andrew G. Berg and Jonathan D. Ostry, "Inequality and Unsustainable Growth: Two Sides of the Same Coin?", *IMF Staff*

Discussion Note, SDN/11/08, International Monetary Fund, Washington, DC, April 8th, 2011.

118. Grzegorz W. Kolodko, "Development Goals and Economic Macroproportions", "Eastern European Economics", 1987, Vol. 27, No. 3 (Spring).

119. Derek Bok, *The Politics of Happiness: What Government Can Learn from the New Research on Well Being* (Princeton, NJ: Princeton University Press, 2010).

120. Richard Wilkinson and Kate Picket, *The Spirit Level*…, *op. cit.*

121. Grzegorz W. Kolodko, *Truth, Errors, and Lies*…, *op. cit.*, p. 270 and next.

122. János Kornai, *Economics of Shortage* (Amsterdam: North-Holland, 1980).

123. Ron Suskind, *Confidence Men. Wall Street, Washington, and the Education of a President* (New York: Harper, 2011).